HELLER
Juni 2004

CARDANOS KOSMOS

Anthony **Grafton**
Cardanos Kosmos

*Die Welten und Werke
eines Renaissance-
Astrologen*

Aus dem Amerikanischen
von Peter Knecht

Berlin Verlag

Die Originalausgabe erschien 1999 unter dem Titel
Cardano's Cosmos.
The Worlds and Works of a Renaissance-Astrologer
bei Harvard University Press
© 1999 Anthony Grafton
Für die deutsche Ausgabe
© 1999 Berlin Verlag, Berlin
Alle Rechte vorbehalten
Umschlaggestaltung: Nina Rothfos und Patrick Gabler, Hamburg
Gesetzt aus der Stempel Garamond
durch psb – presse service berlin
Druck & Bindung:
GGP, Pößneck
Printed in Germany 1999
ISBN 3-8270-0168-4

Gedruckt auf chlor- und säurefreiem Papier

INHALTSVERZEICHNIS

Kapitel 1
Herr über die Zeit   7

Zwischenspiel:
Der Astrologe, der Kosmos und die Kunst der Weissagung   47

Kapitel 2
Der Almanachschreiber   67

Kapitel 3
Der Astrologe   101

Kapitel 4
Horoskopsammlungen: Beginn einer Karriere   133

Kapitel 5
Astrologenfehde   171

Kapitel 6
Astrologische Individualberatung –
Sterndeuterei und hohe Politik   205

Kapitel 7
Der Erneuerer der klassischen Astrologie   239

Kapitel 8
Der Eklektiker: Astrologie und verwandte Künste 290

Kapitel 9
Cardano über Cardano 336

Schluß 380

Literaturverzeichnis 391
Register 410

KAPITEL 1
HERR ÜBER DIE ZEIT

Um die Mitte der siebziger Jahre des 16. Jahrhunderts reiste François d'Amboise nach Rom, um Ruinen und Geistesgrößen zu besichtigen. Unter anderem machte er auch dem weltberühmten Naturphilosophen, Arzt und Mathematiker Girolamo Cardano seine Aufwartung, der, nachdem er von der Inquisition verurteilt und unter Hausarrest gestellt worden war, darum kämpfte, wieder eine Druckerlaubnis für seine Bücher zu erhalten. Cardano, von jeher ein fleißiger Mann, nutzte die Zeit seiner Haft: Er traf sich mit den führenden Medizinern der Stadt und schrieb eine gewissenhaft ins Detail und in viele unheimliche Details gehende Autobiographie, eine bewundernswert unbußfertige Apologie seines Lebens. Die Ausstattung seiner Wohnung war nicht weniger charakteristisch für ihn als der Gestus seiner Texte: Anstelle von Bildern hingen an den Wänden Spruchbänder mit den Worten TEMPVS MEA POSSESSIO – »Mein Besitz ist die Zeit«. Der alte Mann, der in der glimmenden Asche der einst heftig lodernden Feuer seines Lebens stocherte, hielt sich für nichts Geringeres als für den Herrn über die Zeit.[1]

Nun ist natürlich in gewissem Sinn ein Autobiograph immer Herr über die Zeit, insofern nämlich, als er die Ereignisse gestaltet, ihnen, sozusagen eigenmächtig, eine Struktur und eine Richtung verleiht,

---

1 F. d'Amboise, *Discours ou traité des devises,* Paris 1620, 32: »L'vsage et les affaires apprennent assez combien le tems commode et l'opportunité sont à rechercher, ie vis H. Cardan ja fort vieil à Rome, la chambre duquel estoit paree de rouleaux, TEMPVS MEA POSSESSIO, sans peinture.«

die sie im Moment der Erfahrung in aller Regel nicht hatten. Doch war eine solche Betrachtungsweise im 16. Jahrhundert eher die Ausnahme. Für die meisten Intellektuellen damals war die Zeit eine autonome, bedrohliche Gestalt und eben nicht eine Masse knetbaren Materials, das nur darauf wartete, daß ein Künstler es formte. Die Zeit, mythisch verkörpert in dem furchtbaren Gott Kronos, der seine eigenen Kinder verschlang, machte prächtige Bauten dem Erdboden gleich, ließ große Namen in Vergessenheit versinken und veränderte selbst die Stadt Rom, wie ein anderer Italienreisender, der Philosoph Michel de Montaigne, einige Jahre später sinnierte, so sehr, daß ihre einstigen Bewohner sie nicht mehr wiedererkannt hätten.[2] In pragmatischer Betrachtung stellte sich die Zeit als eine endlose Abfolge von Gelegenheiten zur Tat dar, lauter einmalige »richtige« Momente, ein Geschäft abzuschließen, eine Reise zu machen, einen Prozeß zu führen, und daraus ergab sich der Zwang zu ständiger Wachsamkeit. In all ihrer scheinbaren Trivialität entzog sie sich der Kontrolle des Dilettanten, der seine Chancen nicht wahrnahm, seine Termine nicht einhielt. Aber sie belohnte die immer konzentrierte Aufmerksamkeit des Gereiften, der seinen Tag damit begann, daß er in seinem Journal eine Liste seiner Termine und Pflichten erstellte, und ihn beendete, indem er überprüfte, ob er auch wirklich alle Aufgaben pünktlich erledigt hatte. »Meine lieben Kinder, achtet und beachtet mir die Zeit«, mahnt der alte Onkel Giannozzo degli Alberti, ein erfahrener Kaufmann, seine jungen Verwandten in Leon Battista Albertis Dialogen *De familia* und belehrt sie mit einer Weitschweifigkeit, die eines Polonius würdig wäre, darüber, daß Hast ein sicheres Zeichen für Inkompetenz und Leichtsinn sei.[3] Und niemand bewies ein feineres Gespür für die doppelte Problematik der Zeit als Cardano: »Was ist Zeit?« fragte er in seinem großen Werk *De*

---

2 M. de Montaigne, *Journal de voyage*, hrsg. von F. Rigolot, Paris 1992, 26. Januar 1581, 99–101.
3 L. B. Alberti, *Opere volgari*, hrsg. von C. Grayson, Bari 1960–73, I, 177. Vgl. R. Glasser, *Studien zur Geschichte des französischen Zeitbegriffs*, München 1936; J. Le Goff, *Für ein anderes Mittelalter*, hrsg. von Dieter und Ruth Groh, Weingarten 1987; D. Dohrn-van Rossum, *Die Geschichte der Stunde*, München 1995.

subtilitate. »Nichts unter allen Dingen ist ihr eigen, und doch ist alles in ihr, und sie ist immer bei allem. Sie schafft alles und vernichtet alles, aus ihr entspringt das Leben, aber auch der Tod. So lang sie sich in der Erwartung dehnt, so kurz ist sie in der Erinnerung. Obwohl sie uns ständig begleitet, bleibt sie uns immer fremd. Und obwohl es so viel davon gibt, ist jeder Augenblick unwiederbringlich und unersetzlich. Daher ist der Verlust an Zeit bedeutender und zugleich gewöhnlicher als irgendein anderer Verlust, den wir erleiden können.«[4] Cardano wußte besser als jeder andere, wie schwierig es war, die Zeit zu verstehen und sie zu beherrschen.

Was die Zeit seines eigenen Lebens betrifft, die Cardano durchmessen hatte, so war diese reich an Mühen und Arbeit gewesen, und er hatte auch manche Verletzung davongetragen – seine glänzende berufliche Karriere begleiteten private Katastrophen. Aufgewachsen war er in Mailand, in der zweiten Hälfte des 15. Jahrhunderts ein reicher, wirtschaftlich expandierender und mächtiger Stadtstaat, regiert von den Sforza, einer der großen Herrscherfamilien Italiens, um deren mäzenatische Gunst Leonardo da Vinci und viele andere bedeutende Künstler und Gelehrte jener Epoche warben. In den zwanziger Jahren des 16. Jahrhunderts jedoch, als Cardano erwachsen war, wurden Mailand und die Lombardei mehr und mehr zu einem Schlachtfeld französischer und kaiserlicher Armeen, Pestepidemien und andere Heimsuchungen trugen das ihre zum wirtschaftlichen und politischen Niedergang der Stadt bei. Nach einer Periode französischer Oberherrschaft fiel sie an das Heilige Römische Reich Karls V., der einen Statthalter einsetzte. Anders als Florenz und Venedig büßte Mailand im Verlauf dieser Entwicklung auch seine Rolle als Zentrum des geistigen Lebens ein; so versank die einst blühende Druckindustrie der Stadt in Mittelmäßigkeit, die

---

4 G. Cardano, *De subtilitate* xviii = O, III.651: »Sed quid tempus est? cuius cum nihil unquam sit, omnia tamen in illo sunt et semper omnibus assistit. Illud idem omnia generat et occidit, auctor vitae ac mortis. Vtque illius exspectatio longissima, ita semper memoria brevissima. Cumque nos semper comitetur, nunquam ipsum tamen agnoscimus. Nec cum eius tanta sit copia, reparatio tamen ulla conceditur: unde fit, ut nullius alterius rei iactura sit maior et vilior.« Vgl. auch *De vita*

großen, aufsehenerregenden literarischen Projekte der Zeit erschienen in römischen und venezianischen Verlagen.[5]

Cardano, dem schon in jungen Jahren bei dem Gedanken graute, ruhmlos zu sterben, tat sein Bestes, um in den erlesenen Kreis der führenden Akademiker und Intellektuellen vorzustoßen.[6] Er studierte in Pavia und Padua; nach beträchtlichen Anfangsschwierigkeiten lehrte er dann mit Erfolg zuerst in Pavia, später in Bologna und erwarb sich beachtliches Ansehen. Er wurde zu einem der Schöpfer der modernen Algebra und sogar, da das universal einsetzbare »Kardangelenk« auf seine Erfindungen zurückgeht, zu einem Pionier der modernen Technik. Alle diese wissenschaftlichen Leistungen, aber auch die zahlreichen erbittert geführten öffentlichen Auseinandersetzungen, in die Cardano verwickelt war, erregten viel Aufmerksamkeit und machten seinen Namen weit über die Lombardei hinaus in ganz Europa bekannt. Cardanos Bücher verkauften sich gut, manche, darunter das enzyklopädische Werk *De subtilitate*, wurden regelrechte Bestseller, hochgepriesen von den literarischen Autoritäten jener Zeit, aber auch heftig angegriffen und schamlos plagiiert. Die prominentesten Naturphilosophen des 16. und frühen 17. Jahrhunderts erwähnten und zitierten ihn häufig. Er erhielt sogar Einladungen ins ferne Paris und in das geradezu barbarische Edinburgh, wo er John Hamilton, dem letzten katholischen Erzbischof von St. Andrews, ärztlichen Beistand leistete. Es gelang ihm tatsächlich, dem hohen Herrn das Leben zu retten, der ihn fürstlich belohnte und sich noch fünfzehn Jahre leidlicher Gesundheit erfreute, bis ihn die Protestanten aufs Schafott brachten.[7]

Cardanos Leben könnte Stoff für belletristische Literatur verschiedenster Art liefern. In seiner Jugend erscheint er uns wie der Protagonist eines historischen Romans im grell farbenprächtigen

---

propria, 23, O, I.15. Cardano beschreibt als seine vierte »observatio specialis«, »ut temporis summam haberem rationem: nam equitando, edendo, in lecto, vigilando, colloquendo, semper aliquid meditabar, aliquid reposui, memineram illius vulgaris adagii, *multa modica faciunt unum satis:* id est efficiunt cumulum.«

5 F. Chabod, *Storia di Milano nell'epoca di Carlo V*, Turin 1971; G. Lubkin, *A Renaissance Court: Milan under Galeazzo Maria Sforza*, Berkeley 1994.

Stil des 19. Jahrhunderts. Eines Tages, so berichtet er viele Jahre später in seiner Autobiographie, saß er mit einem Venezianer beim Glücksspiel. Als er merkte, daß der andere ihn betrog, nahm er ihm mit Gewalt das Geld ab, das er verloren hatte, und stürmte aus dem Haus. Mehrere Stunden lang irrte Cardano voller Angst vor Entdeckung in den Gassen umher. Bei dem Versuch, ein Schiff zu besteigen, stolperte er auf der Gangway und fiel in den Kanal. Zum Glück fischte ihn die Besatzung eines anderen Schiffs wieder heraus, doch mußte er mit Entsetzen feststellen, daß dessen Kapitän kein anderer war als ebenjener Falschspieler, mit dem er am Vormittag aneinandergeraten war. Dieser entschied sich aber dafür, ihm zu helfen, vermutlich, weil er keinen Ärger mit den bekannt strengen venezianischen Behörden haben wollte.[8] Im Alter dagegen spielte Cardano die Rolle eines Tragödien- oder Opernhelden, eines König Lear etwa. Er tobte und wehklagte, als Giambattista, der ältere seiner zwei Söhne, ein durchaus talentierter Mediziner, verhaftet, angeklagt und hingerichtet wurde, weil er seine Ehefrau mit Arsen (in einem Stück Feingebäck) vergiftet hatte, und sein jüngerer Sohn Aldo sich als Lump und diebischer Gauner entpuppte.

Aber seine Idealrolle fand Cardano in seinen mittleren Jahren, als er den Helden eines Campusromans im Stil von David Lodge verkörpern durfte. In seiner Eigenschaft als Großordinarius führte Cardano viele jener Sitten und Praktiken ein, die für den modernen Wissenschaftsbetrieb typisch geworden sind. Er erstellte zum Beispiel eine Liste von 73 bedeutenden Autoren, die ihn zitiert oder erwähnt hatten.[9] Dieser Katalog wurde beispielgebend für viele spätere Biographen und Autobiographen, die in ganz ähnlicher Weise die Rezeption wissenschaftlichen Wirkens dokumentierten. Cardano war also der Erfinder eines Instruments, das man gewöhnlich für

---

6 Cardano, *De vita propria*, 9, O, I.7–8.
7 N. Siraisi, *The Clock and the Mirror*, Princeton 1997, 5, 29, 33, 207.
8 S. die verschiedenen Versionen dieser Geschichte in Cardano, *De vita propria*, 30, O, I.19 und *Liber vii geniturarum O*, V.521; auch in *De ludo aleae liber*, 20 = O, I.271 wird die Episode erwähnt.
9 Cardano, *De vita propria*, 48, O, I.45–47.

eine Errungenschaft (oder monströse Ausgeburt) der modernen Wissenschaftssoziologie hält, des Zitierindex. Und er hat manche der Möglichkeiten, die der Computer den Literaten und Wissenschaftlern unserer Zeit eröffnen sollte, gewissermaßen vorweggenommen. So empfahl er etwa den Lesern seines Werks *De subtilitate* ein patentes Verfahren, Texte redaktionell zu bearbeiten: Man nehme einfach zwei Kopien des Texts, zerschneide sie und versuche, die einzelnen Teile in eine optimale Reihenfolge zu bringen. Wenn man schließlich zu einem befriedigenden Ergebnis gelangt ist, klebe man die Textblöcke in ein Heft aus festem Papier und befördere das Ganze zum Druck.[10] Wenn man Texte von Cardano zum selben Thema oder verschiedene Versionen eines Texts miteinander vergleicht, wird einem ohne weiteres deutlich, daß er seine eigene Empfehlung sehr wohl in die Praxis umgesetzt hat, und man kann sich vorstellen, mit welchem Enthusiasmus er sich der Möglichkeiten eines modernen Textverarbeitungsprogramms bedient hätte.

Cardano verrät immer wieder deutlich jene Eitelkeit, die alle großen Universitätslehrer kennzeichnet. Er verfaßte nicht weniger als vier Versionen seiner Autobiographie und dazu noch vier ausführliche Analysen seines eigenen Horoskops. In einer höchst originellen Neuinterpretation des Mythos von Narziß identifizierte er den Jüngling, der sich in sein eigenes Spiegelbild verliebt, mit dem Gelehrten, der sich in selbstvergessenem Entzücken der Lektüre seiner eigenen Werke hingibt. Cardano rühmte sich der zahlreichen Gunstbeweise, die ihm von schönen Frauen zuteil wurden, da diese, wenn schon nicht ihn selbst, so doch wenigstens seine Bücher liebkosten (»auch Frauen lesen«, rief er seinem geneigten und, wie er voraussetzte, männlichen Publikum ins Gedächtnis).[11] Und wie alle Helden guter satirischer Romane mußte er für seine Prahlerei

---

10 Cardano, *De subtilitate libri xxi*, Paris 1551, xvii, 278ro = O, III.626.
11 Cardano, *De libris propriis*, 1557, O, I.77–78.
12 S. die scharfsinnige Analyse von I. Maclean »The Interpretation of Natural Signs: Cardano's *De subtilitate* Versus Scaliger's *Exercitationes*«, *Occult and Scientific Mentalities in the Renaissance*, hrsg. von B. Vickers, Cambridge 1984, 231–249.

büßen, und dies nicht zu knapp: 1557 wurde er zur Zielscheibe einer massiv polemischen Buchbesprechung, die in der an Bitternissen reichen Geschichte der literarischen Invektive einzigartig ist: Julius Caesar Scaliger, ein Naturphilosoph italienischer Abstammung, stilistisch ähnlich brillant und gewiß nicht weniger eitel als sein Kollege, zerriß auf mehr als 900 Quartseiten Cardanos *De subtilitate* und versprach seiner Leserschaft noch eine weitere, umfassendere Abhandlung zu diesem Thema. Zwar starb Scaliger, bevor er die angekündigte Kampfschrift vollenden konnte, aber das tat dem durchschlagenden Erfolg seiner *Exercitationes,* der wohl einzigen Rezension, die zu einem wirklichen Standardlehrbuch an den Universitäten wurde, keinen Abbruch.[12]

In seinen letzten Lebensjahren sah sich Cardano dann mit der Inquisition konfrontiert. Nachdem er bereits in der eitlen Hoffnung, den Inquisitor von Bologna milde stimmen zu können, seine Lehrtätigkeit aufgegeben hatte, wurde er ins Gefängnis geworfen, dann unter Hausarrest gestellt und schließlich, im Jahr 1571, dazu verurteilt, seinen ketzerischen Ideen abzuschwören. Er mußte versprechen, nicht im Kirchenstaat zu lehren und zu veröffentlichen, und widmete sich bis zu seinem Tod ganz der Korrektur von Ansichten, die er in früheren Arbeiten vertreten hatte, erhielt indes nie die Erlaubnis, diese Selbstkasteiungen publik zu machen.[13] Möglicherweise verdankte auch Cardanos Autobiographie, das meistgelesene seiner Werke, ihr Entstehen ursprünglich der Absicht des Autors, sich von allem Verdacht reinzuwaschen. Freilich waren Cardanos ausführliche und bisweilen recht unheimliche Berichte von übernatürlichen Gaben und von seinem Umgang mit Geisterwesen schwerlich geeignet, Zweifel an seiner dogmatisch korrekten Rechtgläubigkeit zu zerstreuen.[14]

---

13 N. Siraisi, *The Clock and the Mirror,* 225–227.
14 C. Gregori, »Rappresentazione e difesa: Osservazioni sul *De vita propria* di Gerolamo Cardano«, *Quaderni storici* 73 (1990), 225–234.

Vor die Aufgabe gestellt, die gesamte Erfahrung seines Lebens zu sichten und zu ordnen, bediente sich Cardano des Instrumentariums einer Wissenschaft, die ausdrücklich den Anspruch erhebt, den kompliziert verschlungenen Lauf vergangener Ereignisse zu erklären und das launische Auf und Ab künftiger Zeitläufte vorherzusagen, der Astrologie also. Die Astrologen erklärten und prognostizierten aus den Bewegungen von Sonne und Mond sowie der fünf Planeten Merkur, Venus, Mars, Jupiter und Saturn sowohl die kollektive Geschichte der Menschheit als auch die Myriaden individueller Lebensgeschichten mit ihrem steten Wechsel von Wohlergehen und Krankheit. Cardano war ein hochangesehener Astrologe, der in seiner Praxis die in der Branche üblichen Dienstleistungen anbot und sich daneben mit allerlei Beiträgen zur Literatur seines Fachs hervortat. Dieses Buch will Cardanos lebenslanges Bemühen durchleuchten, in den Sternen jene Ordnung zu finden, die, wie er meinte, unter dem offenbaren Chaos seines Lebens und der Welt, in der dieses Leben seinen Ort hatte, verborgen liegen mußte.

Eine Studie über Cardano – oder über einen beliebigen anderen Astrologen des vormodernen Europa – kann sich nicht darauf beschränken, lediglich die Schriften dieses einen Autors zu untersuchen. Cardano selbst hat immer wieder betont, er wolle in seiner Arbeit als Astrologe keine neue wissenschaftliche Disziplin schaffen, er stehe vielmehr, wenn auch als Reformer, in der Tradition einer uralten Wissenschaft – einer der ältesten bis heute lebendigen Disziplinen. Diese Kunst, die nun seit zweieinhalb Jahrtausenden praktiziert wird, hat sich in ihren Grundannahmen und Methoden all die Zeit hindurch ein erstaunliches Maß an Kontinuität bewahrt. Die ältesten bis heute erhaltenen für Einzelpersonen erstellten Horosko-

---

15 Über den babylonischen »Vorläufer des genethlialogischen Zweigs der Astrologie, der sich in der hellenistischen Welt entwickelte«, s. A. Sachs, »Babylonian Horoscopes«, *Journal of Cuneiform Studies* 6 (1952), 49–75; F. Rochberg-Halton, »Babylonian Horoscopes and Their Sources«, *Orientalia* 58 (1989), 102–123 (Zitat 110); D. Pingree, *From Astral Omens to Astrology,* Rom 1997, Kap. 1–2. Über Rom bzw. London im 17. Jahrhundert s. G. Ernst, *Religione, ragione e natura,* Mailand 1991, Kap. 10–11, resp. P. Curry, *Prophecy and Power,* Princeton 1989.

pe entstanden im 5. Jahrhundert v. Chr. in Mesopotamien, und sie wurden wohl von ebenjenen Babyloniern geschaffen, die auch die erste bekannte Form einer mit mathematischen Methoden arbeitenden Astronomie entwickelten. Die jüngsten von Wissenschaftlern erstellten Horoskope waren Arbeiten von Naturphilosophen in Rom und London, die zu den fortschrittlichsten Geistern ihrer Zeit, des 17. Jahrhunderts, gehörten.[15] Obwohl keine der heute existierenden europäischen und amerikanischen Universitäten einen Fachbereich Astrologie unterhält, blüht diese Kunst doch nach wie vor überall in der westlichen Welt. Schicke esoterische Buchhandlungen von Genf bis Pasadena führen Astrologisches in all seinen raffinierten Spielarten, während die Leser von Boulevardzeitungen in der ganzen Welt mit einem vergleichsweise primitiven Produkt dieser Wissenschaft vorliebnehmen, dem sogenannten Tageshoroskop, das zusätzlich auch noch patente Ratschläge bietet.[16]

Jeder Historiker, der ein bestimmtes, vereinzeltes Segment dieser langen Geschichte untersuchen will, läuft unvermeidlich immer wieder Gefahr, bekannte oder sogar uralte Ideen und Methoden mit neuem, originellem Gedankengut zu verwechseln. Denn der Betrachter der klassischen Astrologie hat es mit einer viele Jahrhunderte alten Tradition zu tun, die sich von jeher sowohl durch eine bemerkenswerte Flexibilität in der Anwendung als auch durch beharrliche Treue zu einem in den wesentlichen Elementen unveränderten Bestand an Prinzipien und Techniken auszeichnete. Die römischen Astrologen zur Zeit Ciceros, die des Harun al Raschid in Bagdad und diejenigen, die im Nürnberg Albrecht Dürers wirkten, gingen alle von denselben kosmologischen Prämissen aus, alle projizierten dieselben gütigen und bedrohlichen Bilder in die Himmel,

---

16 Allg. s. S. J. Testers *History of Western Astrology*, Woodbridge/Wolfeboro 1987, und, was speziell die griechische und römische Welt betrifft, T. Bartons *Ancient Astrology*, London 1994. Zu den Überzeugungen und Praktiken zeitgenössischer Astrologen vgl. Adorno, Th.W., *Soziologische Schriften*, hrsg. von S. Buck-Morss und R. Tiedemann, Frankfurt a.M. 1975, II, 2, 11–120, sowie H. Wiesendanger, *Zwischen Wissenschaft und Aberglauben*, Frankfurt a. M. 1989.

und sie benutzten weitgehend dieselben mathematischen Verfahren. Aber die allgemeinen gesellschaftlichen Bedingungen, die Auftraggeber, der institutionelle oder wie auch immer zu beschreibende Rahmen, in dem dieser Beruf ausgeübt wurde – alles dies war völlig verschieden.[17] In irgendeiner Weise muß der Historiker sowohl dem Beharrungsvermögen als auch der Anpassungsfähigkeit dieser Tradition gerecht werden, er muß ein Gefühl für die zähe Langlebigkeit der Astrologie als eines einzigen und über die Zeiten hinweg wiedererkennbaren Wesens mit einem wachen Sinn für den ständigen Transformationsprozeß verbinden, dem die je besonderen sozialen Umwelten, aber auch die Techniken und Ideen dieser Kunst unterworfen sind.[18]

Die Kontinuität der astrologischen Tradition ist wohl einmalig in der Geistesgeschichte der westlichen Welt. Alle Astrologen, gleichgültig ob sie im alten Babylon oder im München Hitlers wirkten, gingen davon aus, daß sie die Sprache der Gestirne verstehen könnten, daß sie im Besitz der Regeln wären, die sie befähigten, das Buch der himmlischen Sphären zu entschlüsseln. Diese Metapher wirkt vielleicht sehr modern, ja, es könnte der Verdacht aufkommen, es handle sich lediglich um eine schicke Phrase, um das Produkt einer intellektuellen Mode, die Ereignisse wie Texte behandelt wissen will. Versuche, Symbolsysteme aller Art als Sprachen zu deuten, haben ganz offenbar Konjunktur; so haben Neuerscheinungen der letzten Jahre beispielsweise die Sprache der Politik, die der Blumen, die der Kleidung genauer unter die Lupe genommen.[19] Aber im Fall der Astrologie ist diese Analogie selbst Teil einer lang etablierten

---

17 Zwar entwickelten die Babylonier Verfahren und Theorien, die in der hellenistischen Astrologie zentrale Bedeutung behielten, aber die Anliegen und Zwecke waren ganz verschieden: s. F. Rochberg-Halton, »New Evidence for the History of Astrology«, *Journal of Near Eastern Studies* 43 (1984), 115–140; dies., »Elements of the Babylonian Contribution to Hellenistic Astrology«, *Journal of the American Oriental Society* 108 (1988), 51–62; Pingree, *From Astral Omens to Astrology*.
18 Welche Transformationen die Astrologie im frühmodernen England durchlief, zeigen M. E. Bowden, »The Scientific Revolution in Astrology«, Diss. Yale 1974,

Tradition: Schon Giovanni Gioviano Pontano lehrte in seinem 1512 erstmals veröffentlichten Traktat *Über die himmlischen Dinge* ausdrücklich, daß die Sprache der Gestirne in allen wesentlichen Zügen der menschlichen Sprache vergleichbar sei. Die Buchstaben des lateinischen Alphabets, so führte er aus, ließen sich zu Tausenden und Abertausenden von Wörtern kombinieren. Ganz einfache Variationen der Schreibung ergaben bedeutende Veränderungen des Sinns. Nur eine kleine Operation war nötig, um das Adjektiv *avidus* zu *avidior* und noch weiter zum superlativischen *avidissimus* zu steigern, und ebenso leicht ließ sich ein in seiner Intensität vermindertes *avidulus* herstellen. Jede Transformation des Zeichens zog eine Veränderung der Bedeutung nach sich.[20]

Sterne und Planeten, argumentierte Pontano, bildeten die Buchstaben eines kosmischen Alphabets. Klare, einfache Merkmale – Farbe, äußere Erscheinung, Umlaufgeschwindigkeit, Bahnverlauf – drückten den individuellen Charakter jedes Planeten aus. Die rote Farbe etwa, die man dem Mars zuordnete, wies auf dessen heiße, trockene und kriegerische Natur hin. Neben den je besonderen eigenen Qualitäten war auch noch das Verhältnis zu anderen Gestirnen von Bedeutung, also die Beziehungen zu verbündeten oder feindlichen anderen Planeten, Sternen und Abschnitten oder Bildern des Tierkreises. Mit Hilfe eines tabellarischen Ordnungssystems, das sowohl Eigenschaften als auch Relationen berücksichtigte, konnte der Astrologe für jeden Himmelskörper und jede Position die jeweils relevanten Faktoren vollständig angeben. Die Venus, die dem Mars weitgehend entgegengesetzt war, hatte konsequenterweise

---

und Curry, *Prophecy and Power*, der den politischen und sozialen Kontext beleuchtet.

19 A. Pagden, Hrsg., *The Languages of Political Theory in Early Modern Europe*, Cambridge 1987; J. Goody, *The Culture of Flowers*, Cambridge 1993; A. Hollander, *Anzug und Eros*, Berlin 1995.

20 G. G. Pontano, *De rebus coelestibus libri XIV*, Basel 1530; vgl. C. Trinkaus, »The Astrological Cosmos and Rhetorical Culture of Giovanni Gioviano Pontano«, *Renaissance Quarterly* 38 (1985), 446–472.

auch entgegengesetzte Eigenschaften und wurde dem Kalten und Feuchten zugeordnet.

Jeder Planet also spielte die Rolle eines genau definierten Buchstabens. Jede astrologisch signifikante Konfiguration von zwei oder mehr Planeten – beispielsweise das »Zusammentreffen«, die Konjunktion, von Himmelskörpern – war einem Wort oder einer Phrase mit einer ganz bestimmten Bedeutung vergleichbar, die der Astrologe erkennen konnte. Ein relativ einfacher Fall ist beispielsweise die Konjunktion von Venus und Mars, die Begegnung eines gütigen mit einem schadenstiftenden Planeten. Jeder Fachmann wußte, daß in diesem Fall Venus über ihren Bruder triumphiert, da die Liebe bekanntlich stärker ist als der Zorn. So simpel dieser Gedanke auf den ersten Blick anmutet, schien er doch dem Philosophen Marsilio Ficino so wichtig, daß er ihm im Rahmen seines Kommentars zu Platons *Symposion* eine ebenso brillante wie gelehrte Abhandlung widmete, und er inspirierte auch den Künstler Sandro Botticelli, der ihm in seinem Gemälde *Mars und Venus* eine spektakulär erotische Gestalt verlieh.[21]

Europäische Astrologen übernahmen aus der Antike nicht allein diese Himmelshermeneutik, deren Ursprünge in Mesopotamien liegen, sondern auch eine aus Griechenland stammende Kosmologie. Nach einer Theorie, deren Grundgedanke auf Platon zurückgeht und die von Aristoteles und anderen weiterentwickelt worden war – oft in einer Weise, die Platon nie gutgeheißen hätte –, bestand das Universum aus zwei Teilen, nämlich aus der höheren Welt der himmlischen Sphären, die sich um die Erde drehen, und der niedrigeren Welt der vier Elemente. In der oberen Welt »tout n'est qu'ordre et beauté, luxe, calme et volupté«. Die Sterne und die Planeten sind in die kristallenen Kugelschalen der Sphären gleichsam eingegossen und erzeugen die unwandelbare Musik der Ewigkeit. In der

---

21 Vgl. E. H. Gombrich, *Das symbolische Bild*, Stuttgart 1968, 83–87.
22 Eine gute Einführung in diese kosmologische Tradition, wie sie sich im frühmodernen Europa darstellte, gibt S. K. Heningers *Touches of Sweet Harmony*, San Marino 1974. Meine Darstellung oben läßt natürlich manche Nuancen und auch

niederen irdischen Welt dagegen ist alles vergänglich: Die aus den vier Elementen Erde, Luft, Feuer und Wasser zusammengesetzten Dinge und Geschöpfe entstehen, altern und sterben. Hier sind die Dinge ständig im Wandel, die Elemente Akteure eines unendlichen Dramas, dessen Handlung, so scheint es, nirgends verbindlich festgelegt ist. Aber was vollendet und unwandelbar ist und sich gleichförmig bewegt, ist von höherem Rang als das, was dem Wandel unterworfen ist, und daher wird die niedere Welt von der höheren regiert. Das bedeutet, daß sich der Einfluß, den die Musik der oberen Sphären ausübt, auch auf die Geschöpfe der niederen Welt erstreckt. Diese tanzen zu den Klängen, wenn auch nur unvollkommen und soweit es die unreine und wandelbare Materie, aus der sie bestehen, gestattet. Die Kosmologie rechtfertigte die astrologische Hermeneutik: Sie erklärte – wie Handbücher und Vorlesungen immer wieder unverdrossen lehrten –, weshalb die Astrologen aus den stetigen und vorhersagbaren Bewegungen der Planeten auf die künftigen sprunghaften und unregelmäßigen Entwicklungen und Bewegungen von Pflanzen, Tieren und Menschen auf der Erde schließen konnten.[22]

Schließlich war auch das mathematische Instrumentarium der Astrologie wenigstens zum Teil antiken Ursprungs. Man kombinierte in der praktischen Arbeit Daten und Verfahren, die auf Entdeckungen und Entwicklungen griechischer und mesopotamischer Gelehrter beruhten, mit neueren Erkenntnissen. Mit Hilfe astronomischer Tabellen konnten Astronomen und Astrologen den Lauf der Planeten und astrologisch signifikante Konstellationen mit ausreichender Genauigkeit vorhersagen. Die Astrologen machten sich diese Techniken zunutze, um den Stand der Tierkreiszeichen und der Planeten zu einem bestimmten signifikanten Zeitpunkt zu berechnen, etwa dem der Geburt oder Empfängnis eines Klienten. Und

---

einige wichtige Fragen außer acht, etwa die, wann genau die Vorstellung aufkam, gewisse Gestirne seien bösartiger Natur. Überaus hilfreich ist A. Scotts Diskussion der antiken, spätantiken und patristischen Literatur zu diesen Fragen in *Origen and the Life of the Stars*, Oxford 1991, Repr. 1994.

sie bestimmten weiter den Aszendenten, jenen Punkt der Ekliptik, der im Moment der Geburt über dem Horizont stand, sowie drei weitere wichtige Eckpunkte (Deszendent, Himmelsmitte, Himmelstiefe) und unterteilten den Tierkreis in insgesamt zwölf Segmente oder »Häuser«, in denen die Planeten je besondere genau definierte Wirkungen entfalteten. Die Positionen der Planeten in diesen Segmenten bestimmten das künftige Schicksal eines Klienten, determinierten die Dauer seines Lebens, seine Begabungen, sein ganzes Wohl und Wehe. Sehr häufig, jedenfalls in jener Epoche der Frühmoderne, benutzten die Astrologen ein vereinfachtes Rechenverfahren, um den Einfluß der Planeten zu einem für den Klienten besonders wichtigen Zeitpunkt zu bestimmen. So konnten Kurzzeitprognosen zu den Aussichten einzelner Vorhaben – eine Eheschließung, ein Geschäft, diese oder jene medizinische Behandlung oder ein politischer Schachzug – auf einer soliden Datenbasis erstellt werden.[23]

Das Tätigkeitsgebiet der Astrologie war ein weites Feld. Praktiker mit sehr hoch gespannten intellektuellen Ansprüchen erhofften sich von dieser Kunst Aufschlüsse über den Lauf der Weltgeschichte. Die simple Tatsache etwa, daß Saturn und Jupiter alle zwanzig Jahre in Konjunktion stehen, konnte als eine Art Generalbaß der Menschheitsgeschichte gedeutet werden. Persische, jüdische, arabische und europäische Gelehrte stellten einen Kausalzusammenhang zwischen spektakulären himmlischen und irdischen Ereignissen her und datierten nicht allein die großen historischen Wendepunkte der Vergangenheit, Religionsgründungen etwa, auf astrologisch bedeut-

---

23 J. C. Eade, *The Forgotten Sky*, Oxford 1984, behandelt Terminologie und Techniken der Astrologie. Die unterschiedlichen Methoden der Horoskoperstellung und ihre Entwicklung beschreibt J. North überaus detailliert in *Horoscopes and History*, London 1986.

24 J. North, »Astrology and the Fortunes of Churches«, *Centaurus* 24 (1980), 181–211. S. auch D. Pingree, *The Thousands of Abu Ma'Shar*, London 1968; E. S. Kennedy und D. Pingree, *The Astrological History of Máshá'allāh*, Cambridge, Mass., 1971.

25 L. Smoller, *History, Prophecy and the Stars*, Princeton 1994. Das Buch bietet eine

same Momente, sondern suchten mit Hilfe der Astrologie auch das künftige Ende aller Geschichte zu bestimmen.[24] Pierre d'Ailly, ein Franzose, prophezeite dieses – was Frankreich betrifft, in gewisser Weise völlig korrekt – für das Jahr 1789.[25] Astrologen der gemeineren Sorte produzierten wie am Fließband Diagramme und ermittelten optimale Termine für Therapien, die ihre Kunden von jeglichen Gebrechen, sei es Liebesschmerz oder ein böses Knie, befreien konnten.[26] Die zentrale und durchaus komplizierte Aufgabe der geschulten Astrologen jedoch blieb über die Jahrhunderte und Jahrtausende hinweg immer dieselbe, nämlich, Horoskope auszuarbeiten, die erklärten, wie kosmische Einflüsse den Charakter von Individuen, Städten und Ländern formten, »so wie ein heißes Siegel das Wachs«.

Die Ähnlichkeiten, die über viele Jahrhunderte hinweg die antike mit der frühmodernen Astrologie verbinden, beschränken sich nicht auf den Bereich der Theorie und auf technische Dinge. Wer sich für die Sozialgeschichte der Astrologie in der Renaissance interessiert, sollte unbedingt zum Einstieg in die Materie Franz Cumonts *L'Egypte des Astrologues* lesen, ein großartiges Werk über das hellenistische Ägypten. Die Studie widmet sich nicht so sehr der Astrologie als vielmehr der Welt der Klienten, die bei Astrologen Rat und Hilfe in mancherlei privaten und öffentlichen Angelegenheiten suchten, und es zeigt sich, daß der Bereich, in dem jene antiken Sterndeuter tätig wurden, sich erstaunlich genau mit dem ihrer Kollegen in der Renaissance deckt.[27] Im antiken Ägypten und darüber hinaus und ebenso 1500 Jahre später in anderen Ländern des Mittelmeer-

---

ausgezeichnete allgemeine Einführung in die mittelalterliche und frühmoderne Astrologie.
26 M. MacDonald, *Mystical Bedlam*, Cambridge 1981. Von ähnlichen Formen astrologischer Praxis, wenn auch nicht auf medizinische Probleme konzentriert, berichtet P. Zambelli, »Da Giulio II a Paolo III. Come l'astrologo provocatore Luca Gaurico divenne vescovo«, *La città dei segreti*, hrsg. von F. Troncarelli, Mailand 1985, 299–323.
27 F. Cumont, *L'Egypte des Astrologues*, Brüssel 1937; vgl. O. Neugebauer, *The Exact Sciences in Antiquity*, 2. Aufl. Providence 1957, Repr. New York 1969, 56.

raums, so etwa in Italien, nahmen Menschen aus allen Gesellschaftsschichten die Dienste von Astrologen in Anspruch, Könige und Fürsten ebenso wie Kaufleute und Hausfrauen. In Ägypten wie in Italien vermischte und verband sich ein zur Religion gesteigerter Sternenglaube mit dem älteren offiziellen Kult. Die stolze Leonora von Aragon etwa weigerte sich zu beten und ließ sich erst von Pellegrino Prisciani, dem Hofastrologen von Ferrara, eines Besseren belehren, der sie auf das Vorbild der »Könige von Griechenland« hinwies. Diese, so Prisciani, pflegten zu beten, wenn der Mond in Konjunktion mit Jupiter stand und andere günstige Voraussetzungen gegeben waren, und daraus erklärte es sich, daß ihre Wünsche immer in Erfüllung gingen.[28] In Ägypten wie in Italien bestimmten schließlich die Astrologen alle möglichen Entscheidungen, in wichtigen öffentlichen Angelegenheiten genauso wie in trivialen Privatsachen. Die Regierung der Republik Florenz, einer Keimzelle des rationalistischen politischen Denkens der Moderne, wählte, wann immer möglich, den Termin für die Ernennung neuer militärischer Oberbefehlshaber nach Maßgabe astrologischer Gutachten.[29] Leonello d'Este, ein Mann von Geschmack und gelehrter Bildung, Vorzeigeschüler des Guarino di Verona, wählte seine Garderobe nach astrologischen Gesichtspunkten. Er achtete darauf, immer Farben zu tragen, die geeignet waren, günstige himmlische Kräfte und Einflüsse auf sich zu ziehen.[30]

Im Europa der Renaissancezeit wie auch im hellenistischen Ägypten macht es die schiere Allgegenwart der Astrologie unmöglich,

---

28 A. Warburg, *Heidnisch-antike Weissagung in Wort und Bild zu Luthers Zeiten,* SB Akad. Heidelberg 1919 (1920) = Warburg, *Gesammelte Schriften, Studienausgabe,* hrsg. von H. Bredekamp u. a., I, Bd. 1.2, Berlin 1998; Garin, E., »Magic and Astrology«, *Science and Civic Life in the Italian Renaissance,* übers. von R. Hurley, Gloucester, Mass., 1978; ders., *Astrologie in der Renaissance,* Frankfurt a. M. 1997.

29 E. Casanova, »L'astrologia e la consegna del bastone al capitano generale della repubblica fiorentina«, *Archivio storico italiano* 5, 7 (1891), 134-144. Allgemeiner s. A. Parel, *The Machiavellian Cosmos,* New Haven/London 1994.

30 Angelo Decembrio, *De politia litteraria,* MS Vat., lat. 1794, 6vo. Spätere Zeugnisse über die Rolle der Astrologie am Hof der Este in Ferrara bei G. Biondi, »Mini-

Hohes und Niederes, intellektuelles Raffinement einer Elite und populäre Alltagskultur streng zu scheiden. Das läßt sich etwa am Fall Dürers gut sehen: Zwar sind in die Komposition seiner höchst subtil verrätselten und gelehrten *Melencolia I,* die sich an ein erlesenes Publikum von Humanisten wandte, astrologische Vorstellungen und Ideen eingeflossen, aber Gedankengut aus derselben Quelle läßt sich auch in populären Druckgraphiken entdecken, die der Künstler für das gemeine Volk auf dem Marktplatz schuf (wo sie übrigens auch tatsächlich von Dürers Frau verkauft wurden).[31] Die erhaltenen Horoskope und astrologischen Lehrbücher spiegeln die Hoffnungen und Erwartungen, die Ängste und Schreckensvisionen einer ganzen Gesellschaft wider – wie in Dürers Bildern die Träume des Künstlers, in denen astrologische Vorstellungen allgegenwärtig waren, zum Ausdruck kamen.

Auf höchstem Niveau kam antiken wie frühmodernen Astrologen eine ganz ähnliche Funktion zu wie im 20. Jahrhundert den Volkswirtschaftlern. Wie diese versuchte der Astrologe, chaotische Phänomene des täglichen Lebens in eine Ordnung zu zwingen, indem er sie in streng definierte quantifizierende Modelle einband. Wie der moderne Ökonom wies der Astrologe in seiner Lehre und seinen Schriften für das Fachpublikum immer wieder mit Nachdruck darauf hin, daß die Möglichkeiten seiner Wissenschaft, die Zukunft vorherzusagen, eng begrenzt seien. Schließlich befaßte sich die Astrologie mit dem komplexen Zusammenwirken von universalen Kräften und nicht eigentlich mit der Problematik, welches Ergebnis

---

ma astrologica. Gli astrologi e la guida della vita quotidiana«, *Schifanoia* 2 (1986), 41–48.

31 Vgl. z. B. den berühmten Holzschnitt mit astrologischen Motiven, den Dürer 1496 als Illustration zu einem Flugblatt über die Syphilis beisteuerte. Zum Autor der Flugschrift Theodoricus Ulsenius vgl. B. Lawn, *The Salernitan Question,* Oxford 1963, und P. Dilg, »Der Kosmas-und-Damian-Hymnus des Theodoricus Ulsenius (um 1460–nach 1508)«, *Orbis pictus,* hrsg. von W. Diessendörfer und W.-D. Müller-Jahncke, Frankfurt 1985, 67–72. Zu dem Holzschnitt selbst und darüber, wie prophetische Bilder aus astrologischen Pamphleten Dürers Denken durchdrangen, s. J. M. Massing, »Dürer's Dreams«, *Journal of the Warburg and Courtauld Institutes* 49 (1986), 238–244.

diese oder jene einzelne Konfiguration zeitigte. Wenn man bedenkt, welche Menge Fragen an jedes beliebige Horoskop gestellt werden konnte, wird klar, daß jede beliebige Vorhersage nur mehr oder weniger unverbindlichen Charakter haben konnte.[32] Wie der Volkswirtschaftler so erwies sich auch der Astrologe in der Praxis als durchaus willig, dem Drängen mächtiger Auftraggeber nachzugeben und trotz allem konkrete Voraussagen zu machen. Und wie der Volkswirtschaftler so mußte auch der Astrologe in der Regel feststellen, daß die Ereignisse seine Prophezeiung Lügen straften – und erhielt in Würdigung seiner wissenschaftlichen Leistungen, die sich so glänzend bewährt hatten, einen höheren und besser bezahlten Posten.

Schließlich wurde der Astrologe, auch hierin dem Volkswirtschaftler ähnlich, zum vielgeschmähten Gegenstand allgemeiner Kritik, ohne jedoch seine offenbar unverzichtbare Funktion in der Gesellschaft einzubüßen. Selbst die aggressivsten Kritiker konnten sich dem Sog dieser allgegenwärtigen Wissenschaft nicht entziehen. Der weltkluge Historiker Francesco Guicciardini machte sich sowohl über die Astrologen als auch über die Theorien seines Freundes Machiavelli lustig und vertrat die Ansicht, der menschliche Intellekt könne unmöglich den komplizierten Gang gesellschaftlicher und politischer Entwicklungen voraussehen, gleichgültig, ob er sich in seinem Streben auf astrologische oder aber politische Analysen stütze. Wie schon vor ihm Coluccio Salutati, der sich ebenfalls im wild bewegten politischen Leben von Florenz einen Namen gemacht hatte, behauptete er, die Astrologen verdankten ihren Erfolg einem Selbstbestätigungsautomatismus, der in ihrer wie auch in der Psyche ihrer Klienten wirksam sei: Beide neigten dazu, sich lediglich derjenigen Fälle zu erinnern, in denen die Prophezeiungen von Astrolo-

---

32 Vgl. J. L. Heilbron, Einführung zu *John Dee on Astronomy = Propaedeumata aphoristica (1558 and 1568)*, hrsg. und übers. von W. Shumaker, Berkeley 1979.
33 F. Guicciardini, *Ricordi*, C 57; in *Opere*, hrsg. von V. de Capraviis, Mailand/Neapel 1953.
34 Vgl. *I Guicciardini e le scienze occulte*, hrsg. von R. Castagnola, Florenz 1990. Zu Salutatis Ansichten vgl. etwa sein Werk *De fato et fortuna*, hrsg. von C. Bianca,

gen tatsächlich wahr geworden waren, während sie die weit häufigeren Fehlprognosen einfach vergäßen. Die Tatsache, daß die Astrologen ein so hohes Ansehen genossen, war für Guicciardini ein klarer Beweis für die Fehlbarkeit des menschlichen Intellekts, eine These, die er nimmermüde verfocht.³³ Jahrhundertelang galt Guicciardini – gemeinsam mit Martin Luther – als einer jener klar denkenden Männer, die eine der großen Schimären ihrer Epoche in ihrer Nichtigkeit durchschauten. Vor wenigen Jahren jedoch veröffentlichte dann Raffaella Castagnola Guicciardinis eigenes Horoskop zusammen mit einer Studie, die das Dokument im Kontext zahlreicher anderer Quellen beleuchtet. Der große Mann hatte, ebenso wie seine von ihm bespöttelten Zeitgenossen, einen Astrologen konsultiert, um sich sein Horoskop stellen zu lassen. Es handelte sich dabei um Ramberto Malatesta, einen Adeligen, der, nachdem er seine Ehefrau ermordet und im Zuge politischer Unruhen seinen Grundbesitz verloren hatte, nach Florenz gezogen war, wo er ein bürgerliches Leben führte. Die erstaunlich detaillierte Beschreibung von Guicciardinis Charakter in Malatestas astrologischem Gutachten weist darauf hin, daß die beiden gut miteinander bekannt gewesen sein müssen, und der Historiker hat offenbar die Prophezeiungen des Experten durchaus gründlich und mit einigem Ernst studiert.³⁴ Der scharfsichtige Zyniker war in seiner Ablehnung der Astrologie nicht konsequenter als all die naiven gewöhnlichen Sterblichen um ihn herum. Heutzutage kann sich wohl niemand den Gesetzen der irdischen Ökonomie entziehen – ebenso allgemeingültig waren im 16. Jahrhundert wie auch in der hellenistischen und der römischen Welt die Gesetze der himmlischen Ökonomie.

Trotz aller die Jahrhunderte überspannenden Ähnlichkeiten erschöpfte sich jedoch die Astrologie der Renaissance nicht in der

---

Rom 1984, 115: »Sed multa premonent que, sicuti predixerunt, eveniunt; eveniunt, fateor, sed longe plura que non implentur affirmant. Tot enim simul futura volunt quod quodammodo impossibile sit ipsorum aliquid non venire.« Eine ganz ähnliche Argumentation findet sich bei Montaigne, *Essais* I.11: »Des pronostications.«

bloßen Wiederholung antiker Muster. Die astrologische Tradition ist keineswegs ein in sich geschlossenes und abgeschlossenes Ganzes. Der soziale Kontext, in dem die Astrologen arbeiteten, veränderte sich von der Antike bis in die Renaissance radikal, und auch die astrologische Praxis wandelte sich, besonders vom 12. Jahrhundert an, als diese Kunst eine immer größere Anhängerschaft gewann und zunehmend verfeinerte Formen entwickelte. Den Astrologen der Renaissance und ihren Gegnern eröffneten sich mit dem Buchdruck mediale Möglichkeiten, die den antiken Autoren noch völlig unvorstellbar gewesen waren. In dem Maß, in dem sich die Astrologie neuer Formen der Publikation bediente und in dem diese wiederum neue Leserschichten bei Gebildeten und Ungebildeten erschlossen, rückte die antike Kunst mehr und mehr in eine Öffentlichkeit, die es so in der Antike noch gar nicht gegeben hatte.

Nicht nur der Kontext, auch die Inhalte der Astrologie erfuhren im Lauf der Zeiten bedeutende Veränderungen. Die Astrologie ähnelt in vielem einem Gletscher: Sie besteht aus etlichen Schichten unterschiedlicher und unterschiedlich geformter Materialien; diese Masse ist in ständiger, wenn auch unmerklicher Bewegung und reibt sich so dauernd und unter viel Lärm mit völlig andersartigem Material; bei näherer Betrachtung lassen sich zahlreiche Sprünge und tiefe Risse feststellen. Zentrale Lehren der frühmodernen Astrologie – etwa die, welche den Konjunktionen des Saturn mit Jupiter eine überaus hohe Bedeutung beimißt – hatten keinerlei antike Wurzeln. Wichtige Gemeinsamkeiten, welche die Astrologie mit anderen prädiktiven Disziplinen verbanden, gewannen in der Renaissance einen völlig neuen Stellenwert. In der Antike standen sich Astrologen und Mediziner als Vertreter unterschiedlicher Professionen konkurrierend gegenüber. Ptolemäus, dessen fachlich kompetentes und

---

35 Ptolemäus, *Tetrabiblos*, 1.3, hrsg. von Robbins, Cambridge, Mass./London 1940.
36 N. Siraisi, *Medieval and Early Renaissance Medicine*, Chicago/London 1990.
37 A. Murray, *Reason and Society in the Middle Ages*, Oxford 1978, verbesserte Neuaufl. 1985, 208.

systematisches Handbuch der Astrologie bis heute ein Standardwerk geblieben ist, verglich die beiden Wissenschaften miteinander und gelangte zu der Erkenntnis, daß sie durchaus ähnliche Ziele verfolgten, doch betonte er zugleich mit Nachdruck die Unterschiede zwischen den zwei Wissensgebieten.[35] Freilich blieb es auch in der Antike nicht aus, daß Astrologen und Ärzte bisweilen Gedanken und Techniken aus dem jeweils anderen Fachgebiet übernahmen (Ptolemäus selbst lobt die Ägypter ausdrücklich dafür, daß sie Medizin und Astrologie zu einer Einheit verschmolzen hätten). Im Mittelalter dann versuchten viele Gelehrte in der islamischen wie in der christlichen Welt, die beiden Künste miteinander zu versöhnen. Die italienischen Universitäten, an denen sowohl die Artes liberales als auch Medizin gelehrt wurden, boten offizielle Lehrveranstaltungen zur Astrologie an, die zu den »freien Künsten« gehörte. Ganz offenbar war man der Meinung, daß die Kenntnisse, die hier vermittelt wurden, einem Mediziner durchaus nützlich sein konnten. Ärzte mit einer solchen Universitätsausbildung betätigten sich oft nebenbei im astrologischen Fach und erstellten Horoskope, und es gab auch Patienten, die sowohl astrologischen als auch medizinischen Beistand wünschten. Manche Mediziner bemühten sich sogar darum, die exakten quantifizierenden Verfahren der Astrologie in die Praxis der Heilkunde einzuführen.[36] Unter den erfolgreichen Astrologen, die Symon de Phares im späten 15. Jahrhundert auflistet, finden sich auffallend viele, die auch als Heilkundige praktizierten.[37] Zur selben Zeit jedoch entspannen sich immer wieder heiße Debatten darüber, ob gewisse Krankheiten eher dem medizinischen oder vielmehr dem astrologischen Ressort zuzurechnen seien. Sowohl die Große Pest von 1348 als auch das erste Auftreten der Syphilis kurz vor 1500 animierte Experten beider Disziplinen dazu, in polemischen Traktaten den Erklärungsanspruch der Konkurrenz heftig zurückzuweisen.[38]

---

38 Zur Großen Pest vgl. das Quellenmaterial in H. Pruckner, *Studien zu den astrologischen Schriften des Heinrich von Langenstein*, Leipzig/Berlin 1933, und G.W. Coopland, *Nicole Oresme and the Astrologers*, Liverpool 1952; eine Sammlung von Texten zur Syphilis in *Die ältesten Schriftsteller über die Lustseuche in*

Bisweilen entwickelten sich astrologische Lehren und Praktiken in einer Weise, die antike Denker nie für möglich gehalten hätten. Manche Mediziner, etwa Ficino und Paracelsus, gingen so weit, die Astrologie für das unverzichtbare Herzstück aller medizinischen Wissenschaft zu erklären, für eine wichtige Quelle von Informationen, die es dem Arzt erst ermöglichten, eine zuverlässig wirksame Therapie zu wählen oder geeignete diätetische Empfehlungen zu geben.[39] Manche Philosophen, so etwa Pomponazzi, trauten der Astrologie gar die Fähigkeit zu, letzte Erklärungen für alle physikalischen Prozesse im Kosmos zu liefern – und zusätzlich auch noch für die Wirksamkeit des Gebets.[40] Zur selben Zeit versuchten andere, die Astrologie als eine bloße Pseudowissenschaft zu entlarven, hinter deren Fassade sich allerlei Schwindel und Aberglaube verbargen. Pico della Mirandola zum Beispiel veröffentlichte den großartigen Entwurf einer systematischen Kritik der Astrologie, der sich in seinen Grundannahmen und seiner Argumentationsweise radikal von den älteren Polemiken Ciceros und einiger Kirchenväter unterscheidet. In dem Maß, in dem eine akademisierte Medizin im täglichen Leben der Oberschicht immer mehr an Einfluß gewann, wuchs das Bedürfnis nach einer Klärung der Frage, welche Möglichkeiten man der Astrologie zutrauen und welchen Wert man ihr beimessen könne – so beispielsweise bei jenen Verwandten und Ratgebern von Herrschern oder Prinzen, die man in früheren Zeiten wohl einfach für »besessen« gehalten hätte, die aber nun als psychisch krank erkannt wurden.[41] Zusammenfassend läßt sich feststellen, daß die frühmoderne Debatte über die Astrologie sowohl in

Deutschland, von 1493 bis 1510, hrsg. von C. H. Fuchs, Göttingen 1843; s. auch die Analyse von P. Zambelli im 4. Kap. ihres Buchs *L'ambigua natura della magia,* Mailand 1991, Repr. Venedig 1995.

39 D. P. Walker, *Spiritual and Demonic Magic from Ficino to Campanella,* London 1958; W.-D. Müller-Jahncke, *Astrologisch-magische Theorie und Praxis in der Heilkunde der frühen Neuzeit, Sudhoffs Archiv,* Supplement, Stuttgart 1985; s. auch M. Ficino, *Three Books on Life,* hrsg. von J. R. Clark und C. V. Kaske, Binghamton 1989. Was Paracelsus betrifft, so spielte in seinem Denken natürlich die Alchimie die wichtigste Rolle.

ihrem Charakter als auch in ihren Dimensionen ein neuartiges Phänomen war – ebenso neuartig, wie die Öffentlichkeit, die diese Debatte verfolgte, und wie die Medien, die ihre Entwicklung ermöglicht hatten.

Kulturhistoriker von Rang haben verschiedene Modelle entwickelt, um Wesen und Bedeutung der frühmodernen Astrologie zu erklären. Warburg betrachtete sie als überaus fruchtbaren, aber auch gefährlichen Teil der klassischen Tradition. Die Astrologie war für ihn das Medium einer nie nachlassenden dionysischen Versuchung des Menschen, die Last der individuellen Verantwortung abzuwerfen, sich von seinen Gefühlen und Taten loszusagen und sich als fremdgesteuertes Subjekt höherer, bösartiger Gewalten zu begreifen. Alle Intellektuellen der Renaissance mußten gegen diese verführerische dunkle Macht ankämpfen, um die geistige Bewegungsfreiheit zu gewinnen, ohne die keine kreative Arbeit möglich ist. Ernst Cassirer verfolgte den Gedanken weiter und gelangte zu der Erkenntnis, daß eben der systematische Charakter der Astrologie dem innovativen Denken freie Bahn schuf. Auf der Grundlage dieses Systems konnten Pomponazzi und andere eine radikal neue Vision des Universums entwickeln, eines Kosmos, in dem ein und dieselben Kräfte die himmlische und die irdische Welt durchdrangen und beherrschten, und zwar ohne daß störende und vermittelnde Instanzen dazwischentraten – eine absolutistisch astrologische Kosmologie und dabei aller astrologischen Tradition einigermaßen zuwider.[42] Michel Foucault dagegen behandelte die Astrologie der Renaissance als einen Musterfall, an dem sich zeigen läßt, wie eine

---

40 P. Pomponazzi, *De naturalium effectuum causis sive de Incantationibus*, Basel 1567, Repr. Hildesheim/New York 1979. S. die klassische Arbeit von E. Cassirer, *Individuum und Kosmos in der Philosophie der Renaissance*, Darmstadt 1994, und M. Pine, *Pietro Pomponazzi: Radical Philosopher of the Italian Renaissance*, Padua 1986.
41 H. E. Midelfort, *Mad Princes of Renaissance Germany*, Charlottesville/London 1994.
42 S. A. Warburg, *Images from the Region of the Pueblo Indians of North America*, übers. von M. Steinberg, Ithaca 1995; J. Krois, *Cassirer, Symbolic Forms and History*, New Haven 1987.

bestimmte »*episteme*« – ein gewissermaßen unterirdisches System von Regeln, das in seiner düsteren Großartigkeit an die Kerker Piranesis erinnert – das Denken einer ganzen Epoche bestimmte. Kein Philosoph oder Naturwissenschaftler konnte der Fülle von vorgegebenen Annahmen entrinnen, die ihn zwangen, sich selbst und alle übrigen Geschöpfe als Wesen zu betrachten, die einer Vielzahl niedrigerer und höherer Mächte vollständig ausgeliefert waren, als Gefangene in einem dichten, klebrigen Netz von Einflüssen.[43] Für Keith Thomas endlich ist die Bedeutung der Astrologie weniger in ihren Inhalten als vielmehr in ihrer sozialen Funktion zu suchen. Seiner Meinung nach läßt sich die Faszination, welche die Astrologie und andere nicht-rationale, magische Künste der Divinatorik auf die Menschen in der frühen Neuzeit ausübten, durch die Unsicherheit der materiellen Lebensbedingungen wie auch der gesellschaftlichen Verhältnisse in dieser Epoche erklären. Feuersbrünste, Überschwemmungen und Hungersnot, Unfruchtbarkeit bei Mensch und Tier waren reale Gefahren, die arm und reich bedrohten. Es gab keine Möglichkeit, solche Katastrophen mit rationalen Mitteln vorherzusehen oder sie zu verhindern. Diese Gefahren waren auf allen Ebenen der Gesellschaft gegenwärtig, sie machten es schwierig, die Kontinuität von Familien über die Generationen hinweg zu sichern, und verwandelten die Städte in schwarze Löcher, deren Sogwirkung ganze Landstriche entvölkerte und die verarmten Landflüchtigen oft genug auch wirklich verschlang. Die Institution der Versicherung, die sich auf statistische, nicht auf astronomische Berechnungen stützte, kam erst im 17. Jahrhundert auf – nachdem die Astrologie und die okkulten Wissenschaften ihren hohen Stellenwert in der Kultur verloren hatten. Der Astrologe war es, der über die besten quantitativen Methoden jener Zeit verfügte, und daher traute man ihm am ehesten zu, die Zukunft vorhersehen und nützlichen Rat geben zu können, wie Risiken zu vermeiden und günstige Gelegenheiten zu nutzen waren.[44]

---

43 M. Foucault, *Die Ordnung der Dinge*, Frankfurt a. M. 1974.
44 K.V. Thomas, *Religion and the Decline of Magic*, New York 1971.

Jedes dieser Erklärungsmodelle betont einen wichtigen Aspekt der Astrologie, jedoch wird keines, für sich allein genommen, dem Phänomen gerecht. Warburg verkannte, daß die Astrologie in ihrer besonderen Art und Weise eine bedeutende Leistung des antiken wissenschaftlichen Denkens darstellte, daß sie wie die Geographie und die Medizin eine der großen taxonomischen Disziplinen der hellenistischen Epoche und der frühen Kaiserzeit war.[45] Cassirer, der in seiner Interpretation der frühmodernen Astrologie diese Dimension sehr wohl sah, befaßte sich intensiv mit den theoretischen Grundlagen der Disziplin, schenkte jedoch deren Praxis nur wenig Beachtung. Foucault war es gewiß nicht unbekannt, daß die Astrologie und Naturphilosophie der Renaissancezeit wichtige Grundannahmen und Verfahren direkt aus älteren Quellen übernommen hatten, aber er gab es nie zu, denn ein solches Eingeständnis hätte für seine eigene Methode radikale Konsequenzen gehabt. Thomas, der als erster den sozialen Kontext und Lebensraum der frühmodernen Astrologie erhellte, trug dem intellektuellen Reichtum und der Komplexität dieser Disziplin als eines Systems von Ideen zuwenig Rechnung, erst recht der Astrologie in jener voll entwickelten Gestalt, die sie außerhalb Englands annahm.

Während Kultur- und Sozialhistoriker sich in ihren Forschungen auf die Beziehungen zwischen der Astrologie und ihrer weiteren Umwelt konzentrierten, untersuchten Vertreter der exakten Wissenschaft die innere Geschichte der Disziplin. Otto Neugebauer, David Pingree, Bernard Goldstein, Francesca Rochberg-Halton, Alexander Jones und andere haben die astrologische Lehre und Praxis, wie sie sich von ihren frühen Anfängen bis heute entwickelten, eingehend und im Detail beschrieben. Sie haben die verschiedenen historischen Schichten der astrologischen Tradition freigelegt und die einzelnen Techniken, die Horoskopen zugrunde liegen oder in Traktaten und Kommentaren überliefert werden, identifiziert, und sie haben eine gewaltige Menge von Quellen zur Astrologie publi-

---

45 S. O. Murrays Rezension von R. MacMullens, *Enemies of the Roman Order, Journal of Roman Studies* 59 (1969), 261–265, besonders 262–263.

ziert und analysiert.⁴⁶ In ähnlicher Weise hat John North astrologische Geschichtsdeutungen und Horoskopsammlungen des Spätmittelalters und der Renaissance beleuchtet und damit die Voraussetzungen für Forschungen zur Geschichte der Disziplin in der frühen Neuzeit gelegt.⁴⁷ Alle diese Arbeiten, die sich im engen Rahmen des Fachspezifischen bewegen, haben, eben dank dieser Selbstbeschränkung, das astrologische Denken als erstaunlich fruchtbar erkannt und in vielen dieser Ideen ein hohes Maß an intellektueller Seriosität und innerer Konsistenz aufzeigen können. Doch haben sie in aller Regel nur wenig darüber gesagt, welchen Gebrauch die Gesellschaft von der Astrologie machte. Cardano beobachtete, wie wir noch sehen werden, solche Dinge mit immer wacher Aufmerksamkeit, und sein Werk ist nicht nur wegen seines fachwissenschaftlichen Inhalts, sondern mindestens ebensosehr als Quelle bedeutsam, die über den sozialen Kontext des Autors Auskunft gibt. Was wir demnach brauchen, ist ein gewissermaßen trigonometrisches Analyseverfahren, das sich zwischen den Fixpunkten des Fachspezifischen und des Kontextuellen hin und her bewegt und dabei keines von beiden aus dem Auge verliert und keines zu stark in den Vordergrund treten läßt.

Glücklicherweise sind in jüngerer Zeit etliche Gelehrte mit Arbeiten hervorgetreten, die einem so angelegten Forschungsprojekt zum Vorbild dienen können. Valerie Flints großartige Untersuchung von Magie und Religion im Frühmittelalter zeigt im Detail, wie kirch-

---

46 S. etwa O. Neugebauer, »The Study of Wretched Subjects«, *Isis* 42 (1951) = *Astronomy and History*, New York/Berlin/Heidelberg/Tokio 1983, 3; ders., *The Exact Sciences in Antiquity;* ders. und H. B. Van Hoesen, *Greek Horoscopes*, Philadelphia 1959; D. Pingree, *The Thousands of Abu Ma'Shar*, London 1968; ders. und E. S. Kennedy, *The Astrological History of Máshá'alláh*; Pingree und B. Goldstein, *Levi ben Gerson's Prognostication for the Conjunction of 1345*, Philadelphia 1990; A. Jones, Hrsg., *The Astrological Papyri from Oxyrhynchus*, Philadelphia, in Vorbereitung; L. Taub, »The Rehabilitation of Wretched Subjects«, *Early Science and Medicine* 2 (1997), 74–87.
47 J. North, »Astrology and the Fortunes of Churches«; ders., *Horoscopes and History*, London 1986, und *Chaucer's Universe*, Oxford 1988, verbesserte Neuaufl. 1990.

liche Autoritäten die antike Kunst der Sterndeuterei zugleich verdammten und sich zu eigen machten.[48] Paola Zambelli hat anhand von hochinteressantem Archivmaterial präzise Fallstudien zur astrologischen Praxis im Italien und Deutschland der Renaissance durchgeführt, die sowohl den verwendeten astrologischen Techniken als auch der weiteren Umgebung, in der die Astrologen ihrem Beruf nachgingen, die gebührende Beachtung schenken.[49] C. H. Josten und Ann Geneva haben auf der Grundlage von Manuskripten der unvergleichlich reichen astrologischen Sammlung der Bodleian Library sehr anschaulich und detailliert die Biographien und Lebenswelten englischer Astrologen des 17. Jahrhunderts rekonstruiert.[50] Germana Ernst analysiert kenntnisreich die astrologischen Theorien von Tommaso Campanella, in dessen stürmischer Karriere als Prophet auch die Sterndeuterei eine Rolle spielte, und dies sowohl bei seinem erfolglosen Versuch, einen politischen Umsturz in Süditalien anzuzetteln, als auch in seinem utopischen Entwurf einer vollkommenen Gesellschaftsordnung, der noch heute die Gemüter vieler Leser erregt.[51] Jean Dupèbe und der inzwischen verstorbene Pierre Brind'Amour haben mit gelehrter Gründlichkeit und erbarmungsloser Schärfe des Blicks das berufliche Wirken und das Geschäftsgebaren des bekanntesten aller Astrologen der Renaissance, des Nostradamus höchstselbst, offengelegt, der nach unseren heutigen, aber auch schon nach den Begriffen seiner eigenen Epoche als ein brillanter Scharlatan gelten muß.[52]

---

48 V. I. Flint, *The Rise of Magic in Early Medieval Europe*, Princeton 1991.
49 S. etwa P. Zambelli, »Da Giulio II a Paolo III« und »Astrologi consiglieri del principe a Wittenberg«, *Annali dell'Istituto Storico Italo-Germanico in Trento* 18 (1992), 497–543.
50 S. *Elias Ashmole (1617–1692): His Autobiographical and Historical Notes*, hrsg. von C. H. Josten, 5 Bde., Oxford 1966; A. Geneva, *Astrology and the Seventeenth Century Mind*, Manchester/New York 1995.
51 S. besonders T. Campanella, *Articuli prophetales*, hrsg. von G. Ernst, Florenz 1977, und G. Ernst, *Religione, ragione e natura*.
52 Nostradamus, *Lettres inédites*, hrsg. von J. Dupèbe, Genf 1983; P. Brind'Amour, *Nostradamus astrophile*, Ottawa/Paris 1993; Nostradamus, *Les premières centuries ou propheties*, hrsg. von P. Brind'Amour, Genf 1996.

Jede Auseinandersetzung mit einem früheren Werk hat meine Arbeit in der einen oder anderen Weise geprägt. Aby Warburgs Interpretation der Astrologie zeigt bei genauer Prüfung durchaus Defizite, dennoch ist sein Werk noch immer die vollständigste und kenntnisreichste Darstellung jener intellektuellen Szene der Renaissance, in der astrologische Fragen diskutiert und Erkenntnisse aus diesem Wissensgebiet ausgetauscht wurden. Der frühe Foucault von *Die Ordnung der Dinge* konnte seinen Lesern schwerlich die Geisteswelt eines Astrologen der Renaissance erschließen, aber das spätere Werk *Die Sorge um sich* vermittelte wichtige Einsichten in die Zwecke, die er in seiner täglichen Arbeit verfolgte.[53] Der Einfluß von Keith Thomas ist in jedem Kapitel dieses Buchs spürbar, auch wenn meine Studie einen Astrologen und eine Astrologie zum Gegenstand hat, die einem ganz anderen Typ angehören als jene, die Thomas analysierte.

Bei alledem habe ich mich natürlich auch darum bemüht, neue Fragen an meinen Gegenstand zu stellen, einen anderen, eigenen Weg zu gehen. Ich wollte sowohl der Rationalität wie dem Irrationalen der frühmodernen Astrologie gerecht werden, ihren altüberlieferten und ihren neuartigen Inhalten, ihren antiken Ursprüngen und ihrer modernen sozialen Funktion. Ich wollte fragen, ob die Astrologen der Renaissance, die sich nicht zuletzt damit beschäftigten, antike Texte zu studieren und zu kommentieren, etwas zum Verständnis der antiken Astrologie beizutragen haben – ob sie uns also helfen können, die scheinbar so verstaubten Werke des Ptolemäus und des Firmicus in einen konkreten, beschreibbaren sozialen und kulturellen Kontext einzubetten und sie uns als Teil des wirklichen Lebens jener Zeiten nahezubringen. Vor allem aber wollte ich mich von meinem Gegenstand überraschen lassen, ich wollte meine spezifischen analytischen Fragen nicht im voraus formulieren, sondern sie im

---

53 Zur Entwicklung von Foucaults Denken s. D. Macey, *The Lives of Michel Foucault*, London 1993.

54 Österreichische Nationalbibliothek MS 6070, 25^{ro-vo}: »Alii se faciles praebent, omniumque facilimum se exhibet Vlysses Aldrovandus qui [Ms.: cui] horti sim-

Lauf meiner Quellenforschung entwickeln, im Umgang mit einem Material, das ein Intellektueller der Frühmoderne zusammengetragen hat und das eben nicht nach Maßgabe der Interessen eines modernen Archivars oder Historikers ausgewählt wurde.

Im Juli 1572 schloß Hugo Blotius, ein niederländischer Gelehrter, der bald darauf eine Stelle als Hofbibliothekar des Kaisers Maximilian II. antreten sollte, einen Bericht über seine Reisen in Italien ab, die er in den anderthalb Jahren zuvor unternommen hatte. Seine gesammelten Reisenotizen sollten einem jungen Freund von ihm, Ludwig von Hutten, als Führer dienen, weswegen das Bändchen über die bloße Erzählung von Erlebnissen hinaus auch zahlreiche praktische Lehren und Handlungsempfehlungen enthält. Blotius besaß einen wachen Sinn für die Freuden und Gefahren ganz Italiens, für spektakuläre Naturschönheiten ebenso wie für schlechte Gasthäuser, aber seine besondere Aufmerksamkeit galt doch den Herrlichkeiten der Stadt Bologna und ihrer berühmten Universität. Die meisten Reisenden, so bemerkt er, suchten hier die Bekanntschaft vier großer Gelehrter zu machen, nämlich des Historikers Carlo Sigonio, des Juristen Angelius Papius, des Mediziners und Philosophen Ulisse Aldrovandi und schließlich des »Giovanni« – er meinte Girolamo – Cardano, dem er, aus gutem Grund, kein bestimmtes Spezialfach zuordnete. Blotius teilt die Adressen dieser Männer mit und rühmt besonders die Leutseligkeit Aldrovandis: »Sie sind überaus liebenswürdig, und am umgänglichsten ist Ulisse Aldrovandi, der den Heilkräutergarten am Palast des Legaten, des Gouverneurs der Stadt, unter sich hat. Er besitzt auch eine großartige Privatsammlung von blühenden Pflanzen aller Arten und allen möglichen anderen Dingen der Natur.«[54] Offenbar gewährte also Aldrovandi Besuchern aus den Ländern jenseits der Alpen groß-

---

plicium qui Bononiae ad Palatium Legati seu gubernatoris est incumbit. Domi etiam hic musaeum habet maxime mirabile, omni herbarum fruticum, caeterarumque rerum naturalium, quae sub oculos cadunt, genere, refertissimum.«

zügig Zugang zu seinem phantastischen naturwissenschaftlichen Museum mit seinen Tausenden von Ausstellungsstücken und Hunderten von Abbildungen exotischer Pflanzen und Tiere, und dies mit liebenswürdiger Selbstverständlichkeit und Freundlichkeit.[55] Was jedoch Cardano betrifft, so empfiehlt Blotius dem Besucher größte Vorsicht: »Man muß sich davor hüten, ihm plumpe Schmeicheleien zu sagen, man soll sich vielmehr kurz fassen und ihn fragen, ob in näherer Zukunft weitere Bücher von ihm zu erwarten sind.«[56] Anscheinend besteht sonst die Gefahr, daß Cardano wütend wird und den Besucher aus dem Haus wirft, statt ihn in die Geheimnisse der Natur einzuweihen. Und trotzdem war Blotius ganz offensichtlich der Meinung, daß die Sache das Risiko wert war.

Auch ich habe mich dafür entschieden, die nähere Bekanntschaft dieser schwierigen und faszinierenden Gestalt zu suchen, wobei meine Neugier in erster Linie seinen astrologischen Arbeiten und denen seiner Kollegen und Konkurrenten gilt, den Quellen, aus denen er schöpfte, und dem Publikum, für das er schrieb. Dieses Interesse hat keineswegs komplizierte Ursachen, es erklärt sich ganz einfach aus dem literarischen Riesenwerk Cardanos, das stilistisch brillant nahezu jedes Thema der astrologischen Tradition behandelt (und viele andere dazu).[57] Die Gesamtausgabe seiner Schriften, die lange nach seinem Tod publiziert wurde, umfaßt zehn Foliobände mit mehr als 7000 Seiten. Und es gibt darin keine Spalte, die nicht mindestens eine erstaunliche Beobachtung oder Anekdote oder irgendein bemerkenswertes Detail enthielte. Cardano erstellte Horoskope für Lebende und Tote, schrieb fachwissenschaftliche Abhandlungen und gab mit einer Offenheit, die ihresgleichen sucht,

---

55 Vgl. G. Olmi, *L'inventario del mondo*, Bologna 1992, und P. Findlen, *Possessing Nature*, Berkeley/Los Angeles 1994. Auch Cardano hat Aldrovandis Privatmuseum besichtigt (ebd. 140).

56 Österreichische Nationalbibliothek MS 6070, 25ro: »Cardanum salutaturis cautio esse debet, ne ipsum in os laudent, ut paucis rem absolvant, rogentque num quos alios libros propediem aedendos expectare possint ...«

57 Unter den kurzen Darstellungen von Cardanos Leben sind nach wie vor am besten die von O. Ore, *Cardano, the Gambling Scholar*, Princeton 1953, und die im

über seine Entdeckungen und Erfahrungen und seine Beziehungen zu seinen Klienten Auskunft. Aber dieses riesige Feld seines so vielseitigen und fruchtbaren Geistes blieb bis heute weitgehend unerforscht. Der schiere Umfang seines Werks und die Vielfalt seiner jeweils hochgradig spezialisierten Interessen haben viele Gelehrte abgeschreckt. Es gibt ausgezeichnete Monographien über seine Arbeiten zur Mathematik des Glücksspiels, über seine Naturphilosophie und über seine Beiträge zur medizinischen Forschung, aber nur Germana Ernst hat sich detailliert mit seinem astrologischen Werk befaßt.[58] Das Projekt einer kritischen Ausgabe der Werke von Cardano ist kaum über die Vorbereitungen hinaus gediehen. Noch über Jahre hinweg werden die Forscher, wie Raupen in einem ausgedehnten blühenden Garten, nur winzige Parzellen des gesamten Geländes erkunden können. Die Rätsel sind weit zahlreicher als die Lösungen – ein dunkler Raum mit vereinzelten Lichtinseln. Wir sehen: Wer nähere Bekanntschaft mit Cardano sucht, muß heute wie schon damals Risiken in Kauf nehmen.

Doch es lohnt sich zu studieren, was Cardano zu sagen hat. Betrachten wir beispielsweise eine jener zahlreichen Passagen, in denen er Regeln seines Berufsstands formuliert und seinen astrologischen Kollegen nicht allein vorschreibt, wie sie ihre Arbeit zu erledigen haben, sondern auch, wie sie sich benehmen, und sogar, wie sie sich kleiden sollen:

»Der Astrologe muß neun Dinge beachten, damit er keinen falschen Gebrauch von seiner Kunst macht und nicht, statt Ruhm und Vermögen anzuhäufen, großen Schaden stiftet und Gefahr herauf-

---

Dictionary of Scientific Biography, s. n. Cardano, Girolamo, von M. Gliozzi. S. auch die umfangreicheren Arbeiten von A. Ingegno, *Saggio sulla filosofia di Cardano*, Florenz 1980, und Siraisi, *The Clock and the Mirror*, sowie den Sammelband von E. Keßler (Hrsg.) *Girolamo Cardano: Philosoph, Naturforscher, Arzt*, Wiesbaden 1994.

58 G. Ernst, »›Veritatis amor dulcissimus‹: Aspetti dell'astrologia in Cardano«, in Keßler, ebda. 158–184, und in Ernst, *Religione, ragione e natura*, 191–219.

beschwört ... Früher konnte ich keinerlei Vorteil aus der Astrologie ziehen, und manche übertrugen den schlechten Ruf meiner Kunst auf mich und verleumdeten mich als einen eitlen und neidischen Menschen. Aber sobald ich gelernt hatte, mich an die folgenden Regeln zu halten, brachte sie mir beachtlichen Gewinn und schadete meinem Ansehen kaum noch. Wer sie beherzigt, wird seine Kunst so ausüben, daß er bei niemandem Ärgernis erregt, und er wird nicht weniger Ruhm ernten und Nutzen stiften als die Ärzte unserer Epoche, wenn sie die Heilkunst ausüben. Denn die Voraussagen der Astrologen – wenn sie sich an die in diesem Buch dargelegten Prinzipien halten und jene Regeln beachten – sind weit sicherer als alles, was die medizinische Wissenschaft auf ihrem heutigen Stand der Erkenntnis über Krankheiten zu sagen vermag, zumal da der Gewissenhaftigkeit, welche die Astrologie, wie sie hier gelehrt wird, kennzeichnet, eine ebenso große Nachlässigkeit auf seiten der Medizin gegenübersteht. Deswegen merke erstens und vor allem dies: Wage dich nicht an eine Voraussage, bevor du nicht alles, was hier erklärt wird, vollständig beherrschst und alle übrigen Voraussetzungen, die oben im einzelnen beschrieben sind, erfüllst. So mußt du es zum Beispiel ohne Zögern erkennen, wenn die Planeten sich beschleunigt auf ihren Bahnen bewegen, wenn sie sich nämlich im oberen Teil ihrer Epizyklen befinden, und du mußt wissen, wann sie sich langsamer bewegen, nämlich im unteren Teil des Epizyklus – das gilt nicht für den Mond. Und du mußt viele Probe-Voraussagen für deine eigene Person machen. Zweitens mußt du dich, wenn du eine Prognose stellst, von Furcht, Haß und Zuneigung vollkommen frei machen, denn sie führen dich, auch wenn du besten Willens bist, irre. Drittens darfst du diese Kunst nicht in trivialen Angelegenheiten anwenden; praktiziere sie auch nicht vor allem Volk, und veröffentliche deine Ergebnisse nicht, denn diejenigen, die das tun, machen sich allgemein verhaßt, wenn ihre Voraussagen eintreffen, und erst recht lächerlich, wenn sich herausstellt, daß sie sich geirrt haben. Viertens,

---

59 Ptolemäus, *Quadripartitum*, hrsg. von Cardano, 1578, 714–715 = O, V.560: »Oportet novem conditiones servare, ne si sinistre hac arte utaris, non solum glo-

mache keine Voraussagen für einen Klienten, der dich auf die Probe stellen [dich hereinlegen?] will oder der keine sicheren Angaben über die Zeit seiner Geburt machen kann, mache es auch keinesfalls kostenlos oder gegen ein sehr niedriges Honorar, und praktiziere die Kunst nicht für jemanden, der sich darüber lustig macht: Alles dies bringt die Kunst in Verruf und läßt uns irren, wenn wir wichtige und schwierige Dinge mit wenig Anstrengung ergründen wollen. Ich habe ein Angebot von zweihundert Kronen für ein einziges Horoskop ausgeschlagen – überlege dir gut, ob du wirklich mehr Erfahrung in diesem Beruf hast als ich. Fünftens, mache keine Voraussage, bevor du nicht bis ins Kleinste alles genau geprüft und erwogen und auch die besonderen Verhältnisse des Klienten, seine familiäre Umgebung und seine Herkunft, seinen Stand, sein Alter und dergleichen ins Kalkül gezogen hast. Sechstens, erstelle nie und unter keinen Umständen einem Bösewicht ein Horoskop und also auch keinem Menschen, den du nicht kennst, und noch viel weniger einem tyrannischen Fürsten. Wenn du jemandem ein Horoskop stellst, so teile, siebtens, deine Vorhersage nur dem Klienten mit und mache sie nicht öffentlich bekannt. Und hüte dich, zu unbedeutenden Dingen Stellung zu nehmen, beantworte vielmehr nur sehr wichtige Fragen, und zwar kurz und bündig, und fülle nicht ganze Seiten mit zweideutigen oder widersprüchlichen Aussagen, sondern schreib sauber, ordentlich, nüchtern, knapp und klar – zum Vorbild kann dir das zehnte Geburtshoroskop [in Cardanos *Liber xii geniturarum*] dienen. Achtens, verschweige es einem Herrscher nicht, wenn ein schlimmes Unglück droht, aber sage ihm nicht, es werde mit Bestimmtheit eintreten. Neuntens, füge bei jeder Vorhersage hinzu: ›Wenn der Klient sich nicht mutwillig Gefahren aussetzt, die unterschiedslos jedermann bedrohen.‹ … Der Astrologe selbst soll ein besonnener, freundlicher Mann sein, der seine Worte zu wählen weiß, stattlich und mit Geschmack gekleidet, ernst, loyal und ehrenhaft und in jeder Beziehung vorbildlich. Denn oft ziert der Künstler seine Kunst.«[59]

---

riam et utilitatem nullam afferat, sed etiam damna et pericula magna. Ascletarion, ut dixi, a Domitiano: et alius a Galeazio Sfortia occisi sunt ob praedictionem. Thra-

Diese Passage beschreibt das Ideal eines Astrologen, einen weisen, ernsten, nüchternen Mann, wohlhabend, nicht eigentlich profitorientiert, einer, der ausgiebig die mathematischen und astronomischen Grundlagen seines Metiers studiert und erst dann zu praktizieren beginnt, wenn er es perfekt beherrscht, und der nur für einflußreiche und seriöse Klienten arbeitet. Der Text verweist zugleich auf eine ganze Reihe von astrologischen Praktiken, die er nicht allesamt billigt. Cardanos Darstellung zufolge gab es Astrologen, die nur zu wichtigen Dingen Prognosen erstellten, und andere, die sich auch mit Trivialitäten abgaben; manche Kollegen gingen in jedem Fall vom Geburtshoroskop aus, andere nicht; die einen legten großen Wert auf Diskretion, die anderen praktizierten öffentlich; diese wägten ihre Worte mit Bedacht, jene sagten unbekümmert ihre Meinung. Ein guter Astrologe war derjenige, der stets die jeweils zuerst genannte Alternative wählte und sich so als würdiger Vertreter seines uralten und ehrenvollen Metiers erwies, ein schlechter dagegen beherzigte diese Grundsätze nicht und schadete damit seinem eigenen Ansehen und dem seiner Kunst. Allerdings gesteht Cardano

---

sybulus a Tiberio parum abfuit, quin in mare praecipitaretur. Hieronymus Cutica civis noster in exilium ob praedictiones a Gallis pulsus. Et si capi potuisset de vita actum fuisset. Gauricus a Bentivolis tortus in eculeo. Id certe ex astris non viderat, quamis excidium familiae ominaretur, plus ex coniectura rerum quam astrorum. Fuit enim sycophanta egregius. Quoties Romae pulsi in exiliumque acti omnes divinatores? Nobis antea nullo commodo fuit. Vanitatem hominis aemuli praedicabant ex artis infamia. Postmodum non parum commodi attulit nullo fere detrimento famae, sed observatis his, quae nunc subiiciam. Quae si quis servaverit, et ipse citra offensam artem exercebit, nec minore cum gloria ac utilitate quam medici nostri aevi suam artem medicam. Longe enim securiores sunt astrologorum praedictiones, qui ex hoc libro servatis his conditionibus divinabunt, quam cognitio medicorum nostri temporis de morbis, adeo diligenter astrologia hic tradita, adeo oscitanter medicina tractatur. Primum igitur ad praedicendum ne accedas, nisi perfecte instructus in his quae hic traduntur, et illis necessariis ut supra ostensum est. Vt quod cognoscas [O: cognoscat] statim cum Planetae sunt aucti cursu, quod sunt in superiore parvi circuli parte, cum diminuti in inferiore, praeter Lunam: Et plura praedicendi tecum experimenta feceris. Secundum, ut in praedicendo amoveas timorem, odium, et amorem. Illa enim etiam nolentem errare faciunt. Tertium ut ne artem profitearis in triviis, nec coram populo, nec aedas quicquam publicum. Tales enim artem et se ipsos infamia aspergunt, etiamsi vera

ein, daß auch er selbst die Verhaltensregeln, die er anderen vorgibt, nicht immer eingehalten hat.

Firmicus Maternus, ein Autor, den Cardano kannte und verabscheute, zeichnete ein ähnlich idealisiertes Bild vom guten Astrologen, ergänzt um Empfehlungen zu allem möglichen – von der richtigen Ernährung bis zur Präsentation der astrologischen Gutachten:

»Achte genau auf Zeichen von Tugend und eigne sie dir an ... Sei bescheiden, rechtschaffen, nüchtern, iß wenig, strebe nicht nach Reichtum, damit die schändliche Gier nach Geld nicht den Ruhm dieser göttlichen Wissenschaft beflecke ... Sprich deutlich und entschieden, wenn du öffentlich Auskunft gibst, so daß man dich nicht etwas fragt, was man nicht fragen oder worauf man nicht Antwort geben darf ... Nimm dir eine Frau, gründe einen Hausstand, suche dir viele aufrichtige Freunde; sei immer verfügbar, wenn man dich braucht ... hüte dich vor Intrigen ... Wenn du ein Gutachten vorträgst, stelle die schlimmen Dinge nicht allzu deutlich in den Vordergrund, sondern, wenn du an einen solchen Punkt kommst, gib deine Antwort

---

praedicant. Quanto magis ridiculi fiunt cum falsi deprehenduntur? Quartum ne praedices tentanti nec dubiam habenti genesim, nec sine pretio, nec cum exiguo pretio, nec deridenti artem: Nam vilipenditur in omnibus his ars, daturque errandi occasio cum levibus laboribus magna praedicere conamur, et inventu difficilia. Ego bis centum coronatos pro una genesi perficienda respui. Vide modo an tu me sis exercitatior. Quintum ne praedixeris, nisi omnibus diligenter consideratis et bene discussis, ad unguem usque, et ratione habita conditionis hominis, familiae, regionis, legis, aetatis, ac talium. Sextum homini improbo et malo ne ulla ratione praedixeris quicquam. Ex his sequitur ut ne ignoto: multo minus Principi saevo. Septimum, in praedicendo soli illi qui te rogat dixeris, non in populum praedictiones diffunde. Nec de minutis respondebis, sed maximis tantum et evidentibus, et breviter, non ut impleas folia, nec per ambages, nec contradicentia scribas. Sed pure, nitide, caste, munde, breviter, clare. Exemplum de hoc habes in decima genesi. Octavum, Principi ne magnum malum firmiter unquam praedixeris: Sed periculum. Nonum, in omni praedictione adiice si non se intruserit periculis communium calamitatum. Et si vita debilis sit, si per processus et ingressus intermedios licuerit. Caeterum ipse astrologus sit prudens, mitis, paucorum verborum, ornatus, vestibus nitidus, gravis, fidus, ac probus, et undequaque boni exempli. Nam artem praesaepe artifex ornat et decorat.« Eine englische Übersetzung der Passage von Jo. Bowker findet sich in der Bodleian Library, MS Ashmole 176, 214^{ro-vo}.

zögernd mit dem Ausdruck des Widerstrebens, weil es leicht so scheinen kann, als erklärtest du nicht lediglich, was der ungünstige Lauf der Gestirne über den Menschen verhängt, sondern als billigtest du es auch.«[60]

Wenn Cardano so nachdrücklich betont, daß der Astrologe Würde ausstrahlen müsse und seinen Beruf nicht lediglich aus materiellen Motiven ausüben dürfe, wiederholt er nur antike Lehren. Aber Cardanos Standesregeln reichen viel weiter als die seiner astrologischen Quellen. In der zitierten Passage und anderswo formuliert er nicht allein einen Verhaltenskodex für die Vertreter seiner Zunft, sondern geradezu so etwas wie technische Normen, die bei der Interpretation von Horoskopen einzuhalten sind, Standards, die sicherstellen sollen, daß sämtliche für das Schicksal eines bestimmten Individuums relevanten astralen Fakten erfaßt und in einem genau definierten Verfahren gedeutet werden. Technische Anleitungen dieser Art fehlen im *Tetrabiblos*, der nur weitgehend abstrakte Regeln enthält, völlig. Cardano ließ sich hier sehr wahrscheinlich von Vorbildern aus fremden Disziplinen leiten, so zum Beispiel von dem Werk des Artemidorus von Daldis (2. Jh. n. Chr.), einem sehr detaillierten Handbuch der Traumdeutung, das Cardano gut kannte.[61] Anders als Ptolemäus beschreibt Artemidorus nicht nur die Regeln, die in seiner Wissenschaft gelten, sondern auch, wie der Traumdeuter sie in seiner praktischen Arbeit anwenden soll:

»Bei der Deutung eines Traums muß man bisweilen vom Ende zum Anfang vorrücken, bisweilen aber genau umgekehrt ... Wenn die Träume unvollständig sind und, wenn man so sagen will, unzureichende Anhaltspunkte bieten, muß der Deuter versuchen, sie von sich aus zu ergänzen, vor allem, wenn es sich um Träume handelt, in

---

60 Firmicus Maternus, *Mathesis*, 2.30, zit. bei Barton, *Ancient Astrology*, 2.
61 Cardano hatte das Werk in der lateinischen Übersetzung gelesen, die 1539 erschienen war, und bezog sich in seinem eigenen Traktat über die Traumdeuterei häufig darauf. Vgl. L. Grenzmann, *Traumbuch Artemidori*, Baden-Baden 1980.

denen Buchstaben auftauchen, die keinen Sinn ergeben, oder Wörter, die keinen Bezug zu den Dingen haben. Der Deuter muß dann Buchstaben oder Silben umstellen oder austauschen oder hinzufügen ... Der Deuter muß sich also einen gewissen Vorrat an eigenen Methoden erarbeiten, die ihm als Rüstzeug dienen können, und darf sich nicht auf das beschränken, was in den Büchern geschrieben steht. Wer glaubt, er könne es in der Traumdeuterei auch ohne besondere natürliche Begabung, wenn er nur die Regeln der Kunst gründlich studiert, zur Meisterschaft bringen, der täuscht sich; sein Wissen wird immer Stückwerk bleiben, und er wird nie an sein Ziel gelangen ... Versuche die Ursachen aller Einzelheiten zu ergründen, deute jeden Traum, und bemühe dich um eine nachvollziehbare, stimmige Beweisführung, denn selbst wenn das, was du sagst, die reine Wahrheit ist, mußt du doch bedenken, daß du weniger überzeugend wirkst, wenn du, statt deinen Gedankengang vorzuführen, nur die blanken Ergebnisse mitteilst.«[62]

Kurzum, Cardanos Werk ist wie eine riesige Projektionsfläche mit bewegten Bildern, die dem Leser vorführen, wie ein Kenner mehrerer antiker Techniken der Zukunftsdeutung das in der Literatur überlieferte Wissen dieser Disziplinen zu einem einheitlichen Ganzen zu verbinden sucht und auf diese Weise etwas neu schafft, was diese Texte für sich allein genommen nicht preisgaben.

Die Fülle erhaltener Quellen schließlich vermittelt uns Einsichten in die Szenerie, in der Cardano wirkte, wie wir sie von keinem anderen antiken oder mittelalterlichen Astrologen haben. Seine astrologischen Arbeiten verschiedenster Art ergänzen einander und geben sowohl über seine Theorien als auch über seine Praktiken detailliert Aufschluß. Da viele dieser Texte von ihrem Autor überarbeitet wurden, dokumentieren sie die Entwicklung seines Denkens und ent-

---

62 Artemidorus 1.11–12, 4.20. Zum Werk des Artemidorus s. S. F. Price, »The Future of Dreams: From Freud to Artemidorus«, *Past & Present* 113 (1986), 3–37; M. Foucault, *Sexualität und Wahrheit*, Bd. 3, *Die Sorge um sich*, Frankfurt a. M. 1986; J. Winkler, *The Constraints of Desire*, New York/London 1990, Kap. 1.

schädigen so wenigstens zum Teil für den Verlust der Korrespondenz, die Cardano vernichtet hat. Sowohl die Form, die Cardano seinen Büchern im Hinblick auf sein Publikum gegeben hat, wie auch darin enthaltene Informationen, die deutlich machen, wie er sich in diesem Fach zu etablieren suchte, verraten viel über seine nicht immer erfolgreichen Karrierestrategien. Germana Ernst hat bereits vorgeführt, daß ein solcher Ansatz wichtiges Material zutage fördern kann, das in der aus dem 17. Jahrhundert stammenden Ausgabe von Cardanos Werken nicht enthalten ist, wo die Schriften in jeweils einer einzigen, gewissermaßen erstarrten Fassung und ohne das Beiwerk der verschiedenen Einleitungen, Vorworte etc. abgedruckt sind.[63]

Zahlreiche erhaltene Quellen in Gestalt von zusammenfassenden, zustimmenden oder kritischen Randbemerkungen in Werken Cardanos oder von anderen kommentierenden Aufzeichnungen aus jener Zeit geben Zeugnis davon, wie die Zeitgenossen seine Arbeit und die seiner Konkurrenten aufnahmen. Auch in Veröffentlichungen wurde sein Werk, oft in polemischer Form, ausgiebig diskutiert. Wenn man die in der Astrologieforschung herkömmlichen Methoden mit denen jener neuen Disziplin kombiniert, die sich mit der Geschichte der Bücher und ihrer Leser befaßt, wird es möglich, wie Ann Blair im Detail vorgeführt hat, die Entwicklung und Rezeption des Werks eines frühmodernen Naturphilosophen zu verfolgen und jene Wesenszüge zu identifizieren, die besonders starke Reaktionen in seiner Umwelt auslösten.[64] Dieser Ansatz erlaubt es, Cardanos Ideen nicht nur als Gedankensystem zu betrachten, so wie man es im Fall seiner antiken Vorläufer zu tun gezwungen ist, sondern auch ihre Chronologie nachzuzeichnen, zu untersuchen, ob und wie je bestimmte Situationen in seinem Leben das astrologische Instrumentarium veränderten, mit dessen Hilfe er sein Schicksal zu verstehen suchte. Im Fall der antiken Astrologen und der klassischen me-

---

63 S. Ernst, »›Veritatis amor dulcissimus‹: Aspetti dell' astrologia in Cardano«.
64 S. A. Blair, *The Theatre of Nature. Jean Bodin and Renaissance Science,* Princeton 1997.

dizinischen Autoren sind wir auf spärliche, bruchstückhafte Informationen angewiesen, wenn wir im Geist den Marktplatz rekonstruieren wollen, auf dem diese Leute ihre Dienstleistungen anboten, ihre Konkurrenzkämpfe ausfochten und ihren Klienten Rat und Hilfe in ihren Leiden verkauften. Cardano dagegen führt uns mitten hinein ins Getümmel, wo er seinem Beruf nachgeht, er läßt uns – so wie er selbst ebendiese Szene wahrnahm, sie beschrieb, auf sie reagierte – das Reklamegeschrei der Anbieter hören und die Stimmen ihrer Kunden, die aus ihren Künsten Nutzen ziehen möchten.[65]

Im Verlauf dieser Untersuchung werden wir sehen, daß Cardano keineswegs nur für einzelne Klienten arbeitete, vielmehr wandte er sich oft an ein mehr oder weniger großes Publikum, mißachtete also ebendie Vorsichtsregeln, die er in der oben zitierten Passage jedem klugen Astrologen so eindringlich ans Herz legt. Und auch sonst nahm er in seiner praktischen Tätigkeit zeitlebens immer wieder Risiken in Kauf, vor denen er seine Leser zu warnen pflegte. Wir werden aber auch sehen, daß diese Verletzung der eigener Regeln ebenso typisch für den ganzen Berufsstand der Astrologen war – und folglich auch ebenso historisch relevant ist – wie seine Anstrengungen, ihnen treu zu bleiben. Und wir werden immer wieder zu hören bekommen, wie Cardano wiederkehrende Irrtümer und sogar Verstöße gegen ethische Gebote seiner Zunft scheinbar freimütig eingesteht. Seine weitgespannten astrologischen Interessen verbanden sich mit einer obsessiven Neigung zu peinlich genauer Selbstbeobachtung. Das macht ihn zu einem idealen Gegenstand dieses Forschungsunternehmens, das gewissermaßen die Perspektive des Fallschirmspringers mit der des Trüffelsuchers vereinen und zeigen will, daß ein und dieselbe Studie sowohl eine detaillierte, mikrohistorische Untersuchung der Gedankenwelt eines einzelnen Individuums bieten kann als auch einen großen Überblick über die Jahrtausende alten geistigen Traditionen, in denen dieses Individuum zu Hause war.

---

65 Vgl. Taub, *The Rehabilitation of Wretched Subjects*, sowie H. King, »Beyond the Medical Market-Place: New Directions in Ancient Medicine«, *Early Science and Medicine* 2 (1997), 88–97.

ZWISCHENSPIEL:

DER ASTROLOGE, DER KOSMOS
UND DIE KUNST DER WEISSAGUNG

Abb. 1: Der Astrologe und sein Klient

Der Astrologe, im Gespräch mit einem Besucher, trägt die Planetenpositionen in das quadratische, in zwölf Häuser unterteilte Horoskopschema ein, das vor ihm auf dem Tisch liegt. Auf dem Lesepult rechts ein Nachschlagewerk mit astronomischen Tabellen, denen er die Positionen von Planeten und Sternen entnehmen kann. Rechts am Himmel die hell strahlende Sonne – in der Mitte schiebt sich der Mond vor sie und verursacht eine Sonnenfinsternis, weswegen auch die Sterne, obwohl es Tag ist, sichtbar sind. Robert Fludd, *Utriusque cosmi historia*, London 1618.
Mit freundl. Gen. der Princeton University Library, Dep. of Rare Books and Special Collections.

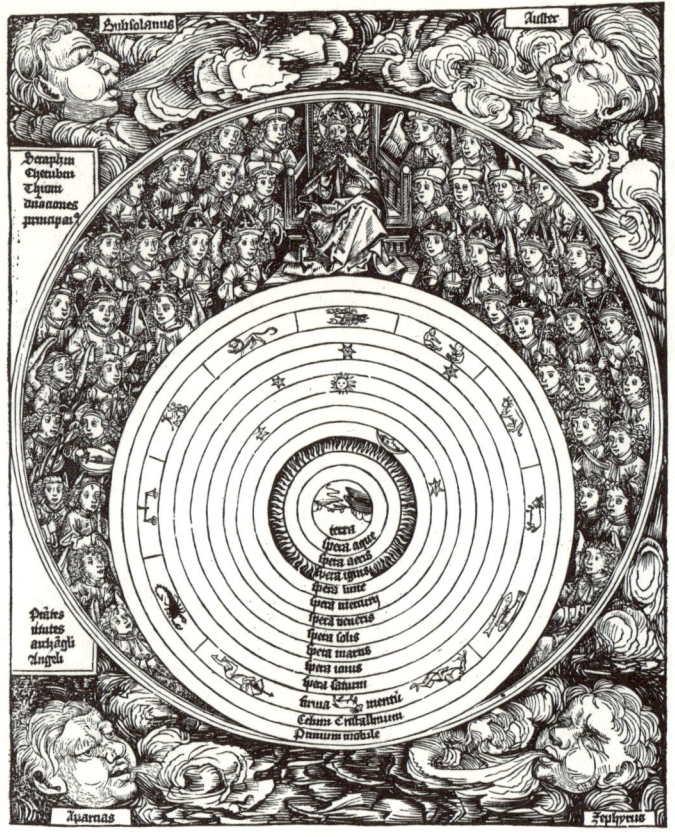

Abb. 2: Der Kosmos des Astrologen

Darstellung des Kosmos in christlicher Sicht von den Nürnberger Künstlern Michael Wolgemut und Wilhelm Pleydenwurff. Im Mittelpunkt die vier Elemente Erde, Luft, Wasser und Feuer; aus instabilen Kombinationen dieser Elemente besteht die ganze irdische Welt mit ihren Mineralien und Lebewesen. Außerhalb dieses sublunaren Reichs des Unvollkommenen und Wandelbaren kreisen, eingeschlossen in kristalline Sphären, in ewig gleichbleibender Bewegung die Planeten Mond, Merkur, Venus, Sonne, Mars, Jupiter und Saturn. An die Sphäre des Saturn, des am weitesten von der Erde entfernten Planeten, schließt sich die Fixsternsphäre mit den Tierkreisbildern an. Und ganz außen erscheinen die neun Chöre der Engel und Gottvater. Hartmann Schedel, *Chronica*, Nürnberg 1493.
Mit freundl. Gen. der Princeton University Library, Dep. of Rare Books and Special Collections.

HIERONYMI
CARDANI MEDICI MEDIO-
LANENSIS, LIBELLI DVO.

Vnus, de Supplemento Almanach.
Alter, de Restitutione temporum
& motuum cœlestium.
Item Geniturae LXVII. insignes casi-
bus & fortuna, cum expositione.

Norimbergæ, apud Io. Petreium, Anno M.D.XLIII.

Abb. 3: Der Astrologe Cardano

Cardano selbst beklagte sich darüber, daß kein Künstler ihn je richtig getroffen habe. Trotzdem ließ sein Nürnberger Verleger Johannes Petreius 1543 dieses Porträt auf die Titelseite der *Libelli duo* drucken. Wie auch in anderen Fällen – so in dem von Kopernikus' *De revolutionibus* und dem von Cardanos *Ars magna*, die beide im selben Jahr erschienen – benutzte Petreius die Titelseite, um Werbung für sein Produkt zu machen. Hier verheißt er dem Leser zwei astronomisch-astrologische Werke und obendrein »siebenundsechzig Generaturen – bedeutend wegen der Geschehnisse und Schicksale, die sie verkünden – mit Kommentar«.
Mit freundl. Gen. der Herzog August Bibl., Wolfenbüttel (28.12 Med.). Vgl. F. Hieronymus, 1488 Petri/Schwabe 1988, Basel 1997, II, 1015–1017, 1033, 1037–1038.

Abb. 4: Der Astronom und sein Handwerkszeug

Dieses Frontispiz zeigt einen Astronomen bei der Beobachtung einer Sonnenfinsternis: Offenbar schiebt sich der Mond gerade vor die Sonne, von der nur noch eine schmale Sichel sichtbar ist – wegen der Verdunklung erscheinen die Sterne am Taghimmel. Das Buch auf dem Lesepult ist wohl ein Ephemeridenwerk oder ein Almanach, der die Verfinsterung voraussagt. Wie Cardano benutzt offenbar der Astronom die Gelegenheit, publizierte Daten und Vorhersagen anhand eines spektakulären Himmelsereignisses zu überprüfen.
Mit freundl. Gen. der Herzog August Bibl., Wolfenbüttel (Alvensl. Mi. 216).

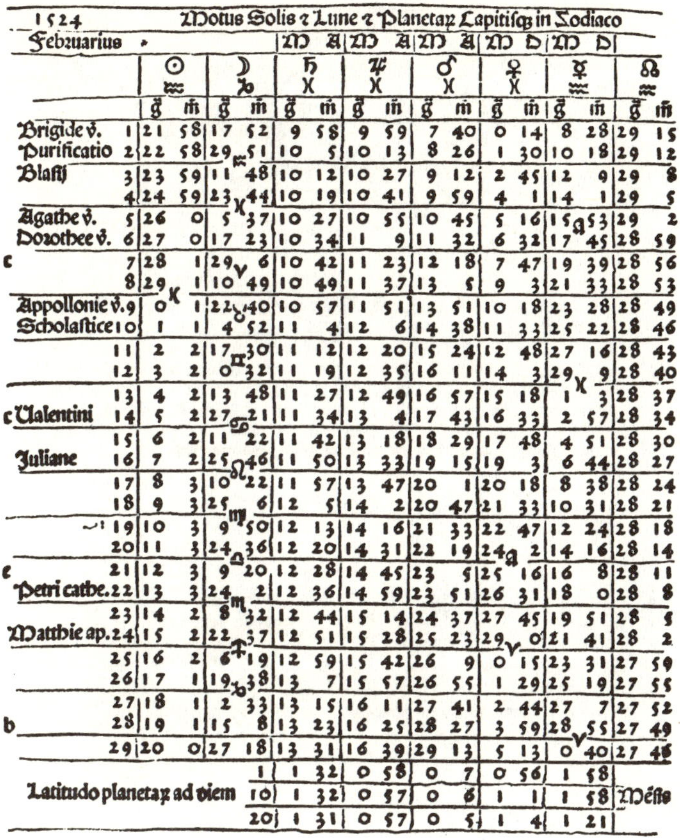

1524		Motus Solis & Lune & Planetarum Capitisque in Zodiaco															
Februarius						M	A	M	A	M	A	M	D	M	D		
		☉ ♒		☽ ♑		♄ ♓		♃ ♓		♂ ♓		♀ ♓		☿ ♒		☊ ♒	
		g	m	g	m	g	m	g	m	g	m	g	m	g	m	g	m
Brigide v.	1	21	58	17	52	9	58	9	59	7	40	0	14	8	28	29	15
Purificatio	2	22	58	29	51	10	5	10	13	8	26	1	30	10	18	29	12
Blasii	3	23	59	♒ 11	48	10	12	10	27	9	12	2	45	12	9	29	8
	4	24	59	23	44	10	19	10	41	9	59	4	1	14	1	29	5
Agathe v.	5	26	0	♓ 5	37	10	27	10	55	10	45	5	16	15	53	29	2
Dorothee v.	6	27	0	17	23	10	34	11	9	11	32	6	32	17	45	28	59
c	7	28	1	29	6	10	42	11	23	12	18	7	47	19	39	28	56
	8	29	1	♈ 10	49	10	49	11	37	13	5	9	3	21	33	28	53
Appollonie v.	9	♓ 0	1	22	40	10	57	11	51	13	51	10	18	23	28	28	49
Scholastice	10	1	1	♉ 4	52	11	4	12	6	14	38	11	33	25	22	28	46
	11	2	2	17	30	11	12	12	20	15	24	12	48	27	16	28	43
	12	3	2	♊ 0	32	11	19	12	35	16	11	14	3	29	9	28	40
	13	4	2	13	48	11	27	12	49	16	57	15	18	♓ 1	3	28	37
c Valentini	14	5	2	27	21	11	34	13	4	17	43	16	33	2	57	28	34
	15	6	2	♋ 11	22	11	42	13	18	18	29	17	48	4	51	28	30
Juliane	16	7	2	25	46	11	50	13	33	19	15	19	3	6	44	28	27
	17	8	3	♌ 10	22	11	57	13	47	20	1	20	18	8	38	28	24
	18	9	3	25	6	12	5	14	2	20	47	21	33	10	31	28	21
~!	19	10	3	♍ 9	50	12	13	14	16	21	33	22	47	12	24	28	18
	20	11	3	24	36	12	20	14	31	22	19	24	2	14	16	28	14
c	21	12	3	♎ 9	20	12	28	14	45	23	5	25	16	16	8	28	11
Petri cathe.	22	13	3	24	2	12	36	14	59	23	51	26	31	18	0	28	8
	23	14	2	♏ 8	32	12	44	15	14	24	37	27	45	19	51	28	5
Matthie ap.	24	15	2	22	37	12	51	15	28	25	23	29	0	21	41	28	2
	25	16	2	♐ 6	19	12	59	15	42	26	9	♈ 0	15	23	31	27	59
	26	17	1	19	38	13	7	15	57	26	55	1	29	25	19	27	55
	27	18	1	♑ 2	33	13	15	16	11	27	41	2	44	27	7	27	52
b	28	19	1	15	8	13	23	16	25	28	27	3	59	28	55	27	49
	29	20	0	27	18	13	31	16	39	29	13	5	13	♈ 0	40	27	46
Latitudo planetarum ad diem					1	1	32	0	58	0	7	0	56	1	58		
					10	1	32	0	57	0	6	1	1	1	58	Meridionalis	
					20	1	31	0	57	0	5	1	4	1	21		

Abb. 5, 6 und 7: Der Almanach

Die drei Seiten aus dem *Almanach nova* von Stöffler und Pflaum (Venedig 1506) illustrieren, welche Art von Informationen diese Nachschlagewerke boten, die auf Vorbilder von Johannes von Gmunden und Johannes Regiomontanus zurückgingen und von der Mitte des 15. Jahrhunderts an in großer Zahl veröffentlicht wurden. Der Seite auf Abb. 5 sind Angaben über die Stellung des Jahrs 1524 in verschiedenen Zyklen des julianischen Kirchenkalenders zu entnehmen, außerdem die Daten der beweglichen Feiertage.

Mit freundl. Gen. der Herzog August Bibl., Wolfenbüttel (I 114 Helmst. 4°).

Anno Christi domini	1524		Ephemerides
Bissextilis			
Aureus numerus	5	Quadragesima 14	Februarij
Cyclus solaris	21	Pasca 27	Martij
Littere dominicales	c b	Rogationes 1	Maij
Inditio	12	Ascensio domini 5	Maij
Interuallum	6 hepdo. 2 dies	Pentecoste 15	Maij
Septuagesima	24 Januarij	Aduentus dñi 27	Nouembris

Hoc anno nec Solis nec Lune eclipsim cōspicabimur. Sed presenti anno errantiū sideɞ habitudines miratu dignissime accidēt: In mense eīm Februario 20 coniunctōnes cū minime mediocres tum magne accident. quarum 16 signum aqueum possidebūt. que vniuerso fere orbi climatibꝰ regnis prouincijs statibus dignitatibus brutis beluis marinis cunctisqɞ terre nascentibus indubitatā mutationem variationē ac alterationē significabunt. talē profecto qualem a pluribꝰ seculis ab historiographis, aut natu maioribꝰ vix percepimus Leuate igitur viri christianissimi capita vestra.

Saturnus a 23 Junij ad 9 Nouembris retrogradus
Jupiter a 18 Julij ad 14 Nouembris regressu vexabitur
Mars hoc anno progredietur
Uenus a 21 Septembris ad 1 Nouembris contra signorum seriem deferetur
Mercurius a penultimo Martij ad 22 Aprilis Item a 24 Julij ad 16 Augusti Et a 17 Nouembris in 10 Decembris regressiones perficiet.

Abb. 6: Die Prophezeihung

In der Mitte der folgenschwere Hinweis auf die 20 Planetenkonjunktionen, die im Februar 1524 zu erwarten waren und die, wie der Autor meinte, tiefgreifende Veränderungen in der Welt bewirken würden – diese Warnung war der Anfang der Flutpanik von 1524.
Mit freundl. Gen. der Herzog August Bibl., Wolfenbüttel (I 114 Helmst. 4°).

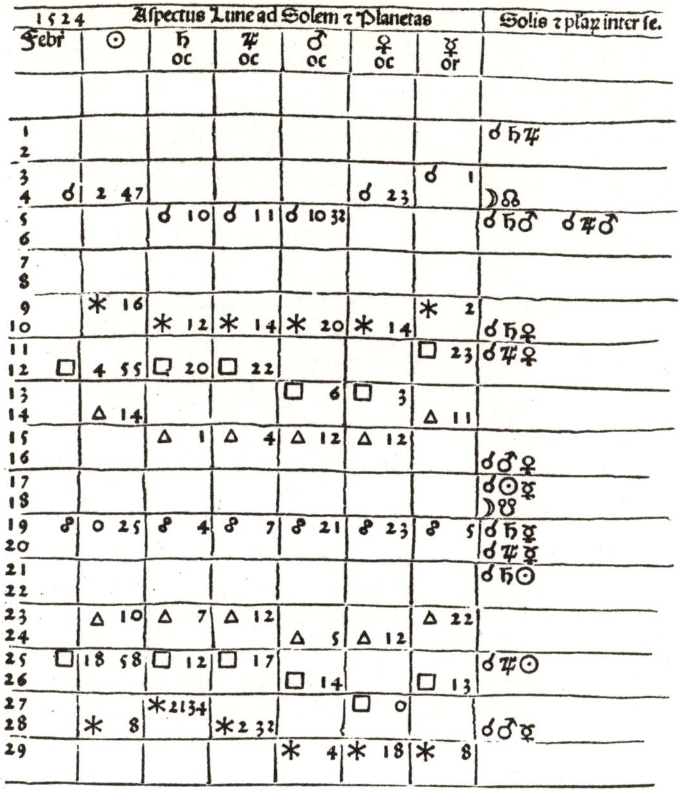

1524 Febr	Aspectus Lune ad Solem & Planetas ☉	♄ oc	♃ oc	♂ oc	♀ oc	☿ or	Solis & plaꝝ inter se.
1 2							☌♄♃
3 4 ☌	2 47				☌ 23	☌ 1	☽☊
5 6		☌ 10	☌ 11	☌ 10 32			☌♄♂ ☌♃♂
7 8							
9 10	✶ 16	✶ 12	✶ 14	✶ 20	✶ 14	✶ 2	☌♄♀
11 12 □	4 55	□ 20	□ 22			□ 23	☌♃♀
13 14	△ 14			□ 6	□ 3	△ 11	
15 16		△ 1	△ 4	△ 12	△ 12		☌♂♀
17 18							☌☉☿ ☽☋
19 20 ☍	0 25	☍ 4	☍ 7	☍ 21	☍ 23	☍ 5	☌♄☿ ☌♃☿
21 22							☌♄☉
23 24	△ 10	△ 7	△ 12	△ 5	△ 12	△ 22	
25 26 □	18 58	□ 12	□ 17	□ 14		□ 13	☌♃☉
27 28	✶ 8	✶ 21 34	✶ 2 32		□ 0		☌♂☿
29				✶ 4	✶ 18	✶ 8	

Abb. 7: Angaben zu den Positionen von Sonne, Mond und Planeten im Februar 1524

In dieser Tafel sind die Aspekte von Mond, Sonne und Planeten sowie die bedeutenden unter den in diesem Monat so spektakulär gehäuften Konjunktionen aufgeführt.
Mit freundl. Gen. der Herzog August Bibl., Wolfenbüttel (I 114 Helmst. 4°). Zur Entwicklung des Genres s. den »Nachbericht« in J. Kepler, *Gesammelte Werke,* XI, 2, *Calendaria et Prognostica. Astronomica minora. Somnium,* hrsg. von V. Bialas und H. Grössing, München 1993, 442–459.

HIER. CARDANI LIB.

Mercurius Lunā, & ipsam in tauro existentē trigona radiatione respiciūt. At Venus in nona cū regulo,& in Saturni trino, nō so lū apud Principes gratia, uerūetia causa bonorū quæ ad religionem ptinent, rem propriā augendā pollicent. Huic olim cū genituram mihi ostēdisset, annū selegi, quo & dignitatē & præmium esset cōsecuturus, nec frustrā tā firmis præceptis & tā claris adeō geniturae argumētis. Hac uix meliorē possem, ɋ ad erraticas ptinet, seligere geniturā, maximeɋ pro fortuna in qua natus est, selicem eum esse reor, si modō ascendentis transitū super Martis corpus, quadratumɋ Saturni, à quo nō longe abest, ferre poterit.

XVIII.

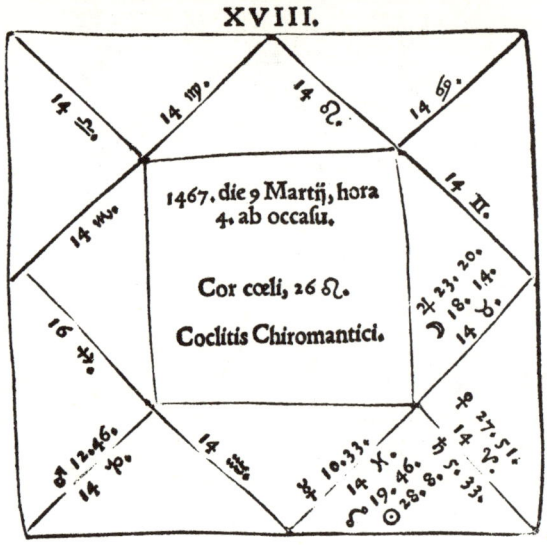

Abb. 8: Horoskop

Horoskop des italienischen Chiromanten Bartolomeo Cocles, geboren 1467 (Nr. 18 in Cardanos Sammlung mit 100 Genituren, Nürnberg 1547; auch Cardanos Erzrivale Luca Gaurico publizierte ein Horoskop dieses Mannes). Die zwölf Häuser sind, wie allgemein üblich, als Dreiecke gezeichnet und gegen den Uhrzeigersinn angeordnet; das 1. Haus steht bei 9 Uhr, das 4. bei 6 Uhr usw. Die Grenzen der einzelnen Häuser, die Eintrittspunkte auf der Ekliptik, bezeichnen Gradangaben: Cardano hat Häuser genau gleicher Größe berechnet – sie beginnen alle bei 14° eines Tierkreiszeichens. In den Häusern sind die Positionen der Planeten vermerkt, die mit Standardsymbolen bezeichnet werden: Mars steht im 2. Haus, Merkur im 4., Sonne und Saturn im 5., Venus im 6., Mond und Jupiter im 7.; das Drachenhaupt (der aufsteigende Knoten der Mondbahn) steht im 5. Haus.

Mit freundl. Gen. der Herzog August Bibl., Wolfenbüttel (N 136 Helmst. 4°).

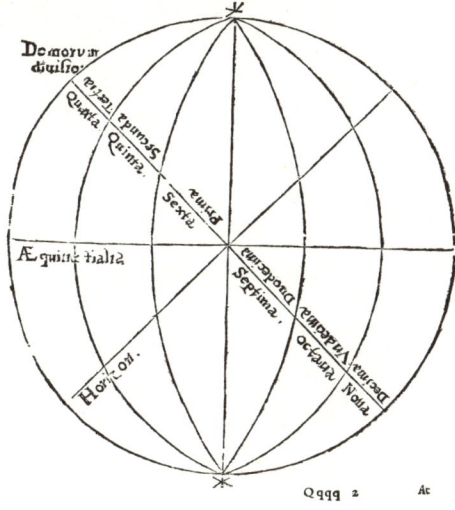

Abb. 9: Die Berechnung der Häuser

Die Erstellung eines Horoskops war nicht unkompliziert. Die Häuser teilten den Tierkreis – den Weg der Sonne über den Himmel – in 12 Abschnitte. Weil aber die Ekliptik schräg zum Himmelsäquator steht, errechneten sich je nach Breitengrad des Standpunkts auf der Erde unterschiedliche Aszendenten, und auch die Länge der einzelnen Abschnitte der Ekliptik war nicht einheitlich. Der Astrologe mußte entweder willkürlich die Häuser gleich groß bestimmen oder aber nach einem von etlichen mathematischen Verfahren die Abschnittsgrenzen in Abhängigkeit von dem jeweils gegebenen Breitengrad – des Geburtsorts oder, bei einem Stundenhoroskop, eines anderen relevanten Orts – einzeln berechnen. Robert Fludd, *Utriusque cosmi historia*, London 1618.
Mit freundl. Gen. der Princeton University Library, Dep. of Rare Books and Special Collections.

Tabula domorum ad.42.Gradus latitudinis

♈

Tps a		10	11	12	1	2	3 Do
meridie		♈	♉	♊	♋	♌	♍ mº
h	m	g	g	g	g	g	g
0	0	0	9	20	20	12	3
0	4	1	10	21	21	12	4
0	7	2	11	22	21	13	5
0	11	3	12	23	22	14	5
0	15	4	13	24	23	14	6
0	18	5	14	25	24	15	7
0	22	6	16	26	24	16	8
0	26	7	17	26	25	17	9
0	29	8	18	27	26	18	9
0	33	9	19	28	26	18	10
0	37	10	20	29	27	19	11
0	40	11	21	♋	28	20	12
0	44	12	22	1	29	21	13
0	48	13	23	2	29	21	14
0	51	14	24	3	♌	22	14
0	55	15	25	3	1	23	15
0	59	16	26	4	2	23	16
1	3	17	27	5	2	24	17
1	6	18	28	6	3	25	18
1	10	19	29	7	4	26	19
1	14	20	♊	8	4	27	20
1	18	21	1	8	5	27	21
1	21	22	2	9	6	28	21
1	25	23	3	10	6	29	22
1	29	24	4	11	7	29	23
1	33	25	5	12	8	♍	24
1	36	26	6	12	9	1	25
1	40	27	7	13	9	2	26
1	44	28	8	14	10	2	26
1	48	29	9	15	11	3	27
1	52	30	10	16	12	4	28

♉

Tps a		10	11	12	1	2	3 Do
meridie		♉	♊	♋	♌	♍	♍ mº
h	m	g	g	g	g	g	g
1	52	0	10	16	12	4	28
1	55	1	11	17	13	5	29
1	59	2	12	17	13	6	♎
2	3	3	13	18	14	7	1
2	7	4	14	19	15	7	2
2	11	5	15	19	15	8	3
2	15	6	16	20	16	9	4
2	19	7	17	21	17	10	4
2	22	8	18	22	18	10	5
2	26	9	19	23	19	11	6
2	30	10	20	24	19	12	7
2	34	11	21	25	20	13	8
2	38	12	22	25	21	13	9
2	42	13	23	26	22	14	10
2	46	14	23	27	22	15	11
2	50	15	24	28	23	16	12
2	54	16	25	29	24	16	12
2	58	17	26	29	25	17	13
3	2	18	27	♌	26	18	14
3	6	19	28	1	26	19	15
3	10	20	29	2	27	20	16
3	14	21	♋	3	28	21	17
3	18	22	1	3	29	22	18
3	22	23	2	4	29	23	19
3	27	24	3	5	♍	23	20
3	31	25	4	6	1	24	21
3	35	26	5	7	2	25	22
3	39	27	5	8	3	26	23
3	43	28	6	8	3	26	23
3	47	29	7	9	4	27	24
3	51	30	8	10	5	28	25

⊙ L 3

Abb. 10: Tabellen zur Berechnung der Häuser

Die Almanache (hier der von Stöffler und Pflaum) enthielten in der Regel auch Tabellen für die Bestimmung der Häuser in Abhängigkeit vom Breitengrad, ein Hilfsmittel, das dem Astrologen einen Teil der Rechenarbeit abnahm.
Mit freundl. Gen. der Herzog August Bibl., Wolfenbüttel (I 114 Helmst. 4°).

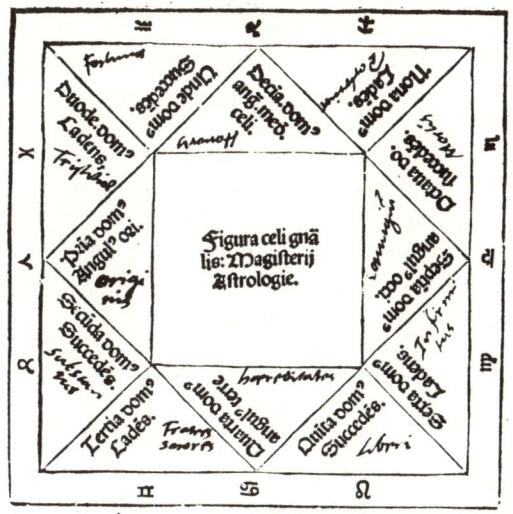

M Ittimus in præsentia non ab re documentum tradere qua lege initia duode/
cim domoꝛ celi sint elicienda atꝗ determinanda:locaꝗ planetarū celestib9
domibus inserenda. Tl ā de bis paulopost abūde tractabimus. Sed iam ad
rem ipsam propius accedentes. Si mutationes aeris certius ꝗ̄ predixímus
scire volueris:ante omnia predicta vniuersalia significata diligēter perpēde. Ista qui
dem mutant particularium virtutem.minoꝛ enim virtus vertitur per maioꝛem ⁊ ma
ioꝛ attrahit ⁊ in se couertit minoꝛem. Sunt etiam particulares virtutes nō tante præstā
tie:nobilitatis ⁊ foꝛtitudinis sicut vniuersales. Cōuenit ergo volenti loqui de reb9 parꝰ
ticularibus vt primo inspiciat ea que vniuersalia sunt ⁊ generalia Verbi causa prediꝰ
cturus es qualitatem alicuius diei ꝑpositi necesse est vt sedulo attendas statum ipsius
tempoꝛis in quo dies oblatus offenditur. Statū autem tempoꝛis a dominio cō.uictioꝰ
nis. Quadrc aut oppōnis ⁊ a signo i quo f t sumes. Dm antez coniunctionis quadraꝰ
ture aut oppositionis ex syderali celesti figura iuste verificata agnosces. Habita igit fiꝰ
gura celi pro tempoꝛe precíso ⁊ equato ipsius cōiunctionis: quadrature aut oppōnis

Abb. 11: Horoskopanalyse
1: Die Häuser

In diesem Muster-Kosmogramm aus dem *Almanach nova* von Stöffler und Pflaum sind die Häuser wie üblich, beginnend bei 9 Uhr, gegen den Uhrzeigersinn angeordnet. Der Leser, der die Kunst der Interpretation erlernen wollte, bewegte sich zwischen Texten und Diagrammen hin und her. In diesem Fall hat ein Leser handschriftlich vermerkt, in welchen Lebensbereichen die einzelnen Häuser, resp. die Planeten, die in diesen Häusern stehen, hauptsächlich wirksam sind. Das 1. Haus betrifft die »Herkunft«, das 2. »Vermögen«, das 3. »Brüder und Schwestern«, das 4. »Erbe«, das 5. »Kinder«, das 6. »Krankheit«, das 7. »Ehe«, das 8. »Tod«, das 9. »Lehren«, das 10. »Ehren«, das 11. »Glück«, das 12. »Sorgen«.
Mit freundl. Gen. der Herzog August Bibl., Wolfenbüttel (30.4 Astron.).

Schema Aspectuum

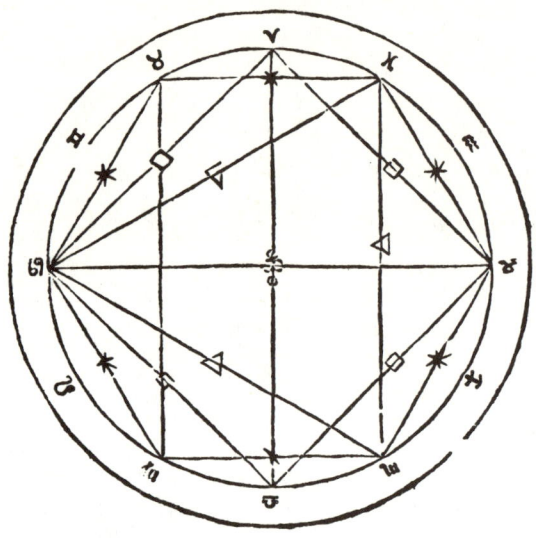

 Uia aspectus z coniunctiones f in affectionem stellarũ fixaruz que in sunt signis in quibus illi contingunt augentur z minuuntur: notary de sunt quedam stelle nuperrime ad annũ Christi domini. 1499. rectificare. Quarũ longitudines in Signifero. Latitudines ab ecliptica linea. Declinationes ab Equatore. Ascensiones rectas magnitudines ac naturas Astrologicis Judicis plurimum conducentes: subsequenti Tabula libuit cõmonstrare.

☉ ☽ ☿

Abb. 11: Horoskopanalyse
2: Die Aspekte

Die Winkelrelationen zwischen den Planeten spielten eine wichtige Rolle bei der Interpretation. Die »Aspekte«, denen man die stärksten Wirkungen zuschrieb, waren: Opposition (180°), Trinus (120°), Quadrat (90°), Sextil (60°) und Konjunktion. Opposition und Quadrat galten als feindlich, Trinus und Sextil als positiv. Ausgehend von solchen besonderen Relationen, konnte der Astrologe die Wirkungen der einzelnen Planeten im je besonderen Fall und die Einflüsse, die sie aufeinander ausübten, näher bestimmen.
Mit freundl. Gen. der Herzog August Bibl., Wolfenbüttel (I 114 Helmst. 4°).

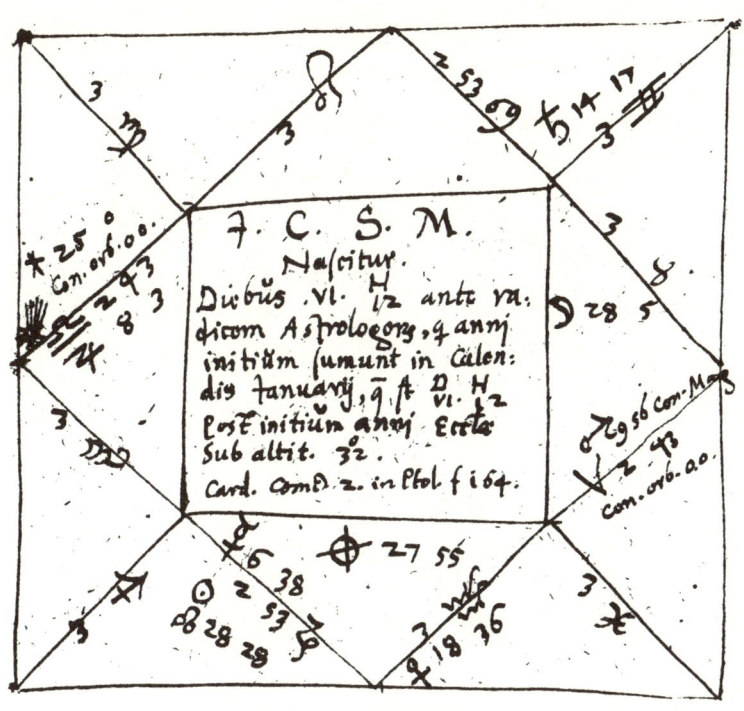

Abb. 12 und 13:

Diese Kopien von Cardanos Horoskopen für Jesus und Nero (publiziert im Ptolemäus-Kommentar bzw. in der Sammlung von 1547) stammen aus einer handschriftlichen Horoskopsammlung, die mit einem Exemplar von Luca Gauricos *Tractatus astrologicus* (Venedig 1552) zusammengebunden ist. Sowohl professionelle Astrologen als auch interessierte Laien übertrugen oft im Druck veröffentlichte Horoskope in ihre privaten Aufzeichnungen; solche Notizen dienten wiederum Herausgebern von Sammlungen als Quellen. Der Kompilator gibt keinerlei theologischen Kommentar zum Jesus-Horoskop ab. Viele Zeitgenossen zeigten sich entsetzt, jedoch war die Idee, eine Verbindung zwischen der Geburt des Heilands und den Sternen herzustellen, in der astrologischen Tradition längst etabliert.
Mit freundl. Gen. der Herzog August Bibl., Wolfenbüttel (35.2 Astron.).

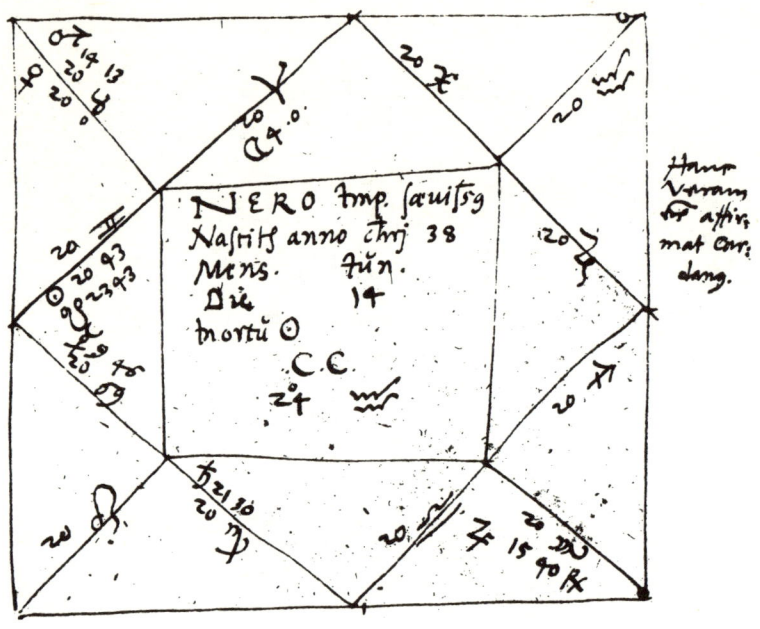

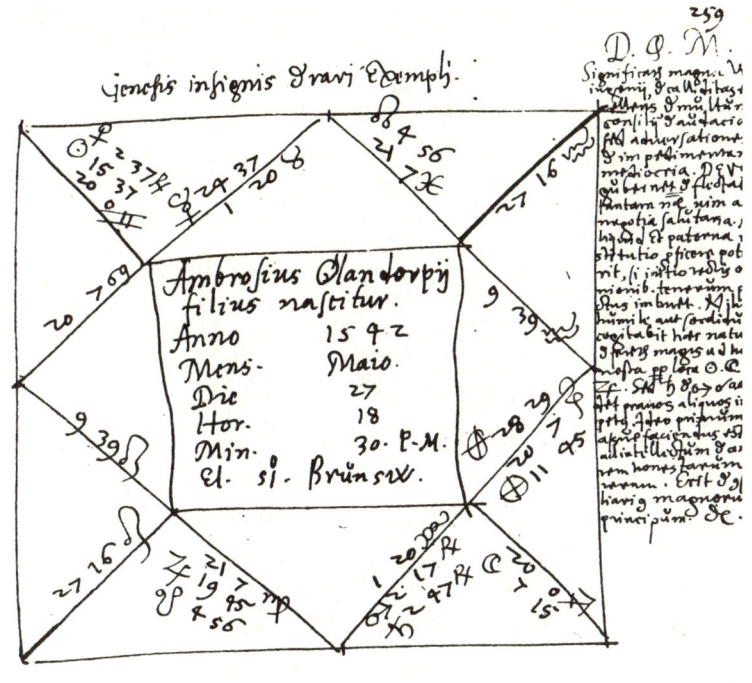

Abb. 14: Horoskoperstellung

Horoskop des Ambrosius Glandorp, geboren im Mai 1542 in Braunschweig (aus der oben erwähnten handschriftlichen Sammlung). Der lange interpretierende Text am Rand führt aus, was in der Überschrift der Zeichnung festgestellt wird: Es handelt sich um die Genitur eines ungewöhnlich begabten Kindes. Es ist kein für eine Publikation zugerichtetes Musterhoroskop, sondern offenbar die Abschrift eines Gutachtens, das ein Astrologe in seiner Praxis erstellt hat. Der Klient erfährt daraus, welche Geistesgaben das Kind voraussichtlich entwickeln wird und worauf bei der Erziehung zu achten ist, um Tugenden zu förden und Fehler einzudämmen – genau die Art von Persönlichkeitsgutachten, auf die sich Praktiker wie Cardano spezialisiert hatten.
Mit freundl. Gen. der Herzog August Bibl., Wolfenbüttel (35.2 Astron.).

Abb. 15: Der Astrologe und seine Leser: Der »Pronostico«

Wie viele seiner Kollegen versprach Cardano seinem Publikum nicht nur mathematisch exakte Vorhersagen zu individuellen Lebensläufen, sondern erstellte auch Prognosen zu künftigen Entwicklungen in Politik und Kirche sowie Wettervorhersagen. Billige Flugschriften, in denen sich Apokalyptisch-Prophetisches mit astrologischem Gedankengut vermischte, waren weit verbreitet. Das Frontispiz von Cardanos Prognostikon zu den Jahren 1534 bis 1550 zeigt einen bärtigen Propheten vor einer Stadt, aus der Flammen schlagen. Er studiert eine Zeichnung, die offenbar einen Zusammenhang zwischen dem Lauf der Sonne (und vielleicht auch anderer Planeten) und dem der Weltgeschichte herstellt. Die Zahl 1350, die unten lesbar ist, läßt sich vielleicht auf die Zeit der Großen Pest beziehen, deren Ausbruch von manchen Astrologen auf eine Konjunktion von Saturn und Jupiter zurückgeführt wurde. Mit freundl. Gen. der Bibliothèque Nationale de France.

Abb. 16: Die pamphletistische Literatur

In einer Schrift, die sich mit ihrer lebhaften, bildmächtigen Sprache an ein breites Publikum wandte – das Frontispiz mit einem apokalyptischen Motiv verlieh dem Unternehmen zusätzliches dramatisches Flair –, verband Cardano wie andere Astrologen der Renaissance die intellektuelle Sphäre der mathematisch abstrakten Astronomie und die ganz andere Lebenswelt des populären Jahrmarktspropheten. Die Illustration mit dem grimmigen Reichsadler, die das Titelblatt von Joseph Grünpecks Pamphlet ziert, hat einen ganz ähnlichen Charakter, ebenso der Text selbst, der große Schrecken ankündigt, »verursacht durch die Planeten und die Fixsterne«, außerdem die Ausbreitung der Macht des Reichs, große Zusammenrottungen von Juden aus aller Welt in Armenien, Persien und Ägypten sowie die Offenbarung der »geheimen Beschlüsse« Gottes.
Mit freundl. Gen. der Herzog August Bibl., Wolfenbüttel (105.2 Quod. (50)).

Abb. 17: *Humanismus und Astrologie*

Viele Gelehrte der Renaissance und des Mittelalters trieben nach antikem Vorbild ihren Spott mit den Astrologen, die ein Wissen für sich beanspruchten, das nach Meinung ihrer Kritiker dem Menschen unerreichbar war. In einem seiner »Embleme« – Kompositionen aus einem Bild und einem (oft verschlüsselten) Kommentar in Form einer Überschrift und eines kurzen Gedichts – karikierte Cardanos Landsmann Andrea Alciato den Astrologen als einen modernen Ikarus, der sich nicht zu den Sternen emporschwingen kann, sondern kopfüber in die Tiefe stürzt. Alciatos kreativer Gebrauch der Mythologie zu satirischen Zwecken regte Cardano dazu an, seinerseits in der Mythologie, Literatur und Geschichte nach Argumenten zu suchen, die für die Astrologie sprachen.

Mit freundl. Gen. der Princeton University Library, Dep. of Rare Books and Special Collections.

KAPITEL 2
DER ALMANACHSCHREIBER

Cardano debütierte in der Welt der Astrologie 1534 mit der Veröffentlichung seines nur wenige Seiten umfassenden *Pronostico* in Mailand und Venedig. Das Büchlein, das in einer zwischen Italienisch und Latein schwankenden Sprache geschrieben ist, scheint auf den ersten Blick eine bunte, ja wilde Mischung oft widersprüchlicher Lehren zu enthalten. Es sei sehr wohl möglich, wird darin behauptet, künftige Entwicklungen der Weltreligionen und der großen Politik vorauszusagen, es fehlt aber auch nicht an Bemühungen, derart vermessene Hoffnungen zu dämpfen. Vollends sonderbar nimmt sich daneben die Liste mit Wetterprognosen aus, die Cardano dreingibt. Gleich zu Beginn stimmt er seine Leser auf das Kommende ein und fesselt ihre Aufmerksamkeit mit einer effektvollen Mischung aus Weltuntergangsprognosen und Warnungen vor übertriebenen Vorstellungen, was deren Präzision betrifft: »Glaubt nicht, dies werde in den nächsten 20 oder 50 Jahren eintreten. Ich habe aber sichere Kunde, daß die Welt sich schon bald vollkommen erneuern wird. Daher nehmt euch in acht! Die Heilige Schrift und die Astrologie lassen keinen Zweifel daran, daß unsere unersättliche Habsucht bald ein Ende nehmen muß. Seid nicht betrübt, wenn ein Übel vorhergesagt wird, denn, so schreibt der Psalmist: ›Der Gottlose hat viel Plage; wer aber auf den Herrn hofft, den wird die Güte umfangen.‹«[1]

---

[1] Cardano, *Pronostico o vero iudicio generale composto per lo eccelente Messer Hieronymo Cardano phisico Milanese, dal 1534 insino al 1550. Con molti capitoli eccelente*, Venedig 1534, Proemio, Aii^ro: »NON espettati pero que questo sia fra

Schon auf dieser Jungfernfahrt in die Welt der gedruckten astrologischen Literatur stilisiert sich Cardano als einen reinen, tugendhaften Astrologen, der – nicht unähnlich dem gerechten Patriarchen auf Paolo Uccellos Fresko von der Sintflut – von bösen Konkurrenten umgeben ist, die ihn mit Leibeskräften zu überschreien versuchen. Er betont immer wieder, daß er sich keineswegs für allwissend halte und sich bemühe, seine Prognosen von aller Parteilichkeit frei zu halten. Seine Konkurrenten dagegen hielten weder der Prüfung nach ethischen Kriterien noch der nach rein handwerklichen stand. Sie sagten mächtigen Herrschern nicht die Wahrheit, sondern redeten ihnen nach dem Mund. Ihre Prognosen standen auf tönernen Füßen, die meisten dieser Leute machten »dieser edlen Wissenschaft der Astrologie Schande, da sie kaum mit den Alfonsinischen Tafeln richtig umzugehen wissen«, den damals gebräuchlichen astronomischen Tabellen, die um 1272 auf Anordnung des Königs Alfons X. von Kastilien zusammengestellt wurden und seit dem 14. Jahrhundert überall bekannt waren.[2] Und trotz ihrer Ignoranz verstanden es diese Scharlatane, aus der Leichtgläubigkeit ihrer Klienten Profit zu schlagen: »Männer von wahrem Wert und echter Gelehrsamkeit bleiben ohne Lohn, und die hohen Herren kennen sie nicht einmal: Je besser es einer versteht, ihnen zu sagen, was sie gerne hören, desto mehr, so glauben sie, versteht er von der Wissenschaft.«[3]

Um deutlich zu machen, daß seine Arbeit auf wissenschaftlichen Fundamenten ruht, legt Cardano zuerst dar, daß er starke astrologische Gründe zu der Annahme habe, die Kirche werde schon bald

---

20 ne 50 anni: ma ho vera cognitione, que presto se a rinovar el seculo: pero stati attenti: Noi per la scrittura sacra e per Astrologia havemo per indubitato doversi finire questa nostra insatiabil rapacita, & se del male vi sia pronosticato non vi dolete, che scritto e nel Salmista. Multa flagella peccatoris, sperantem autem in domino misericordia circondabit.«

2 S. L. Smoller, »The Alphonsine Tables and the End of the World: Astrology and Apocalyptic Calculation in the Later Middle Ages«, *The Devil, Heresy and Witchcraft in the Middle Ages*, hrsg. von A. Ferreiro, Leiden/Boston/ Köln 1998, 211–239.

3 Cardano, *Pronostico*, Proemio, Aii[ro]: »La terza perche si offendaria lanimo de Principi, liquali sono assueti solo a li adulatori che li dicono cose che li piaceno e se

tiefgreifende Veränderungen erleben. Er verweist in seiner Argumentation auf eine der vielen in langen Perioden wiederkehrenden Regelmäßigkeiten am Sternenhimmel, die schon früh die Basis astrologischer Vorhersagen gebildet hatten. Als das Christentum seinen Aufstieg begann, so Cardano, deckte sich das Sternbild Widder in der Sphäre der Fixsterne – der achten von neun himmlischen Sphären (gezählt wird von innen nach außen) – genau mit dem Tierkreiszeichen Widder in der neunten Sphäre. Diese zusätzliche Kristallsphäre, welche die achte exzentrisch umschließt, wurde von arabischen Astronomen des Mittelalters postuliert, um die Präzession zu erklären – das Phänomen, daß die Sonne am Ende jedes tropischen Jahres, der Periode von einer Tagundnachtgleiche oder Sonnenwende bis zur Wiederkehr desselben astronomischen Ereignisses, nicht am jeweils selben Punkt am Fixsternhimmel steht. Die vollkommene Übereinstimmung der zwei Sphären zu jener Zeit, erklärt Cardano, signalisiere »eine große Harmonie, die in Wahrheit unseren Glauben hervorbrachte«. Derzeit jedoch stehe das wirkliche Sternbild Widder fast 50 Grad von jenem idealen Ort entfernt und beginne jetzt beim 20. Grad des Sternzeichens Stier. Der Verlust an himmlischer Harmonie führe dazu, daß auf der Erde der Glaube abnehme. Erst wenn die Verschiebung so weit fortgeschritten sei, daß das Widderbild ins Zeichen des Schützen eintrete, »was erst in ungefähr 1300 Jahren geschehen wird«, werde es wieder aufwärts gehen, »und darum sage ich, daß die Menschheit, was den Glauben betrifft, im Ganzen schlechter werden muß«. Der günstige Einfluß des Jupiter

---

alcuno dice la verita: spesse volte non solum l'hanno a male, ma anchora lo puniscano o vero trattano come matto, come dice Sesto a Paulo. Male litere te ad insaniam ducunt O Paule. Siche molte cose me ho riserbato nel animo, ne me haveria indutto a far questo, salvo, che vedendo li ignoranti haver ardire de deturpar questa nobil scientia de Astrologia che a pena sanno operar le tavole d'Alphonso, inconsideratamente a compiacimento de molti Principi con falsissimi iudicii, hano vergognata la dottrina: pero vedendo el nostro viver certo & breve me ha parso ad utilita generale scrivere questo Pronostico: accio che ogniun intenda la scientia essere vera. Et li homini pregiati & dotti da Signori non essere premiati, ne anchora conosciuti, & tanto essere tenuto ciascuno piu sapere, quanto piu sa dire cose che piaceno: ne pcro si debbe dir mal de Principi, perche ...«

werde eine leichte Verbesserung der Lage bewirken, könne aber auf lange Sicht am Niedergang der Religion nichts ändern. Der negative Trend, dem die Geschicke der Kirche unterworfen seien, könne sich nicht vor 1764 umkehren, und bedeutende Fortschritte seien erst ab dem Jahr 2800 zu erwarten – aber diese Verheißung wies in so ferne Zeiten voraus, daß sie schwerlich starke Hoffnungen wecken und tiefsitzende Ängste beschwichtigen konnte.[4]

Cardano untermauerte seine Langzeitprognose, die von der langsamen Bewegung der Äquinoktialpunkte über die Himmelskugel ausging, mit Befunden, die sich aus Konstellationen weniger ferner Himmelskörper ergaben. Er wies darauf hin, daß die Planetenkonjunktionen der Jahre 1524 und 1525 in den Bildern Fische und Widder gleichfalls Schlimmes für die Kirche angezeigt hätten. Aus der Konjunktion von 1564 las er einen Hinweis auf »die Erneuerung aller Religionen, der christlichen wie der muslimischen«.[5] Des weiteren hatte man in jüngster Zeit am Himmel und in der Luft eine ganze Reihe von ominösen Vorgängen beobachtet, die Schlimmes für die unmittelbare Zukunft befürchten ließen: Eine bis dahin

---

4 Ebda, Kap. 1, Aii^{vo}: »El fondamento della religione nostra secondo li Theologi e fondato ne la verita, e percio odendo l'Apocalypsis overo le parole di Christo se a intendere el suo stato, ma volendo prender la cosa secondo li Astrologi habbiamo a fare un'altra consideratione, & chel principio della nostra fede fu nel congiungimento della testa di Ariete de l'ottava Sphera con la testa d'Ariete della nona, & questo significava una grande equalitate, laquale con verita e resultata ne la nostra fede, & quanto al dispositore e Giove con ogni ragione de similitudine in denotar la plurita delle persone divine, & fa li costumi e precetti. & ultima accio bisogna intendere essere un stato quanto alla Chiesa Romana, un'altro quanto alla fede che si domanda Chiesa veramente, cioe la comunita de tutti li fideli. Impero secondo Habraam avenazar tal cosa almeno quanto alle cose temporale e suddita a le stelle, anchora che quanto alla fede non sia«; fol. Aii^{vo}–Aiii^{ro}: »Dico secondo che quanto al Astrologia, al presente Ariete de l'ottava Sphera e gionto quasi al 20. Grado di Tauro della nona. Adoncha questa equalita non ha salvo che andar in decrescimento, & perche Libra che fu piu potente fa questa causa, e pervenuta in la via combusta per insino passato a mezo. El terzo adunque e impossibile si rinova la fede fina che non pervenga per scontro Sagittario il che sara anchora lontano da anni 1300 vel circa, & pero dico che quanto al generale li homini hanno a deteriorar quanto alla fede molto piu di quel che sono ma pur hara un poco d'allegierrimento sotto il termino di Giove di questo non accade piu replicar parola che fina

unbekannte Vogelart war in Alessandria aufgetaucht, in Mailand hatte ein Blitz in einen Turm eingeschlagen und die Brustwehr zerstört, über dem Burletto war ein Stern erschienen (»einer meiner Mitbürger, ein hoch geachteter Gelehrter, meint, es sei die Venus gewesen – ich bestreite das nicht, kann es aber auch nicht bestätigen«) – lauter Zeichen, die ohne Zweifel etwas zu bedeuten hatten, was Cardano nicht hinderte, eindringlich vor dem »lügnerischen Wesen der Leute, die solche Geschichten verbreiten«, zu warnen, der *cantastorie* nämlich, der Moritatensänger, die auf den Marktplätzen jene Gerüchte unters Volk brachten, denen gelehrte Zukunftsdeuter wie Cardano selbst im solideren Medium des Drucks Dauer verliehen.[6]

Doch fühlte sich Cardano nicht in der Lage, alle Folgerungen, die aus diesen Daten plausibel abzuleiten waren, tatsächlich zu ziehen. Er weigerte sich etwa, Prognosen über Kriege und deren Ausgang zu stellen, denn, so die Begründung, »das ist das schwierigste Gebiet in der Astrologie überhaupt, und doch sprechen alle diese verrückten Seher in ihrer viehischen Primitivität gerade darüber mit größerer Kühnheit als über irgend etwas sonst«.[7] Er vertrat auch die Ansicht,

---

   a lultima rinovatione la fede ha sempre a deteriorar con infinite heresie, parte n[u]ove, & parte antiche rinovare ...«

5 Ebda, [Av]ʳᵒ: »La coniunctione del 1564 dinota la renouatione de tutte le legge, de la Christiana & de la Machometana, & si rifermara vna legge nova, scritta e non vdita, molto bona con gran male ...«

6 Ebda: »La volontade mia sie da racogliere i significati tutti sotto breuita: accio che intende, chi intende piu, & chi poco sa, meno ne conosca. secondo quello habenti dabitur et non habenti auferetur ab eo, quelli sono che non hanno, che non amano la verita. impero io te dico che a Milano e cascato il folgore in una torre della citta, & a gittato giuso vn merlo. Et in Alessandria e apparuto una sorte di vcelli diuersi, el terremoto in Lodessana, & vna stella sopra il Borletto di Milano, laquale vn nostro cittadino (fra li altri, di singolar dottrina) dice essere Venere, io non laffermo ne manco lo nego: ma e da essistimar che cosi sia al presente: Et in una rocha del beatisimo si afferma in la monitione essere cascata la saetta, & hauer molto dannegiato il loco. Molti altri prodigii sono apparuti, & in diuersi luochi delliquali io non affirmo cosa alcuna per la falsitade delli homini recitatori ...«

7 Ebda, [Av]ʳᵒ: »Io te voglio dire circa questo chel non e piu difficil parte ne l'Astrologia di questa, & tamen il forzo di questi pazzi indouinatori parlano piu audacamente, per la sua bestialitade che d'altre cose.«

daß nicht alle spektakulären Ereignisse am Himmel bedeutende Veränderungen auf der Erde bewirkten oder anzeigten. So irre etwa Martin Luther, wenn er glaube, eine Reihe von Sonnen- und Mondfinsternissen in jüngster Zeit zeige an, daß das Ende der Welt nahe sei.[8] Eklipsen seien etwas ganz Natürliches, keine Wunderzeichen; wenn es wahr wäre, was Luther behauptete, so wäre es ein Leichtes, mit Hilfe astronomischer Tafeln das Datum des Jüngsten Tags auszurechnen. Verfinsterungen könnten im übrigen schon deswegen keine universalen Zeichen sein, weil sie ja immer nur in bestimmten Teilen der Erde zu beobachten seien, so daß viele Menschen sie gar nicht bemerken könnten. Wenn das Weltende dereinst tatsächlich nahe, so Cardano, »dann werden Sonne und Mond es mit übernatürlichen Zeichen und Wundern in der christlichen und jüdischen Welt anzeigen. Es wäre dem noch vieles hinzuzufügen, aber das Gesagte genügt wohl, um jedem klarzumachen, daß jene Zeit noch fern ist«.[9] Cardano wollte die künftigen Katastrophen vorhersehen, aber er war kein Weltuntergangsprophet. So düster seine Prognosen auch klingen mochten, so erwartete er doch die Wiederkunft des Herrn und die Schrecknisse von Harmagedon erst in ferner Zukunft. Solche Zurückhaltung in Dingen der Eschatologie hatte natürlich Tradition und war auch taktisch klug, zumal dann, wenn Cardano wirklich, wie Germana Ernst meint, Papst Paul III. mit seinem Werk beeindrucken wollte.[10]

Bisweilen gibt sich Cardano in seinem *Pronostico* auch etwas weniger großartig und läßt vergleichsweise moderate Kurzzeitprognosen von eher unmittelbarem Interesse einfließen. Er sagt Kaiser Karl

---

8 Zu Luthers Ansichten über Vorzeichen s. bes. R. Barnes, *Prophecy and Gnosis*, Stanford 1988.

9 Cardano, *Pronostico*, [Aiv]^vo–[Av]^ro, »Contra l'opinione di Luthero«: »Circa questo si debbe intendere che non come expone uno sopra di quello. Et apparebunt signa in Sole & Luna. che vole questi Eclypsi significare la propinquita del fine del mondo, per essere si frequente dico de non, perche l'Eclypse e naturale & se cosi fossi si potria sapere esser sino per calculatione de tauole. Secondo perche non son frequenti piu del solito. Tertio perche non sono universale anci l'Eclypse del sole, molti non la vederanno, per essere sotto el suo orizonto, altri per la diuersita de l'aspetto non lassa causare l'eclypse: laltra molti vederanno chi piu

V., der soeben die Franzosen in Italien geschlagen hat und nun, wie es scheint, freie Hand hat, den weiteren Gang der politischen und religiösen Dinge in Europa zu lenken, Schwierigkeiten voraus. Der *Pronostico* spricht weniger von den künftigen Triumphen des Herrschers als vielmehr davon, daß, ähnlich wie im Fall des Julius Cäsar, Kometen und andere Omina seinen Tod verkünden werden. Auch das Schicksal des Herzogs von Mailand, Francesco Sforzas II., gibt Cardano Anlaß zur Sorge, wenngleich er überzeugt ist, sein Herr werde der Stadt ihre Unabhängigkeit erhalten – eine allzu optimistische Prognose, wie sich bald zeigen sollte: Der Herzog regierte lediglich als Marionette, und als er 1535 starb, übernahmen die Spanier die Macht. Noch weniger vermögen die präzisen Wettervorhersagen zu überzeugen, die Cardano veröffentlicht. Er warnt seine Leser vor einer Dürreperiode, die vom 6. Juli bis zum 9. August 1536 dauern soll, und sagt für den 25. August 1537 Nebel und Unwetter voraus.[11]

Der Text diskutiert also, ohne einen grundsätzlichen Unterschied zu machen, sowohl berechenbare Bewegungen von Sonne, Mond und Planeten wie auch Omina, die ohne erkennbare Regel auftreten und die nicht einmal sämtlich der Sphäre des Himmels zuzuordnen sind. Düstere Prophezeiungen zum Schicksal der Kirche stehen neben Vorhersagen, die wenigstens zum Teil durchaus hoffnungsfroh klingen. Das Büchlein enthält praktische Hinweise für Bauern, Ärzte und andere Leute, die von Berufs wegen ein Interesse an Kurzzeitprognosen haben, und eher theoretisch abstrakte Ratschläge für geistliche und weltliche Herrscher. Alles zusammen ergibt ein

---

chi meno, siche questo e vn errore espresso: ma dico che allhora saranno segni preternaturali & miracoli in la legge christiana & mosaica, designata per Solem & Lunam. molto li saria da dir circa questo: ma basti solo per el presente intendere che adhuc a longe sumus. & la reuolutione de l'epiciclo dinota questo della nona Sphera.«

10 S. G. Ernst, »›Veritatis amor dulcissimus‹: Aspetti dell'astrologia in Cardano«, *Religione, ragione e natura*, Mailand 1991, 196–197. Ernst hat als erste auf den *Pronostico* aufmerksam gemacht.
11 Cardano, *Pronostico*, [Avi]$^{\text{ro-vo}}$, [Aiv]^{vo}.

Durcheinander von lauter unzusammenhängenden Dingen – die Erstveröffentlichung dieses jungen Gelehrten, der sich erst noch einen Namen machen muß, wirkt reichlich kühn, wenn nicht gar bizarr. Um Cardanos sonderbares Verhalten zu verstehen, müssen wir die Regeln des Spiels kennenlernen, auf das er sich hier einließ, und ein Gefühl für seine persönliche und die historische Situation in jener Zeit entwickeln, als er es zu spielen begann.

Die literarische Gattung, in der Cardano sich versuchte, kurze Schriften mit Vorhersagen, Prognostika oder auch Praktiken genannt, war nicht neu. Vom 12. Jahrhundert an, als wissenschaftliche Texte und Methoden aus der islamischen Welt ins christliche Abendland gelangten, hatte sich die Astrologie im Westen mehr und mehr etabliert. Wie schon in der Antike faßten seriöse Astronomen die Astrologie als praktische Anwendung ihres theoretischen und mathematischen Wissens auf. Noch weit zahlreicher waren die Mediziner vertreten, die, zumindest im Prinzip, davon überzeugt waren, daß ein gewissenhafter Arzt, bevor er eine Therapie begann oder eine Operation durchführte, unbedingt mit den Mitteln der Astrologie klären mußte, welcher Termin für die Behandlung günstig war. Beide Gruppen trugen dazu bei, daß eine immer üppiger gedeihende, ja wuchernde, wenn auch kurzlebige Fachliteratur entstand. In der Mitte des 14. Jahrhunderts etwa, als man mit Schrecken der Planetenkonjunktion vom 14. März 1345 entgegensah, prophezeiten jüdische und christliche Denker allenthalben furchtbare Kriege und Seuchen. Zumindest einige der astrologischen Pamphlete, die damals in handschriftlicher Form zu kursieren begannen, entstanden, wie es scheint, auf Anregung oder mit Unterstützung des Papstes, andere verdankten sich wohl mehr privater Initiative.[12] Auch Angehörige der bürgerlichen Oberschicht, Kaufleute und Akademiker,

---

12 Vgl. B. R. Goldstein und D. Pingree, *Levi ben Gerson's Prognostication for the Conjunction of 1345*, Philadelphia 1990.
13 R. Rusconi, *L'attesa della fine*, Rom 1979, bes. 85–101, 164–169.
14 J.-P. Boudet, »Simon de Phares et les rapports entre astrologie et prophétie à la fin

lasen diese Schriften begierig und reagierten darauf mit Emotionen, die von gelassener Skepsis bis zur Panik reichten.[13]

Im 14. und 15. Jahrhundert wurde die Astrologie an Universitäten mit einer medizinischen Fakultät Pflichtfach. Im Rahmen ihres Amtes mußten Professoren in Bologna und anderswo regelmäßig astrologische Gutachten erstellen, aus denen hervorging, was das neue Jahr bringen würde. Hofastrologen in Frankreich und anderen Ländern verfaßten ähnliche Kurzzeitprognosen. Die Unsicherheit der politischen Verhältnisse im Spätmittelalter und das Wüten der Großen Pest in den vierziger Jahren des 14. sowie der Syphilis am Ende des 15. Jahrhunderts scheinen die Nachfrage nach bündigen, leicht zugänglichen Informationen über die nahe Zukunft noch gesteigert zu haben. Im Lauf der Zeit wurden auch die Gegenstände, die in diesen Schriften behandelt wurden, immer gewaltiger und bedeutender. Die Lehre von den großen Konjunktionen bot ein simples, leicht anwendbares Schema für die Deutung aktueller Ereignisse und die Vorhersage des Künftigen. Sie trug viel dazu bei, daß sich die Astrologie in eine »Hermeneutik vom Weltende« verwandelte. Trotz mancher Widerstände auf beiden Seiten gingen Autoren prophetischer Schriften mehr und mehr dazu über, astrologische Lehren in ihre Thesen einfließen zu lassen, um ihnen den Anstrich mathematisch-wissenschaftlicher Erkenntnis zu geben, und die Astrologen ihrerseits reicherten zunehmend ihre eher nüchternen Kalkulationen mit prophetischen Heils- und Unheilsvisionen an.[14] Die Erfindung des Buchdrucks schließlich machte solche Schriften einem großen Publikum zugänglich, nicht nur weil jedes neue Werk nun von Anfang an in zahlreichen Exemplaren verfügbar war, sondern auch dank der Geschäftstüchtigkeit von Raubdruckern und Plagiatoren, die das ihre zur Verbreitung von erfolgversprechenden Titeln des Genres beitrugen.[15]

---

du Moyen Age«, *Les textes prophétiques et la prophétie en occident (XII–XVIe siècle)*, hrsg. von A. Vauchez, Rom 1990, 327–358 (Zit. 342).

15 R.Westman, »Copernicus and the Prognosticators: The Bologna Period, 1496–1500«, *Universitas: Newsletter of the International Centre for the History of Universities and Science, University of Bologna*, Dezember 1993, 1–5.

Die inhaltlichen und stilistischen Unterschiede zwischen diesen Vorhersagen sind ebenso groß wie die zwischen den Autoren, die von verschiedenen kulturellen Traditionen geprägt waren und deren fachliche Ausbildung uneinheitlich war. Gleichwohl lassen sich einige gemeinsame Züge feststellen. Bei den Schriften handelte es sich normalerweise um kleine Büchlein auf Latein oder in einer Vulgärsprache. Cardanos *Pronostico* hatte als Frontispiz einen Holzschnitt, der einen Propheten vor einer Stadt zeigt, aus der Flammen schlagen; ein Turm fällt soeben in Trümmer. Der Mann macht sich mit einem Stechzirkel an einer Zeichnung des Himmels zu schaffen, auf der auch eine Waage – Zeichen des Gerichts, das über die Stadt hereinbricht – zu erkennen ist. Das Werk umfaßt zehn Seiten. Der Druck wirkt grob, der Text ist in kurze Absätze unterteilt. Sowohl der Holzschnitt als auch der kurze, segmentierte Text signalisiert, daß das Werk sich an ein breites Publikum richtete, das keine dicken, schwierigen Bücher mit komplizierten gelehrten Kommentaren las. Die Schrift war ansprechender aufgemacht als die meisten anderen Prognostika, die in Italien auf den Markt kamen und die in aller Regel 6 oder 8 Seiten Text und keine so attraktiven Illustrationen hatten. Die Mischung der traditionellen Vorstellung vom Propheten – und der großen Zerstörung, die er voraussagt – mit der von der Astrologie, repräsentiert durch ihr wissenschaftliches Handwerkszeug, erinnert an viele der deutschen Prognostika, welche die Flut von 1524 voraussagten. In anderer Hinsicht war das Büchlein sogar noch konventioneller.

---

16 Allgemein dazu A. Warburg, *Heidnisch-antike Weissagung in Wort und Bild zu Luthers Zeiten*, SB Akad. Heidelberg 1919 (1920) = Warburg, *Gesammelte Schriften, Studienausgabe*, hrsg. von H. Bredekamp u. a., I, Bd. 1.2, Berlin 1998; G. Hellmann, *Beiträge zur Geschichte der Meteorologie*, Berlin 1904–1922; F. Saxl, »The Revival of Late Antique Astrology«, *Lectures*, London 1957, I, 73–84; D. Cantimori, »Note su alcuni aspetti della propaganda religiosa nell'Europa del Cinquecento«, *Aspects de la propaganda religieuse*, Genf 1957 = *Umanesimo e religione nel Rinascimento*, Turin 1975, 164–181; C. Webster, *From Paracelsus to Newton*, Cambridge 1982 und 1984, Kap. 2; M. Reeves, Hrsg., *Prophetic Rome in the High Renaissance Period*, Oxford 1992. L. Thorndike beschreibt in *History of Magic and Experimental Science*, New York 1941, 5–6, eine Menge von Vorher-

Wenn Cardano spektakuläre astronomische Ereignisse, die Konsequenzen von weltgeschichtlicher Tragweite hatten, bunt gemischt mit zeitlich und räumlich näherliegenden Dingen bot, die für bestimmte Gruppen von Lesern von unmittelbarem praktischem Interesse waren, so entsprach diese Vorgehensweise ganz dem in diesem Genre in Italien herrschenden Brauch. Diese Sorte Astrologie erforderte kaum je komplizierte Berechnungen. Oft verwiesen die Autoren auf die ebenso wirkungsmächtigen wie leicht zu berechnenden großen Konjunktionen von Jupiter und Saturn (sie finden im Abstand von 20 Jahren statt) oder auf andere, noch spektakulärere Planetenkonfigurationen, um wichtige irdische Ereignisse zu erklären – zu studieren etwa auf dem berühmten Flugblatt des Theodor Ulsenius zur Syphilisepidemie aus dem Jahr 1496: Es zeigt einen Mann, dessen Gesicht und Beine mit offenen Wunden, den Zeichen seiner Krankheit, übersät sind, und darüber den Sternkreis mit dem Bild des Skorpions, in dem sich die Planeten zur Konjunktion vereinen. Simple Kausalerklärungen dieser Art und nicht diffizile Feinstudien von Geburtshoroskopen einzelner Individuen bilden in der Regel den Inhalt solcher Texte.[16] Auf ähnliche Weise kamen die ebenso präzisen wie leicht falsifizierbaren Wetterprognosen zustande, die Cardano und die meisten seiner Kollegen veröffentlichten – selbst Johannes Kepler bemühte sich noch lange nachdem er seinen Glauben an die Astrologie weitgehend verloren hatte weiter ernsthaft um die Entwicklung einer wissenschaftlichen Meteorologie auf astrologischer Basis.[17]

---

sagen, die in der Renaissance kursierten. C. Vasoli analysiert in *I miti e gli astri*, Neapel 1977, Kap. 1, die Versuche des Annius von Viterbo, Prophetie und Astrologie zu verschmelzen. Zambellis Sammelband ›*Astrologi hallucinati*‹, Berlin/New York 1986, rückt den bekanntesten Fall von (falscher) Katastrophenwarnung, den der Flut von 1524, und seinen weiteren Kontext in ein neues Licht.

17 S. J. Kepler, *Gesammelte Werke*, hrsg. von M. Caspar et al., München 1937 ff., XI.2, 7–264, und den nützlichen Nachbericht, ebda, 442–465; zu Keplers astrologischen Studien s. auch G. Simon, *Kepler astronome astrologue*, Paris 1979, und J. Field, »A Lutheran Astrologer: Johannes Kepler«, *Archive for History of Exact Science* 31 (1984), 225–268.

Die großzügigen Verallgemeinerungen, die volltönende Sprache, die das Publikum gezielt einschüchtert, banale Detailinformationen über Regen und Schnee, alles das findet sich nicht allein in Cardanos Texten, sondern ebenso in den Werken seiner Vorläufer und Mitbewerber, vor allem derjenigen nördlich der Alpen, aber auch der Italiener. Der prominente Astrologe Luca Gaurico und seine Schüler veröffentlichten lateinische und italienische Prognostika, die genau dieselben Themen wie Cardanos Werk behandelten und im Brustton absoluter Gewißheit Vorhersagen über die Geschicke von Herrscherhäusern wie über die Unbilden des Wetters zum besten gaben. Gauricos Schüler Joannes de Rogeriis kündigte in einem 1537 gedruckten *Prognosticon,* das Franz I. gewidmet war, an: »Gegen Ende des Jahres 1537 wird der König der Türken mit seinem Heer die Christen in Italien nicht angreifen, und es wird kein blutiger Krieg ausbrechen ...«, um diese kühne Behauptung sofort wieder einzuschränken.[18] Er sagte weiter voraus, daß Cosimo de Medici nicht mehr lange in Florenz regieren werde, wenn die Angaben über die Geburtszeit des Herrschers, von denen er bei der Erstellung des Horoskops ausgegangen war, korrekt seien, daß Paul III. ein allgemeines Konzil einberufen werde und daß »vor dem Ende des Jahres 1538 sein Reich [das des »Königs« der Türken] zerstört werden und seine verruchte Seele zum Sumpf der Unterwelt hinabsteigen wird, von wo keiner wiederkehrt«[19] – drei Versuche, ein Treffer. Der Autor schwebte aber nicht ausschließlich in den wolkigen Gefilden der hohen Politik, sondern gab auch bereitwillig astrologische Wetterweisheiten von sich: »Den ganzen Sommer hindurch wird es sehr heiß sein, und im Herbst werden starke Winde wehen ...«[20] Wir

---

18 Joannes de Rogeriis, *Ad Christianissimum Gallorum Regem Prognosticon anni 1537,* Rom 1537, British Library C 27 h 23 (17), Aii[ro]: »Labente anno gratiae 1537 Turcarum Rex cum exercitu suo non irruet contra christicolas in Italiam, nec erit cruentum aliquod bellum, nisi fortasse armorum plurimi apparatus et mavortii tumultus. Nihilosecius plebei et proceres suorum Regum ac Principum tyrannides experiuntur acerbas et a militibus plurimum exagitati.«
19 Ebda, Aii[vo]: »Cosmus Medices, si venit in lucem horoscopante tertia capri decuria, non longo tempore Florentiae sceptra tenebit ...«, [Aiii[ro]]: »Et ante finem

wissen nicht, ob seine Prognose bestätigt wurde. Die verwirrten Leser sahen sich in einem Wirbel von prädiktiven Druckschriften, »kontinuierlich zirkulierenden Prophezeiungen, Vorhersagen und Horoskopen aller Art«.[21] Bald traten auch Humoristen auf den Plan, die sich über die modische Leidenschaft für das Zukunftswissen lustig machten. Dasselbe bunte Durcheinander von Themen wie in Cardanos Büchlein findet sich auch in einigen Parodien wie etwa dem *Pantagruelinischen Prognosticon* von Rabelais und der *Practica für das Jahr 1565* von dem Berner Hans Wyermann, der sich als »Doktor der sieben faulen Künste« bezeichnet und unter anderem vorhersagt, daß im Januar in den Bergen mehr Schnee fallen werde als am Genfer See und daß es im Winter mehr Eis geben werde als im August.[22]

Drucker in ganz Europa produzierten Prognostika dutzendweise. Weder die Plattheit der Klischees noch die Sticheleien der Parodisten minderten den Erfolg dieser Art Literatur. Matthew Parker, Erzbischof von Canterbury in elisabethanischer Zeit und ein hochgebildeter Mann, tat die »Prophezeiungen des Mr. Michael Nostre Damus« als »wirre Phantastereien« ab, aber die große Masse des Publikums besaß weder das souveräne Selbstbewußtsein noch die Gelehrsamkeit dieses protestantischen Intellektuellen. Männer wie Frauen aus nahezu allen Schichten, von den Seeleuten der spanischen Flotte bis hinauf zum König von Frankreich und seinen Höflingen, verschlangen fasziniert die Pamphlete des Nostradamus und versuchten ihr Handeln nach seinen Weissagungen einzurichten. Flugschriften dieses Propheten, dazu Begleitbriefe mit erschöpfenden Kommentaren, wurden per Diplomatenpost den Ge-

---

anni 1538. eius imperium diruetur, & anima eius nefanda ibit ad infernos non reditura lacus. Et (uti speramus et sydera portendunt) impia Machometi secta penitus diruetur anni exitu 1543.«
20 Ebda, Aii[ro]: »Erunt dein calores maximi per totam ferme aestatem. Autumno magni flabunt venti …«
21 C. Vasoli, »Giorgio Benigno Salviati (Drajisic)«, *Prophetic Rome,* hrsg. von Reeves, 121–156, Zit. 123.
22 K. Schottenloher und J. Binkowski, *Flugblatt und Zeitung,* München 1985, I, 196.

sandten katholischer wie protestantischer Herrscherhäuser zugestellt.[23]

Cardano hielt sich in seinem Büchlein weitgehend an die in diesem Metier üblichen Regeln. Auch er war der Meinung, daß prominente Planetenkonjunktionen – namentlich die große Konjunktion von Jupiter und Saturn, die 1524 stattgefunden hatte und 1564 wiederkehren sollte – auf neue Entwicklungen in der Weltkirche, ja, in allen bekannten Religionen hinwiesen. Und er ging in seinem Ehrgeiz, wie wir bereits gesehen haben, noch weiter und versuchte gar, aus der Präzession eine Langzeitprognose zur Entwicklung des Katholizismus abzuleiten. Aber seine astrologische Interpretation, derzufolge die Verschiebungen zwischen der achten und neunten Sphäre Weltgeschichte machten, griff, sowohl was die astronomischen Details als auch was die Argumentationsweise im ganzen betrifft, auf weithin bekannte und allgemein akzeptierte Traditionen zurück. Schon die Autoren der Alfonsinischen Tafeln hatten das Ausgangsdatum, den Zeitpunkt, an dem die beiden Sphären in perfekter Harmonie waren, an dem sich also das Sternbild des Widders in der achten Sphäre mathematisch exakt mit dem Widder in der neunten deckte, genau angegeben: Es war der 17. Mai 15 n. Chr., ein Datum, das verdächtig genau in die Mitte der Lebenszeit Jesu fiel, so wie diese in der Tradition etabliert war. Dieselben spanischen Experten hatten auch eine mystische Makrochronologie entworfen, aus der hervorging, mit welcher Geschwindigkeit die Präzession voranschritt. Diesen Angaben zufolge dauerte ein vollständiger Zyklus der beiden Sphären 7000 Jahre, und 7 dieser Zyklen, also 49000 Jahre, ergaben ein »Großes Jahr«.[24] Wenn Cardano annahm, die Präzession steuere die Geschicke der Religion auf Erden, so hat er sehr wahr-

---

23 P. Brind'Amour, *Nostradamus astrophile*, Ottawa/Paris 1993, 1. Teil (die bisher gründlichste Arbeit über einen astrologischen Praktiker der Renaissance). Weitere Zeugnisse für das Interesse seriöser Intellektueller jener Zeit an Prognostika bei K. Peutinger, *Briefwechsel*, hrsg. von E. König, München 1933, 33–34, 386–392. Die noch unveröff. Habil. von B. Bauer untersucht erstmals eingehend Produktion und Rezeption der umfangreichen astrologischen Literatur der frühen Neuzeit.
24 D. J. Price, *The Equatorie of the Planetis*, Cambridge 1955, 104–107.

scheinlich nur einen Gedankenfaden weitergesponnen, den bereits die Astronomen des Königs Alfons in ihr Standardwerk eingewebt hatten.[25] Eine ganz ähnliche Mischung aus Lang- und Kurzzeitvorhersage, aus Konjunktionsastrologie und politischer Prophetie findet man auch in einem Prognostikon, das fünf Jahre nach Cardanos Büchlein in Mailand von Ottavio Cane Gaurico publiziert wurde. Dieser orakelte düster, daß die Konjunktion von Saturn und Mars »grausame Kriege und ein großes Sterben« mit sich bringen werde, konnte aber auch mit der guten Nachricht aufwarten, daß der türkische Sultan mitsamt seinem Reich noch vor Ende des Jahres 1572 zugrunde gehen werde.[26]

Allgemein läßt sich beobachten, daß Cardano sich in seinem *Pronostico* weitgehend darauf beschränkte, mehr oder weniger wohlbekannte Quellen zu zitieren und auszuschreiben. In dem Bestreben, dem Werk den dramatisch düsteren Ton zu verleihen, der einer rechten Prophezeiung gebührt, sparte er nicht mit Bibelzitaten aus den Psalmen und anderen Büchern. Auch die klassische Antike leistete ihren Beitrag: Julius Cäsar, der im 5. Buch von *De bello Gallico* von einem unerklärlichen Steinhagel und von Waffen berichtete, die nachts ohne natürliche Ursache leuchteten, stützte die Behauptung, daß allen großen Ereignissen Omina vorhergehen. Cardano wußte wohl, was sein Publikum gern hatte. Im Zusammenhang mit der Erörterung der Lage von Mailand bemerkt er: »Viele erwarten vergeblich eine Botschaft von Fra Amadio, die über den Engelspapst Auskunft gibt.« Dieser Fra Amadio, angeblich ein büßender Edelmann, galt als der Verfasser der sogenannten *Apocalypsis Nova*, eines sehr bekannten prophetischen Werks[27], das in handschriftlicher Form in Italien zirkulierte und unter anderem eine große Neuordnung von

---

25 Vgl. J. M. Millas Vallicroza, *Estudios sobre Azarquiel*, Madrid 1950.
26 O. Cane, *Pronostico del anno M.D.XL.*, o. O. 1540, British Library C 27 h 23 (24), [Ai^{vo}], [Aiii^{vo}–Aiv^{ro}].
27 Cardano, *Pronostico*, [Avi^{vo}]: »molti espettano l'advento de certe pronuntiatione de fra Amadio in vano, del Papa angelico.« Zur *Apocalypsis Nova* s. A. Morisi-Guerra, »The *Apocalypsis Nova*: A Plan for Reform«, *Prophetic Rome*, hrsg. von Reeves, 27–50.

Staat und Kirche vorhersagte. Wie andere Autoren von Prognostika wertete Cardano sowohl astrologische wie prophetische Literatur aus. Unter den älteren Quellen, die er heranzog, waren Ptolemäus und der jüdische Philosoph und Astrologe Abraham ibn Ezra aus dem 12. Jahrhundert, auf den er sich berief, als er behauptete, daß sogar die Kirche, »soweit es die Temporalia betrifft, dem Einfluß der Sterne unterworfen [sei], nicht aber in Dingen des Glaubens«.[28] An einer Stelle zitierte er sogar einen prominenten zeitgenössischen Autor, den Bologneser Astrologen und Chiromanten Bartolomeo Cocles, der für seine prophetischen Gaben berühmt war und der nun mit seiner Autorität Cardano in dessen Kampf gegen die Unsitte, Horoskope für Städte zu erstellen, zu Hilfe kam.[29] Wie seine Kollegen also stützte Cardano sich bei seiner Arbeit auf alte und neue, veröffentlichte und unveröffentlichte, schulmäßig astrologische und prophetische Texte. Es ist ganz natürlich, wenn sich in seinem Büchlein ebenso wie in vielen vergleichbaren Werken bunt gemischt Hohes und Niederes zusammenfand, und ebensowenig homogen wie der Inhalt war auch die Leserschaft zusammengesetzt.

Das Verfahren Cardanos, die wichtigsten astronomischen Ereignisse des Jahres, mit dem er es zu tun hatte, der Reihe nach aufzuzählen und astrologisch zu würdigen, entsprach der üblichen Norm. Prominenten Konjunktionen und Verfinsterungen wurde in den astronomischen Anhängen von Kalenderschriften nördlich wie südlich der Alpen ganz allgemein große Beachtung geschenkt.[30] Der Deutsche Achilles Pirmin Gasser, der einige Jahre später als Cardano

---

28 Cardano, *Pronostico,* Aii^{vo}: »Impero secondo Habraam avenazar tal cosa almeno quanto alle cose temporale e suddita a le stelle, anchora que quanto alla fede non sia.« Ibn Ezra war der Meinung, daß die Astrologie im wesentlichen alle Dinge der sublunaren Sphäre erklären könne; manche seiner astrologischen Schriften, die ins Lateinische übersetzt wurden, erwecken den Eindruck, daß er ein radikaler Determinist war, s. z. B. *In re iudiciali opera,* übers. von Pietro d'Abano, Venedig 1507, xliv^{vo}–xlv^{ro}, lxxxiv^{vo}–lxxxv^{ro}. Aber er scheint auch an einigen Stellen die Lehre zu vertreten, daß die Seele – oder zumindest die Seelen der Juden, die den Geboten der Thora folgen – der Macht der Sterne nicht hilflos ausgeliefert sei. S. Y. Langermann, »Some Astrological Themes in the Thought of Abraham Ibn Ezra«, *Rabbi Abraham Ibn Ezra,* hrsg. von I. Twersky und J. M. Harris, Cambridge, Mass./London

eine *Practica* (für das Jahr 1544) herausbrachte, machte seine Leser auf drei Mondfinsternisse und eine Sonnenfinsternis zwischen dem 10. Januar und dem 29. Dezember aufmerksam und sagte das Auftreten von Seeungeheuern voraus, außerdem eine Schlangenplage, Donner, Blitz, Überschwemmungen und Bluteruptionen sowie eine große Veränderung im Verhalten der Menschen, welche wiederum schreckliche Konsequenzen für die christliche Religion nach sich ziehe und sowohl die »Würde der Priester« beschädigen als auch die Staatseinnahmen mindern werde. Wie Cardano zollt auch Gasser der großen Konjunktion von Saturn und Jupiter im Zeichen des Skorpions am 5. September gebührenden Respekt – vielleicht hat überhaupt erst dieses astronomische Ereignis den Autor dazu veranlaßt, das Büchlein zu schreiben. Ähnliche Konjunktionen, so erinnert Gasser, gingen der Sintflut, der Offenbarung der göttlichen Gebote am Berg Sinai und der Begründung des Islam voran – vielleicht entnahm er diese Beispiele dem Werk des Pierre d'Ailly, das eine Übersicht über spektakuläre Konjunktionen und die damit einhergehenden historischen Ereignisse bietet.[31] Die Konjunktion des Jahres, auf das Gasser vorausblickt, findet in dem schlimmen Zeichen des Skorpions statt, »einem Ort, der mit gutem Grund ein Unglücksort genannt und insbesondere mit körperlichen Übeln und Krankheiten in Verbindung gebracht wird«. In dem aktuellen Fall war mit Krieg, Verfolgung und dem Auftreten »falscher Propheten« zu rechnen, die einen neuen, »heuchlerischen« Glauben predigten.[32] Daneben machte Gasser auch Vorhersagen über Dinge von lediglich

---

1993, 28–85, bes. 42–61, sowie D. B. Ruderman, *Jewish Thought and Scientific Discovery in Early Modern Europe,* New Haven/London 1995, 28–29.
29 Cardano, *Pronostico,* Aiii[ro].
30 Vgl. z. B. D. M. Fontana, *Ad Illustrissimum Dominum D. Johannem Benti. de Aragonia etc. Prognosticon in annum 1501,* Bologna 1501, British Library C 27 h 19 (1); J. Benatius, *Prognosticon anni MCCCCII,* Bologna 1502, British Library C 27 h 23 (2); J. Grünpeck, *Prognosticon anni MDXXXII usque ad annos MDXXXX,* Regensburg 1532, Nachdruck Mailand 1532, British Library C 27 h 23 (15).
31 L. Smoller, *History, Prophecy and the Stars,* Princeton 1994.
32 A. P. Gasser, *Prognosticum astrologicum ad annum Christi MDXLIIII,* Nürnberg 1543, A2[vo], B3[vo]–C[vo].

lokaler Bedeutung, etwa über das Wetter, die Ernte und die Qualität von Bergbauprodukten. Schließlich schränkte Gasser ebenso wie Cardano alle seine Vorhersagen durch den wiederholten Hinweis ein, daß die Wirkung jedes einzelnen astronomischen Ereignisses durch andere himmlische Faktoren verändert oder gar aufgehoben werden könne. So würden etwa die Verfinsterungen jenes Jahres die Wirkungen der Planeten oft ins Gegenteil verkehren oder verschlimmern.[33] So verschieden auch die Autoren waren – Cardano ein italienischer Katholik, Gasser ein protestantischer Bürger einer freien Reichsstadt –, in ihren Arbeiten sind doch weit mehr Gemeinsamkeiten als Unterschiede festzustellen. Ganz allgemein läßt sich somit sagen, daß Cardano in keiner Weise aus dem Rahmen fiel, wenn er sich in einem astrologischen Almanach mahnend und warnend über alle möglichen Dinge zwischen Himmel und Erde ausließ.

Cardano befand sich zu der Zeit, als er seinen *Pronostico* verfaßte, in einer schwierigen Phase seiner Karriere. Er hatte nach Abschluß seines Medizinstudiums Mitte der zwanziger Jahre erleben müssen, daß ihm die Ärzteschaft von Mailand, weil er unehelich geboren war (sein Vater hatte seine Mutter erst nach seiner Geburt geheiratet), die Aufnahme in ihre Zunft verweigerte. Es ist gut möglich, daß der Makel seiner Geburt nur ein willkommener Vorwand war und die Ablehnung andere Gründe hatte: Immer streitlustig und scharfzüngig, hatte er seine Kollegen sowohl in Gesprächen als auch in einer seiner ersten medizinischen Schriften harsch kritisiert. Ein solches Verhalten war ungewöhnlich – um nicht zu sagen: selbstmörderisch – in einer Zeit, in der die meisten Mediziner bestrebt waren, das Renommee der Schule, der sie entstammten, herauszustreichen. Wie auch immer – Cardano mußte sich damit abfinden, daß er aus der medizi-

---

33 Ebda, B2^{vo}–B3 0, B2^{ro-vo}. Ähnlichkeiten in den Vorhersagen von Autoren verschiedener Konfession und sozialer Umgebung sind zum Teil ganz einfach darauf zurückzuführen, daß die Leute voneinander abschrieben (solche Schriften enthalten oft mehr entlehntes Material als Originalbeiträge). Von Gasser beispielsweise wissen wir, daß er das Prognostikon des in Ferrara wirkenden Astrologen Antonio Arquato gekauft und gelesen hat; s. Cantimori, »Note su alcuni aspetti della propaganda religiosa ...«, 170–171 und Anm. 15.

nischen Elite Mailands ausgeschlossen blieb und zu einem Dasein als Landarzt verdammt war. Er praktizierte in Sacco (Saccolongo) unweit von Padua und in Gallarate bei Mailand. Erst 1535 erhielt er eine Anstellung in Mailand: Er durfte als Nachfolger seines Vaters an Feiertagen öffentliche Mathematikvorlesungen halten und begann mathematische und medizinische Arbeiten zu publizieren.[34]

Cardano schrieb seine kleine astrologische Broschüre offenbar nicht zuletzt einfach in der Hoffnung, damit Geld zu verdienen. Viele Jahre später sprach er in seiner Autobiographie von jener Zeit, als er so arm war, daß er kaum genug zum Leben hatte. Er stellte sich selbst die Frage, wie er es geschafft hatte, sich durchzuschlagen, er, ein Außenseiter, dem die Anerkennung seiner Kollegen versagt blieb, von Dieben um sein bißchen Eigentum gebracht, wehrloses Opfer seiner fatalen Sucht nach Büchern, für die er enorme Summen ausgab: »Hast du Privatunterricht gegeben? Nein. Hast du Schulden gemacht? Nein. Hast du dir einen Gönner gesucht, der dir Geld schenkte? Ich bezweifle sehr, daß ich einen gefunden hätte, und ich wäre auch zu stolz gewesen, zu betteln. Hast du dich durchgehungert? Nicht einmal das. Ja, was hast du dann gemacht? Ich habe astronomische Tafeln geschrieben...«[35] – und, so ist wohl zu ergänzen, auch den *Pronostico* von 1534 und spätere astrologische Arbeiten, denen wir im folgenden noch begegnen werden.

Der Autor einer Practica konnte von seiner Arbeit mehrfach profitieren. Zuerst einmal konnte er hoffen, ganz unmittelbar aus dem Verkauf der Druckschrift einen Überschuß zu erwirtschaften. Cardano war, wie Ian Maclean gezeigt hat, geschäftstüchtig genug, um sich die Rechte an dem Pamphlet, das von Gotardo da Ponta in Mailand, einem Spezialisten für diese Art Literatur, und von dem

---

34 Zu diesen frühen Jahren in Cardanos Karriere s. O. Ore, *Cardano: The Gambling Scholar*, Princeton 1953, Kap. 1, und N. Siraisi, *The Clock and the Mirror*, Princeton 1997.
35 Cardano, *De vita propria*, 25, O, I.16b. Vgl. Ernst, »›Veritatis amor dulcissimus‹: Aspetti dell' astrologia in Cardano«, 197, Anm. 16.

venezianischen Drucker Vincenzo de Bindonis produziert wurde, offiziell bestätigen zu lassen.[36] Er konnte somit Anspruch auf den Erlös erheben, den das Werk einbrachte. Der unmittelbare Gewinn aus dem Verkauf war wohl eher klein, aber solche Projekte konnten dem Autor auch noch auf andere Weise Vorteil bringen. Cardano – und ebenso Gasser und viele andere Herausgeber von Prognostika – hatte eine medizinische Ausbildung genossen und wollte als praktischer Arzt Karriere machen. Obwohl ihm nach wie vor die Anerkennung seiner Mailänder Kollegen versagt blieb, nannte er sich auf dem Titelblatt seines *Pronostico* doch »Arzt aus Mailand«. Ähnlich wie Gasser, der sich in seinem Almanach als Berufsanfänger zu erkennen gibt und gesteht, daß er seine astrologischen Studien bisher nur zu privaten Zwecken getrieben hat, hoffte Cardano wahrscheinlich darauf, neue Klienten und Patienten zu gewinnen und sich als Mediziner einen Namen zu machen, selbst wenn der direkte Gewinn aus dem Verkauf von Büchern eher mager ausfallen sollte.

Wir wissen nicht, wie Cardano mit den zahlreichen praktischen Problemen und dem politischen Ärger fertig zu werden hoffte, die ein solches Unternehmen mit sich brachte. Als er sich entschloß, einen eigenen kleinen Beitrag zu der unübersehbaren Flut prophetischer Pamphlete zu leisten, die im späten 15. und frühen 16. Jahrhundert über Europa hereinbrach, hätte er sich eigentlich darum bemühen müssen, etwas Unkonventionelles zu schaffen, das in irgendeiner Weise aus der Masse hervorstach. Aber wie wir gesehen haben, tat sein *Pronostico* genau das nicht, und offensichtlich wurde sich der Autor nachträglich dessen wohl bewußt. Es sieht ganz so aus, als hätte er versucht, die Erinnerung an sein erstes kleines Buch zu unterdrücken: In keiner der Listen, in denen er seine Veröffentlichungen aufzählt, wird der *Pronostico* erwähnt. Das Bild, das er

---

36 I. Maclean, »Cardano and his Publishers, 1534–1663«, *Girolamo Cardano: Philosoph, Naturforscher, Arzt*, hrsg. von E. Keßler, Wiesbaden 1994, 313.
37 Maclean, ebda. 335–336, verweist auf Lukas 4,24.
38 Vgl. z. B. D. Kurze, »Prophecy and History: Lichtenberger's Forecasts of Events to Come«, *Journal of the Warburg and Courtauld Institutes* 21 (1958), 63–85; P. A. Russell, »Astrology as Popular Propaganda: Expectations of the End in the

1538 aufs Titelblatt seines nächsten astrologischen Werks drucken ließ, ein Porträt mit der Devise »Der Prophet gilt nicht im eigenen Land«, spricht Bände.[37] Cardanos Mißerfolg war freilich vorhersehbar: Seit dem Ende des 15. Jahrhunderts hatten vielgelesene Autoren wie die Deutschen Johannes Lichtenberger und Joseph Grünpeck in ihren Schriften immer wieder astrologische und letzte Dinge miteinander vermengt – Cardanos Offenbarungen vom Weltuntergang, die in den Sternen geschrieben standen, können einem abgestumpften Publikum, das jahrzehntelang mit eschatologischen Schwanengesängen beschallt worden war, schwerlich besonders laut in den Ohren geklungen haben.[38]

Italien und das Heilige Römische Reich erlebten in den Jahren, als Cardano zu veröffentlichen begann, tatsächlich eine politische und religiöse Krise. Die italienischen Kleinstaaten, die ein Jahrhundert lang die Künste der Politik und der Diplomatie in einer Weise kultiviert hatten, die in Europa einzigartig war, hatten sich in Kriegsgebiete verwandelt, in denen französische und spanische Heere operierten, denen keine Macht Italiens etwas Gleichwertiges entgegenzusetzen hatte. Einstige Großmächte wie das Herzogtum Mailand verloren ihre politische Unabhängigkeit, für die sie jahrhundertelang gekämpft hatten. Das Reich, dessen Herrschaft lange Zeit hindurch immer wieder von lokalen Herrschern und Stadtregierungen angefochten worden war, hatte eine Bewegung hervorgebracht, die zum erstenmal seit Jahrhunderten die universale Autorität der katholischen Kirche in Frage stellte, die protestantische Reformationsbewegung. Soziale, politische und religiöse Spannungen verschärften sich und entluden sich mit roher Gewalt, so im deutschen Bauernkrieg von 1525 und wenig später in den blutigen Wirren der Kämpfe gegen die Wiedertäufer. In diesen von politischen Spannun-

---

German Pamphlets of Joseph Grünpeck (1533?)«, *Forme e destinazione del messagio religioso*, hrsg. von A. Rotondò, Florenz 1991, 165–195; »*Astrologi hallucinati*«, hrsg. von Zambelli. Über den Zusammenhang von politischen Krisen und Prophetie s. J. M. Bremmer, »Prophets, Seers, and Politics in Greece, Israel and Early Modern Europe«, *Numen* 40 (1993), 150–183, bes. 167–172.

gen und militärischen Konflikten geprägten Jahren fanden allenthalben im Reich und in Italien schillernde Weissager verschiedenster Art ein dankbares Publikum. Es waren gelehrte Männer darunter, so etwa der platonistische Prophet Giovanni Mercurio, der 1484 durch die Straßen von Rom zog, auf dem Kopf einen Hut, auf dem geschrieben stand: »Das ist mein Sohn Pimander, an dem ich mein Wohlgefallen habe.« Es gab auch charismatische Figuren wie Girolamo Savonarola, dessen Werke (und daneben auch Werke, die nur seinen Namen trugen) als Flugschriften, mit eindrucksvollen Holzschnitten im Stil Ghirlandaios illustriert, noch lange nachdem den Autor in Florenz sein Schicksal ereilt hatte, mit ihrer Botschaft von Hoffnung und Umgestaltung die katholische Welt erzittern ließen.[39] Bärtige Propheten und Händler, die Pamphlete mit düster bedrohlichen Botschaften aller Art feilboten, trieben sich auf den Marktplätzen in den Städten herum und fanden unter Kaufleuten und Intellektuellen gleichermaßen interessierte Diskussionspartner und Kunden. In den Klöstern und an den Herrscherhöfen in den Zentren von Bildung und Kultur, etwa in Ferrara, gab es heilige Frauen, manche sogar stigmatisiert, die bei den Mächtigen in hoher Gunst standen, zumal dann, wenn ihre göttlich inspirierten Weissagungen auch noch ins politische Kalkül paßten.[40] Cardano, der fest daran glaubte, daß seine Epoche eine Zeit spektakulärer Entwicklungen war, wußte, daß seine Schrift sich im Kampf um eine ökologische Nische gegen scharfe prophetische Konkurrenz behaupten mußte.[41]

Cardano versuchte sich, wie wir gesehen haben, dadurch zu profilieren, daß er die besondere Kompetenz herausstrich, die er in seiner Eigenschaft als gelernter Astrologe hatte. Statt jedoch überzeugend

---

39 Allgemein dazu s. F. A. Yates, *Giordano Bruno and the Hermetic Tradition*, London 1964, und D. Cantimori, *Eretici italiani del Cinquecento*, Florenz 1939. Zu den erwähnten Propheten vgl. L. Lazzarelli, »Epistola Enoch«, hrsg. von M. Brini, *Testi umanistici sull'ermetismo*, hrsg. von E. Garin u. a., Rom 1955; D. Weinstein, *Savonarola and Florence*, Princeton 1979; D. Ruderman, »Giovanni Mercurio da Correggio's Appearance as Seen Through the Eyes of an Italian Jew«, *Renaissance Quarterly* 28 (1975), 309–322. Nach wie vor von fundamentaler Bedeutung sind P. O. Kristeller's *Studies in Renaissance Thought and Letters*, Rom 1956.

darzutun, was eigentlich das Besondere an seiner eigenen Methode ist, machten seine Bemühungen vielmehr erst deutlich, daß die ganze Disziplin samt ihren Künsten selber in einer inneren, technischen Krise steckte. Die Astrologie stand schon immer in der Kritik. In der Antike hatten Cicero, Augustinus und andere des langen und breiten die deterministischen Irrlehren der Astrologen beklagt. Sie hatten etwa das Argument ins Feld geführt, daß die Astrologen unmöglich erklären könnten, weshalb Zwillinge, Jakob und Esau zum Beispiel, vollkommen verschiedene Charaktere haben. Die Kritik bezog sich kaum je konkret auf die Praxis irgendwelcher Astrologen, die sich ja in ihrer großen Mehrheit keineswegs auf ein universal gültiges monokausales Erklärungssystem beriefen, sondern in der Regel sehr wohl die Bedeutung von Erziehung und Umwelt anerkannten und ausdrücklich betonten, daß sie in keinem Fall das Schicksal eines Individuums allein aus den im Moment seiner Geburt gegebenen Planetenkonstellationen voraussagen könnten. Ptolemäus hatte in seinem *Tetrabiblos* schon früh eine systematische Darstellung der Astrologie geliefert und darin klarer, als es je irgendein Kritiker vermochte, die Grenzen aufgezeigt, die seiner lediglich mit Wahrscheinlichkeiten operierenden divinatorischen Kunst notwendigerweise gesetzt waren.[42]

Im 14. Jahrhundert und später jedoch begnügten sich die Kritiker nicht mehr damit, die stumpf gewordenen Argumente des Cicero und Augustinus zu wiederholen, sondern entwickelten zunehmend neue, scharfe Waffen für den Kampf gegen die Astrologie. Nikolaus von Oresme wies auf die Tatsache hin, daß viele Phänomene am Sternenhimmel sich nur in Jahrtausenden wiederholen und etliche nie.

---

40 G. Zarri, *Le sante vive: cultura e religiosità femminile nella prima età moderna*, Turin 1990.
41 Zu Cardanos Überzeugung, daß er in einer Zeit genialer Leistungen auf vielen Gebieten lebte, s. *De vita propria*, 41, O I.34–35.
42 S. A. A. Long, »Astrology: Arguments For and Against«, *Science and Speculation*, hrsg. von J. Barnes u. a., Cambridge/Paris 1982, 165–193.

Da aber der Erfahrungszeitraum der Astrologie bestenfalls die paar tausend Jahre seit der Sintflut umfasse, könnten die Regeln für die Interpretation von Konjunktionen und Oppositionen etc. unmöglich aus Beobachtungen abgeleitet sein. Gegen Ende des 15. Jahrhunderts schließlich führte Pico della Mirandola in seinen *Disputationes adversus astrologiam divinatricem* einen heftigen Angriff gegen die Prätentionen der Astrologen, der um so schwerer wog, als der Autor aus intimer Kenntnis der Materie heraus argumentierte. Er hatte astrologische Literatur in vielen Sprachen, sowohl antike als auch moderne Texte aus der westlichen wie aus der orientalischen Welt, gründlich studiert und konnte in seiner Kritik zeigen, daß die Kunst der Sterndeuterei in weiten Teilen auf Sand gebaut war. Zentrale Lehren wie die von der angeblich so geschichtsmächtigen Wirkung der großen Konjunktionen gründeten sich, wie Pico demonstrierte, keineswegs auf Beobachtungen, aus denen auf einen Zusammenhang zwischen Planetenbewegungen und historischen Ereignissen zu schließen war, vielmehr hatten Autoren wie Abu Ma'sar und Pierre d'Ailly, von vornherein davon überzeugt, daß die großen Konjunktionen alle Ereignisse der Weltgeschichte determinierten, diese Erklärung den Tatsachen willkürlich übergestülpt, selbst wenn die Fakten in offenem Widerspruch zur Theorie standen. Picos Werk stellte die Astrologie als eine große Ansammlung von Fehlschlüssen und Irrtümern bloß, eine Kunst ohne wissenschaftliche Grundlage, ersonnen von dem durch und durch abergläubischen Volk der Chaldäer und unverkennbar dessen Geistes Kind. Damit nicht genug, brandmarkte Pico die Astrologie auch noch als zutiefst irreligiös: Ihre Anhänger glaubten, die unsterblichen Seelen der Individuen und deren religiöse Überzeugungen seien der Herrschaft der Sterne unterworfen, die selbst nichts als Körper ohne unsterbliche Seele waren.[43]

---

43 S. N. von Oresme, »Tractatus contra astrologos«, *Studien zu den astrologischen Schriften des Heinrich von Langenstein,* hrsg. von H. Pruckner, Leipzig 1933; Pico della Mirandola, *Disputationes adversus astrologiam divinatricem,* hrsg. von E. Garin, Florenz 1946–1952; A. Grafton, *Commerce with the Classics,* Ann Arbor 1997, Kap. 3.

Picos Argumente wurden von Savonarola begeistert aufgenommen und in Italien populär gemacht. Die Astrologen reagierten gereizt. Einer von ihnen, Luca Bellanti, verteidigte seine Wissenschaft in einer umfangreichen Abhandlung, in der er auch – eine hübsche Pointe, die noch oft in der Diskussion wiederkehren sollte – darauf hinwies, daß Pico in ebendem Jahr gestorben war, das ihm ein Astrologe vorhergesagt hatte.[44] Wichtiger für unsere Zwecke ist die Tatsache, daß Picos Argumente bald Allgemeingut wurden und jeder, der sich in irgendeiner Weise für Astrologie interessierte, sie zur Kenntnis nehmen mußte. Autoren von kurzen, dem *Pronostico* vergleichbaren Schriften verwiesen im Verlauf der Debatte um die Syphilis, die als eine völlig neuartige Krankheit beschrieben wurde, immer wieder mit positiver oder negativer Tendenz auf Pico. Schon 1496 macht Grünpeck unter Berufung auf einen »Ägypter«, der ihm ins Ohr geflüstert habe, was »Hippokrates, Galen, Avicenna, Platon, Aristoteles und unzählige andere Astrologen, die sich um die Erklärung natürlicher und himmlischer Dinge bemüht haben«, dazu meinten, die »Konfigurationen der Gestirne« für den Ausbruch der Seuche verantwortlich.[45] Andere Gelehrte waren anderer Meinung.

Im Verlauf der Debatte legte der Leipziger Professor Simon Pistoris umständlich dar, daß »die Astrologie, wiewohl sie nicht eigentlich ein Teil der medizinischen Wissenschaft genannt werden kann, sich dennoch als eine Kunst erweist, die in der Heilkunde überaus nützlich, ja unverzichtbar ist«. Pistoris zitierte dann Pietro d'Abano, einen bedeutenden Gelehrten des frühen 14. Jahrhunderts aus Padua, und stellte fest: »Ärzte können aus Krankheiten Prognosen ableiten; in ähnlicher Weise kann der Astrologe aus den Sternen die Zukunft vorhersagen.«[46] Ein Opponent des Professors, der frühere Astrologe Polich de Mellerstadt aus Nürnberg, widersprach ihm in einer Schrift, die ihren Gegenstand noch gründlicher behandelte. Pico,

---

44 L. Bellanti, *Defensio astrologiae*, Venedig 1502.
45 C. H. Fuchs, Hrsg., *Die ältesten Schriftsteller über die Lustseuche in Deutschland, von 1493 bis 1510*, Göttingen 1843, 16–17.
46 Ebda, 130. Zu dieser Kontroverse s. die ausgezeichnete Studie von P. Zambelli, »Astrologi consiglieri del principe a Wittenberg«, *Annali dell'Istituto storico italo-*

erklärte er, habe die Astrologie derart zerfetzt, »daß von ihr nichts mehr zu erhoffen« sei. Er ließ Picos Kritik an den Methoden und den historischen Erscheinungsformen der Astrologie noch einmal ausführlich Revue passieren und sparte nicht mit Lob. Pistoris tat er als einen Mediziner ab, der seine astrologischen Kenntnisse den kurzlebigen Schriften des Regiomontanus und anderen trivialen Werken verdankte, »den *Practicae,* die sie Jahr für Jahr fabrizieren und die sich mit mehr Nutzen in den Latrinen verwenden lassen als in den Hohen Schulen der Medizin«. Mellerstadt behauptete, er habe in einem dieser Almanache in einem Abschnitt, der sich mit dem Einfluß des Saturn im laufenden Jahr 1499 befasse, die Empfehlung gefunden, »die Brüder der geistlichen Orden in ihren schwarzen Trauergewändern sollten sich Weiber nehmen und heiraten« – was, so erklärte er empört, letztlich nichts anderes heiße, als daß sogar der christliche Glaube den Sternen untergeordnet werde.[47] Wir sehen aus alledem, daß selbst in der pamphletistischen Literatur, die zwar Lateinkenntnisse, aber keinerlei fachspezifische Bildung bei ihrem Publikum voraussetzte, Picos umfassende Kritik an der Astrologie Widerhall fand. Und wenn auch Pistoris in einer zweiten Kampfschrift diese Kritik noch einmal in Bausch und Bogen zurückwies und behauptete, Pico habe keine Ahnung von der medizinischen Wissenschaft gehabt, so blieb Mellerstadts Überzeugung doch ungebrochen. In einer neuerlichen Entgegnung meinte er ironisch, ein Chirurg, der es unterlasse, sich vor einer Operation über die Mondphasen zu informieren, handle ebenso fahrlässig wie jeder, der ohne ein astrologisches Gutachten einzuholen einen neuen Rock anziehe. Der Starrsinn des Professor Pistoris sei lediglich darauf zurückzuführen, daß »astrologische Leistungen in Leipzig zu höheren Preisen verkauft werden als in Nürnberg, weshalb die Astrologen dort ganz allgemein mehr Kredit genießen als hier« – hübsch, wie er hier den

---

germanico in Trento 18 (1992), 501–505, und J. Arrizabalaga, J. Henderson und R. French, *The Great Pox,* New Haven/London 1997, Kap. 5. Vgl. Ernst, »›Veritatis amor dulcissimus‹: Aspetti dell'astrologia in Cardano«, 201–202.

47 Fuchs (Hrsg.), *Die ältesten Schriftsteller über die Lustseuche in Deutschland,* 148–149, 150–152, 154.

Kontrast zwischen der nüchternen Nürnberger Kaufmannsprosa und der weltfremden Leichtgläubigkeit des akademischen Publikums in der sächsischen Universitätsstadt mit ins Spiel bringt.[48] Die ganze Debatte, die bis 1501 andauerte, macht deutlich, daß sich am Anfang des 16. Jahrhunderts kein astrologisch-medizinisch gebildeter Verfasser einer *Practica* mehr darüber im unklaren sein konnte, daß seine Kunst in einem sehr zweifelhaften Ruf stand.

Der Philosoph, Mediziner und Astrologe Agostino Nifo war sehr wohl der Meinung, daß die Ärzte in ihrer Tätigkeit unbedingt auch die Wirkungen der Gestirne ins Kalkül ziehen sollten. Er selbst erstellte auch astrologische Wetterprognosen und Jahresvorschauen, wenn hohe Herrschaften, etwa Gonzalo Fernández de Córdoba, dessen Leibarzt er war, das von ihm verlangten. Die gesamte Armee des spanischen Oberbefehlshabers, so versicherte Nifo den Studenten, die seine medizinischen Vorlesungen in Neapel besuchten, könne bezeugen, wie exakt er seinem Herrn die überraschenden politischen und militärischen Ereignisse der Jahre 1504 und 1505 vorhergesagt habe.[49] Dennoch stimmte Nifo Picos Urteil zu, daß die Astrologie jener Zeit dringend einer Reform bedürfe. Die »Konjunktionisten«, die von der klassischen Lehre des Ptolemäus abgewichen seien, um dem jüngeren arabischen Autor Abu Ma'sar zu folgen, schrieben den Planeten und ihren Konstellationen allzu großen Einfluß zu und vernachlässigten weitgehend die Sonnen- und Mondfinsternisse. Mochte Picos Kritik auch in vielem überzogen sein, so habe er doch ganz recht gehabt, wenn er darauf beharrte, daß Sonne und Mond unter allen Himmelskörpern herausragende Bedeutung zukomme.[50] Der flämische Mathematiker und Theologe Albertus Pighius vertrat dieselbe Ansicht. Er beklagte das Aufkommen einer »ganzen Zunft von lachhaft ungebildeten Leuten, die alljährlich lachhafte *Prognostica* unters Volk bringen und all ihre

---

48 Ebda, 162, 167, 208, 283.
49 A. Nifo, *De nostrarum calamitatum causis liber,* Venedig 1505, 27ro; *Ad Apotelesmata Ptolemaei eruditiones,* Neapel 1513, [A]^{vo}.
50 A. Nifo, *De nostrarum calamitatum causis liber,* 16ro, 32ro.

Lügen, ihren Hokuspokus und ihr abergläubisches Geschwätz für astrologische Erkenntnis ausgeben«.[51] Diese Mode habe in der Medizin großen Schaden gestiftet, zumindest in Antwerpen, »wo kein Arzt in seiner Praxis auf die mittlerweile allgemein üblichen Wahrsagekünste zu verzichten wagt«. Die Ärzte dort ließen sich von Astrologen ins Handwerk pfuschen und führten, weil diese sie schlecht beraten, Aderlässe und medikamentöse Behandlungen oft zum falschen Zeitpunkt durch.[52] Pighius bemühte sich eifrig nachzuweisen, daß es in der Praxis der Astrologen von Irrtümern aller Art, wie sie Nifo und andere beschrieben hatten, nur so wimmelte. Wenn Cardano in seinem Pamphlet die Inkompetenz vieler Verfasser von Prognostika geißelt, so verleiht er nur einer Meinung Ausdruck, die mittlerweile auch unter seinen astrologischen Kollegen weit verbreitet ist.[53]

Im zweiten und dritten Jahrzehnt des 16. Jahrhunderts schwappte schließlich die Debatte über die Ränder der lebhaft bewegten, aber ausschließlich den lateinisch Gebildeten vorbehaltenen Welt der astrologischen Literatur und drang in öffentliche Räume vor, wo weit schrillere Töne herrschten: die Prediger bemächtigten sich des Themas, und auch auf Straßen und Plätzen wurde darüber diskutiert. Schon 1499 hatten Johannes Stöffler und Jacob Pflaum in ihrem *Almanach nova* erklärt:

---

51 A. Pighius, *Adversus prognosticatorum vulgus, qui annuas praedictiones edunt, et se astrologos mentiuntur, astrologiae defensio,* Paris 1518, 2^{ro-vo}: »... genus quoddam hominum indoctissimum, qui ridicula quaedam annorum prognostica annis singulis emittunt in vulgus, et mendacia sua omnia, sua sortilegia, suas superstitiones in astrologiam referunt.«

52 Ebda, 12vo: »Praeterea in signandis diebus et temporibus congruis pro phlebotomia, pro sumendis pharmacis, et in universum, pro singulis medicinae operibus perficiendis (in quibus certum aliquem lunae ac totius caeli statum eligere aut evitare est vel necessarium vel operae precium) non turpiter solum, sed et periculosissime errasse: cogentes chirurgos et medicos, astrologiae imperitos, intempestiva phlebotomia aut pharmaco interficere miseros infirmos, aut infirmiores reddere«; 13ro: »Quin etiam suo exemplo plurimos Antwerpiae praesertim (ubi iam nemo medicam artem audet profiteri nisi divinet cum reliquis) ad tam insignem inuriam sibi inferendam concitaverit.«

»Wir werden [im Jahr 1524] keine Verfinsterung der Sonne oder des Mondes erleben. Aber im Verlauf des Jahres werden einige ganz erstaunliche Planetenkonfigurationen zustande kommen. So wird es im Februar 20 Konjunktionen von kleiner, mittlerer und großer Bedeutung geben. Sechzehn davon werden sich in einem wäßrigen Zeichen ereignen. Sie werden Veränderungen und Wandlungen und Umwälzungen anzeigen, denen die ganze Welt, alle Regionen, Reiche, Provinzen, Stände, Schichten, alle Tiere auf dem Land im Meer und alle Geschöpfe auf Erden unterworfen sein werden – Veränderungen, wie wir sie aus all den Jahrhunderten vor unserer Zeit nicht kennen, weder aus den Büchern der Geschichtsschreiber noch von unseren Vorfahren her. So erhebt denn eure Häupter, ihr guten Christen.«[54]

Nach und nach verbreitete sich die Vorstellung, das Unheil werde in Gestalt einer gewaltigen Überschwemmungskatastrophe, einer zweiten Sintflut, über die Erde kommen. Nifo und andere versuchten ihre Mitbürger zu beruhigen, die in ihrer Panik Archen bauten oder auf Berggipfeln Zuflucht suchten. Schließlich verfaßte Nifo eine gelehrte Widerlegung der Flutprophezeiung und betonte darin, daß es zwar möglicherweise in manchen Gegenden zu heftigen Regenfällen kommen werde, daß jedoch die fragliche Konjunktion keinesfalls Vorzeichen einer neuen Sintflut sein könne. Verfinsterungen

---

53 Vgl. Ernst, »Veritatis amor dulcissimus‹: Aspetti dell' astrologia in Cardano«.
54 J. Stöffler und J. Pflaum, *Almanach nova plurimis annis venturis inservientia*, Venedig 1506, 2ro: »Hoc anno nec solis nec lune eclipsim conspicabimur. Sed praesenti anno errantium siderum habitudines miratu dignissime accident. In mense enim Februario 20 coniunctiones cum minime, mediocres, tum magnae accident, quarum 16 signum aqueum possidebunt. Que universo fere orbi climatibus regnis provinciis statibus dignitatibus brutis beluis marinis cunctisque terre nascentibus indubitatam mutationem variationem ac alterationem significabunt, talem profecto qualem a pluribus seculis ab historiographis aut natu maioribus vix percepimus. Levate igitur viri Christianissimi capita vestra.« Vgl. P. Zambelli, »Da Giulio II a Paolo III. Come l'astrologo provocatore Luca Gaurico divenne vescovo«, *La città dei segreti*, hrsg. von F. Troncarelli, Mailand 1985, 299–322; »*Astrologi hallucinati*«, hrsg. von Zambelli.

beeinflußten die irdischen Geschicke weit stärker als Konjunktionen, und insbesondere die Sonnenfinsternis am 23. August 1523 werde sich überaus günstig auswirken. Jupiter, der segenspendende Planet, werde den bösartigen Saturn in Schach halten. Nifo gab der Hoffnung Ausdruck, sein »Büchlein« werde »all diese vielen Menschen von ihrer großen Angst befreien«.[55] Weit gefehlt, wie die schwindelerregende Masse an Schriften und Drucken zu diesem Thema beweist, die mit Darlegungen und Polemiken und Gegenpolemiken zur Debatte beitrugen. Paola Zambelli, die dieses erste große Medienereignis der Moderne eingehend studiert hat, läßt keinen Zweifel daran, daß die Thesen der Astrologen an den Höfen und Universitäten ganz Europas Widerhall fanden.

In einigen Gegenden Italiens, die in den Jahren zuvor von schweren Überschwemmungskatastrophen heimgesucht worden waren – eine Folge der fortgeschrittenen Entwaldung –, schien die Bedrohung durch eine große Flut ausgesprochen real. Die Astrologen und Prediger aller Art, welche die Schreckensbotschaft unters Volk brachten, sorgten dafür, daß das Thema bald auf der gesamten Halbinsel in aller Munde war. Wie Ottavia Niccoli gezeigt hat, steigerte sich die Unruhe an manchen Orten zu wirklicher Panik: Wie zur Zeit Boccaccios und später, wenn Pestepidemien wüteten, flüchteten die Reichen aufs Land in höher gelegene Orte, während die Armen in den Städten das Unheil erwarteten. Bußprozessionen wurden veranstaltet, auch die weltlichen Obrigkeiten inszenierten Zeremonien, die das Unglück fernhalten sollten. Prophezeiungen verschiedensten Charakters mischten sich in die ursprünglich astrologische Prognose.[56]

Aber nicht jeder ließ sich von der herrschenden Katastrophenstimmung anstecken. In Venedig, Florenz und Rom wurde die

---

55 A. Nifo, *De falsa diluvii prognosticatione*, Florenz 1520, [A]ᵛᵒ.
56 O. Niccoli, *Prophecy and the People in Renaissance Italy*, übers. von L. G. Cochrane, Princeton 1990.
57 Ebda, 167.
58 Vgl. Warburg, ferner R. Barnes, *Prophecy and Gnosis*. Barnes weist darauf hin (143),

Flutprophezeiung im Karneval des Jahres 1525 zum Gegenstand eines obszön humoristischen Narrentreibens, und auch in Venedig machten stadtbekannte *cantastorie* derbe Fastnachtsspäße mit der Schreckensbotschaft. Und als die angekündigten Regenfälle ausblieben, wich, zumindest mancherorts, der stillschweigend geduldete Spott bald wahren Ritualen demonstrativer Abkehr von der Idee der Flut und von denjenigen Autoritäten (darunter auch die Kirche, die allerlei Zeremonien mit dem Ziel, den Zorn Gottes zu beschwichtigen, veranstaltet oder doch gutgeheißen hatte) und Geistesgrößen, die der Prophezeiung Glauben geschenkt hatten. Im Bewußtsein vieler Menschen schied sich, zumindest für eine Weile, die nach wie vor Ehrfurcht einflößende Gestalt des Propheten von der des Astrologen, einer nun plötzlich eher zwielichtigen Figur, zugleich Schwindler und leichtgläubiger Gimpel. Niccoli, die diese Ereignisse ebenso scharfsinnig wie einfühlsam untersucht hat, stellt fest, daß sie »das Bild des Astrologen im Bewußtsein der Menschen stark negativ geprägt« haben.[57] Für gewisse Teile der Gesellschaft trifft dies sicher zu. Martin Luther, dessen engster Freund Philipp Melanchthon fest an die Astrologie glaubte, ließ sich keine Gelegenheit entgehen, über diese angeblich wissenschaftliche Kunst der Prophetie zu spotten, deren Jünger für das Jahr 1524 zwar eine Flut vorhergesagt hatten, die ausblieb, nicht aber die Erhebung der deutschen Bauern, die wirklich stattfand (er ignorierte dabei aber die unbequeme Tatsache, daß zumindest ein Prognostiker eine derartige Revolte sehr wohl prophezeit hatte).[58]

Wenn Niccoli freilich behauptet, nach 1524 hätte »die städtische Bevölkerung« ganz allgemein für die Astrologie, die als Werkzeug illegitimer weltlicher und kirchlicher Macht gegolten habe, nur mehr Hohn übriggehabt, so übertreibt sie ein bißchen.[59] Die Astro-

---

daß Leonhard Reinmann in einer 1523 veröffentlichten *Practica* einen Volksaufstand vorhergesagt hatte.
59 Der Darstellung von Niccoli mit ihrer verführerisch bündigen Chronologie folgt W. Christian, jr., *Apparitions in Late Medieval and Renaissance Spain*, Princeton 1981, 184, sowie Bremmer, *Prophets, Seers and Politics*, 168. J.-M. Sallmann dage-

logie und andere prognostische Künste – darunter einige auf weit weniger wissenschaftlicher Basis – genossen selbst bei Handelsherren der allerersten Garnitur weiter hohe Wertschätzung (der Großkaufmann Anton Fugger beschäftigte einen Wahrsager, der mit einer Kristallkugel arbeitete und ein wachsames Auge darauf hatte, was die Geschäftspartner in Städten weitab von Augsburg trieben).[60] Astrologische Regeln und Normen blieben in allen Schichten der italienischen Gesellschaft präsent. Anhänger dieser Kunst wie Alessandro Farnese, der 1534 unter dem Namen Paul III. Papst wurde und seinen Hofastrologen Luca Gaurico mit nach Rom nahm, wurden keineswegs in ihren Überzeugungen wankend.[61] Selbst Skeptiker wie Guicciardini studierten, wie wir bereits gesehen haben, die Erkenntnisse der Disziplin, über die sie sich lustig machten, mit Interesse. In einigen Fällen, so in dem des Tommaso Campanella am Ende des Jahrhunderts, konnte die Astrologie sogar revolutionären Bestrebungen dienen, indem sie der Kritik an den herrschenden Verhältnissen jene dramatische Note verlieh, welche die Menschen für die Sache begeistern konnte.[62] Das Prophetische ist, wie Marjorie Reeves, eine der bedeutendsten Expertinnen auf diesem Gebiet, festgestellt hat, praktisch unsterblich und übersteht es jedenfalls ohne Schaden, wenn die Tatsachen eine Vorhersage Lügen

---

gen meint, daß von einem glatten Bruch in der Wahrnehmung der Astrologie nicht gesprochen werden könne; es habe sich um einen gleitenden Prozeß gehandelt; s. seine Rezension von Niccolis Buch in *Annales: Economies, Sociétés, Civilisations* 47 (1992), 144–146, bes. 146. Ein ganz anderer Ansatz bei A. Seifert, *Der Rückzug der biblischen Prophetie von der neueren Geschichte*.

60 L. Roper, »Stealing Manhood: Capitalism and Magic in Early Modern Germany«, *Oedipus and the Devil*, London/New York 1994, 125–144.

61 S. »*Astrologi hallucinati*«, hrsg. von P. Zambelli, und Zambelli; »Eine Gustav-Hellmann-Renaissance? Untersuchungen und Kompilationen zur Debatte über die Konjunktion von 1524 und das Ende der Welt auf deutschem Sprachgebiet«, *Annali dell'Istituto Storico Italo-Germanico in Trento* 18 (1992), 413–455, wo die neuere Literatur diskutiert wird, bes. H. Talkenberg, *Sintflut*, Tübingen 1990.

62 S. T. Campanella, *Articuli prophetales*, hrsg. von G. Ernst, Florenz 1977; Ernst, *Religione, ragione e natura*; J. M. Headley, *Tommaso Campanella and the Transformation of the World*, Princeton 1997; zum Verhältnis von Astrologie und sozialrevolutionären Gedanken im besonderen s. G. Bock, *Thomas Campanella*, Tü-

strafen – wenn diese Erfahrung die Mitglieder einer bestimmten Gruppe auch noch so sehr in ihrem Glauben erschüttern mag.[63] Genau das gleiche galt und gilt für die Astrologie.

Cardano sah sich einer Vielzahl von Schwierigkeiten gegenüber, als er seine Karriere als Astrologe begann. Er war sich dessen wohl bewußt. Später behauptete er, er sei ein entschlossener Gegner der Fluttheorie gewesen und habe selbst dem Herzog von Mailand gegenüber kühn die Meinung vertreten, daß Johannes Stöfflers Vorhersage irrig sei:

»Er glaubte, die Sterne drohten in einer Zeit, da heiterste Ruhe herrschte, mit einer Flut und kündigte den Menschen großes Unheil an. Viele flohen ins Gebirge. Ich aber, damals erst zwanzig Jahre alt, versicherte unserem Herzog Francesco [Sforza], daß keine Gefahr bestand. In Wahrheit kündigte [die Konstellation] unserer Stadt die Pest für jenes Jahr an, die jedoch nur sehr vereinzelt auftrat.«[64]

Diese Anekdote von der frühreifen Weisheit des Autors scheint recht unglaubwürdig. Wir haben bereits gesehen, daß Cardano wie die meisten Astrologen eine Schwäche für Unheilsprophezeiungen hatte und sich nicht gern an frühere Fehler erinnerte. Immerhin muß

---

bingen 1974. Ohne Zweifel machte sich Campanella die Attraktivität magischer Ideen zunutze, um seine verarmten Gefolgsleute, die seiner Überzeugung nach von der römischen Kirche und anderen Mächten ausgebeutet wurden, zu mobilisieren, aber er selbst hatte doch lange und prägende Jahre in einer städtischen Umgebung mit hohem Bildungsniveau gelebt; vgl. dazu das klassische Werk von R. Villari, *The Revolt of Naples*, übers. von J. Newell und J. A. Marino, Cambridge 1993.

63 M. D. Reeves, *The Influence in the Later Middle Ages*, Oxford 1969; vgl. die klassische Untersuchung von L. Festinger u. a., *When Prophecy Fails*, Minneapolis 1956.

64 Cardano, *Aphorismi astronomici*, VII.34, *Libelli quinque*, 1547, 282ro = O, V.76: »Haec est illa syderum constitutio, in qua Stoflerinus vituperio exposuit astrologos. Existimans enim diluvium portendi eo tempore, quo maxima fuit serenitas, magnam calamitatem mortalibus pronunciavit, adeo ut ad montes plurimi confugerint. Ego vero Francisco duci nostro, annum agens vigesimum, tunc nihil timendum de hoc praedixi. Caeterum pestem, quae rarissima fuit, nostrae urbi pronunciavit eo anno.«

er doch schon früh verstanden haben, daß jeder, der als Astrologe Karriere machen wollte, sich bemühen mußte, die prominenten Irrtümer der Kollegen mit seiner eigenen Tätigkeit vergessen zu machen. Die Schwierigkeiten, die sich ihm entgegenstellten, waren unmöglich mit einer einzigen Veröffentlichung zu überwinden, schon gar nicht mit der jener kleinen Broschüre aus dem Jahr 1534. Und Cardano, unehelich geboren, arm und zu einem Leben in der Provinz verdammt, konnte eben nicht auf die ergiebigen Ressourcen und die weitgespannten Beziehungen zurückgreifen, die es Gaurico ermöglichten, sich mit einer langen Reihe solcher Veröffentlichungen, in denen er die Arbeiten seiner Vorgänger kritisch diskutieren, vervollständigen und Fehler berichtigen konnte, nach und nach einen Namen zu machen.[65] Er mußte einen anderen Weg finden.

---

65 S. P. Zambelli, »Da Giulio II a Paolo III«. Offenbar versuchte Cardano, noch ein zweites Prognostikon (oder eine zweite Auflage des *Pronostico*) herauszubringen: s. Ernst, »›Veritatis amor dulcissimus‹: Aspetti dell' astrologia in Cardano«, 197, Anm. 16.

KAPITEL 3
DER ASTROLOGE

Der Vergleich von Cardanos frühem *Pronostico* mit Achilles Gassers *Prognostikon für das Jahr 1544* förderte, wie wir gesehen haben, aufschlußreiche Parallelen zutage. Er macht uns aber auch auf Strategien aufmerksam, die Cardano hätte verfolgen können, um die Chancen seines Erstlings im Kampf ums Überleben zu verbessern. Anders als Cardano, der sein Büchlein auf eigene Gefahr in die Welt hinaus schickte, widmete Gasser seine Schrift einem Kollegen, dem Gelehrten Thomas Venatorius, der im Gegenzug mit preisenden Versen das Werk dem Publikum empfahl und vielleicht zum Dank für die Ehre, die der Autor ihm zuteil werden ließ, auch noch einen finanziellen Beitrag zum Gelingen des Projekts leistete.[1] Ein solches dem Werk vorangestelltes Dedikationsschreiben war nicht nur als Mittel, Mäzenaten zu Geldspenden zu ermuntern, von Vorteil und weithin üblich, sondern eröffnete dem Autor auch einen literarischen Freiraum, in dem er, noch relativ unbeengt von den spezifischen Zwängen seines eigentlichen Themas, den personellen und intellektuellen Kontext seines Werkes charakterisieren konnte. Gasser stellt sich in seinem Widmungsvorwort pathetisch als einen selbstlosen Gelehrten dar, der sich mit Leib und Seele, ohne je an finanziellen Gewinn oder eine Publikation zu denken, dem rast-

---

[1] Venatorius (Thomas Gechauf, 1490–1551), ein bekannter Nürnberger Mathematiker und Prediger, schrieb zahlreiche exegetische und theologische Werke.

losen Studium der »mathematischen Wissenschaften« verschrieben hat. Nur das heftige Drängen von Georg Joachim Rheticus, eines guten Freundes – »gleichsam der Elefant, dessen Atem ja bekanntlich die Schlangen aus ihren Löchern hervorkriechen läßt –, hat mich dazu gebracht, dieses Prognostikon zu veröffentlichen«.[2] Rheticus, so erklärt Gasser,

»hat es kraft seiner Autorität vermocht, mich zu überreden, Schatten und spekulatives Denken (auch Theoria genannt) hinter mir zu lassen und endlich doch in die Arena und auf den Marktplatz hinabzusteigen, um so vor den Gelehrten öffentlich darzulegen, was die zu praktischen Zwecken angewandte Astronomie (daher auch der Name ›Practica‹ für solche Jahresgutachten), also die Kunst, die Wirkungen der Gestirne im voraus zu erkennen, leisten kann«.[3]

Gasser nutzte die Gelegenheit, einige Dinge klarzustellen. Erstens betonte er, wie es auch Cardano getan hatte, daß seine Arbeit mehr war, als lediglich eine Aufreihung einiger Vorhersagen, die auf astrologischen Peilungen über den Daumen basierten. Vielmehr sollte demonstriert werden, wie Prinzipien der Astronomie nach strengen Regeln angewandt werden konnten, um Fragen von praktischer, lebenswichtiger Bedeutung zu beantworten. Zweitens wies Gasser sein Publikum darauf hin, daß seine Tätigkeit von einem renommierten Astronomen gebilligt wurde. Georg Joachim Rheticus, auf den sich Gasser berief, hatte nur wenige Jahre zuvor in seiner *Narratio prima* die neue Planetentheorie des Kopernikus erstmals der Öffentlichkeit vorgestellt. Diese sehr klare und bündige Darstellung

---

2 Über Gasser s. K. H. Burmeister, *Achilles Pirmin Gasser 1505–1577*, Wiesbaden 1970–1975. Die zitierte Stelle findet sich bei A. P. Gasser, *Prognosticum astrologicum ad annum Christi MDXLIIII,* Nürnberg 1543, A^{vo}: »Communis amicus noster Ioachimus Rheticus haud aliter me ad aedendum prognosticum istud impulit atque elephantum anima serpentes e latibulis suis extrahere fertur.«

3 Ebda: »Cum enim hactenus ego Mathematicis disciplinis privatim soli mihi oblectamento fuissem, illisque citra invidiam satis otiose semper domi vacassem,

hatte ihn als kompetenten astronomischen Fachmann und Schüler des Kopernikus bekannt gemacht. Im Jahr 1543 half er dann diesem, sein Hauptwerk *De revolutionibus orbium coelestium* zum Druck zu befördern. Der Nürnberger Verleger Johannes Petreius, der das Buch herausbrachte, druckte auch Gassers *Prognosticum*. Angesichts dieser persönlichen und geistigen Beziehungen kann man annehmen, daß Gasser mit seinem Buch nach Höherem strebte, als nur die Masse an Almanachen und Sterntafeln um einen weiteren Titel zu vermehren.[4] Eine solche kleine astrologische Publikation konnte einen großen Gewinn an Prestige für ihren Autor bedeuten, der von der Prominenz seiner Gönner profitierte und sich als ein Gelehrter darstellen konnte, der mit den Schöpfern der mathematischen Astronomie Umgang hatte. Um jedoch zu diesem Ziel zu gelangen, mußte ein Autor ein höheres Maß an Fachkompetenz demonstrieren, als Cardano es in seiner ersten Veröffentlichung getan hatte, er mußte die Verbindung mit einflußreichen Gönnern suchen, die seine Arbeit förderten, und schließlich empfahl es sich auch, auf Latein zu schreiben, um ein größeres Publikum anzusprechen.

Fazio Cardano, Girolamos Vater, hatte diese Grundsätze beherzigt. Er hatte seine Karriere in den achtziger Jahren des 15. Jahrhunderts damit begonnen, daß er ein Werk aus dem späten 13. Jahrhundert, den Traktat über die Perspektive von John Peckham, Erzbischof von Canterbury, zum erstenmal gedruckt herausgab. Das war, wie er in seinem Vorwort klagte, eine zeitaufwendige und verdrießliche Arbeit, weil die handschriftliche Vorlage sehr schlecht war und an vielen Stellen verbessert werden mußte und weil sich der Umbruch wegen der zahlreichen Abbildungen, die an den richtigen

---

voluit ille omnino ac pro sua in me authoritate persuasit, ut relicta umbra et speculatione (quam θεωρίαν vocamus) in arenam et forum usque descenderem tandem, ac publice etiam quid astronomia, cum in actum exit (unde practicae adpellationem annuis iudiciis obvenisse autumo) circa earum proventus, antequam fiant, discernendos possit, studiosis testatum facerem ...«

4 Allgemein dazu N. Swerdlow und O. Neugebauer, *Mathematical Astronomy in Copernicus's De Revolutionibus*, New York 1984, bes. Kap. 1; G. J. Rheticus, *Narratio prima*, hrsg. von H. Hugonnard-Roche u. a., Wrocław 1982.

Stellen in den Text eingepaßt werden mußten, recht kompliziert gestaltete. Aber der Aufwand lohnte sich: Er konnte in dieser Arbeit seine Gelehrsamkeit öffentlich unter Beweis stellen, und das Publikum erfuhr bei der Gelegenheit auch von seinen guten Beziehungen zu Bonus Accursius, dem Verleger des Werks, und zu anderen Mailänder Druckherren, die ihn, wie er schrieb, mit Bitten um Rat bestürmten, welche neuen Werke sie herausbringen sollten. Schließlich konnte das Projekt auch noch insofern seiner Karriere nutzen, als es dazu beitrug, seine Verbindung mit Ambrosio Griffo zu festigen, einem einflußreichen Kleriker, dem er das Buch widmete. In dem Klima, das damals in Mailand herrschte – die blühende Stadt war ein Zentrum des Verlagswesens, vor allem für juristische Literatur, und Fazio Cardano hatte Jura studiert –, war solch taktisch kluges Verhalten einem ehrgeizigen jungen Intellektuellen sozusagen ganz natürlich. Ein halbes Jahrhundert später mußte sein Sohn diese Regeln wieder ganz neu lernen und sie unter wesentlich schwierigeren Bedingungen in die Tat umsetzen.[5]

Cardano schaffte beides und noch mehr mit seiner zweiten astrologischen Publikation, den *Libelli duo,* die 1538 erschienen.[6] Diese zwei kurzen Texte, die, wie Cardano mitteilt, Auszüge aus einer um-

---

5 J. Peckham, *Perspectiva communis,* hrsg. von F. Cardano, Mailand 1482/1483, Dedikation, Titelseite[vo] = [a[vo]]: »In tanta librorum cuiuscunque generis copia divino quodam imprimendi artificio comparata appetentes huius clarissime urbis insubrium impressores novi quidquam in medium afferre quod esset studiosis non mediocriter profuturum: persuasisque mea opera id effici posse: me illud efflagitantes convenerunt. Cupienti ergo mihi horum expectationi non deesse: remque pretio dignam edere cogitanti: occurrit in primis perspective opus: cum ceteris Aristotelicis libris plene [verb.: plane] intelligendis: tum eiusdem methaurorum tertio maxime necessarium. nam que oculi mirabiliter vident: occulta multorum ratio unico eius suffragio prospici: facileque dignosci potest. Itaque ne tanto posteri beneficio essent immunes: summo corrigendum labore suscepi: opus viro etiam doctissimo nedum mihi grave futurum: tum quod ardua eius est materia: consumatissimoque mathematico indiget: tum quod in librorum id genus raritate exempla nisi admodum depravata non offendi. Accidebat ad castigatam figurarum signationem: que codice etiam bene emendato vix deprendi potest: ex casus posicione quam maxima difficultas: ex quo forte factum est: et in hunc usque

fangreichen Sammlung mit dem Titel *Iudicia astronomica* (»Astronomische Gutachten«) wiedergeben, sind die ersten Meilensteine auf einem Weg, der Cardano zu seinen späteren großen Erfolgen als Autor und Praktiker führen sollte. Das eine der beiden Büchlein, das den vielversprechenden Titel *De supplemento almanach*, »Ergänzung zum Almanach«, trägt, beginnt ähnlich wie der *Pronostico* mit dem Versuch, den Leser davon zu überzeugen, daß der Autor die höheren Künste der Astronomie souverän beherrscht. Aber diesmal stellt sich Cardano nicht als einen geheimnisumwitterten Weisen dar, der mit Hilfe undurchschaubarer Regeln zu felsenfest gegründeten Prognosen gelangt, sondern er spielt die Rolle eines Vertrauen einflößenden gelehrten Pädagogen, der seinen Lesern die Fertigkeiten beibringt, die sie brauchen, um selbständig Vorhersagen zu erstellen. »Wer die Wissenschaft von den Sternen lernen will«, erklärt Cardano, »muß sich zuerst mit den Planeten vertraut machen.«[7] Es folgt eine einigermaßen ausführliche Beschreibung der äußeren Merkmale und Bewegungen der Planeten, die ganz offenbar dem Anfänger, der sich am Sternenhimmel nicht zurechtfindet, Orientierungshilfen bieten und ihm ermöglichen soll, eigene Beobachtungen zu machen. Cardano nimmt also seinen Leser sozusagen bei der Hand und führt ihn geduldig durch das Himmelslabyrinth, wobei er

---

diem: perinde ac res ignota latuerit. Non quod viros me longe doctiores defuisse putem. Quorum doctrina exactissime emendari potuisset: non enim mihi tantum arrogo. sed quod laboris pertesi rem ipsam: licet maxime utilem: intactam reliquerunt: quam ego pro communi doctorum utilitate: summo meo incommodo corrigendam: imprimendamque esse duxi. Verum opinatus huic meo incepto patronum: qui et litteris: et autoritate plurimum valeret: vendicari oportere: te Ambrosi griffe virum et optimum: et doctissimum: animi vigore: et gravitate Camillo: scientia atque facundia appiis: Scipioni dexteritate. animique alacritate. Tito quintio monitis salutaribus persimilem maxime delegi. Accipe igitur has laborum meorum primitias: qui tuo muniti presidio calumniatores non formidabunt: multosque tibi viros devincient: quando tuis auspitiis opus se egregium consecutos esse animadverterint. Vale: meque mutuo ama.«

6 Cardano, *Libelli duo*, 1538.

7 Ebda, *De supplemento almanach*, 1, Aij[ro] = O, V.576: »Oportet eum qui vult stellarum cognitionem aggredi a planetarum cognitione inchoare.«

immer wieder praktische Hinweise gibt. Er bringt dem Neuling bei, wie man sich am besten mit der Materie vertraut macht, nämlich in einem steten Hin und Her zwischen den Tafeln des Almanachs, die Auskunft geben, wo ein bestimmter Stern oder Planet stehen müßte, und dem Gewimmel der Lichtpunkte am nächtlichen Firmament.

»Die Planeten unterscheiden sich deutlich in ihrer äußeren Erscheinung. Was Sonne und Mond betrifft, so sind diese beiden gar nicht zu verkennen, wenn man nicht blind oder schwachsinnig ist. Die Venus aber ist der hellste Stern am Himmel, sehr weiß und sehr groß; sie ist der einzige Stern, in dessen Licht die Dinge einen Schatten werfen. Wenn sie in Konjunktion mit dem Mond steht, löscht dieser ihr Licht nicht aus, noch läßt er es verblassen, vielmehr wirkt sie nur desto heller. Unter allen übrigen Sternen ähnelt ihr am ehesten noch Jupiter, der allerdings etwas kleiner und weniger strahlend ist und sich im Gegensatz zur Venus nicht immer in der näheren Umgebung der Sonne aufhält. Die Venus nämlich steht nie weiter als 48 Grad vor oder hinter der Sonne. Man kann die zwei Planeten auch leicht an ihren Positionen unterscheiden – man braucht nur im Almanach nachzuschlagen, welcher von beiden weiter östlich steht. Und wenn man einmal die Venus identifiziert hat, so kennt man auch Jupiter, der heller strahlt als alle übrigen Sterne mit Ausnahme der Venus. Der Mars hat einen rötlichen Schimmer und strahlt ziemlich

---

8 Ebda: »Inter se autem planetae differunt manifeste valde: nam Solem et Lunam nemo nisi amens aut caecus ignorat. Venus autem est splendidissima stellarum in coelo existentium, candidissima, et maxima, ita ut et sola stellarum umbram mittat, et in lunae contactu splendidior videatur, nedum ut delitescat aut ut hebetetur. Huic Iupiter omnium aliarum stellarum similior est, sed minor est paulo, et minus splendet, nec solem semper comitatur ut Venus, quae nunquam a Sole recedit plus 48. gradibus ante vel retro. Cognoscuntur etiam ex loco suo, nam viso in Almanach quae est ex ipsis orientalior, una ab reliqua faciliter dignoscitur. Cognita igitur Venere, cognoscitur Iupiter, qui excellit alias omnes stellas praeter Venerem. Mars rubens micat et subobscurus est, unde scintillare quasi videtur plurimum: a Iove et Venere differt, parvitate, robore, et obscuritate. Saturnus aequalis est a Marti in aspectu: differt ab eo, quoniam plumbei coloris est et minus splendidus. Locus etiam ex [verb.: est] Almanach distinguit unum ab altero. Est

schwach. Deswegen wirkt es so, als zwinkerte er andauernd. Er unterscheidet sich von Jupiter und Venus dadurch, daß er kleiner ist und weniger intensiv und auffällig strahlt. Der Saturn ähnelt dem Mars, ist aber blasser und von einer Farbe, die ins Bleierne geht ... Auch an ihrer Position sind die beiden mit Hilfe des Almanachs voneinander zu unterscheiden. Wenn die beiden nahe beieinander stehen, kann man Saturn daran erkennen, daß er höher steht als Mars. Merkur ist immer in der Nähe der Sonne zu finden, nie weiter als 28 Grad von ihr entfernt. Er ist ziemlich klein und hell, aber nicht rein weiß.«[8]

Mit solchen aufs Praktische und Sichtbare ausgerichteten Lehren fährt Cardano eine Weile fort. Noch ausführlicher erklärt er, wie man den Polarstern findet: »Wende dein Gesicht nach Norden, so daß Osten zu deiner Rechten und Westen zu deiner Linken liegt; dann siehst du sieben Sterne im Großen Wagen ...«[9] Er stellt die Bilder und die besonders hellen Sterne im Tierkreis vor, die der Astronom kennen sollte, und empfiehlt dem Leser, sich ein Bild zu besorgen, »auf dem der Tierkreis mit seinen Sternen, so wie sie wirklich am Himmel stehen, gezeichnet ist, so etwa die Darstellungen von Hyginus oder Aratus«[10] – illustrierte Sternbeschreibungen, die das Wissen der Antike von den Sternbildern über das Mittelalter hinweg bis in die Neuzeit tradiert hatten. Wiederholt erklärt er dem Leser, wie die Beobachtung des Himmels durch Berechnungen auf der

---

    etiam Saturnus altior Marte ad oculum, cum fuerint propinqui. Mercurius Soli propinquus est, non recedens ab eo plus gradibus 28. admodum parvus est, et lucidus, non candidus.«

9 Ebda, Kap. 2, Aij^{vo} = O, V.576: »Converte faciem versus Septentrionem, relinquens Orientem a dextra et Occidentem a sinistra, et videbis in vrsa maiore stellas septem ...«

10 Ebda, Kap. 14, B^{ro} = O, V. 586: »Qui vult hoc facere, habeat zodiacum pictum cum suis stellis locatis, prout in caelo sunt: aut Higinii aut Arati figuras.« Über Hyginus und Aratus s. F. Saxl, »The Revival of Late Antique Astrology«, *Lectures*, London 1957, I, 73–84; J. Seznec, *Das Fortleben der antiken Götter*, München 1990; S. C. McCluskey, *Astronomies and Cultures in Early Medieval Europe*, Cambridge 1998, Tl. 3.

Grundlage der Daten, die einem Almanach zu entnehmen sind, zu ergänzen ist, wenn etwa exakt festgestellt werden soll, wann ein bestimmter Planet mit einem bestimmten Fixstern in Konjunktion steht. Cardano legt Wert darauf, daß die Informationen und die Verfahren, die er mitteilt, von unmittelbar praktischem Nutzen sind. Dank einer Vielzahl von verschiedensten Merkmalen läßt sich jeder Stern sicher bestimmen: Größe, Farbe, Helligkeit, das Verhältnis zu anderen Gestirnen, das sich in einfachen geometrischen Begriffen beschreiben läßt, die absolute Position am Himmel – alles das kann bei der Identifizierung helfen. »Und wenn du einmal alle diese Charakteristika eines bestimmten Sterns deinem Gedächtnis eingeprägt hast, so müßtest du schon ein Schwachkopf sein, um ihn jemals wieder zu verkennen.« Und es erfordert auch gar nicht viel Zeit, »sämtliche Sterne und Himmelsbilder kennenzulernen, vielmehr kann man sich das Wissen, das nötig ist, um alle sichtbaren Gestirne mit vollkommener Sicherheit zu bestimmen, bequem in fünfzehn Tagen aneignen«.[11]

Cardano war aber keineswegs der Meinung, daß seine Ratschläge lediglich Hobby-Astronomen den Einstieg erleichtern konnten, sondern er machte deutlich, daß auch er selbst diese Verfahren anwandte, die er seinen Lesern empfahl. So berichtet er etwa davon, daß er am 29. November 1537 kurz vor Sonnenaufgang die Venus beobachtet habe, die sich fast genau auf demselben Längengrad wie der hellere Stern des südlichen Sternbilds Waage befand, nämlich bei 6 Grad und 57 Minuten im Skorpion. Die Position des Planeten, die er mit Hilfe seiner astronomischen Tafeln exakt ermitteln konnte, führte ihn auf die dieses Sterns und des ganzen Sternbilds. Ähnlich war er auch mit den übrigen elf Tierkreisbildern verfahren und hatte so deren genaue Positionen ermittelt, die er in einer Liste wiedergab.[12]

---

11 Cardano, *De supplemento almanach*, Kap. 13–14, B^{ro} = O, V. 586: »Cumque tot rationibus stellam memoriae commendaveris, impossibile est, nisi omnino asinus fueris, illius oblivisci ... Atque ita in quindecim diebus non erit difficile omnes stellas figurasque coeli perfecte posse cognosci, quandoquidem in totidem diebus, quae a nobis sunt visibiles, omnes absque dubio videri possunt.«

Cardano teilt in *De supplemento almanach* hauptsächlich Beobachtungen und Verfahren mit und demonstriert seinem Publikum mehr praktischen Sachverstand als theoretische Gelehrsamkeit. Er verweist nicht auf die geometrische Planetentheorie, mit deren Hilfe man seit Jahrhunderten einige der Phänomene, die er erwähnt, erklärte, zum Beispiel die Tatsache, daß Merkur und Venus sich nie weiter als eine gewisse Distanz von der Sonne entfernen. Während dieses Phänomen für die neuere Astronomie keine Rätsel birgt, weil sie erkannt hat, daß diese Planeten in wesentlich geringerem Abstand als die Erde um die Sonne kreisen, ihr also *tatsächlich* vergleichsweise nahe sind, mußte die klassische Planetentheorie geometrische Modelle entwickeln, aus denen hervorging, weshalb sich Merkur und Venus *scheinbar*, von der Erde aus gesehen, immer in der näheren Umgebung der Sonne befanden.

In dem zweiten der *Libelli duo*, das den Titel *De temporum et motuum erraticarum restitutione* trägt, bekam Cardano nun Gelegenheit, sich auch mit der Theorie von den Planeten näher zu befassen. Er legte umständlich die Schwierigkeiten dar, die genaue Länge des Sonnenjahres zu bestimmen, je nachdem ob man das tropische Jahr (die Zeit von einer Sonnenwende oder Tagundnachtgleiche zu der des Folgejahres) zugrunde legt oder das siderische Jahr (die Zeit, welche die Sonne braucht, um nach einem vollen Umlauf zu einem bestimmten Punkt am Fixsternhimmel zurückzukehren). Anders als in *De supplemento* zitierte Cardano hier reichlich Fachliteratur, so eine Abhandlung über das Sonnenjahr, die dem islamischen Astronomen Thabit ibn Qura (9. Jh.) zugeschrieben wurde.[13] Er erklärte die Problematik einiger wohlbekannter Phänomene, etwa der Präzession der Äquinoktialpunkte, und machte sich dann mit einer Selbstsicherheit, die nicht in jedem Fall berechtigt war, daran, Fehler

---

12 Ebda, Kap. 6, Aiiij^{vo}–Aiiiij^{ro} = *O*, V. 578: »Ego Hieronymus Cardanus die 29. Novembris anni 1537, hora una et media ante ortum Solis aequali, vidi Venerem fere iunctam in longitudine cum luminosiore lancis meridionalis ...«

13 Cardano, *De temporum et motuum erraticarum restitutione*, 2, *Libelli duo*, 1538, Aiiij^{vo}–Aiiiij^{ro} = *O*, V.1-2.

in neueren Standardwerken zu berichtigen – nämlich in der Weltchronik des Johannes Lucidus Samotheus und den astronomischen Schriften von Johannes Stöffler. Unter anderem widmete er sich der Umrechnung von Daten astronomischer Beobachtungen, die Ptolemäus mitteilt, und anderer Fixpunkte der Zeitrechnung aus der ägyptischen in die julianische Ära. Er wies mit Recht darauf hin, daß einige Astronomen die Ära nach dem Tod Alexanders, deren »Epoche«, d. h. deren Anfangspunkt, im Jahr 324 v. Chr. lag, mit der Ära der Seleukiden verwechselt hatten, die von einer Epoche im Jahr 312 v. Chr. ausging – islamische Astronomen und auch die Autoren der Alfonsinischen Tafeln hatten letztere irreführend als die »Ära Alexanders« bezeichnet. Aufgrund dieses Fehlers hatte Johannes Werner dann auch den Sternkatalog des Ptolemäus falsch datiert, nämlich auf das Jahr 150 n. Chr. (statt richtig auf das Jahr 138 n. Chr.), was schwerwiegende Konsequenzen für alle späteren Anstrengungen hatte, die Präzessionskonstante genauer zu bestimmen – kein Geringerer als Kopernikus hatte dem Problem eine kleinere Abhandlung gewidmet.[14] Cardano berichtet auch davon, daß er am 8. Juni 1538 – mit einiger Mühe, denn es war wolkig, aber eben doch – eine Konjunktion von Saturn und Mars beobachtet habe, welche die astronomischen Tafeln Lügen strafte: Nach deren Angaben sollten die Planeten etwas mehr als 2 Grad voneineinander entfernt stehen.[15] Seine Studien der Literatur wie auch seine Beobachtungen führten ihn zu dem Schluß, daß die Planetentheorie seiner Zeit einer Reform bedürfe.

In den zwei Texten ging Cardano über das hinaus, was man üblicherweise von einem Astrologen, der ein kurzes praktisches Hand-

---

14 Cardano, *De temporum et motuum erraticarum restitutione*, 3, *Libelli duo*, 1538, ebda, [Ciiij^{ro}–Ciiij^{ro}] = O, V.3–4; vgl. A. Grafton, *Joseph Scaliger*, Oxford 1983–1993, II, 122–126.

15 Cardano, *De temporum et motuum erraticarum restitutione*, 8, *Libelli duo*, 1538, [Diij^{ro}–Diiij^{vo}] = O, V.8–10.

16 Cardano, *De supplemento almanach*, 17, *Libelli duo* 1538 = O, V. 587–588; L. B. Alberti, *Ludi matematici*, *Opere volgari*, ed. C. Grayson, Bari 1960–1973, III, 150–151.

buch verfaßte, erwartete. Indem er sich nicht damit zufriedengab, die astronomischen Tabellen, so wie sie eben waren, anzuwenden und von den dort angegebenen Positionen auszugehen, auch wenn sie mit dem wirklichen Lauf der Gestirne offensichtlich gar nichts zu tun hatten, bewies Cardano, daß er sowohl als beobachtender Astronom wie auch als astrologischer Fachmann, der mit den mathematischen Methoden seiner Kunst umgehen konnte, ganz auf der Höhe seiner Zeit war. Nichts von dem, was er lehrte, verriet besondere Originalität. Das Verfahren beispielsweise, aus dem nächtlichen Sternenhimmel die Uhrzeit zu bestimmen, das Cardano detailliert beschreibt, war in Italien längst bekannt. Leon Battista Alberti hatte schon fast hundert Jahre zuvor von einer ähnlichen Methode, von den Sternen die Zeit abzulesen, berichtet, und selbst er hatte keinerlei Anspruch auf Originalität erhoben.[16] Der Astronom Petrus Pitatus, der die *Ephemerides* von Stöffler herausgab, bemerkte, daß er am 22. Mai 1536 eine Konjunktion von Saturn und Mars beobachtet habe, die den Tafeln Stöfflers zufolge erst drei Tage danach stattfinden sollte. Es muß sehr häufig vorgekommen sein, daß Benutzer solcher Almanache mit Hilfe der Tabellen Konjunktionen zu bestimmen suchten, und Beobachtungen wie die, die Cardano und Pitatus machten, waren nicht selten.[17] Immerhin bewies Cardano, daß er, wie übrigens auch Kopernikus, den *Almagest* des Ptolemäus und spätere astronomische Werke aufmerksam studiert hatte, daß er wußte, daß die astronomischen Methoden seiner Zeit einer Reform bedurften, und daß er in der Hoffnung, neue Akzente setzen zu können, eigene Beobachtungen angestellt hatte. Wenn Cardano sich nach 1538 seiner eigenen technischen Meisterschaft rühmte und

---

17 J. Stöffler, *Ephemerides*, hrsg. von P. Pitatus, Tübingen 1548, Prooemium, 2ro: »Sed neque tamen ipsius Stoeflerini Ephemerides in planetarum congressibus atque stellarum fixarum motibus ab omni erroris crimine purgantur. Quod cernentibus sensibiliter innotuit in coniunctione magna Saturni et Martis anno domini 1536. Quae vigesimoquinto Maii in eiusdem diariis annotatur, cum tamen diebus circiter tribus coelo palam praecesisse ... visa est.«

anderen diese Qualifikation absprach, so tat er dies von der Position eines Gelehrten aus, der Anspruch auf einige Autorität erheben konnte. Noch Tycho Brahe, zwei Generationen später, las Cardanos kleine Abhandlungen mit ernsthaftem Interesse und sprach mit Respekt darüber, wenn er auch speziell das vorgeschlagene Verfahren, die Positionen von Fixsternen mit Hilfe der Venus zu bestimmen, bespöttelte – schließlich waren die Berechnungen der Planetenbahnen zu Cardanos Zeit kaum so zuverlässig, daß sie sich als Grundlage für weitere Messungen anboten.[18]

Der Gegensatz zwischen Cardanos Praxis und der allgemein üblichen war gewaltig. Die meisten Astrologen hatten zu ihren astronomischen Tafeln ein ganz ähnliches Verhältnis wie die meisten heutigen Intellektuellen zu ihrer Software: Für sie war das einfach Handwerkszeug, von dessen Funktionsweise sie wenig oder nichts verstanden und dessen Mängel sie weder beheben oder ausgleichen konnten. Wenn sie sich auch häufig abfällig über Konkurrenten äußerten, blieben doch die meisten von ihnen den Beweis für die eigene besondere Kompetenz im astronomischen Fach schuldig. Marsilio Ficino zum Beispiel galt als Koryphäe der medizinischen Astrologie. Er verdankte diesen Ruhm seinem Werk *De vita coelitus comparanda,* das mit staunenerregender Gründlichkeit die Frage untersucht, wie Talismane, Musik und andere Mittel genutzt werden können, um die segensreichen Kräfte von gütigen Planeten anzuziehen und widrige Einflüsse aus dem Sternenhimmel fernzuhalten.[19] Als dieser Autor seine Biographie Platons schrieb, beschloß er, sie mit einem Horoskop des großen Philosophen einzuleiten. Er hatte

---

18 S. T. Brahe, *Opera omnia,* hrsg. von J. L. E. Dreyer, Kopenhagen 1913, Repr. Amsterdam 1972, II, 57, 155: »Per Veneris enim nullis numeris tunc compertum situm, stellae alicuius fixae longitudinem et latitudinem determinare, est idem, ac si quis ab ignorante et muto veritatem expiscari velit, et ex dubio certum ratificare.« S. auch Dreyers Bemerkungen, ebda, 444, 448–449.

19 Allgemein dazu s. D. P. Walker, *Spiritual and Demonic Magic from Ficino to Campanella,* London 1958; F. Yates, *Giordano Bruno and the Hermetic Tradition,* London 1964; M. Ficino, *Three Books on Life,* hrsg. von J. R. Clark und C.V. Kaske, Binghamton 1989; W.-D. Müller-Jahncke, *Astrologisch-magische Theorie und Praxis in der Heilkunde der frühen Neuzeit,* Stuttgart 1985.

schon einmal (in *De amore*) eine Version der Genitur vorgestellt, verwarf diese jedoch nun zugunsten einer anderen, die er dem astrologischen Traktat des spätantiken Autors Firmicus Maternus entnahm. Offenbar war er sich nicht darüber klar, daß die in der Schrift des Firmicus wiedergegebenen Horoskope von Helden des Trojanischen Kriegs und anderen großen Männern reine Phantasieprodukte waren, die in keiner Weise von Planetenpositionen zur Zeit von Platons Geburt oder zu irgendeinem anderen realen Zeitpunkt ausgingen.[20] Georg Helmstetter aus Heidelberg, der historische Doktor Faust, zeichnete einmal für einen Klienten ein Kosmogramm, aus dem weder eine exakte Häusereinteilung noch die Positionen von irgendwelchen Planeten ersichtlich waren, was mindestens einem von denen, die es sahen, lachhaft vorkam.[21] In den Horoskopen des Nostradamus fanden sich häufig ähnlich grobe Schnitzer, die seine Kundschaft verblüfften und den Hohn der Kollegen herausforderten.[22] Unter lauter Berufsgenossen, die von der mathematisch exakten Astronomie kaum eine Ahnung hatten, konnte ein Astrologe, der seine Tabellen lesen und am Himmel Sterne finden konnte, mit Recht die Krone für sich beanspruchen.

Wenn auch Cardano die eigentlich astronomische Komponente seiner Arbeit hervorhob, so gab er doch die Sorte Astrologie, die er in seinem *Pronostico* betrieben hatte, nicht auf. Im Anschluß an seine Erklärungen, wie die Sterne und Planeten am Himmel zu unterscheiden sind, widmet er sich weit ausführlicher der Frage, wie ihre je besonderen Wirkungen in der astrologischen Deutung ihre angemessene Würdigung finden. Cardano analysiert umständlich das

---

20 M. Ficino, *Opera omnia*, Basel 1576 (Reprint, hrsg. von P. O. Kristeller, Turin 1959) I, 763: »Platonis genesim qualem adolescens audiveram in libro de Amore significavi. Sed nunc adducam qualem Iulius Firmicus astronomus describit [6.30.24], cuius opinionem hac in re existimo veriorem.«
21 Nicolaus Ellenbog an Petrus Seuter, 12. Oktober 1534, bei F. Baron, »Who was the Historical Faustus? Interpreting an Overlooked Source«, *Daphnis* 18 (1989), 297–302, Zit. 301: »Figuram signavit caeli cum duodecim domibus, sed gradus signorum (qui omni modo hinc necessarii sunt) praetermisit. Sed nec planetas cum suis signis et gradibus apposuit.«
22 P. Brind'Amour, *Nostradamus astrophile,* Ottawa/Paris 1993.

Wesen der einzelnen Planeten und Fixsterne. Aus seiner Erfahrung leitet er konzentrierte kleine »Aphorismen, die das Urteil leiten können«, ab: »Mars und das siebte Haus [bedeuten] Uneinigkeit, Streit und offene Feindschaft. Die Sonne und das zehnte Haus bedeuten Triumph. Beide, wenn sie unglücklich stehen, und das sechste Haus bedeuten Krankheit. Der Mond und die Venus und das siebte Haus weisen auf Ehefrauen und Konkubinen.«[23] Er wartet diesmal nicht mit konkreten Wettervorhersagen auf, lehrt aber seine Leser die Kunst, selbst solche Prognosen zu erstellen. Die Wetterregeln, die er mitteilt, stammen von Ptolemäus und wurden angeblich durch eigene Beobachtungen bestätigt.[24] Und wie schon im *Pronostico* würzt er seine Ausführungen mit düsteren Verweisen auf astronomische Langzeitphänomene und deren Konsequenzen für die Menschheitsgeschichte.

In einem Kapitel von *De supplemento almanach* erklärt Cardano ausführlich die Geschichte an sich. Wenn ein Stern auf seiner täglichen Reise über den Himmel den Zenit eines gegebenen Orts auf Erden durchquert, also den Punkt am Himmelsgewölbe, der genau senkrecht über diesem Ort steht, so tut er dies über einen ziemlich langen Zeitraum hinweg, bis ihn die Präzession endlich genügend weit abgelenkt hat. Solch ein Stern, versichert Cardano, hatte »große Macht« über jenen Ort, eine Macht, die er in angemessen dramatischer Weise beschwört:

»Als das [Medusen-]Haupt Algol durch Kleinasien und Griechenland zog, richtete es binnen circa 400 Jahren diese Provinzen vollständig zugrunde, so daß sie veröedeten und unter die Zwangsherrschaft der Mohammedaner fielen. Jetzt aber ist es in Italien ein-

---

23 Cardano, *De supplemento almanach*, 22, *Libelli duo* (1538) = O, V.590. Die Passage schließt mit pseudobiblischem Pathos: »Ob hoc Christiani erigite capita: qui potest capere, capiat.«
24 Ebda, Kap. 26 = O, V.591–592: »Ita haec de signis a Ptolemaeo accepimus, quoniam experimentis plura firmavimus: reliqua in libris decem descripsimus.«
25 Ebda, Kap. 10 = O, V.584: »Cum caput Algol peragravit Asiam minorem et Graeciam, in annis ferme 400. destruxit eas provincias usque ad extremum, et desertas

gefallen: Es steht bereits über Apulien und dem Königreich Neapel; gebe Gott, daß es uns keinen Schaden bringt!«[25]

Cardano behauptete, mit Hilfe dieser Theorie könne man sowohl die Vergangenheit erklären als auch die Zukunft vorhersagen. Die Schwanzspitze des Großen Bären, ein Stern 2. Größe, stand zu der Zeit, als Rom gegründet wurde, genau über diesem Ort, »und daher kam die Stärke, welche die Römer zu Herren der Welt machte«.[26] Derselbe Stern brachte später Byzanz und, als dessen Zeit um war, die Deutschen an die Herrschaft – die Astrologie untermauerte so die alte Theorie der *translatio imperii*. Wohl wissend, welchen Ärger sich die spätmittelalterlichen Verfechter der Idee von den stellaren Ursprüngen der Religion seinerzeit damit eingehandelt hatten, konnte Cardano doch, wie schon in seinem *Pronostico*, der Versuchung nicht widerstehen, die These vorzutragen, wenn auch sanft modifiziert, um nicht den Zorn der kirchlichen Obrigkeit auf sich zu ziehen:

»Die christliche und die jüdische Religion sind von Gott, aber die Geschicke der streitenden Kirchen werden von den Himmelskörpern gelenkt. Die jüdische Religion von Saturn oder von dessen Stern oder vielmehr von beiden, die christliche von Jupiter und Merkur. Die Muslime stehen unter der Herrschaft von Sonne und Mars, deren Einfluß gleich stark ist; daher ist ihre Kirche gerecht, aber zugleich auch lästerlich und grausam. Das Heidentum der Götzenverehrer wird von Mond und Mars regiert. Jedoch wird jede Religion von ihrem Widersacher geschwächt. Jupiter überwindet Saturn kraft seines höheren Rangs, und Merkur besiegt ihn mit Vernunft.

---

ac oppressas a Mahumethanis reddidit. Nunc autem invasit Italiam, est enim perpendicularis super Apuliam et Neapolitanum regnum, utinam nobis nihil ferat nocumenti.«

26 Ebda: »Tempore aedificationis Romae fuit eis stella verticalis extremum caudae ursae maioris, secundae magnitudinis, de natura Martis: et ideo dominati sunt orbi propter fortitudinem suam.«

Mars ignoriert Vernunftgründe und wütet blind gegen die Autorität, und so besiegt er Jupiter und Merkur. Saturn und Venus, diese mit Sinnlichkeit, jener mit List, besiegen Mars und Sonne. Sonne und Jupiter schlagen Mars und Mond dank ihres Rangs und ihrer höheren Würde und mit den Waffen der Wahrheit. Deshalb, ihr Christen, hebet eure Häupter auf! Wer es fassen kann, der fasse es.«[27]

Wie im *Pronostico* folgt Cardano der Lehre des ibn Ezra, der davon ausging, daß alle Menschen in ihrem ganzen weltlichen und politischen Handeln der Herrschaft der Sterne unterworfen waren. Cardanos neue astrologische Arbeit, in kosmopolitischem Latein für Konsumenten mit gehobenen Ansprüchen geschrieben, stand, was die durch nichts eingeschränkte Weite des Gesichtskreises und den dumpf orakelnden Grundton angeht, dem italienischen Pamphlet nicht nach. Die Astrologie blieb in ihrem Stil volkstümlicheren und weniger systematisch entwickelten Formen der Zukunftsdeutung verbunden. Die ganz großen Themen der astrologischen Geschichtsforschung wollte Cardano eigentlich in einem besonderen Werk (in den *Arcana aeternitatis,* den »Geheimnissen der Ewigkeit«) ausführlich behandeln, dessen Grundrisse er damals ausarbeitete, das er aber nie vollendete.[28]

Die Vorzüge seiner Theorien im Vergleich mit rivalisierenden Modellen waren allerdings weniger evident, als Cardano sich das wünschte. Um sie für den Konkurrenzkampf zu rüsten, richtete er Bollwerke gegen mögliche Einwände auf. Dem Argument, daß die Kraft, die von einem bestimmten Stern ausgeht, doch wohl nicht aus-

---

27 Ebda, Kap. 22 = *O,* V.590: »Leges Christiana et Iudaica a Deo sunt, fortuna tamen militantium a superioribus gubernatur. Iudaica, a Saturno, vel eius stella, vel potius utroque. Christiana, a Iove et Mercurio. Mahumethi, a Sole et Marte aequaliter dominantibus: unde iustitiam custodit, verum cum impietate et crudelitate magna. Idololatrica, a Luna et Marte. Solvitur autem unaquaeque lex suo contrario. Saturnum debellat Iupiter autoritate, et Mercurius ratione. Iovem et Mercurium debellat Mars, non audiens rationes, et saeviens contra autoritatem. Martem et Solem debellant Saturnus et Venus, haec lascivia, ille dolis. Martem et Lunam, Sol et Iupiter destruunt autoritate, dignitate, et veritate. Ob hoc Christiani erigite capita, qui potest capere, capiat.«

schließlich in einer einzigen Stadt oder einem einzigen Staat spürbar sein könne, sondern gleichermaßen alles Leben, das dieser Stern auf seiner Bahn bescheint, in ihren Bann ziehen müsse, begegnete Cardano mit genaueren Bestimmungen: Solche stellaren Wirkungen traten nur dann ein, wenn der Stern am Mittag des Tages, an dem die Stadt oder der Staat gegründet wurde, seine Position erreicht und also in Konjunktion mit der Sonne stand.[29] Und wem mit fachwissenschaftlichen Argumenten nicht beizukommen war, der ließ sich vielleicht von düster bedrohlichen Reden und Mystifikationen beeindrucken. Cardano gab seinen Lesern nicht allein klare, leicht verständliche und unmittelbar anwendbare Regeln der Vorhersagekunst an die Hand, sondern auch Deutungsregeln, die so viel versprachen und doch dem Anwender in der Praxis so schmiegsam durch die Finger glitschten, wie es ein Meister der Astrologie nur immer wünschen konnte:

»In jeder Genitur gibt es einen optimalen Ort des Glücks und einen schlechtesten Ort, von wo alles Mißgeschick herkommt. Der beste Ort ist das zehnte Haus oder das erste oder ein Himmelskörper, wenn sich zu denen Glück oder ein günstiger Lichtstrahl oder der Strahl eines anderen Himmelskörpers oder ein Glücksstern gesellt, so daß das Glück verdoppelt wird. Entsprechend ist der Ort des Unglücks doppeltes Unglück.«[30]

Jeder, der das Verfahren, das hier erklärt wurde, verstanden hatte – und außerdem präzis beurteilen konnte, welche Planeten- und Fixsternpositionen im konkreten Fall ins Kalkül zu ziehen waren –,

---

28 Zu Cardanos Vorhaben, in diesem Werk die Ursachen für den Fall Roms aufzudecken, s. A. Demandt, *Der Fall Roms*, München 1984, 100–101. In seine Überlegungen zur Lebenserwartung von Staaten fließen numerologische und astrologische Erwägungen ein: *Arcana aeternitatis*, 11–13 = O, X.585.
29 Cardano, *De supplemento almanach*, 10, *Libelli duo* 1538, O, V.585.
30 Ebda, Kap. 23 = O, V.590: »In omni genitura est optimus locus, a quo omnis fortuna: et pessimus, a quo omne infortunium pendet. Optimus locus est decima, vel prima, vel luminare, si his fortuna vel radius propitius, vel alterius luminaris, vel stella fortunata iungantur, ita ut fortunium duplicetur, atque ita infortunii locus est geminatum infortunium.«

verfügte, so sah es aus, über eine höchst effiziente Technik, die Wirkungen gegebener Planetenkonstellationen eindeutig zu prognostizieren. Offensichtlich war aber auch – zumindest scheint *uns* das so –, daß diese Regeln unmöglich mit derselben präzisen Strenge anzuwenden waren wie jene Instruktionen, die etwa dazu anleiten, aus dem nächtlichen Himmel die Uhrzeit zu lesen oder die Position der Venus zu bestimmen. Die Lehre selbst war komplex; die Vielfalt der Anwendungsmöglichkeiten garantierte, daß die Ergebnisse so ausfielen, wie es dem Astrologen in der jeweils gegebenen Situation richtig schien. Wie Tamsyn Barton gezeigt hat, enthalten antike Handbücher der Astrologie eine solche Unmenge von Deutungsregeln verschiedenster Art, daß kein Deuter je im Ernst daran denken konnte, sie im einzelnen Fall sämtlich ins Kalkül zu ziehen, und noch viel weniger konnte jemand die Wechselbeziehungen zwischen all diesen Regeln im voraus bestimmen. Die schiere Komplexität des Systems sorgte dafür, daß nur ausgebildete Astrologen, Eingeweihte also, damit umgehen konnten. Astrologische Traktate wurden nicht eigentlich geschrieben, um als Lehr- oder Handbücher zur Praxis anzuleiten, sondern mehr, um für ihre Autoren zu werben.[31] Cardano folgte – und dies nicht zum letztenmal – dem antiken Vorbild, als er ein astrologisches Handbuch verfaßte, das die Entscheidungen, auf die es wirklich ankam, dem geschulten Fachmann überließ. Ganz ähnlich wie Ignatius von Loyola in seinem *Exerzitienbüchlein* riet Cardano dem Berater, nicht dessen Klienten.

---

31 T. Barton, *Power and Knowledge,* Ann Arbor 1994.
32 Unter demselben Doppelnamen veröffentlichte Cardano auch *De malo medendi usu,* Mailand 1539, verwendete aber später diese Namensvariante nicht mehr. Noch gegen Ende seines Lebens verwies er mit erkennbarem Stolz auf seine mögliche Verwandtschaft mit den Castiglione und auf die Ähnlichkeit der Familienwappen; s. *De vita propria liber,* 1, O, I.1 und 33, O, I.25, sowie M. Milani, *Gerolamo Cardano,* Mailand 1990, 57.
33 S. G. Alberigo, *Dizionario biografico degli italiani,* s.v. Archinto, Filippo. Cardano beschreibt seine Freundschaft mit Archinto in *De vita propria liber,* 15, O, I.12. S. auch F. Secret, »Filippo Archinto, Cardano e Guillaume Postel«, *Studi Francesi* 29 (1965), 173–176.

Cardano bediente sich aber noch weiterer Kunstgriffe, um sein Unternehmen zum Erfolg zu führen. Um seinem Publikum zu suggerieren, er genieße jene Protektion, die er sich durch die Veröffentlichung des *Pronostico* nicht hatte verschaffen können, nannte er sich auf dem Titelblatt seines Werks »Girolamo Castiglione Cardano« und reklamierte damit eine verwandtschaftliche Verbindung zu der weitverzweigten und einflußreichen Familie Castiglione.[32] Er machte diesmal auch von der Möglichkeit der Dedikation Gebrauch und widmete das Büchlein Filippo Archinto, einem einflußreichen Mailänder Diplomaten, der Gouverneur von Rom geworden war.[33] In seinem Dedikationsschreiben führte Cardano wieder einmal bittere Klage über die Inkompetenz der Astrologen seiner Zeit. Er setzte jetzt alles auf die Karte der Gelehrsamkeit und hoffte, das kleine, aber ehrgeizige Werk werde ihm nicht allein die Protektion Archintos eintragen, sondern auch die Aufmerksamkeit eines noch höheren Herrn, nämlich Pauls III., erregen. Dieser Papst aus dem Geschlecht der Farnese war ein leidenschaftlicher Bewunderer der Astronomie und wurde von Sterndeutern in Italien und darüber hinaus, die auf sein Mäzenatentum spekulierten, heftig umworben. Dank seiner Beziehungen zu Archinto wurde Cardano tatsächlich zu einem persönlichen Gespräch mit dem Papst vorgelassen.[34] Wenn diese Begegnung auch folgenlos blieb, so gab die Widmung Cardano doch zumindest Gelegenheit, wieder einmal das hohe wissenschaftliche Niveau und den gemeinnützigen Charakter seiner Arbeit herauszu-

---

34 Cardano erklärt in seinem *Libellus de libris propriis, cui titulus est Ephemerus*, der zusammen mit dem Werk *De sapientia*, Nürnberg 1543, veröffentlicht wurde, er habe jene Schriften in dem Bewußtsein verfaßt, daß der Papst eine besondere Vorliebe für die Astronomie hatte (57 = O, I.57). In *De vita propria*, 4, O, I.4, beschreibt er seine kurze Begegnung mit Paul III. Im Dedikationsschreiben von *De restitutione*, 1538, erklärte Cardano, sein Werk befasse sich mit Fragen, die im Verlauf eines Gesprächs über eine Kalenderreform, das in Gegenwart des Papstes stattfand, aufgetaucht seien; *Libelli duo*, 1538, C1^{vo}: »Cum in Sanctissimi Pontificis Pauli Tertii conspectu sermo obiter de errore motus astrorum, qui ex prepostera temporum supputatione provenerat, incidisset, venit mihi in mentem ut quam brevissime et erroris quantitatem et corrigendi modum perstringerem, idque quam citius per occupationes liceret.«

streichen, und wahrscheinlich trug sie ihm auch ein Geldgeschenk von Archinto ein. Alles spricht dafür, daß Cardano in Archinto einen großzügigen Wohltäter gefunden hatte: Noch fast zehn Jahre danach, im Jahr 1546, sprach Cardano davon, daß erst Archinto ihn dazu ermutigt habe, in diesem Fach, das weniger lukrativ war als die Medizin und zudem von manchen scheel angesehen wurde, zu publizieren.[35]

Außerdem führte Cardano in seinen *Libelli* eine Neuerung ein, die, wie es scheint, mehr als alles andere dazu beitrug, daß das Büchlein Aufsehen erregte. In *De supplemento almanach* spricht Cardano über das intellektuelle Rüstzeug, das ein Astrologe für seine Arbeit braucht, und betont:

»Man kann gar nicht genug Geburtshoroskope und Wetterprognosen haben, und genauso gewissenhaft soll man, ausgehend von gegebenen Ereignissen, auch den Lauf und die Bahnen der Planeten im Hinblick auf deren Beziehungen untereinander und zu den Fixsternen studieren, denn da dieselbe Konstellation immer dieselbe Wirkung hervorbringt, muß man immer wieder über den Zusammenhang zwischen Konjunktionen oder der jeweiligen Natur der Fixsterne und den charakteristischen Einzelheiten der entsprechenden Ereignisse urteilen, um in anderen [gleichartigen] Fällen Vorhersagen treffen zu können.«[36]

Und Cardano beläßt es nicht bei dieser Ermahnung, sondern fügt in einem Anhang seinem Büchlein zehn Horoskope in der üblichen Form eines quadratischen Diagramms samt Analyse bei.

---

35 Cardano, *Libelli quinque,* 1547, Dedikation. Cardano erstellte auch ein Horoskop für Archinto, s. Horoskop 32.

36 Cardano, *De supplemento almanach,* 25, *Libelli duo,* 1538, [Biiij^{vo}] = O, V.591: »Quam plurimas genituras habere oportet, atque temporum considerationes: ac sic in eventibus planetarum inter se concursus ac ad fixas observare in directionibus revolutionibusque. Cumque ex eadem configuratione idem effectus provenerit, saepius statuendum est de congressu illo aut natura fixarum secundum proprietates illius eventus, ut etiam in reliquis praedicere possimus.«

37 S. O. Neugebauer und H. B. Van Hoesen, *Greek Horoskopes,* Philadelphia 1959. Cardanos Rivale Gaurico (oder dessen Bruder Pomponio) konnte das Manu-

Die Veröffentlichung dieser kleinen Horoskopsammlung war an sich nichts so unerhört Neues. Schon die antiken Astrologen hatten Horoskope zusammengetragen, um systematische Studien zu treiben, wenngleich das einzige erhaltene Werk dieses Genres, die *Anthologiae* des Vettius Valens, zu der Zeit, da Cardano schrieb, noch nicht ins Lateinische übersetzt, geschweige denn gedruckt erschienen war.[37] Der *Pentateuch* des Dorotheus von Sidon enthielt ebenfalls Horoskope, von denen einige in Werken von Abu Ali, Máshá'alláh und anderen mittelalterlichen Astrologen erhalten blieben und teils handschriftlich, teils im Druck recht weit verbreitet waren, wenn auch die Präzision der darin enthaltenen Daten im Lauf der langen und komplizierten Überlieferungsgeschichte stark gelitten hatte und die Stücke zum Teil späteren Autoren zugeschrieben wurden.[38]

Cardano kannte zumindest einige Werke, die ihm als Vorbilder dienen konnten. So enthielt zum Beispiel der mittelalterliche Kommentar zum *Tetrabiblos* des Ptolemäus, ein Werk des Hali ibn Rodoan, Horoskope des Autors und anderer Personen, freilich durch Unbilden der Überlieferung und Übersetzung vielfach verderbt.[39] Die englischen Astrologen des späteren Mittelalters, deren königliche und hochadelige Herren zunehmend Gefallen an der Kunst der Sterndeuterei fanden, legten Sammelbände an, in denen sie die mit allem technischen Raffinement ausgearbeiteten und kommentierten Geburtshoroskope höchster Herrschaften archivierten.[40] Cardano schöpfte, wie wir noch sehen werden, aus ähnlichen Quellen italienischer Herkunft. Auch in seiner Auswahl fehlte es

---

skript, welches das Werk des Valens überliefert (Vat. gr. 191), in der Vatikanischen Bibliothek einsehen. Er gab einige Horoskope daraus in seinem *Tractatus astrologicus*, Venedig 1552, wieder. Über die Geschichte des Manuskripts und darüber, wie es in den Besitz der Bibliothek gelangte, s. *Vettii Valentis Anthologiarum libri novem*, hrsg. von D. Pingree, Leipzig 1986, ix-x.

38 E.S. Kennedy und D. Pingree, *The Astrological History of Máshá'alláh*, Cambridge, Mass, 1971, bes. 129-190.

39 S. J. North, *Horoscopes and History,* London 1986.

40 H. M. Carey, *Courting Disaster,* New York 1992. Beispiele von horoskopartigen Diagrammen (zu einer Reihe von Verfinsterungen und zum Schicksal von drei

nicht an Prominenz: Neben den Horoskopen von fünf Intellektuellen (Petrarca, Georg von Trebizond, Francesco Filelfo, Fazio Cardano und Gualtiero Corbetta) präsentierte er die von fünf Herrschern, nämlich von Papst Paul III., Kaiser Karl V., Franz I., Süleiman II. und Ludovico Sforza.

Was das Technische angeht, so gab es in den Horoskopen nichts zu entdecken, was man nicht auch anderswo in der einschlägigen Literatur hätte finden können. Wie alle seine zeitgenössischen Kollegen errechnete Cardano, wenn er ein Geburtshoroskop erstellte, ausgehend von Datum und Zeit und dem Ort der Geburt, eine Reihe von Positionen: die von Sonne und Mond sowie die der fünf Planeten, des sogenannten »Drachenhaupts«.[41] Er bestimmte weiter den Aszendenten im Tierkreis, jenen Punkt am Himmel, der im Augenblick der Geburt über dem Horizont heraufkam. Und er übertrug diese Informationen in ein Standardschema mit vier Eckpunkten und zwölf Häusern, die Punkten und Unterteilungen des Tierkreises entsprachen. Dieser letzte Schritt war der eigentlich entscheidende des ganzen Unternehmens. Die Wirkungen von Mond, Sonne und Planeten hingen nicht allein von den Verhältnissen dieser Gestirne untereinander ab, sondern auch davon, welchen Häusern sie zugeordnet wurden, da jedes Haus einen bestimmten Sektor im Leben des Klienten determinierte. Dem Spezialisten wurden an diesem kritischen Punkt schwierige Entscheidungen abverlangt. Den Astrologen standen mehrere verschiedene Methoden, die zwölf

---

Städten) mit Kommentar finden sich auch in Luca Gauricos *Praedictiones super omnibus futuris luminarium deliquiis in finitore Venetiano, anno humani verbi MDXXXIII examinatae, Figurae coelestes Venetiarum, Bononiae, et Florentiae...*, Rom 1539.

41 Wenn der Astrologe die Bahnen von Sonne und Mond nach außen auf die Sphäre des Tierkreises projiziert, so schneidet die Bahn des Mondes die Sonnenbahn, die Ekliptik, in einem bestimmten Winkel. Das Drachenhaupt ist der »aufsteigende Knoten«, der Punkt, an dem der Mond in aufsteigender Richtung den Weg der Sonne kreuzt. Viele Astrologen bezeichneten außerdem auch den Drachenschwanz, den absteigenden Knoten, der dem aufsteigenden genau gegenüber lag; Cardano tat dies nicht – wahrscheinlich weil er der Meinung war, daß sich die Sache von selbst verstand.

Häuser zu bestimmen, zur Wahl; die Aufteilung konnte schematisch einfach oder mit Hilfe kompliziert geometrischer Verfahren vorgenommen werden.

Cardano bevorzugte die simpelste Alternative: Er berechnete den Aszendenten und teilte von diesem Punkt an den Himmelskreis in zwölf gleich große Sektoren zu je 30 Grad, eine ganz willkürliche Entscheidung, da die Häuser, wenn man die jeweils gegebene geographische Breite des Orts berücksichtigte, deutlich verschieden groß ausfallen mußten. Er rechtfertigte seine Entscheidung für dieses System unter Berufung auf die Autorität des renommierten Astrologen Paris Ceresarius und meinte, das Prinzip der äqualen Häuser sei vernünftiger als alle konkurrierenden Modelle, denn diesen fehle es an Allgemeingültigkeit, da sie nicht unabhängig von der geographischen Breite funktionierten, die man der Teilung zugrunde lege.[42] Aber der sachverständige Leser wußte natürlich, daß Cardanos Verfahren, vom astronomischen Standpunkt aus betrachtet, eine unzulässige Vereinfachung der Dinge bedeutete. So wie die ersten gedruckten anatomischen Tafeln im Vergleich mit anatomischen Zeichnungen aus derselben Zeit einigermaßen primitiv anmuten, so lassen auch die Arbeiten, die in dieser ersten gedruckten Horoskopsammlung vorgestellt werden, viel von dem technischen Raffinement vermissen, das in älteren astrologischen Handschriften sichtbar wird.[43] Der Buchdruck trug nichts dazu bei, das qualitative Niveau der Horoskopstellerei zu heben, sondern förderte im Ge-

---

42 Cardano, *De temporum et motuum erraticarum restitutione*, 11, *Libelli duo*, 1538 = O, V.12: »In dividendis autem domibus, meliorem aedidit omnibus aliis observationem, eclipticam per aequalia secans, deductis ex eius polo circulis: par enim erat divisionem circuli rectam fore, et per polos eosdem esse. Nec domorum divisio particularis esse poterat: nam quemcunque ex tribus aliis modis amplexus fueris, non habebis inservientem universis, et qui in gelida et qui fervida habitant regione. Quapropter cum cogeremur aliquem punctum in summa fortitudine existentem supponere, hic autem supra verticem necessario erat, visum est, ut punctus ille seorsum, quasi coeli cor poneretur atque a diverso contrarius sub terra: alia enim est ratio fortitudinis, alia significati.«
43 S. North, *Horoscopes and History*.

genteil eine Tendenz zur Aufweichung strenger und exakter Methoden, die im Fach weit verbreitet waren.

Dieser primitive Grundstock einer Horoskopsammlung, die Cardano ständig weiterentwickeln und um viele erlesene Arbeiten bereichern sollte, läßt bereits eine persönliche Note erkennen. Der Autor kündigt die Arbeiten in einer kunstvoll gedrechselten Rede dem Leser an und verspricht ihm, jedes einzelne dieser Horoskope werde ihn sowohl belehren als auch in Staunen versetzen, ja, er betont ausdrücklich, dieses bewundernde Staunen (eine Erregung, die das Lesepublikum des 16. Jahrhunderts über alles schätzte) sei ihm bei seiner Auswahl ebenso wichtig gewesen wie die Absicht, in gesicherten Fakten die Bestätigung astrologischer Argumentationen zu finden.

»Ich habe keines dieser Geburtshoroskope leichtfertig oder ohne einen wichtigen Grund in die Sammlung aufgenommen, vielmehr findet sich in jedem dieser Fälle etwas, was zum Staunen Anlaß gibt. Die illustren Fähigkeiten und triumphalen Erfolge dieser Herrscher sind in aller Welt berühmt, wovon noch viele Jahrhunderte nach uns die Geschichtsschreibung Zeugnis ablegen wird, so unglücklich auch der letzte von ihnen geendet hat, der zusehen mußte, wie seine Söhne ins Exil gingen, der sein Reich verlor, der verraten und verlassen elend im Kerker starb. Allen gemeinsam aber ist, daß ich von ihren Taten und von ihren Tugenden genaue Kunde habe.«[44]

Den Gelehrten gebührte nicht minder Ruhm und Bewunderung. »Die zahlreichen literarischen Meisterwerke Petrarcas« zum Bei-

---

44 Cardano, *Libelli duo*, 1538, Eij^ro = O, V.458 [zum Teil]: »Nec temere aut levi ex causa harum geniturarum ullam subiungimus, cum unaquaeque aliquid admiratione dignum habuerit. Horum autem principum tam clara virtus eximiaque faelicitas mundo refulsit: ut plurium saeculorum testimonium etiam per historias sit habitura: quamquam extrema [extremus ?] non absque summo infortunio finem habuerit: filiorum exilio: regni privatione: proditione: carcereque in quo etiam miserabiliter extinctus est: illud autem omnibus comune fuit, ut eorum acta virtutesque diligenter noverim.« Zur Bedeutung des Staunens in der frühmodernen Naturphilosophie s. L. Daston und K. Park, *Wonders and the Order of Nature 1150–1750*, New York 1998.

spiel«wie auch sein Leben zeugen von seiner Größe und Gelehrsamkeit.«[45] Cardano lieferte seinen Lesern wichtige Informationen über große Männer der Epoche. Diese Erkenntnisse waren auf mysteriöse Weise erworben, aber vielfach bestätigt worden. Cardano legt Wert auf die Feststellung, daß er jedes Horoskop gründlich geprüft hat: Er hat sich aus verschiedenen Quellen möglichst viele Exemplare von jedem Text besorgt, und er hat sich vergewissert, »daß ihre Taten ungefähr zu ihren Horoskopen passen und also deren Glaubwürdigkeit bestätigen«.[46]

Was Privatpersonen betrifft, meint Cardano, so bereite die Beschreibung der kompletten Lebensläufe keine nennenswerten Schwierigkeiten, und es werde ihm auch nicht schwerfallen, die Leser davon zu überzeugen, daß er die Wahrheit sage.[47] In den Horoskopen der Gelehrten befaßt er sich ausführlich mit der Erklärung von so unumstrittenen Phänomenen wie etwa der »Süßigkeit« von Petrarcas Lyrik (»das macht Jupiter im Haus Merkur und im Quadrat mit Venus«) oder der polyglotten Bildung des Georg von Trebizond. Aber er deckt auch die Ursachen von Francesco Filelfos unsittlichen Neigungen zu Jungen und Mädchen auf.[48] Daß Cardano bereit ist, auch in eher zwielichtige Bereiche im Leben seines Objekts vorzudringen, beweist er sogar im Fall seines eigenen Vaters. Dessen Horoskop weist nicht allein auf langes Leben, große Liebe zu gelehrten Büchern und den Verlust sämtlicher Zähne im Alter von 58 Jahren hin, sondern auch auf »Kenntnisse von den okkulten Wissenschaften«. Und Cardano beläßt es nicht bei dieser knappen Feststellung, sondern führt noch aus, Fazio sei ein wahrer Meister in

---

45 Cardano, *Libelli duo*, 1538, Eij[ro]: »Petrarchae plurima volumina et egregia et vita ipsius dignitatis et discipline testimonium exhibent.«
46 Ebda: »verum et acta eorum genituris non dissimilia fidem illarum attestantur.«
47 Ebda: »In eis tamen, quae privatorum sunt hominum, non erit difficile, tum universam illorum vitam describere, tum etiam quod vera scripserimus persuadere.«
48 Ebda, [Eiij[ro]]–[Eiiij[vo]] = O, V.460 (Horoskop 3).

den verbotenen Künsten der Nigromantie gewesen, »der in unserer Epoche nicht seinesgleichen hat«.[49] Daß Cardano solche Fakten derart unzensiert preisgab, hat ohne Zweifel viel zum Unterhaltungswert seiner Bücher beigetragen.

Anders lagen die Dinge im Fall der gekrönten Häupter: Cardano war sich wohl bewußt, daß er sich hier in gefährlichem Gelände bewegte. Erstens, so gab er zu bedenken, hingen ja die persönlichen Geschicke der Herrscher weitgehend von den Schicksalen ihrer Reiche ab, und aus dem Horoskop eines Individuums sei unmöglich herauszulesen, wie es dem Staatswesen insgesamt ergehen werde. Und zweitens »kann ich nicht gefahrlos etwas Schlechtes über sie sagen, und wenn ich sie lobe, so wird man mich verdächtigen, ich wollte ihnen schmeicheln«. Auch wenn sich im Horoskop eines Herrschers nicht der geringste Hinweis auf künftiges Unglück findet, so meint Cardano, und der Kommentar deswegen positiv ausfällt, wird es bestimmt Leser geben, die glauben, er wolle dem Mächtigen nach dem Mund reden.[50] Aber eine weitere Schwierigkeit ist noch ernster zu nehmen: Seit der Spätantike war die astrologische Tradition dem Ärger mit den Geburtshoroskopen für mächtige Herren konsequent dadurch aus dem Weg gegangen, daß sie sich mit diesem Problem schlicht gar nicht mehr befaßte. Im 3. und 4. Jahrhundert, so argumentiert Marie Theres Fögen, beanspruchten die Kirche und die römischen Kaiser zunehmend mehr Macht und schließlich eine absolute Allgewalt über die Erde und den Kosmos, und folglich lehnten sie nun die Vorstellung ab, sie seien fremden Einflüssen, etwa dem der Himmelskörper, unterworfen. Die Astrologen, welche die Zeichen der Zeit erkannten, trugen dieser Entwicklung Rechnung und zogen sich aus einem Tätigkeitsfeld zurück, das ihre

---

49 Ebda, f^{ro-vo} = *O*, V.460: »Tertium fuit occultarum doctrinarum notitia. Necromantiae peritia tanta, ut omnes aetatis nostrae superaverit.«
50 Ebda, Eii^{ro-vo} = *O*, V.458: »... quod maledicere viventibus eis sine periculo, laudare sine adulationis suspicione non possumus: nec si omnino hae malis et infortuniis vacent, facile quisquam credat.«
51 Firmicus Maternus, *Mathesis*, 2.30.4–5; vgl. M. T. Fögen, *Die Enteignung der Wahrsager*, Frankfurt a. M. 1993, 278–282.

Vorgänger in früheren Perioden des Römischen Reichs ganz selbstverständlich für sich beansprucht hatten. Einer von ihnen, nämlich Firmicus Maternus, lehrte ausdrücklich, daß die Kaiser Götter und also der Macht der Gestirne nicht unterworfen seien.[51]

Cardano hatte für solche Selbstverleugnung nur Hohn übrig. »Einige Autoritäten«, so schreibt er,

»darunter Firmicus, vertreten die Ansicht, Leib und Geist der Herrscher seien himmlischen Wirkkräften nicht ausgesetzt. Das konnten sie, da sie dem eitlen Aberglauben anhingen, die Herrscher seien selbst Gottheiten. Wir jedoch können dies nicht, da wir die wahre Religion üben und in den Sternen natürliche Kräfte am Werk sehen und nichts, was in das Reich des Aberglaubens gehört. Alle Menschen leiden unter Hitze, Kälte und Schmerz, da gibt es keine Ausnahmen. Und so können wir auch nicht leugnen, daß Körper und Geist der Herrscher heftiger oder sanfter Gewalt [der Sterne], die sie zu Gutem und Bösem führt, nachgeben müssen.«[52]

Der fromme Astrologe wußte also, daß der eine Gott alle Menschen vom Höchsten bis zum Niedrigsten in ein Netz natürlicher Wirkkräfte eingehüllt hat, die von den Sternen ausgingen und aus den Sternen zu lesen waren. Seine Pflicht gebot ihm, die Erkenntnisse seiner Kunst, mochte es auch noch so große Gefahren und materielle Nachteile mit sich bringen, zu offenbaren und zugleich darauf hinzuweisen, daß die Gestirne dem Menschen genügend Raum ließen, um freie Entscheidungen zu treffen.

Indem Cardano die Pflicht, Herrscherhoroskope zu deuten, über jedes Recht zu schweigen stellte, stilisierte er sich als einen hoch-

---

52 Cardano, *Libelli duo*, 1538, Eij = O, V.458: »Quidam vero principum corpora animumque in totum a coelestibus causis absolvunt, quemadmodum Firmicus. Licuit sane his, qui etiam deos ipsos appellavere, ob vanam superstitionem: nobis autem, qui veram colimus pietatem, quique nihil in astris superstitiosum, sed tanquam naturales causas observamus, minime licet. Sed ut calore, frigore, doloribus omnes homines sine discrimine vexantur: sic non negamus principum corpora animosque mutari violenter et leniter ad bonum malumque deflecti.«

gradig engagierten Idealisten, einen unbestechlichen Publizisten, der keine Mühe scheut, um verborgene Fakten ans Licht zu bringen, der den Mächtigen die Wahrheit ins Gesicht sagt und unbequeme Tatsachen aufdeckt, die pragmatisch denkende Realpolitiker lieber geheimgehalten hätten. Zugleich aber schaffte er es, sich bei Obrigkeiten verschiedenster Art – darunter auch solche, die einander spinnefeind waren – beliebt zu machen, da seine Thesen offenbar die Möglichkeit eröffneten, allerlei Katastrophen, deren Ursachen man böswillig in Fehlentscheidungen hoher Herren suchen konnte, widrigen Himmelskräften anzulasten. Karl V., den kaiserlichen Oberherrn über seine Heimatstadt Mailand, preist Cardano in den höchsten Tönen als den Heilsbringer, der berufen ist, der »türkischen Raserei«, die Europa bedroht, Einhalt zu gebieten. Die Epoche Karls V. ist geradezu eine Art Klimakterium der europäischen Gesellschaft im ganzen: »Die geistigen Kräfte haben sich extrem entwickelt, die Künste, die technischen Fertigkeiten, das Wissen von der Welt, die Flut der Bücher und mit alledem auch das Glück und die Fähigkeiten des Herrschers: Es ist zu fürchten, daß die Natur die Grenze ihrer Möglichkeiten erreicht hat.«[53] Aber auch Franz I., der Erzfeind des Kaisers in den italienischen Kriegen der zwanziger Jahre, ging nicht leer aus, sondern wurde als ein bewundernswert kluger und kühner Herrscher gepriesen, dessen Niederlage vom Schicksal verhängt und durch nichts zu verhindern war. Er hatte im übrigen keinen bleibenden Schaden davongetragen und führte ein Leben, »wie es eines Königs würdig ist«. Das war alles ganz natürlich, meinte Cardano, war doch die Planetenkonfiguration im Horoskop des französischen Königs derjenigen, die das Schicksal des Kaisers bestimmte, genau entgegengesetzt: »Da die Planeten in feindlicher Opposition zueinander stehen, überrascht es nicht, daß die Kriege der beiden Herrscher ganz Italien und fast ganz Europa

---

53 Ebda = O, V.462: »Vtinam non nobis Philopoemen sit: ad extremum enim cum deducta sint ingenia, artes, industriae, orbis cognitio, librorum multitudo, principis summa cum virtute fortuna, verendum est ne ultimos conatus natura effinxerit.« (Horoskop 7)
54 Ebda, fiij^{ro}–[fiiij^{vo}] = O, V.463 (Horoskop 8).

so heftig erschütterten, daß die Ungläubigen zu einer ernsten Gefahr wurden.« Dieselbe große Konjunktion von Jupiter und Saturn, die einst den Aufstieg des Christentums und des Islam angekündigt hatte, so erläuterte Cardano, bestimmte auch jetzt wieder den Gang der Dinge, woraus sich erklärte, weshalb der König dem Kaiser unterliegen mußte.[54] In diesen Fällen zumindest erweist sich der angeblich so wahrheitsliebende Astrologe als talentierter Schmeichler. Ähnlich klug zieht sich Cardano im Fall des unglücklichen Ludovico Sforza aus der Affäre. Er läßt sich zu keinerlei kompromittierenden Enthüllungen hinreißen, sondern erklärt lediglich, warum der Herzog von Mailand, ein kluger Kopf und unter glückverheißenden Sternen geboren, elend im Kerker starb, an Gift, wie man munkelte. In allen drei Fällen bot Cardano weitgehend dieselbe seichte Genugtuung, dieselben beruhigenden Versicherungen hinsichtlich des Künftigen, mit denen sich Verfasser von Prognostika schon seit langem immer wieder bei den Großen der Welt beliebt zu machen suchten.[55]

Die zwei anderen Horoskope mächtiger Männer jedoch machten deutlich, daß die Astrologie sehr wohl auch zu politisch brisanten Ergebnissen gelangen konnte. Bevor er auf das Geburtshoroskop des osmanischen Sultans näher eingeht, bekennt Cardano, daß er keine sicheren Informationen über manche Details besitze und sich daher in seinen Äußerungen zurückhalten werde. Aber dann hat er über diesen Feind der Christenheit doch eine ganze Menge zu sagen. Er prophezeit ihm ein langes Leben bei guter Gesundheit und lobt sogar, mit leisem Zähneknirschen, seinen Charakter: »Gute Eigenschaften muß man loben, auch wenn man es mit einem Feind zu tun hat. Ob es nur Verstellung oder seine wahre Natur ist, weiß ich nicht, aber er ist jedenfalls besser als alle seine Vorgänger: Er hat seinen Feinden gegenüber immer treu Wort gehalten und zeigt sich weniger

---

55 Vgl. z. B. Ioannes de Rogeriis, *Ad Christianorum Gallorum regem prognosticon anni 1537*, Rom 1537, British Library C 27 h 23 (17); Cardano, *Libelli duo*, 1538, [fv^{vo}] = O, V.464: »Admirantur quidem felicem genituram infelici exitu terminatam, et prudentiam detestantur, quae tam impium [1663: infaustum] finem habuerit.«

barbarisch und grausam.«[56] Wichtiger noch ist aber die Feststellung, daß ebenjene große Konjunktion von Jupiter und Saturn, die Karl V. die Oberherrschaft über Europa sicherte, dem Islam in den kommenden Jahren große Triumphe verheißt:

»Man darf hierbei nicht die Konjunktion von 1524 im Zeichen der Fische und die andere, die 1544 im Skorpion stattfinden wird, vergessen. Sie begünstigen beide jene Religion ziemlich stark, da der Krebs das vierte Zeichen ist, wenn man vom Steinbock an zählt, und ebenso weit ist der Skorpion vom Löwen entfernt und das Zeichen der Fische vom Schützen. Merkt daher auf, ihr Männer, und wehrt die Gefahr, die hereinbrechen wird, mit Tugend und Frömmigkeit ab. Denn er, der die Himmel lenkt, steht über den Himmeln. Und nur Tugend, die Gefahr und Furcht nicht achtet, wird Tod und Verderben nicht kennenlernen.«[57]

Wie man hier sieht, führte die technisch hochgradig verfeinerte Astrologie zu ähnlich unbestimmten Unheilsprophezeiungen wie primitivere Verfahren.

Mochte aber die Zukunft, die der Astrologe heraufbeschwor, auch noch so finster sein, so hinderte ihn dies keineswegs, seine Warnungen mit hymnischem Lob an die Adresse eines potentiellen Gönners zu verbinden. In seiner Analyse des Charakters von Paul III., für dessen Augen das ganze Buch offensichtlich bestimmt war, entfaltet Cardano alle Künste preisender Rhetorik:
»Er hat die Kirche, die durch zahlreiche Häresien bedroht war und als verweltlicht und korrupt galt, weitgehend wieder gefestigt. Er

---

56 Cardano, *Libelli duo*, 1538, [fv^vo]: »Hic cum in hoste etiam virtus laudetur sive dissimulatione sive propria natura omnibus predecessoribus suis melior est, fide hostibus illesa, minore barbarie ac crudelitate ...«
57 Ebda, [fv^ro]: »Oportet autem meminisse coniunctionis que in anno 1524. in Piscibus et in anno 1544. in Scorpione celebratur: non enim parum legi illi favent he constitutiones, quum Arieti Cancer quartum est signum et Leoni Scorpius et Sagitario Pisces. Attolite igitur viri capita vestra et incumbenti periculo et virtute

hat die Häresien unterdrückt und nicht gefördert. Er hat Karl V. im Kampf gegen die Türken geholfen. Seinem unermüdlichen Eifer, seiner Sanftmut, seinem Gerechtigkeitssinn ist es zu verdanken, daß der König von Frankreich, der schwere und langwierige Konflikte angezettelt hatte, mit Karl V. Frieden geschlossen hat.«[58]

In dieser Passage, aber auch an anderen Stellen kann von astrologischer Analyse keine Rede mehr sein, vielmehr verbreitet sich Cardano hier, ganz in der Art eines modernen Klatschkolumnisten, nur mehr plaudernd über Charakter und Leistungen von Prominenten. Der aufrechte Kämpfer im Dienst der Wahrheit gibt sich nun plötzlich für Gefälligkeitsgutachten her und behauptet – dies zu einer Zeit, da die Reformationsbewegungen Luthers und anderer Erneuerer in vollem Gange sind –, ein einzelner Papst habe es geschafft, den religiösen Trend umzukehren. Cardano betrachtete, wie wir noch sehen werden, die Kritik des Erasmus und anderer an den in der Kirche herrschenden Zuständen durchaus mit einiger Sympathie; sein Gönner Archinto, der später die Jesuiten in ihren schwierigen Anfangsjahren unterstützte, war ganz entschieden der Ansicht, daß tiefgreifende Reformen unumgänglich waren.[59] Es scheint nach alledem unmöglich, aus diesem Horoskop etwas anderes herauszulesen als das Bemühen des Autors, sich beim Papst beliebt zu machen.

Die Verheißungen, mit denen Cardano sein Büchlein beschließt, übertreffen noch diejenigen am Anfang. Er teilt dem Leser mit, daß er hier fürs erste nur eine kleine Auswahl aus der reichen Sammlung seiner astrologischen Studien und Analysen veröffentlicht habe:

---

et religione resistite. Qui enim coelos moderatur supra coelos est. Et virtus periculi et terroris sola expers mortem ac interitum nescit.«

58 Ebda, fij^{vo}–fii^{ro}: »utilissimus habitus est: nutantem ecclesiam multis heresibus ac male ob luxum audientem magna ex parte restituit: hereses compescuit nec irritavit. Karolo Quinto contra Turcas pugnanti auxilio fuit. Regem Gallorum maximas et diutinas discordias cum Karolo agitantem conciliavit industria labore mansuetudine et aequitate. Nec minus in privata vita ...«

59 S. Alberigo, *Dizionario biografico degli italiani*.

»Diese Geburtshoroskope hier sind nur vereinzelte Beispiele. Sobald ich die Arbeit an meinen medizinischen Werken abgeschlossen habe, werde ich die Horoskope weiterer berühmter Männer veröffentlichen, nämlich der Kaiser Julius Cäsar und Oktavian (hinsichtlich ihres Lebens und Sterbens) sowie Ciceros und Neros und vieler anderer, die wegen ihrer Tugenden oder ihrer Schicksale oder ihrer Taten berühmt sind. Eine ganze Reihe davon ist im siebten und zehnten Buch der *Iudicia astronomica* aufgezeichnet.«[60]

Die effektvolle Kombination, die Cardano bot, eine Mischung aus streng schulmäßiger Astronomie, Grundzügen der Astrologie, politischen Kommentaren und Eigenwerbung, war etwas völlig Neues auf dem Buchmarkt seiner Zeit. Und seine Ankündigung weiterer Horoskope hat bestimmt viele Leser neugierig gemacht. Kein Wunder, daß seine *Libelli* mehr Aufmerksamkeit erregten, als ihr bescheidener Titel in diesen ereignisreichen Jahren vermuten ließ. Das Büchlein machte den unscheinbaren Provinzgelehrten zu einer in In- und Ausland bekannten Persönlichkeit, zu einem Mitglied der internationalen Gemeinschaft von Intellektuellen, dessen Stimme in Diskussionen und Debatten Gewicht hatte.

---

60 Cardano, *Libelli duo,* 1538, [fvi^vo]: »Has igitur exposui exempli causa genituras: post hec promulgatis ex Medicina libris edam clarissimorum aliorum genituras: Iulii Caesaris Octavianique Imperatorum: ac eorum mortem: Ciceronis Neronis pluriumque aliorum insignium virorum: aut virtute: aut fortuna. aut eventu clarorum: quorum series in septimo et decimo libris astronomicorum iuditiorum descripta est.«

KAPITEL 4
HOROSKOPSAMMLUNGEN:
BEGINN EINER KARRIERE

Cardano erhob keinerlei Anspruch auf Originalität, als er 1538 seine kleine Horoskopsammlung publizierte, sondern gab zumindest indirekt zu verstehen, daß auch andere Astrologen derartiges Material zusammengetragen hatten. Wenn er etwa betont, er habe sich zahlreiche Abschriften von jedem der Herrscherhoroskope besorgt, so lokalisiert er damit seine Studien in einem ganzen astrologischen Netzwerk.[1] Doch war Cardano der erste, der eine derartige planvoll zusammengestellte Auswahl von Horoskopen im Druck veröffentlichte. Die sehr schematischen Fallbeispiele, die im Rahmen größerer Werke der Fachliteratur eine sehr untergeordnete Rolle spielten, hatten mit Cardanos astrologischen Porträts lebender oder erst kürzlich verstorbener Berühmtheiten wenig gemeinsam, noch weniger vermochten sie jenes triviale Informationsbedürfnis zu befriedigen, das seine farbigen und detaillierten Schilderungen von Zeitgenossen ansprach. Almanache und astronomische Tafeln erschienen relativ früh im Druck, aber die Astrologen des 15. und 16. Jahrhunderts übermittelten einander auch viel Material brieflich und mündlich, wie sich etwa am Beispiel von Johannes Regiomontanus und Giovanni Bianchini studieren läßt, die einigermaßen ausführlich

---

[1] Cardano, *Libelli duo*, 1538, Eij[ro]: »horum autem principum geniture a me quantum fieri potuit sunt explorate: nisi consulto qui dederint peierarint: nam ex pluribus locis easdem semper nacti sumus.«

Details von Horoskopen, darunter die von Jesus und Leon Battista Alberti, sowie Probleme der damals herrschenden Planetentheorie diskutierten.[2] Cardanos Horoskopsammlung, die, wie wir noch sehen werden, im Lauf der Zeit ständig anwuchs und sich veränderte, vermittelt Einsichten in ein früheres System des Informationsaustauschs. Sie kann zugleich als Lehrbeispiel dafür dienen, wie ein aufstrebender Wissenschaftler Karriere machte, indem er bis dahin nicht im Druck verfügbares Material veröffentlichte. Und schließlich gibt die Sammlung auch Hinweise darauf, wie Cardanos Erfahrungen mit wechselnden Verlegern seine berufliche Laufbahn beeinflußten.[3]

Offenbar begann Cardano seine Tätigkeit als praktizierender Astrologe in den dreißiger Jahren. Wir besitzen keine genaueren Informationen darüber, wie er die handwerklichen Fertigkeiten dieser Kunst erlernte. Grundkenntnisse vermittelte ihm sein Vater Fazio, der in Mailand Mathematik lehrte.[4] Im *Pronostico* zitierte Cardano seinen Vater, der behauptet hatte, daß das Horoskop von Mailand die Zwillinge im Aszendenten habe.[5] Wie andere Berufe lag auch der des Astrologen oft sozusagen in der Familie: Nostradamus zum Beispiel, dessen Lebensweg in vielem dem Cardanos ähnelt, erwähnt einmal, er habe bestimmte Techniken von seinem Vater und seinem Großvater übernommen.[6] Möglicherweise hat sich Cardano dann im Rahmen seines Medizinstudiums in den höheren Künsten der

---

2 Zu Regiomontanus s. N. Swerdlow, »The Recovery of the Exact Sciences of Antiquity: Mathematics, Astronomy, Geography«, *Rome Reborn,* hrsg. von A. Grafton, Vatikanstadt/Washington D. C./New Haven/London 1993, 125–167; zur Korrespondenz mit Bianchini s. A. Gerl, *Trigonometrisch-astronomisches Rechnen kurz vor Copernicus: Der Briefwechsel Regiomontanus-Bianchini,* Stuttgart 1989.
3 Allgemein dazu W. Eamon, *Science and the Secrets of Nature,* Princeton 1994.
4 Cardano, *De vita propria, 34, O,* I.26.
5 Cardano, *Pronostico,* Venedig 1534/1535, Aiii[ro]: »Altri ponono Luna a Venetia & a Milano Gemini, como credette mio padre.«
6 S. J. Dupèbes Einführung zu Nostradamus, *Lettres inédites,* Genf 1983, 18 und Anm. 43, sowie P. Brind'Amour, *Nostradamus Astrophile,* Ottawa 1993, 318–319, 372–373.

Astrologie und Astronomie weitergebildet. Wie auch immer – sicher ist, daß er in der Zeit danach, als er in und bei Mailand lebte, damit begann, Geburtshoroskope zu sammeln und zu interpretieren. Eine Reihe von Leuten, deren Genituren Cardano damals studierte, sind namentlich bekannt, darunter auch Mailänder Prominente wie der Humanist Gualtiero Corbetta und der Historiker Galeazzo Capella.[7]

In diesen frühen Jahren seiner Karriere arbeitete Cardano eng mit älteren Männern zusammen, die in der Astrologie Erfahrung hatten oder sich sogar als regelrechte Spezialisten dieser Wissenschaft widmeten. In seinem Traktat *De iudiciis geniturarum* analysiert Cardano das Horoskop eines Mannes, »der aus bescheidensten Verhältnissen stammt; er hieß Niccolò, legte aber, als er aus seiner Heimatstadt fortzog, diesen Namen ab und ist hier in Mailand unter dem Namen Costanzo bekannt. In Bologna aber hieß er Niccolò, aus der Familie der Symi.« Dieser Costanzo, so berichtet Cardano mit ungewöhnlichem Enthusiasmus, hatte das Glück, daß bei seiner Geburt Merkur seinen Aszendenten regierte. Dank dessen »war er so gescheit, daß er sich, obwohl er wegen seiner Armut bis zu seinem 28. Jahr keine höhere Schule besuchen konnte, doch einige Bildung aneignete. Er wurde Geometer und Mathematiker, vor allem aber ein Astrologe von hohen Graden und lehrte diese Wissenschaften etliche Jahre in Mailand.«[8] Costanzo oder Niccolò de Symis hinterließ eine Anzahl

---

[7] Cardano, *Libelli duo*, 1543, Horoskop 5 und 21. Zu Corbetta und Capella s. S. Albonico, *Il ruginoso stile*, Mailand 1990. Corbettas Horoskop hatte Cardano von diesem selbst geschenkt bekommen, s. Cardano, *Libelli duo*, 1538, Eij^{ro}: »Gualterii Corbete singulari familiaritate utebamur: ipse sponte genetliacam figuram etiam obtulit.«

[8] Cardano, *De iudiciis geniturarum*, 7 = O, V.436: »Hic humillimis ortus parentibus, vocatur Nicolaus, cum tamen exisset patriam, vocavit se Constantium, et sic Constantio agnoscitur Mediolani: Bononiae autem pro Nicolao, eius familia de Symis ... ideo cum per inopiam usque ad vigesimum octavum annum literas non didicisset, tantum valuit ingenio, ut literas humaniores mediocriter didicerit, factusque geometra, arithmeticus, sed longe magis astrologus inclytus, ut docuerit eas artes publice Mediolani per aliquot annos et hoc facit Mercurii dispositio ...«

astronomischer und astrologischer Werke, darunter ein unveröffentlichtes Prognostikon für dasselbe Jahr 1534, das Cardano in seiner ersten gedruckten Schrift begutachtet hatte.[9] Cardano beschreibt dann in seiner gewohnt zupackend sachlichen Art, wie er und Costanzo im Jahr darauf ans Krankenbett eines hochgestellten Patienten gerufen wurden, nämlich Paolo Sforzas, des jüngeren Bruders von Francesco II., dem letzten Herzog von Mailand aus der Dynastie Sforza: »Durch den Blutverlust aus seinen Lungen geschwächt und mehr oder weniger dahinsiechend, hatte er Costanzo de Symis aus Bologna zu sich bestellt, um von ihm zu erfahren, ob der Kaiser ihn anstelle seines Bruders zum Herrscher von Mailand einsetzen werde. Als er mir das Diagramm zeigte, sagte ich, er werde noch im selben Jahr sterben, denn der Mond stand in den Plejaden im sechsten Haus, im Quadrat zu Mars und Jupiter, deren Bahn durchs fixe Haus des Saturn führte. Und wirklich erstickte er sehr bald während einer Reise.«[10] Cardano diskutierte auch das Horoskop eines seiner Söhne mit Costanzo.[11] Sehr wahrscheinlich verdankte Cardano einiges von seinem Material solchen älteren Kollegen.

Eine seiner astrologischen Quellen nennt Cardano selbst ausdrücklich. In einem Kommentar zum Horoskop eines Säuglings, der 1506 geboren wurde, bemerkt er: »Mein Mitbürger, der Hofmedicus Giovanni Antonio Castiglione, sagte, als er diese Konstellation sah, dieses Kind werde keine Nahrung zu sich nehmen können,

---

9 S. Thorndike, *History of Magic and Experimental Science*, V, 244–247; dieser Autor erkannte verständlicherweise nicht, daß Niccolò und Costanzo ein und dieselbe Person waren.
10 Cardano, *Aphorismi astronomici*, 1547, O, V.56: »Hic debilis reiectatione sanguinis e pulmone, ac quasi tabificus, cum consuluisset Constantium Bononiensem de Symis, an adepturus esset a Caesare regnum loco fratris, dixi ego illo ostendente figuram, moriturum eo anno, nam Luna inter Pleiades erat in sexta, in quadrato Martis et Iovis in fixa Saturni domo peregrinantium, et sic repente in itinere suffocatus est.«
11 Cardano, *Liber xii geniturarum*, 1554, O, V.532: »Cum vero vidisset hanc genituram, Nicolaus Constantius Simus Bononiensis, astrologus egregius, dixit statim custodiendum puerum, qui si superviveret, omnes suae gentis esset superaturus.«
12 Cardano, *Libelli duo*, 1543, Horoskop 55, aaiii[ro–vo] = O, V.486: »Ioan. Antonius

weil der Mond unter dem Horizont stand.«[12] Giovanni Antonio, der es bis zur Würde eines Leibarztes des französischen Königs brachte, war einer der erfolgreichsten Abkömmlinge seiner großen und renommierten Familie.[13] Cardano pries wiederholt seinen Sachverstand, unter anderem in seinen Anmerkungen zum Horoskop des Historikers Galeazzo Capella, dem Castiglione dreißig Jahre im voraus gesagt hatte, er werde »ohne Frau und Kinder sterben«, und er hatte recht behalten.[14] Den schriftlichen Aufzeichnungen eines anderen Castiglione, Bonaventura, entnahm Cardano, wie er mitteilte, die Horoskope von vier prominenten Kardinälen.[15] Einige in den *Aphorismi astronomici* von 1547 enthaltene Horoskope aus dem 15. Jahrhundert, die Mitglieder der Familie Castiglione betreffen, stammen höchstwahrscheinlich aus derselben Quelle.[16] Es scheint nach alledem ziemlich sicher, daß Cardano seine Sammeltätigkeit im Kreis von Mailänder Ärzten und Astrologen aufnahm und daß er das Material, das er in seinen ersten Publikationen herausgab, weitgehend von ihnen bekommen hatte.

Noch lange nach Einführung des Buchdrucks blieb es weithin üblich, Texte verschiedenster Art in handschriftlicher Form zirkulieren zu lassen, zumindest in manchen Fällen auch deswegen, weil man die Zensur umgehen wollte. So hatte beispielsweise das heftig umstrittene Werk *De incantationibus* des Naturphilosophen Pietro Pomponazzi bereits zahlreiche Leser und einigen Widerspruch gefunden,

---

    Castilioneus civis noster regiusque medicus, et vir insignis, cum hanc vidisset genituram, dixit puerum hunc nutriri non posse, quoniam Luna sub terra erat …«
13 S. B. Castiglione, *Insubrum antiquae sedes,* Mailand 1541, 113.
14 Cardano, *Libelli duo,* 1543, Horoskop 21, Qii$^{\text{ro-vo}}$ = *O,* V.473: »Quamobrem et illi ab Antonio Castilioneo regio medico, annis ante ferme triginta, iure merito praedictum fuerat, quod absque uxore et filiis moreretur, quod et evenit.«
15 Cardano, *Aphorismi astronomici,* 1547, 232vo = *O,* V.46: »Apposui quatuor has Cardinalium genituras a Bonaventura Castellioneo acceptas, ut quivis intelligat decreta nostra esse firmissima … [die vier Horoskope sind in dem Buch abgedruckt, dazu als fünftes das des Bonaventura] Hic est qui praecedentes quatuor geneses ex suo libro desumptas nobis tradidit.«
16 Ebda, 234vo = *O,* V.52, V.56.

bevor ein Verleger bereit war, den Text vollständig zu veröffentlichen.[17] Manche Genres scheinen sich für eine handschriftliche Verbreitung auch einfach besonders geeignet zu haben, so die lateinischen Übersetzungen aus der sogenannten *Griechischen Anthologie,* die in der Renaissance von Dutzenden von Gelehrten und Dichtern in Frankreich und den Niederlanden produziert wurden und als Marginalien durch die gedruckten Werke wanderten, oder auch die von Sammlern begehrten Manuskripte mit lateinischer und englischer Lyrik, die im England der Tudor- und Stuartepoche eine große Leserschaft erreichte.[18]

Besonders kurze Texte mit brisantem Inhalt, etwa politische Satiren und aktuelle Nachrichten, zirkulierten sehr häufig in handschriftlicher Form – das Spektrum umfaßte die bissigen Epigramme, die man in Rom an die antiken Statuen Pasquino und Marforio anklebte, aktuelle Berichte, die das Handelshaus Fugger verschickte, und schließlich auch Mitteilungen, die von auf solche Arbeiten spezialisierten Skriptorien in London in die englische Provinz gingen.[19] Horoskope waren ebenso wie Satiren und Nachrichten kurz, pointiert und leicht abzuschreiben. Kein Wunder, daß sich ein schwunghafter Tauschverkehr zwischen den Gelehrten entwickelte, die solche Texte oft als Dreingabe zu ihren Briefen mitschickten. Alle Astrologen, vom gelehrtesten bis hinab zum simplen Kalenderschreiber, sammelten und deuteten Horoskope der Großen und Mächtigen und beklagten sich, wenn sie sich die nötigen Informationen nicht verschaffen konnten. Cardano bemerkt im *Pronostico* einmal, daß er das Schicksal des Herzogs von Mailand leider nicht im

---

17 G. Zanier, *Ricerche sulla diffusione e fortuna del ›De incantationibus‹ di Pomponazzi,* Florenz 1975.

18 J. Hutton, *The Greek Anthology in France and in the Latin Writers of the Netherlands to the Year 1800,* Ithaca, N.Y., 1946, verb. Aufl. New York 1967; A. F. Marotti, *Manuscript, Print and the English Renaissance Lyric,* Ithaca/London 1995.

19 H. R. Woudhuysen, *Sir Philipp Sidney and the Circulation of Manuscripts, 1558–1640,* Oxford 1996; H. Love, *Scribal Publication in Seventeenth-Century England,* Oxford 1993.

20 Cardano, *Pronostico o vero iudicio generale,* Venedig 1534/1535, [Avi^vo]: »particulare non posso dir altro, per non haver la sua nativitade«; ähnlich die Erklärung

einzelnen voraussagen könne, da er dessen Nativität nicht habe.[20] Cardano schuf mit seiner Horoskopsammlung nicht eigentlich etwas Neues, sondern brachte lediglich eine Art Literatur, die längst etabliert war, die aber nur in handschriftlicher Form und in quasi privatem Rahmen existiert hatte, in den öffentlichen Raum gedruckter Texte. Das sollten wir im Auge behalten, wenn wir versuchen, uns Ton und Inhalt der Sammlung zu erklären.

Die Mitglieder einer bestimmten Gruppe von Astrologen, Leute, die mit den traditionellen Formen der Kommunikation vertraut waren und freudig die Gelegenheit, ihre Horoskopsammlung zu erweitern, beim Schopf packten, halfen Cardano dabei, dem Büchlein seine endgültige Form zu geben, und dann, dem Text weitere Verbreitung zu sichern, freilich in einer revidierten Gestalt, die dem Geschmack und den Bedürfnissen eines neuen Publikums jenseits der Alpen entgegenkam. Damals waren die Städte des Heiligen Römischen Reichs die eigentlich bedeutenden Zentren der Forschung in den mathematischen Disziplinen, und auch im Verlagswesen war Deutschland in diesem Bereich führend. Ein besonderer Rang kam Nürnberg zu, nicht nur wegen seiner traditionsreichen feinmechanischen Werkstätten, in denen astronomische Instrumente hergestellt wurden, sondern auch als Verlagsstadt und als Wissenschaftsstandort.[21] Zudem unterhielt die Stadt, die 1520 protestantisch geworden war, enge Beziehungen zu Wittenberg, der intellektuellen Hochburg der Reformationsbewegung. Wenn auch Luther die Astrologie zutiefst verachtete, so schätzte sie der führende Kopf der Wittenberger Universität Philipp Melanchthon

---

des Ioannes de Rogeriis, weshalb er das Schicksal der Kinder von Franz I. nicht voraussagen kann, s. *Ad Christianissimum Gallorum regem Prognosticon anni 1537*, Rom 1537, British Library C 27 h 23 (17), [Aiii^{vo}]: »De liberis suae maiestatis nihil vaticinari possumus, cum geniturae ipsorum nondum circumferantur, neque ad nostras manus pervenerint.« Die Stelle macht deutlich, daß ein regelrechtes Zirkulationssystem für die Verbreitung handschriftlicher Texte sorgte.

21 Allgemein dazu E. Panofsky, *Das Leben und die Kunst Albrecht Dürers*, München 1995; G. Strauss, *Nuremberg in the Sixteenth Century*, New York 1966; J. Chipps Smith, *Nuremberg: A Renaissance City*, Austin 1983; *New Perspectives on the Art of Renaissance Nuremberg*, hrsg. von J. Chipps Smith, Austin 1985.

desto mehr.[22] Im Rahmen seiner Universitätsreform sorgte er dafür, daß dieser Wissenschaft im Lehrplan die gehörige Aufmerksamkeit geschenkt wurde. Und die Kurfürsten von Sachsen legten ebenso wie viele andere deutsche Herrscher dieser Epoche großen Wert auf astrologisch kompetenten Rat in politischen Angelegenheiten. Auf der Achse Nürnberg–Wittenberg fand ein reger Austausch von Zukunftswissen in Gestalt von Horoskopen statt. Beide Orte zogen zahlreiche astrologische Experten an, die dort Kundschaft für ihre Ware zu finden hofften und Schüler, die in die Geheimnisse der Gestirne eingeweiht werden wollten.

Im Jahr 1536 und danach, genau in der Zeit, da Cardano seine *Libelli* verfaßte und herausbrachte, studierte Nicolaus Gugler in Wittenberg und Nürnberg Medizin und Astronomie.[23] Der junge Mann, geboren am 16. April 1521, hatte Vorlesungen über die *Sphaera* des Sacrobosco und das Handbuch des Al-Farghani besucht, zwei Standardwerke der mittelalterlichen Astronomie, und bei Schöner, vielleicht auch bei Rheticus einiges zur Theorie und Praxis der Astrologie gelernt.[24] Diese Wissenschaft, so hatte man Gugler beigebracht, war uralt und ehrwürdig. Und wer es darin zur Meisterschaft bringen wollte, mußte unbedingt genauestens »die Nativitäten großer Männer« studieren. Diese, merkt Gugler an,

»können nur anhand von universalen und bedeutenden Himmelskonfigurationen rektifiziert werden [mit diesem Ausdruck bezeichnete man in der Astrologie normalerweise die Korrektur oder ge-

---

22 Allgemein dazu S. Kusukawa, *The Transformation of Natural Philosophy: The Case of Philipp Melanchthon*, Cambridge 1995; P. Zambelli, »Astrologi consiglieri del principe a Wittenberg«, *Annali dell'Istituto Storico Italo-Germanico in Trento* 18 (1992), 497–543; dies., »Der Himmel über Wittenberg: Luther, Melanchthon und andere Beobachter von Kometen«, ebda, 20 (1994), 39–62.

23 Die Beziehung zwischen seinen handschriftlich überlieferten Aufzeichnungen (BN, Paris, MS lat. 7395) und Cardanos Horoskopsammlungen hat zuerst P. McNair in seinem bemerkenswerten Aufsatz »Poliziano's Horoscope«, *Cultural Aspects of the Italian Renaissanc*, hrsg. von C. H. Clough, Manchester/New York 1976, 262–275, hergestellt. Zu den näheren Umständen der Entstehung des Texts s. 1ro des Manuskripts: »Sphaera Iohannis de Sacrobusto in compendium digesta

nauere Bestimmung unsicherer Nativitäten mit Hilfe verschiedener Standardverfahren], weil sie von solchen natürlichen Konfigurationen abhängen, die sie determinieren. Weil diese Universalia die Partikularia einschließen, werden notwendigerweise durch diese Methode auch die Horoskope von Herrschern rektifiziert, wie Ptolemäus uns im *Tetrabiblos* lehrt.«[25]

Es war somit signifikant, daß eine große Konjunktion der Geburt des Königs von Polen vorhergegangen war, ein Ereignis, das Guglers Lehrer ausführlich analysiert und dabei auf Zoroaster und Plato verwiesen hatte, die überzeugt gewesen waren, bei der Geburt eines Menschen steige eine Seele von den Sternen nieder und nehme den Körper in Besitz.[26]

Gugler beschränkte sich aber nicht auf solche allgemein theoretischen Dinge, sondern notierte auch einzelne Horoskope, die er vermutlich den Aufzeichnungen seines Lehrers entnahm. Seine Auswahl ähnelte der ersten Sammlung Cardanos in mehr als einer Hinsicht. Auch die astrologischen Gutachten, die Gugler überliefert, betreffen hauptsächlich große Führerfiguren und Intellektuelle. Zur ersten Klasse gehören Jesus, Moses, Karl V., Franz I., Philipp von Hessen und Friedrich von Sachsen, zur zweiten Erasmus, Luther, Dürer, Melanchthon, Rheticus und Schöner. Und wie Cardano so diskutierten auch Gugler und sein Lehrer offenbar die Horoskope mit verschiedenen Informanten. Gugler dankte ausdrücklich Melanchthon, der ihm eine Version von Luthers Horoskop besorgt hatte, und auch

---

anno Domini MDXXXVI per me Nicolaum Gugler. Astronomiae et Medicinae studiosum. 1536« und auf der hinteren Umschlagseite:»Est scriptus iste liber Witaebergae per Nicolaum Gugler anno salutis nostrae 1536. Tunc temporis Astronomiae et Medicinae studiosum.«

24 Zu Guglers Geburtsdatum vgl. ebda, 331ro; zu den Vorlesungen, die er hörte, s. ebda, 1ro–36ro, 60vo–85ro.

25 Ebda, 87ro: »Quapropter magnorum hominum nativitates non nisi per eas rectificantur quando et a talibus configurationibus naturalibus dependent quia per illas statuuntur. He quia universalia includunt particularia necessario et per hunc modum principum geniturae rectificantur, prout et Ptolo. in quadri: nos admonet.«

26 Ebda, 87^{ro-vo}.

der Wittenberger Astronom Paul Eber wird einmal als Informationsquelle erwähnt.[27]

Guglers Sammlung enthält nicht nur ein, sondern zwei Horoskope Martin Luthers. Das eine nimmt unter Berufung auf Philipp Melanchthon als Zeitpunkt der Geburt den 22. Oktober 1484, 2 Stunden und 2 Minuten nach Mittag an.[28] Das andere geht davon aus, daß der Reformator zwar an diesem Tag, jedoch zu einer anderen Tageszeit, nämlich 9 Stunden nach Mittag, geboren sei. Diese Stunde, sagt Gugler, habe die Mutter Luthers als gewiß angegeben, und sie »paßt durchaus zu seinen Taten«.[29] Hier stellt sich ein Problem: Man sollte eigentlich meinen, eine Mutter wüßte, wann ihr Kind geboren ist, und dennoch stimmt das Datum, das nach Gugler Luthers Mutter und Melanchthon nannten, nicht mit dem Datum überein, das in unseren modernen Nachschlagewerken zu finden ist – nicht einmal das Jahr der Geburt ist dasselbe. Viele Zeitgenossen Luthers und mit ihnen die meisten modernen Historiker haben sich der Meinung einer Randbemerkung angeschlossen, die sich in Guglers Manuskript ge-

---

27 Ebda, 326ʳᵒ.
28 Ebda: »Mar. Lutheri nativitas explorata per Phil. Mela. annus et dies conveniunt. Hora est incerta. Anno 1484 die 22 Octobris. Hora 2 mo. 2 post meridiem.«
29 Ebda: »Γένεσις Mar: Lutheri iuxta horam certam quam eius mater indicaverat. Est non inconveniens cum eis gestis. Anno 1484 die 22 Octobris hora 9 post meridiem.«
30 Ebda: »Paulus Eber dixit quod natus sit 1483. Die 10 Novembris Hor. 11 post m.«
31 Über Gaurico und den Kurfürsten von Brandenburg s. G. Schuster und F. Wagner, *Die Jugend und Erziehung der Kurfürsten von Brandenburg und Könige von Preußen*, I, Monumenta Germaniae Paedagogica, 34, Berlin 1906, 325, 496.
32 Melanchthon an Gaurico, in: Ioachim Camerarius, *Norica*, Wittenberg 1532, geschrieben offenbar Anf. März 1532; *Corpus Reformatorum*, hrsg. von C.G. Bretschneider u. a., Halle 1834 ff., II, 570–571: »Iam olim te propter doctrinam et arcanarum rerum scientiam vehementer admiratus sum. Extat enim carmen quoddam tuum, in quo insunt vaticinia de futuris Europae motibus, quae ita comprobavit eventus, ut non solum προγνωστικὸν sed etiam historiam harum rerum multo ante scripsisse videaris ... Nam quod ad me de maximis rebus gravissime scripsisti quodque literis addidisti themata, quorum mihi cognitio pernecessaria est, facile perspexi insignem humanitatem tuam. Utrumque autem duco amplissimi muneris loco, et inter ea κειμήλια reponam, quae mihi sunt carissima. Porro has literas ad te publice scripsi, ut ubique extet aliqua significatio meae erga te gratitudinis.« Melanchthon an Ioachim Camerarius, 12. März 1532, eba,

kritzelt findet: »Paulus Eber hat gesagt, er sei am 10. November 1483 in der 11. Stunde nach Mittag geboren.«[30]

Aby Warburg hat sich ausgiebig mit der Geschichte dieses Widerspruchs befaßt. In einer wahrhaft brillanten Passage verfolgte er den Astrologen Luca Gaurico auf seiner Reise durch das Reich in den dreißiger Jahren des 16. Jahrhunderts. Bei einem Besuch in Berlin, offenbar auf Einladung von Kurfürst Joachim I., erstellte Gaurico ein Horoskop für den Sohn des Herrschers.[31] Die Prophezeiungen des italienischen Astrologen hatten schon Melanchthon beeindruckt, der sie dafür rühmte, daß sie »nicht wie eine bloße Vorhersage, sondern wie eine Geschichte der Ereignisse lange im voraus wirkten«.[32] Ende April oder Anfang Mai 1532 besuchte Gaurico dann Wittenberg. Melanchthon war entzückt über seine humanistische Bildung (er verfaßte auch lateinische Gedichte) und die astrologische Gelehrsamkeit des Meisters wie seiner beiden Assistenten. Mit enthusiastischen Empfehlungsschreiben an Camerarius und andere versehen, reiste Gaurico nach Nürnberg weiter.[33] Zahlreiche Horo-

---

571–572: »D. Mitto tibi scriptum tuum, cui videbis me epistolam praeposuisse, quam mihi extorsit ὁ κακογράφος, feci profecto invitus, ut deformarem ea, quae abs te diligentissime ornatissimeque tractata sunt … Caeterum apud *Gauricum* summam inii gratiam, quem habes operis tui candidissimum laudatorem, ac contendit a me, ut suis verbis te salutarem. Audio eum in hoc genere disciplinarum excellere; sed de epistola hactenus, quam spero te aequi bonique consulturum esse.«

33 Vgl. Melanchthon an Ioachim Camerarius, 2. Mai 1532, ebda, 586: »Dedi literas ad te et *Gaurico* Astronomo, quem velim te honorifice excipere et commendare principibus civibus, ut homo Italus videat, esse in Germania suorum studiorum admiratores«; Melanchthon an Iochim Camerarius, ca. 18. Mai 1532, ebda, 587–588: »Hanc epistolam dedi *Gaurico* Mathematico, viro docto et humanissimo, quem velim te excipere ac salutare familiariter. Solet et versiculos facere, quare *Eobani* nomen valde amat, habet secum duos iuvenes, alterum Italum, alterum Germanum, doctissimos in Astronomia; fuit hic nobiscum toto quatriduo«; Melanchthon an Hieronymus Baumgartner, ca. 18./19. Mai 1532, ebda, 588–589: »Nunc dedi literas *Gaurico* Neapolitano, Astronomo, viro docto et humanissimo, quem cum intelligerem cupidissimum esse videndae urbis vestrae, duxi ei literas ad te quoque dandas esse, quod inter ornamenta urbis vestrae, quae spectare cupit, meo iudicio, verissima ornamenta existimari debeant boni ac docti viri, tui similes. Quare rogo, ut eum non graveris excipere et salutare. Vir est humanissimus, et in sua arte facile Princeps. Nec rudis est aliarum literarum. Nobiscum fuit toto quatriduo.«

skope in den Handschriftensammlungen deutscher Bibliotheken zeugen vom Wirken Gauricos auf seinem Weg durch das Reich.[34]

Unter den Horoskopen, die Gaurico mit seinen neuen Freunden in Deutschland diskutierte, war auch das Martin Luthers. Das Geburtsdatum des Reformators stand keineswegs zweifelsfrei fest. Wie Reinhart Staats gezeigt hat, glaubte Luther selbst ursprünglich, er sei 1484 geboren.[35] Als treuer Katholik und astrologischer Berater hoher Prälaten war Gaurico bestrebt, der Sache des Protestantismus mit den Waffen seines Metiers zu schaden.[36] Melanchthon, der sich sehr wohl bewußt war, daß der Zeitpunkt von Luthers Geburt unsicher war, zeigte Gaurico verschiedene Horoskopentwürfe, und dieser »hieß das Horoskop für das Jahr 1484 gut« – ebendas Jahr, in dem, wie alle Astrologen wußten, eine große Konjunktion von Jupiter und Saturn stattgefunden hatte.[37] Wie Warburg gezeigt hat, tat Gaurico dies wohl in der bösen Absicht, Luther mit den Unheilsprophezeiungen zu assoziieren, die man mit großen Konjunktionen ganz allgemein und mit der von 1484 im besonderen verband – und

---

34 München, Staatsbibliothek, clm 27003, und UB Leipzig, MS Stadtbibliothek 935; s. Warburg, *Heidnisch-antike Weissagung in Wort und Bild zu Luthers Zeiten*, SB Akad. Heidelberg 1919 (1929) = Warburg, *Gesammelte Schriften, Studienausgabe*, hrsg. von H. Bredekamp u. a., I, Bd. 1.2, Berlin 1998, 498–499, 498 Anm. 6.

35 R. Staats, »Luthers Geburtstag 1484 und das Geburtsjahr der evangelischen Kirche 1519«, *Bibliothek und Wissenschaft* 18 (1984), 61–84.

36 Es ist gut möglich, daß jenes sehr kritische Horoskop Luthers, das der Reformator zu Gesicht bekam und über das er sich schon 1524 lustig machte, von Gaurico gezeichnet worden war: s. Warburg, *Heidnisch-antike Weissagung in Wort und Bild zu Luthers Zeiten*, 499, der Äußerungen Luthers gegenüber Spalatin vom 23. März 1524 zitiert.

37 Melanchthon an Osiander, 30. Januar 1539, *Corpus Reformatorum*, hrsg. von Bretschneider u.a., IV, 1052–1053: »De *Lutheri* genesi dubitamus. Dies est certus, hora etiam pene certa, mediae noctis ut ipsam matrem affirmantem audivi. Anno puto esse 1484. Sed plura themata posuimus. *Gauricus* [verb: *Grauricus*] probabat anni 1484. thema.« Nicht nur das Jahr der Geburt, sondern auch die Tageszeit war unter den Astrologen strittig; s. Warburg, ebda, 500–502.

38 Warburg, ebda, 503–504; J. C. Eade, *The Forgotten Sky: A Guide to Astrology in English Literature*, Oxford 1984, 220–221.

39 S. Melanchthon an Ioachim Camerarius, 2. Juni 1532, *Corpus Reformatorum*, hrsg. von Bretschneider u.a., II, 595–596 (die Quellen sind unvollständig):

ergriff dabei auch gleich die Gelegenheit, ihm seinen Tod am 18. August 1535 zu prophezeien.[38]

Aber Gauricos Schuß ging nach hinten los: Er machte sich mit seinem Benehmen lediglich selbst in den lutherischen Kreisen unbeliebt, die ihn zuerst mit offen Armen empfangen hatten.[39] Und Protestanten wie Melanchthon fanden das mythenumwitterte Geburtsdatum, das er bestätigt hatte, eben wegen seines dramatischen Flairs genau passend für ihren Heros Luther, weswegen sie ungeachtet seiner finsteren Konnotationen daran festhielten. Lange bevor Gaurico selbst Luthers Horoskop für das Geburtsjahr 1484 im Druck veröffentlichte (1552), waren verschiedene Versionen davon bereits im Umlauf. Offenbar trug Melanchthon das seine zur Verbreitung bei, ebenso Schöner. Auch in der handschriftlichen Horoskopsammlung des protestantischen Astronomen Erasmus Reinhold (das Manuskript befindet sich heute in Leipzig) ist eine Version enthalten.[40]

Luther selbst, der die Astrologie verabscheute, fing jedoch irgend-

---

»[Offenbar war zu Melanchthons Bedauern ein Brief von Camerarius verlorengegangen] Nunquam enim avidius expectavi tuas literas, praesertim cum diu nihil acceperim, et ego non solum de *Gaurico* et nostris philosophicis sermonibus, sed etiam de Conventibus multa ex te scire cupiam«; Melanchthon an Ioachim Camerarius, 29. Juni 1532, ebda, 600–601, zum Teil bei Warburg, 75–76, abgedruckt: »S. D. Tuas literas accepi hodie, in quibus Genesin Regiam petis. Quod autem de *Gaurico* significas, quale sit, non plane potui intellegere. Aberat enim epistola illa, nescio cuius amici tui, quam te mittere ais de illius sermonibus. Id eo scribo, ut scias eam periisse, nisi consulto retinuisti. Quicquid autem est, non valde moror, novimus enim totius illius gentis ingenia et voluntates erga nos. Ego quicquid ei tribui officii, propterea feci, ne prorsus feri et contemptores earum artium videremur, in quibus iste quadam cum laude versatur. Iure autem in eo humanitas desiderari potest, si omnia nostrorum hominum vel studia vel officia contemnit ... Mitto tibi geneses eorum, quorum petiisti, ac alterius quidem [Ferdinandi] et altera circumfertur, sed *Gauricus* affirmabat hanc veram esse, si recte memini. Mars erat in fovea, in eo catalogo, quem *Cornelius Scepperus* habebat. Neque hic multo aliter se habet.«

40 S. Warburg, *Heidnisch-antike Weissagung in Wort und Bild zu Luthers Zeiten*, 500–502; weitere Details bei E. Kroker, »Nativitäten und Konstellationen aus der Reformationszeit«, *Schriften des Vereins für die Geschichte Leipzigs* 6 (1900), 3–33.

wann an, der allgemeinen Meinung hinsichtlich seines Geburtsjahrs zu widersprechen. Im Frühling 1543 bemerkte einmal jemand aus seinem Kreis: »Herr Doktor, viele Astrologen sind sich in der Frage Ihres Horoskops einig; sie meinen, die Konstellationen zum Zeitpunkt Ihrer Geburt zeigten an, daß durch Sie große Veränderungen geschehen würden.« Luther entgegnete brüsk: »Kein Mensch weiß sicher, wann ich geboren bin. Zwischen dem Datum, das Philipp annimmt, und dem, das ich für richtig halte, liegt ein ganzes Jahr.«[41] Offenbar hatte er sich jetzt zur Ansicht seines Bruders bekehrt, er sei 1483 geboren, und zwar genau ein Jahr vor dem Datum, das die Astrologen immer zugrunde gelegt hatten.

Irgend jemand muß dies Cardano mitgeteilt haben, denn sein Horoskop Luthers, das er an prominenter Stelle in seiner zweiten, erweiterten Sammlung veröffentlichte, nimmt als Geburtsdatum den 22. Oktober 1483 an. Cardano bemerkt dazu ausdrücklich, er wolle mit seiner Arbeit einem bereits verbreiteten Irrtum begegnen. Indes sei Luthers wahres Geburtsdatum sogar noch ominöser als das falsche:

»Dieses – und nicht die so weit verbreitete Arbeit, die von dem Geburtsjahr 1484 ausgeht – ist das wahre Geburtshoroskop Luthers. Ein Horoskop kann einer so großen Sache nicht unwürdig sein und das Ereignis nicht eines solchen Horoskops. Ich glaube aber, daß die Leute, die für den Fehler verantwortlich sind, von den Grundlagen dieser Kunst nichts verstehen; jenes Horoskop ist nämlich bei weitem nicht so stark wie dieses. Wenn du denn Verdammungsgründe suchst, so kannst du sie hier reichlich finden.«[42]

---

41 S. *Tischreden,* 5573, April 1543, zit. bei Warburg, ebda, 499–500, 542: »›Domine Doctor, multi astrologi in vestra genitura consentiunt, constellationes vestrae nativitatis ostendere, vos mutationem magnam allaturum.‹ Tum Doctor: ›Nullus est certus de nativitatis tempore, denn Philippus et ego sein der sachen umb ein jar nicht eins ...«

42 Cardano, *Libelli duo,* 1543, [Niiij^{vo}] = O, V.465: »Hanc veram genituram Lutheri, non eam quae sub anno 1484 publice circumfertur, esse scito. Nec tanto negotio minor genitura debetur, aut tali geniturae minor eventus. Existimo autem non

Auch in diesem Fall gelangte eine Diskussion, die bis dahin nie im Medium des Drucks geführt worden war und nur in den sozusagen privaten Aufzeichnungen astrologisch interessierter Gelehrter existiert hatte, an die Öffentlichkeit. Und mit der Publikation veränderten diese Texte ihren Charakter – denn Cardano, ein reformistisch gesinnter italienischer Katholik, ergriff eindeutig, wenn auch nicht eingestandenermaßen die Partei Luthers, indem er sein Werk von einem lutherischen Verleger veröffentlichen ließ. Wie nicht anders zu erwarten, beeindruckte dies Luther selbst wenig. Als ihm jemand Cardanos Buch zeigte, bemerkte er nur, das tauge gar nichts, und im übrigen – ein Argument, das schon Augustinus in die Diskussion eingeführt hatte – sollten ihm die Astrologen doch, bitte schön, erklären, wie es möglich war, daß Esau und Jakob so völlig verschiedene Charaktere hatten.[43] Gleichwohl dauerte die lebhafte Debatte um sein Geburtsdatum an.

Wie wir gesehen haben, verstand sich bereits ein jugendlicher Adept wie Gugler darauf, Horoskope zu zeichnen, er hatte Zugang zu Sammlungen von astrologischen Gutachten über interessante Persönlichkeiten aus Vergangenheit und Gegenwart, und er kannte die aktuellen Kontroversen über Status und Wert bestimmter Genituren. Es scheint, daß ein oder zwei der Stücke in seiner Sammlung gar nicht im eigentlichen Sinn Horoskope sind: Wenn Gugler etwa der Geburt des Moses eine undatierte große Konjunktion von Saturn, Jupiter und Mars im Zeichen des Wassermanns zuordnet, so wirkt das mehr wie ein Verweis auf die Teilung der Wasser als wie ein ernstgemeinter Versuch, das wirkliche Geburtsdatum des großen Mannes und den damals gegebenen Stand der Gestirne zu ermit-

---

    intelligentes huius artis fundamenta eam corrupisse: nam nec illa robore huic aequalis est, nec si damnare velis, deest hic quod possis accusare.«

43 Warburg, *Heidnisch-antike Weissagung in Wort und Bild zu Luthers Zeiten*, 543: »D. M. L. ward seine Nativität, Ciceronis und vieler Andern zu Nürnberg gedruckt bracht; da sagt er, ›Ich halte nichts davon, eigene ihnen gar nichts zu, aber gerne wollt ich, daß sie mir dieß Argument solvireten: Esau und Jacob sind von einem Vater und einer Mutter, auf eine Zeit, und unter gleichem Gestirn geborn, und doch gar widerwärtiger Natur, Art und Sinn ...‹«

teln.⁴⁴ Die meisten Horoskope der Sammlung befassen sich aber keineswegs mit so historisch entlegenen Gegenständen, sondern mit dem Wesen und dem künftigen Schicksal von prominenten Zeitgenossen. In der intellektuellen Szene des lutherisch geprägten Humanismus herrschte eine starke Nachfrage nach Horoskopen – nur Luther selbst interessierte sich nicht dafür.

Niemand erkannte diese Situation klarer als ein Intellektueller, der von Berufs wegen darauf angewiesen war, das Spiel von Angebot und Nachfrage genau im Auge zu behalten, nämlich der Nürnberger Druckherr Petreius, dem wir bereits früher begegnet sind. Berühmt vor allem als Verleger des Kopernikus, war er doch auch an astrologischer Literatur interessiert und hatte zahlreiche Werke aus dieser Disziplin in seinem Programm. Wie Cardano sah auch Petreius keine scharfe Trennungslinie zwischen Astronomie und Astrologie. Sein Vorwort zu dem Werk *De iudiciis nativitatum* des Antonius de Monte Ulmi, das 1540 in seinem Verlag erschien, ist eines der frühesten öffentlichen Zeugnisse, das auf die Bedeutung des Kopernikus hinweist. Und im Vorwort zu einer arabisch-lateinischen Schrift, die er kurz darauf herausbrachte, gab er seinem Wunsch Ausdruck, noch mehr astrologische Arbeiten zu verlegen und einem noch größeren Publikum vorzustellen.⁴⁵

Petreius hielt nicht nur Ausschau nach fertigen astrologischen Arbeiten, sondern auch nach Autoren, die er dazu bringen konnte, ihm nach den Erfordernissen des Markts maßgeschneiderte Buchprojekte zu liefern. Im Jahr 1549 lud er beispielsweise Erasmus Reinhold, der in Wittenberg Astronomie lehrte, zu sich nach Nürnberg ein. Er

---

44 BN, Paris, MS lat. 7395, 323ʳᵒ.
45 Über Petreius allgemein s. M. Teramoto, *Die Psalmmotettendrucke des Johannes Petreius in Nürnberg (gedruckt 1538–1542)*, Tutzing 1983; zu seinem Wirken als Verleger wissenschaftlicher Literatur s. N. Swerdlow, »Annals of Scientific Publishing: Johannes Petreius's Letter to Rheticus«, *Isis* 83 (1992), 270–274, dort auch eine kommentierte Übersetzung seines Vorworts zum Buch des Antonio de Monte Ulmi.
46 Berlin-Dahlem, Geheimes Preußisches Staatsarchiv, HBA A4 223: »Item meins wissens / so hab ich bisher in truck nit gesehen ein kurtz Compendium, scilicet quomodo primo erigendae sint nativitates et inscribendae in schema caeleste, et

sollte dort ein eigenes »stublin und gemach«, ein Studierzimmer also, bekommen und eine Arbeit verfassen, die Petreius so skizzierte:

»Soweit ich weiß, habe ich noch kein kurzes Kompendium gedruckt gesehen, ich meine eines, das erklärt, wie man Nativitäten erstellt und wie man die Daten in das Schema des Himmels [in das quadratische Standarddiagramm] einschreibt und wie die Zeichen, Planeten und Sterne in diesem Schema angeordnet werden und wie man sie auf die zwölf Häuser und auf die Ecken der Häuser verteilt (und was diese Ecken überhaupt sind) – Sie wissen das alles besser, als ich das hier andeuten kann.«[46]

Petreius ging so weit, auch noch im voraus Format und Drucktype, die er für passend hielt, vorzuschlagen – ein Triumph des verlegerischen Optimismus über die Erfahrung, zumal da der Autor noch keine Zeile von dem projektierten Werk geschrieben hatte. In einer Beziehung zumindest hätte sich das Buch, das Petreius hier bestellte, von allen astrologischen Veröffentlichungen, mit denen wir es hier bis jetzt zu tun hatten, unterschieden: Der Verleger schärfte Reinhold ein, sich auf die allgemeinen Methoden zu beschränken und keine spezifischen Schlußfolgerungen zu ziehen: »Was aber die Vorhersagen betrifft, die aus den einzelnen Konstellationen abzuleiten sind, so brauchen die nicht in dem Buch zu erscheinen, denn dergleichen ist schon viel geschrieben und gedruckt worden, und ich denke, daß sich ein solches Kompendium nicht übel verkaufen ließe.«[47] Auch wenn Petreius davon abrät, konkrete Vorhersagen in das Werk

---

quomodo signa, planetae et stellae in tale schema, et in 12 domos, et in angulos domorum (et quid anguli sint) dividenda, welches ir besser wissen, den ichs anzeigen kann.« Solche Einladungen an einen Autor konnten von einiger praktischer Bedeutung sein, besonders wenn es um ein technisch schwieriges Werk ging. Nach dem Tod des Petreius mußte Reinhold seine *Tabulae prutenicae* in Tübingen drucken lassen. In einem Brief an Hartmann Beyer (26. August 1551, Staats- und Universitätsbibliothek Carl von Ossietzky, Hamburg, Supellex epistolica 45, folio, 393vo–394ro) klagte er: »Fateor ingenue in hac prima editione mihi multa fuisse certis de causis praecipitanda et omittenda, praesertim cum Typographus tanto a me intervallo abesset.«

aufzunehmen, so wird daraus doch deutlich, daß er die Palette des bereits verfügbaren Materials sachverständig überblickt und daß er nicht allein mit sicherem Verlegerinstinkt die Marktlücke erkennt, sondern auch den Autor, der sie füllen kann.

Das Motiv des Petreius, diesen Punkt besonders anzusprechen, führt uns wieder zu Cardano. Als der Verleger sich Gedanken über die äußere Gestalt des Werks macht, das Reinhold verfassen soll, meint er, es solle ähnlich wie »Cardanos Genituren« aussehen.[48] Er selbst hatte dieses Werk in stark erweiterten Ausgaben 1543 und 1547 in seinem Verlag herausgebracht und konnte deswegen kein gesteigertes Interesse an weiteren Publikationen derselben Art haben. Er war es, im Verein mit Gelehrten der verbündeten Zentren Nürnberg und Wittenberg, der Cardanos Karriere die entscheidende Wendung gab. Sein Einfluß war wichtiger als der aller anderen gebildeten und ungebildeten Verleger, mit denen Cardano später zusammenarbeitete.[49]

Den Kontakt mit Petreius verdankte Cardano einem raffinierten Schachzug. 1538 hatte er ein kaiserliches Privileg für seine *Practica arithmeticae* beantragt und erhalten. Solche Schutzbriefe sicherten dem Autor und seinem Verleger das Monopol auf ein Werk, indem sie, normalerweise für einen Zeitraum von zehn Jahren, den Nachdruck verboten. Cardano hatte allerdings nicht allein um Rechtsschutz für seine *Practica* gebeten, sondern zugleich für nicht weniger als 34 weitere Titel. Alle diese Bücher, so behauptete er, wobei er, wie so oft, ein wenig übertreibt, seien bereits vollendet, und er wolle

---

47 Berlin-Dahlem, Geheimes Preußisches Staatsarchiv, HBA A4 223: »Was aber die praedictiones sindt ex talibus constellationibus, das dorft man nicht herein setzen / den von solchen viel geschrieben und getruckt ist, und deucht mich ein solch Compendium solt nicht unkeuflich sein.«
48 Ebda.
49 Verblüffend ähnliche Beziehungen zwischen einem Astrologen und einem Verleger werden aus Nostradamus, *Lettres inédites*, hrsg. von J. Dupèbe, Genf 1984, 29–33, 36, deutlich.
50 I. Maclean, »Cardano and his Publishers 1534–1663«, *Girolamo Cardano: Philosoph, Naturforscher, Arzt*, hrsg. von E. Keßler, Wiesbaden 1994, 337–338 (Text des Privilegs von 1538); 314–316.

der Einfachheit halber ein Privileg für alle zusammen beantragen. In Wahrheit diente das Unternehmen, wie Ian Maclean gezeigt hat, wohl eher dem Zweck, in der Branche bekannt zu machen, daß Cardano Schriften aller Art, von der Briefsammlung über Kommentare zu Ptolemäus und Euklid bis zu Werken über Stern- und Traumdeutung druckfertig in der Schublade hatte.[50] Und sein Kalkül ging auf. Petreius arbeitete mit dem Theologen Andreas Osiander zusammen, der ihm als Agent und Ratgeber diente. Dieser hatte den Druck des Hauptwerks von Kopernikus *De revolutionibus* überwacht und ein ganz und gar irreführendes und den Intentionen des Autors zuwiderlaufendes Vorwort dazu beigesteuert, in dem er die Theorie des Kopernikus als bloße Hypothese dargestellt hatte. Diesem Gelehrten fiel offenbar Cardanos Titelverzeichnis in die Hände. Cardano stellte die Sache später so dar: »Ich hatte ein Verzeichnis von Werken hinzugefügt, die ich bereits vollendet oder angefangen hatte. Und jenes Buch fand einige Verbreitung in Frankreich und Deutschland.«[51] Daraufhin machten sich Osiander und Petreius an die Arbeit und stellten seine Schriften, darunter astrologische, aber auch natur- und moralphilosophische Werke, einer großen Leserschaft in weiten Teilen Europas vor. Cardano hatte etwas erreicht, wonach sich viele Mailänder Autoren der ersten Hälfte des 16. Jahrhunderts sehnten: Seine Bücher wurden von einem der prominenten Verlagshäuser nördlich der Alpen vertrieben.[52]

Freilich hatte Petreius mit seinem Autor Höheres im Sinn, als lediglich die erste erbärmlich schlecht gedruckte Mailänder Ausgabe

---

51 Zit. ebda, 316, Anm. 26 mit Verweis auf Cardano, *De libris propriis*, 1557 = O, I. 67: »Nam adieceram catalogum qualemcumque librorum nostrorum, quos vel scripseram vel coeperam scribere: et liber is distrahi coepit in Galliis atque Germaniis.«

52 S. M. Gudius u. a., *Marquardi Gudii et doctorum virorum ad eum epistolae*, Utrecht 1697, 126; Marco Antonio Majoraggio bittet 1547 in einem Schreiben den Adressaten, er möge dem Basler Verleger Oporinus ausrichten, »mihi nihil esse antiquius, quam ut per eum notus in Germania fiam«; s. allg. die Briefe ebda, 126–128.

der Horoskopsammlung (von der Cardano sagte, sie sei nicht eigentlich »zum Druck befördert, sondern [ihm] vielmehr unglückseligerweise entrissen worden«) unverändert noch einmal herauszubringen. »Er legte großen Wert darauf, mir seine Gewissenhaftigkeit zu demonstrieren«, erzählt Cardano, »und fragte mich deswegen, wie es seine Pflicht war, ob ich etwas hinzuzufügen oder zu verbessern wünschte.« Im Dedikationsschreiben der neuen Ausgabe weist der Autor darauf hin, daß er eine Fülle neuen Materials eingearbeitet hat, unter anderem nicht weniger als 58 Horoskope (insgesamt umfaßte die Sammlung nun 67 Stücke).[53] Er war sehr dankbar für das Entgegenkommen seines Verlegers – später einmal bemerkte er, es sei typisch für die ganz allgemein besseren Arbeits- und Lebensbedingungen der deutschen Gelehrten.[54] Und er betonte, daß »jeder, dem das in diesem Büchlein auf engstem Raum gedrängte Wissen zur Verfügung steht und der trotzdem nicht fähig ist, die künftigen Dinge zu erkennen, es auch mit noch soviel weiterer Lektüre nicht erreichen wird. Denn da die Kunst unendlich ist, kann man sie nicht als vollständiges System lehren, sondern nur, indem man die Urteilskraft ausbildet.«[55] Cardano präsentierte seine neue stark erweiterte Sammlung wie eine Art Wachsfigurenkabinett, eine effektvoll inszenierte Ausstellung mit Bildern von Helden, Ungeheuern und Mördern, die das Staunen aller Besucher erregen würde:

---

53 Cardano, *Libelli duo*, 1543, Dedikation, Aiij^{vo}: »Cum Ioannes Petreius Calcographus Norimbergensis, suae quam mihi perspectam esse cupit diligentiae exemplum praestiturus, libellum Astronomicum, alias fortunae iniuria a me extortum potius quam impressum, praelo denuo excudi curaret, rogavit quod sui officii erat, si quid vellem vel adiicere vel emendare. Quod ego hominis votum, ut dignum cui assentirer, non neglexi, aliasque praeter reliqua quinquaginta octo genituras superaddidi.«
54 Cardano, *Libelli quinque*, 1547, Dedikation.
55 Cardano, *Libelli duo*, 1543, Dedikation, Aiij^{vo}: »Atque illud citra iactantiam dictum sit, qui huius libelli compendiosa brevitate futura non intellexerit, neque ea quam numerosa librorum multitudine intelliget. Nam cum infinita sit ars, iudicio non disciplina doceri potest …«

»Hier finden sich alle möglichen Todesarten vorgezeichnet, Tod durch Gift, Blitzschlag, Wasser, durch den Henker, durch Eisen, Unfall, Krankheit binnen langer, kurzer, mittlerer Frist; wir begegnen den verschiedenen Arten von Geburten: solchen, bei denen Zwillinge zur Welt kommen oder aber mißgebildete oder nachgeborene Kinder oder Bastarde, und Geburten, bei denen die Mutter stirbt; auch den verschiedensten Charakteren: ängstlichen, kühnen, klugen, Dummköpfen, Besessenen, Betrügern, Einfältigen, Ketzern, Dieben, Räubern, Päderasten, Sodomiten, Huren, Ehebrechern; an Künsten und Berufen sehen wir schließlich Redner, Juristen, Philosophen, solche, die als Mediziner oder Zukunftsdeuter oder Künstler zu großem Ruhm gelangen werden, und andere, die alle Moral verachten. Ich habe auch die verschiedenen Wechselfälle im Leben verfolgt und kann erklären, von welcher Art jene sind, die ihre Ehefrau ermorden, die Vertreibung oder Gefangenschaft erleiden oder von schlechter Gesundheit sind, die von einer Religion zu einer anderen wechseln oder aus hoher Stellung abstürzen oder umgekehrt aus niedrigen Verhältnissen auf den Thron oder zu großer Macht kommen.«[56]

Cardano verhieß denen, die durch die papierenen Korridore seiner Galerie wandelten, sie würden die Geheimnisse der Naturbeherrschung und der politischen Macht kennenlernen, und als Dreingabe

---

56 Ebda, Aiij[vo]–[Aiiij[ro]]: »nempe in his primo omnis mortis varietas expressa est, veneni, fulguris, aquae, publicae animadversionis, ferri, casuum, morborum: tum et circa illa tempora diuturna, brevia, media: tum variae nascendi formae geminorum, monstruosorum, posthumorum, spuriorum, eorumque quibus in puerperio mater extincta est: tum etiam morum, timidi, temerarii, prudentis, stulti, daemoniaci, fallacis, simplicis, haereticorum, furum, siccariorum, pediconum, cinaedorum, meretricum, adulterorum: atque etiam circa disciplinas, rhetorum, iureconsultorum, philosophorum, quique archiatri et divinatores, artificesque clari, tum etiam contemptores virtutum sint. Eandem circa casuum vitae differentiam secuti, docuimus quales fuerint, qui uxores occiderint, qui exilio, carcere, perpetuaque valetudine vexati, qui ex lege in legem transierint, aut ex supremis honoribus in humilem statum, contra qui ex humili fortuna in regnum aut potentiam pervenirent: inter quos trium Pontificum hac ratione geniturae explicantur.«

sollten sie auch noch die Horoskope von nicht weniger als drei Päpsten erhalten, die aus kleinen Verhältnissen zu ihrer Würde aufgestiegen waren.

An diesem Punkt seiner Karriere als Astrologe sah sich Cardano einem Dilemma gegenüber: Wie konnte er es anstellen, auf zwei Schauplätzen zugleich Fortschritte zu machen – als niedergelassener Heilkundiger, der darauf angewiesen war, neue Patienten zu gewinnen, und als wissenschaftlicher Autor, der ein internationales Publikum beeindrucken wollte. Er hatte bereits, wie wir sehen werden, einen eigenen Stil der Auslegung von Horoskopen entwickelt, der gefiel und Aufsehen erregte. Das war ohne Zweifel der Grund, weshalb Osiander und Petreius sich so sehr um sein Werk bemühten. Indes fühlte sich Cardano in seiner Heimat immer noch angefeindet; offenbar gab es dort nach wie vor Zweifler. In einem neuen Dedikationsschreiben an Archinto, den Gönner, der bereits die erste Ausgabe des Buchs gefördert hatte, klagt Cardano: »Die Astrologie, sagt Ptolemäus, hat so viele Feinde, wie es Unwissende gibt.« Einige von diesen hatten seinen Namen in den Schmutz gezogen und ihm vorgeworfen, er äußere sich in seinen Schriften ausschließlich über vergangene Dinge. Deswegen, so Cardano, habe er hier auch »das Geburtshoroskop eines erlauchten Knaben« veröffentlicht; daraus werde nicht allein klar ersichtlich, daß er sich keineswegs scheue, vor einem großen Publikum Vorhersagen zu machen, sondern auch, daß solche Prognosen bereits von den wirklichen Ereignissen bestätigt wurden:

---

57 Ebda, [Aiiij]ʳᵒ: »Addidimus et illustris pueri genituram, ut quod nobis obiici solet dilueremus, nos publice de praeteritis tantum pronunciare ... Non mentiri me sinent parentes eius, cum alterius fratris genituram inspexissem, quod dilucide conspicuum erat, pronunciasse futurum, ut oculo graviter laboraret, et in gena ex ferro vestigium haberet. Anno quinto geniturae subsecuta omnia ad unguem, ut medici omnes diutius quam sperarent fatigarentur.« Luca Gaurico wurde in ähnlicher Weise von Pietro Aretino kritisiert, der ihn »il Gaurico profeta dopo il fatto« nannte; Aretino an Vergerio, 20. Januar 1534, zit. bei P. Zambelli, »Da Giulio II a Paolo III. Come l'astrologo provocatore Luca Gaurico divenne vescovo«, *La città dei segreti*, hrsg. von F. Troncarelli, Mailand 1985, 299–323, 318, Anm. 48.

»Mit Rücksicht auf seine Verwandten kann ich gar nicht lügen. Als ich das Horoskop seines Bruders, das kristallklar war, untersuchte, erklärte ich, eine schlimme Krankheit werde eines seiner Auge treffen und ein Eisen werde seine Wange zeichnen. Fünf Jahre danach traf alles bis in die kleinsten Einzelheiten genau so ein, was den Ärzten weit schwerer zu schaffen machte, als sie erwartet hatten.«[57]

In einem anderen bemerkenswerten Fall rief Cardano seinen hochgestellten Mäzen Archinto selbst zum Zeugen an: »Als ein Arzt, der, genau wie ich es ihm vorhergesagt hatte, mehrere glückliche Jahre erlebt hatte, mich wieder um eine Prognose für das neue Jahr bat, sagte ich ihm, er werde sterben, und ich bezeichnete ihm auch den Monat seines Todes« – er tat also dasselbe wie Luca Bellanti im Fall des ungläubigen Pico della Mirandola. »Ihr kennt den Mann«, sagt Cardano zu Archinto, »und seine Familie besitzt noch mein schriftliches Gutachten. Ich habe es Euch damals auch in einem Brief mitgeteilt.« Er fährt fort mit bitteren Klagen über die Ungunst der Zeiten, die ihn soweit gebracht habe, daß er allen Bitten und Versprechungen zum Trotz gar nicht mehr als Astrologe praktiziere, und verweist dann – der Widerspruch kümmert ihn wie üblich wenig – auf einen Bischof, der, ohne es zu wissen, »den allerletzten und jüngsten Beweis meiner Kunst erhalten hat«.[58] Es war klar, worauf das alles hinauslief: Cardanos gesammelte Horoskope waren nur die Spitze eines verborgenen Eisbergs astrologischer Arbeit, deren wunderbare Erfolge nicht allein der Astrologe, sondern auch noch dessen Gönner, ein hochgestellter Kleriker, verbürgte. Noch als in-

---

58 Cardano, *Libelli duo,* 1543, Dedikation, [Aiiij^{ro–vo}]: »Cuidam medico annuam revolutionem reposcenti, cum aliquot felices quas praedixeram expertus esset, extrema moriturum, mensemque mortis pronunciavi, quod et consecutum est. Agnoscis hominem, et nostra adhuc apud illos scriptura manet. Significavi et id tibi privatis literis. Porro, ingrata temporum conditio efficit, ut nullis precibus aut praemiis, tum ob negocia, ad artem exercendam impelli possim. Est tibi Romae Theudensis episcopus, qui incognitus extremum et ultimum experimentum meae artis habuit.«

ternational renommierter Autor also strich Cardano seine Leistungen als Praktiker heraus, vielleicht in der Hoffnung, weitere zahlungskräftige Klienten anzulocken, denen er, wie er behauptete, seinen Rat verweigerte.

Die beredte Schilderung seiner praktischen Erfolge verlieh dem Werk beim lesenden Publikum wohl durchaus zusätzlichen Reiz, noch wichtiger war aber vielleicht etwas anderes: Cardano bot mit Bedacht eine große Fülle an Informationen über Horoskope zahlreicher Herrscher und großer Geister der Zeit. Und er vergaß nicht, darauf hinzuweisen, daß er zumindest einige dieser Informationen seinem Kollegen Rheticus verdankte, der ebenfalls zum Kreis um Petreius gehörte. Möglicherweise nahm Rheticus sogar im Auftrag des Petreius Kontakt mit Cardano auf.[59] Wahrscheinlicher ist, daß das gemeinsame Interesse an der astrologischen Geschichtsdeutung die Verbindung stiftete. Wie wir gesehen haben, hatte Cardano in seinem *Supplementum almanach* behauptet, die Geschicke von Städten und Reichen würden von den Bewegungen der Fixsternsphäre determiniert.[60] Rheticus war ein begeisterter Verfechter solcher Theorien. In den vierziger Jahren vertrat er die Ansicht, das System des Kopernikus enthalte nicht nur die Lösung für die Rätsel der Astronomie, sondern auch für die der Weltgeschichte. Fünfzehn Jahre später dann sprach er sich in einem Widmungsschreiben an Ferdinand II. für ein astrologisches System aus, das mit dem Cardanos weitgehend übereinstimmte.[61]

Cardano also ließ sein Publikum wissen, daß er mit dem protestantischen Astronomen in enger Verbindung stand. In seinem

---

59 Das starke Interesse des Petreius an der Publikation astrologischer Studien und die Zusammenarbeit mit Rheticus wird aus seinem Brief an Rheticus vom 1. August 1540 deutlich; in Antonius de Montulmo, *De iudiciis nativitatum liber praeclarissimus*, Nürnberg 1540, Aij^{vo}; s. auch McNair, Swerdlow, »Poliziano's Horoscope«; »Annals of Scientific Publishing«. Die Beziehungen verschlechterten sich jedoch, nachdem Osiander dem Werk des Kopernikus sein irreführendes Vorwort hinzugefügt hatte. Es ist deswegen eher unwahrscheinlich, daß Rheticus als Vertreter des Verlags an dem Buchprojekt mitgearbeitet hat.

60 Cardano, *De supplemento almanach*, 10, *Libelli duo*, 1538, [Avii^{ro}–Aviij^{ro}] = *Libelli duo*, 1543, Dij^{vo} = O, V.584–585.

Kommentar zum Horoskop Savonarolas, das zusammen mit denen von 66 anderen Persönlichkeiten in der Nürnberger Ausgabe der *Libelli* von 1543 abgedruckt war, schrieb er voller Enthusiasmus: »Wie könnte jemand präziser schildern, was tatsächlich geschah? Man könnte versucht sein, zu glauben, die Sache sei ein Schwindel, wenn es nicht mein Freund Georg Joachim gewesen wäre, der mir diese vier zuletzt aufgeführten Horoskope geschickt hat, nachdem das Büchlein bereits vollendet war. Ich habe dafür gesorgt, daß sie noch eingefügt wurden.«[62] Die erwähnten Arbeiten enthielten Angaben über Geburtszeit, Charakter und Schicksale von Savonarola, Pico della Mirandola, Georg Peurbach und Albrecht Dürer. Das neue Buch mit den 67 Horoskopen war mehr als das Projekt eines einzelnen. Die Ausgabe enthielt nun eine Fülle an Material, das unter den deutschen Gelehrten zirkulierte, das aber erst jetzt, da es im Druck erschien, öffentlich zugänglich wurde. Dadurch rückte Cardano im Bewußtsein seiner Leser in die allererste Garnitur seiner Disziplin auf, mit seiner eigenen Arbeit erschien er den kosmopolitisch gebildeten Koryphäen der astrologischen Wissenschaft ebenbürtig, die auch in Italien weit bessere Beziehungen hatten als er selbst. Die Veröffentlichung in dem Nürnberger Verlag war nicht nur insofern vorteilhaft, als dieser Cardano und sein Werk einem sehr viel größeren Publikum bekannt machte, sondern kam auch seiner weiteren Arbeit zugute, weil sie es dem Autor ermöglichte, zahlreiche nützliche Kontakte zu knüpfen und neue Informationsquellen zu erschließen. Die Horoskopsammlung war und blieb immer eine sonderbare Mischung aus Dokumenten, die vom erfolgreichen Wirken

---

61 G. J. Rheticus, *Narratio prima*, hrsg. von Hugonnard-Roche u. a., Wrocław 1982, 47–50; K. H. Burmeister, *Georg Joachim Rhetikus 1514–1574: Eine Bio-Bibliographie*, Wiesbaden 1967–1968, 3: 133–134.
62 Cardano, *Libelli duo*, 1543, Horoskop 64, cc j^{vo} = O, V.490: »Quis ad unguem melius haec quae acta sunt exprimat? ut res ipsa ficta quasi credi posset: nisi quatuor has extremas Georgius Ioachimus noster iam perfecto libello misisset, quas adiungi curavimus. At vero manifestum est, quod haec genitura multis redundabat calamitatibus, etiam praeter exitum, animique vitiis, quamvis naturam consilium partim texerit, partim emendarit.«

Cardanos in der Region um Padua und Mailand berichteten, und Material, das von Korrespondenten aus ganz Europa stammte.

Wenn auch einzelne Stücke der Sammlung von anderen geborgt waren, so wurde doch ihr Stil weitgehend von Cardano selbst geprägt. Die Horoskope anderer Sammler, etwa Guglers, enthielten in der Regel nur Informationen über die Geburtszeit und die Planetenpositionen. Gelegentlich war von späterer Hand vermerkt, daß die Person, deren Wesen und Schicksale das astrologische Gutachten zu ergründen suchte, gestorben war. Die Sammler jedoch unternahmen kaum irgendwelche Anstrengungen, etwas über die körperliche oder geistige Konstitution der Analysanden herauszufinden. Cardano dagegen faßte das Horoskop als eine literarische Form auf, und zwar als eine erstaunlich flexible Form. Wie der Komponist eines romantischen Kunstlieds gestattete er sich freie Assoziationen, wechselte verblüffend geschwind Stil und Stimmung. Er war imstande, eine unglaubliche Vielfalt von Themen und Seitenthemen anzuschlagen, ohne doch je die Grenzen des Genres zu überschreiten.

Im Dedikationsschreiben zur neuen Ausgabe seines Buchs verspricht Cardano seinen Lesern, er werde sie mit sonderbaren Todesfällen und bizarren Lebensläufen, mit monströsen Existenzen bekannt machen, und er hält getreulich Wort. Taktvoll verschweigt er den Familiennamen jener schamlosen Veronica – geboren am 4. Februar 1480 –, die unter dem Einfluß der Venus in Konjunktion mit dem Drachenschwanz im Aszendenten zu einer Hure und deshalb von ihrem Ehemann umgebracht wurde.[63] Ebensowenig gibt er den Namen und das Geburtsdatum eines effeminierten Klerikers preis, eines üblen Burschen, dem er ein entsprechend übles Ende prophezeit.[64] Im übrigen aber spart er nicht mit Details, weder bei diesen beiden Fällen noch sonst irgendwo, etwa in seinem Bericht von der

---

63 Ebda, Horoskop 24, R^{ro-vo}; R^{ro} = O, V.474: »Pepercimus pudori familiae, ne eius nomen adiiceremus ...«
64 Ebda, Horoskop 35, [Tiiij^{vo}] = O, V.479: »Effoeminati«.
65 Ebda, Horoskop 19, Piij^{vo}–[Piiij^{vo}], [Piiij^{ro}] = O, V.468–469: »Itaque cum quidam non huius artis expertes eam vidissent, meam esse posse negarunt, argumento

Frau, die an Gift, oder dem von dem Kind, das an Schwindsucht starb, oder dem von einer Mißgeburt.

Im Rahmen dieser Sammlung legte Cardano auch zum erstenmal einige erstaunliche Wesenszüge jenes Studienobjekts bloß, das er am genauesten kannte und das er mit jener völlig schonungslosen Offenheit analysierte, die seinem Berufsethos entsprach: sich selbst. Offenbar hatte er sein Horoskop schon einige Zeit vor der Veröffentlichung erstellt: »Einige Leute, die in der astrologischen Kunst durchaus bewandert sind, haben, als ich ihnen diese Genitur zeigte, gesagt, das könne unmöglich die meine sein. Es sei darin, meinten sie, keinerlei Ähnlichkeit mit dem Leben zu finden, das ich bis jetzt geführt habe, noch ein Hinweis auf irgendeine Art von höherer Bestimmung.« Cardano weist die Ansicht dieser ungenannten Kritiker – aus einer Bemerkung an anderer Stelle wird deutlich, daß einer von ihnen sein Freund Girolamo Cutica war – zurück und betont, daß das Horoskop, das er »mit aller Sorgfalt« erstellt hat, sehr genau seinem Lebenslauf gerecht werde. Er bekennt, daß die »wilde Konjunktion« von Planeten in der Stunde seiner Geburt schreckliche Verwüstungen in seinem Wesen angerichtet habe; sie sei verantwortlich für »schlechte Verdauung, ein schwaches Gehirn, für Nachstellungen, Feindschaften, materielle Verluste, Angriffe und unzählige schreckliche Leiden und ungerechte Verleumdungen, die meinem Ruf in der Allgemeinheit geschadet haben«.[65] Cardano war dieser Selbsteinschätzung zufolge geradezu eine monströse Mißgeburt und konnte sich nur, weil er sich seiner körperlichen Handicaps und seiner gefährdeten Position bewußt war, am eigenen Schopf aus dem Sumpf ziehen – ein Thema, das er beharrlich und mit unerschöpflicher Kreativität immer wieder neu bearbeiten sollte.

In der ersten Auflage des Jahres 1538 hatte Cardano seinen Lesern Horoskope großer Männer versprochen. Die neuen Stücke, die in

---

sumpto, quod nec vitae qua hucusque fungor, nec ullius dignitatis vestigium invenirent. Quamobrem ne ut amici illi, sic et tu in diiudicando fallaris, cum haec una exquisitissima atque omni diligentia a me fabricata, tum successu rerum ad unguem confirmata sit.«

der Nürnberger Ausgabe hinzukamen, waren zumeist vom selben Typ, überzeugende Belege für die Gültigkeit allgemeiner Regeln der Kunst, die in gedrängter Form zwischen den Fallbeispielen eingestreut waren. Das Horoskop von Filippo Maria Visconti bot, wie Cardano meinte, eine schlagende Erklärung sowohl für den Charakter dieses Herrschers wie auch für seinen ganzen Lebenslauf:

»Kein Herzog von Mailand war so vom Glück begünstigt, so mächtig wie er, keiner errang so viele Siege. Einmal waren drei Könige zugleich seine Gefangenen. Aber als der günstige Einfluß des Merkur im Zeichen der Jungfrau von der Sonne und Saturn und auch von der niedergehenden Venus geschwächt wurde, befiel den Herzog Dummheit, auch weil der Mond im Quadrat zur Sonne und Saturn in Opposition zu Mars stand. Und so wies er die Gaben des Glücks von sich und geriet in die größten Schwierigkeiten und erlitt beträchtlichen Schaden. Endlich, als der Mond von beiden Seiten her unter unglücklichen Einfluß geriet und dann auch von der Sonne her, kam es soweit, daß der Fürst seine Frau öffentlich köpfen lassen mußte, ein außergewöhnliches, ja geradezu ungeheuerliches Ereignis. Und jetzt sollen alle die, die nicht an die Astrologie glauben, kommen und überlegen, wie sie so offenkundig wunderbare Geschehnisse auf Erden erklären wollen, oder sollen sie denken, ich hätte diese Genituren, die ich den öffentlichen Annalen entnommen habe, erfunden oder ich hätte die Positionen der Planeten willkürlich und lügenhaft bestimmt, da sein ganzes Leben so präzis den Vorgaben seines Geburtshoroskops folgte.«[66]

---

66 Ebda, Horoskop 42, [Xiiij^{ro-vo}] = O, V.481: »Nullus felicior aut potentior dux Mediolani, saepius victor: tres reges una captivos aliquando habuit. Verum cum Mercurius in Virgine a Sole Saturnoque, tum etiam Venere cadente infortunaretur, stultitia laboravit, quod etiam Luna in quadrato Solis et Saturni et Martis oppositio decernit. Fortunae igitur munera reiiciens, in maxima incommoda delapsus est, non parvis etiam acceptis detrimentis. Demum cum Luna sic ab utraque infortuna oppugnetur, tum a Sole, efficit ut uxorem capite mulctaverit publice, rem raram atque pene in principe prodigiosam.
Veniant nunc qui astronomiam negant, et moliantur responsa in tam evidentibus hominum miraculis, aut putent sumptas ex annalibus publicis genituras a me

Von Nero, als dessen Geburtsdatum Cardano den 14. Dezember 36 n. Chr. annimmt, weiß der Autor zu berichten, daß Merkur, Sonne und Mars für seinen Hang zur Grausamkeit verantwortlich waren, daß der Einfluß der Venus ihn zu einem perversen Lüstling geraten ließ und Mars im Verein mit Saturn für ein schlimmes Ende sorgte. Allerdings mahnt Cardano auch: »Wie ich schon öfter betont habe, ist es ein aussichtsloses Unterfangen, aus dem Geburtshoroskop herauslesen zu wollen, weshalb jemand an die Macht gelangt oder die Macht verliert.«[67] Ein oder zwei Jahre später kam Cardano dahinter, daß Nero in Wirklichkeit, so dachte er wenigstens, am 18. Juni 38 n. Chr. und folglich unter einer ganz anderen Planetenkonstellation geboren war. Er tilgte stillschweigend seine frühere Analyse und erstellte ein ganz neues Horoskop. Gleichwohl war er nach wie vor davon überzeugt, daß seine Wissenschaft den Blutdurst und die perverse Sinnlichkeit des antiken Kaisers überzeugend und stimmig zu erklären vermochte: »Eine Schneeflocke gleicht der anderen nicht mehr als dies Horoskop den Taten, dem Wesen und dem Schicksal Neros.«[68]

Auch in der Nürnberger Ausgabe befaßte sich Cardano keineswegs nur mit gekrönten Berühmtheiten, sondern er funktionierte sein Buch zu einem richtigen kleinen Lexikon der großen Geister Europas um. Er erklärte die wissenschaftlichen und literarischen Großtaten der Männer, deren Horoskope ihm Rheticus geschickt hatte, aber auch zahlreicher italienischer Gelehrter der jüngst vergangenen Epoche. Die Leser des Werks erfuhren, wie es möglich war, daß der Karmelitermönch und Verfasser christlicher Epen

---

confictas fore [1663: esse], vel erraticas arte aptasse ementitis locis, tam belle in universum vita geniturae decretis convenit.«
67 Ebda, Horoskop 40, X^{vo}–Xii^{ro}, Xii^{ro}: »Causam vero imperii ex genitura, vel amissionis, quod saepius praefati sumus, minime quaerere licet.«
68 Cardano, *Libelli quinque*, Nürnberg 1547, Horoskop 40, 143vo = O, V. 480–481: »Haec est vera Neronis genitura, nec nix nivi similior, quam haec genitura gestis moribus ac fortunae Neronis ...« In Wahrheit gleichen Schneeflocken einander bekanntlich eben nicht. S. auch die Horoskope 22 (O, V.474), 30 (O, V.477) und 50 (O, V.485).

Battista Mantuanus mancherlei Schwierigkeiten zum Trotz Werke schuf, die es mit denen Vergils aufnehmen konnten, und die Gunst vieler großer Herren gewann. Sie erfuhren auch die Gründe für Savonarolas theologische, Andrea Alciatos rhetorische und Pico della Mirandolas schlechthin allumfassende Meisterschaft. Was allerdings den zuletzt Genannten betrifft, so legte Cardano wie alle seine Kollegen Wert auf den Hinweis, daß die Sterne nicht nur den Ruhm des großen Mannes, »der in verleumderischer Weise gegen die Astrologie polemisierte«, sondern auch seinen frühen Tod vorausgesagt hatten. Solche Informationsschnipsel zur Person dieses oder jenes Kollegen interessierten selbst professionell abgeklärte Meister des Fachs und fanden ebenso in handschriftliche Aufzeichnungen wie in Cardanos gedruckte Sammlung Eingang. Reinhold zum Beispiel vermerkte, daß der Botaniker und Bibliograph Conrad Gesner beim Lesen das Buch ganz nahe vor die Augen halten und daß Gregor Zechendorfer nicht weniger als fünf schmerzhafte Steinoperationen über sich ergehen lassen mußte – »merkwürdig, wo er doch nie Käse aß«.[69]

Wie die meisten spezialisierten Astrologen vor und nach ihm war Cardano kein Determinist. Mit Ptolemäus hielt er an der Ansicht fest, daß die Umwelt und andere Faktoren den Lauf der Dinge, so wie er vom Rat der Sterne beschlossen war, sehr wohl modifizieren und bisweilen sogar umkehren könnten. Man konnte etwa das kriegerische Wesen von Papst Julius II. ganz allgemein auf die Wirkung des Aszendenten Mars zurückführen, jedoch schien Cardano in diesem besonderen Fall der negative planetarische Einfluß, so notwendig er sein mochte, noch keineswegs hinreichend, um das Phänomen zu erklären:

---

69 UB Leipzig, MS Stadtbibliothek 935, 183vo: »Non nisi admotis ad oculos libris legit«; 186ro: »hic nimio dolore calculi quinquies de vita in dubium venit. Toties enim scissuram passus est, quod mireris, caseum nunquam comedit.«
70 Cardano, *Libelli duo,* 1543, Horoskop 48, Z^{ro}–Zii^{ro}, Z^{ro-vo} = O, V.484: »Nonnulla forsan hic ex syderibus, sed alia [verb.: alia sed] ex divino iudicio, ut per hunc multorum scelera punirentur: nam ex ex ipso ruina Romanae ecclesiae orta, Italiae, Christianorumque denique omnium, inde sectae, amissaque ex parte Petri

»Einiges davon rührte vielleicht von den Sternen her, aber anderes hatte seine Ursache im Ratschluß Gottes, der durch ihn die Verbrechen vieler bestrafte. Denn durch ihn kam Verderben über die römische Kirche. In Italien und dann auch in der übrigen christlichen Welt kam es zu häretischen Abspaltungen, und die erhabene Autorität des heiligen Petrus, den Christus über die anderen Apostel setzte, ging teilweise verloren. Die Unsicherheit der Nachfolge entschuldigt ihn nicht. Wurde Christi Blut vergossen, wurde der Menschheit der wahre Glaube geschenkt, damit ihr, die ihr die Herde hüten sollet, sie zersprengt? Damit die Glieder vom Leib Christi in ihrem Blut liegen und Schlimmeres erdulden müssen als am Kreuz? Denn er hing dort aus freiem Willen, angeheftet von Menschen, die nicht wußten, was sie taten, und zur Erlösung der vielen, wenige Stunden lang. Ihr aber fügt nicht wieder zusammen, was so lange schon zerrissen ist.«[70]

Der Kontrast zwischen dieser scharf kritischen Passage und dem Horoskop Pauls III. von 1538, aus dem nichts als fromme Begeisterung für die Sache des Papstes spricht, ist überdeutlich. Cardano nähert sich nun wieder dem prophetischen Stil, der seinen *Pronostico* prägt. Vermutlich hat dies nicht wenig dazu beigetragen, das Buch, das einem katholischen Gönner gewidmet war, den der Autor in seinem Horoskop mit Lob überschüttete, auch für protestantische Leser akzeptabel zu machen.

Die erweiterte Horoskopsammlung war offensichtlich das Ergebnis fruchtbarer Zusammenarbeit. Wahrscheinlich verdankte Cardano Informationen und Anregungen seiner deutschen Partner noch mehr, als er ausdrücklich feststellte. Insbesondere spielte wohl Petreius eine bedeutendere Rolle, als die erhaltenen Dokumente

---

sublimis illa dignitas inter Apostolos, qua unus caeteris a Christo praelatus est. Non hunc incerta successio excusat. Sic Christi sanguis, sic lex divina humano concessa beneficio, ut per vos, per quos servari oves oportet, lanientur [verb.: laniantur]? membraque illa Christi sparsa cruore iaceant [verb.: iacent] deterius quam in cruce: ibi volens et ab insciis, et multorum beneficio, paucis horis pendebat, vos hic discerptum tam diu non restituitis.« Vgl. auch Horoskop 27 (O, V.476).

belegen. Baute er den Mailänder Horoskopsammler als Chronisten einer Welt des Wunderbaren und als emsigen Biographen von großen Gelehrten auf, nur um seiner hochgebildeten lutherischen Kundschaft, die immer nach Streitschriften und schulmeisterlichen Polemiken lechzte, Stoff zu liefern? Es scheint sicher, daß Petreius oder Osiander Cardano das Datum mitgeteilt hat, das der Reformator selbst für seinen Geburtstag hielt, und daß Cardano, als er sich dieser Meinung anschloß, zu erkennen gab, daß er, wenn er auch nicht gerade mit Luthers Wirken einverstanden war, doch mit Strömungen sympathisierte, die für eine Reform der Kirche eintraten. Es scheint auch auf der Hand zu liegen, daß Cardano selbst oder seine Nürnberger Lektoren das enthusiastisch preisende Horoskop Pauls III., das in der Erstausgabe enthalten war, in der Absicht entfernten, das Buch für das protestantische Publikum zuzurichten. Aber die meisten der Fäden, die in den *Libelli duo* ausgesponnen wurden, waren doch bereits in dem Werk, das er für sein erstes, italienisches Publikum geschrieben hatte, sichtbar. Seine frühen Veröffentlichungen, die Unheilsprophezeiungen ebenso wie die Horoskope für humanistisch gebildete Leser, machen deutlich, warum er sich so gut mit Gelehrten verstand, deren kulturelles Umfeld und deren religiöse Überzeugungen sich doch weitgehend von seinen unterschieden. Seine Arbeit ähnelt in vielem, selbst in den Sympathien und Abneigungen, der Horoskopsammlung des Protestanten Reinhold, die größtenteils im Jahr 1545 entstand. Auch Reinhold interessierte sich leidenschaftlich für die Sache der wahren Religion. Georg Podiebrad, so bemerkt er etwa, wurde exkommuniziert, »weil er damals, zu früh, schon einer der Unseren war«, Friedrich von Sachsen rühmt er dafür, daß unter seiner Regierung »das Reich

---

71 UB Leipzig, MS Stadtbibliothek 935, 40ro: »Quia antea fuit nostrarum partium«; 53ro: »Sub hoc incepit florere Regnum Christi, antea diu a Sathana oppressum«; 164ro: »Homo superbus Anno 1471 20 Iulii concubuit cum Iuvene & in actu a Demonib. strangulatur.«

72 Houghton Library, *IC5.C1782.543d, auf der Titelseite der Name des Besitzers: »Janus Cornarius Med. Physicus«, unten am Rand der Eintrag: »Marpurgi, mense Octob. 1543.«

Christi, das Satan so lange Zeit unterdrückt hatte, aufblühte«, und von Papst Paul II. weiß er zu berichten: »Dieser Hochmütige schlief am 20. Juli 1471 mit einem jungen Mann und wurde in dessen Armen von Dämonen erdrosselt.«[71]

Kein Wunder also, daß Cardanos Büchlein, das den Charme des Neuen ausstrahlte und von Petreius hübsch gedruckt worden war, überall in Europa Leser fand, vor allem in dem Milieu nördlich der Alpen, in dem es eine neue Heimat und seine neue Gestalt gefunden hatte. Das Buch verbreitete sich schnell. Janus Cornarius, ein Mediziner, der gelegentlich für die Offizin der Familie Amerbach in Basel als Korrektor arbeitete, erstand sein Exemplar im Oktober 1543 in Marburg.[72] Er las mit einem wachen Blick für Details; so trug er etwa 1547 die Todesdaten von Franz I. und Heinrich VIII. ein, die auch für Cardanos eigenes Horoskop von Bedeutung waren.[73] An der Stelle, wo Cardano sich besorgt fragt, ob Karl V. vielleicht als ein zweiter Philopoemenos enden werde, stutzte er und schrieb dann an den Rand die Erklärung: »Er soll der letzte Grieche gewesen sein. Er wurde von den Messenern gefangengenommen und im Schatzhaus eingekerkert. Er nahm Gift und starb.«[74] Faszinierend fand er die Passage über den Astrologen Bartolomeo Cocles, der auch aus der Hand las und immer einen Brustpanzer trug, da er wußte, daß ihm Gefahr drohte. Aber es half nichts – er wurde mit einer Keule erschlagen, nachdem er einen der Mächtigen in seiner Heimatstadt Bologna beleidigt hatte. »Mira res« schrieb Cornarius an den Rand, »ganz erstaunlich«.[75] Cornarius war kein unkritischer Leser – er erlaubte sich auch einen milden Tadel angesichts von Cardanos notorisch mangelhaftem lateinischem Stil, dessen Schwachstellen Cornarius mit geübtem Lektorenauge sogleich erkannte.[76] Aber es

---

73 Ebda, [Miiiij^{vo}], Yiij^{vo}.
74 Ebda, Miij^{vo}: »Hic dictus est Graecorum ultimus et ab Messeniis captus in thesaurum carcerem coniectus, hausto veneno interiit.«
75 Ebda, Pij^{vo}; vgl. Daston und Park, *Wonders and the Order of Nature*.
76 In dem *Encomium* der Astrologie, das in der Ausgabe von 1543 enthalten war, sagt Cardano, diese Kunst sei deswegen so sehr zu preisen, »quippe cum sola, et ante alias omnes, astrorum primo cursus, dignitates, tempora, atque hinc deos ipsos

finden sich keine Bemerkungen, die darauf schließen lassen, daß Cornarius Cardanos Werk für etwas anderes gehalten hätte als für ein seriöses Fachbuch, das über astrologische Prinzipien und Fakten informierte – auch wenn er in einer Randnotiz Cardanos Prophezeiung, Heinrich VIII. werde ein hohes Alter erreichen, mit der Tatsache konfrontierte, daß der König 1547 gestorben war (Cardano empfand seine Fehlprognose als so peinlich, daß er die Passage in der nächsten Auflage 1547 stillschweigend strich).[77] Auch andere Leser nahmen das Buch als ein durchaus respektables wissenschaftliches Werk wahr: Der lutherische Gelehrte Fridericus Staphylus etwa ließ sein Exemplar mit so renommierten Arbeiten wie Johannes Schöners Traktat über die Astrologie (1539) und mit der *Narratio prima* des Rheticus zusammenbinden.[78]

In dem Exemplar des Staphylus deutet sich auch bereits ein Brauch an, der später offenbar weithin üblich wurde: Er benutzte das Werk zugleich als Notizbuch und trug auf einem leeren Blatt das Horoskop des Nürnberger Astrologen Schöner ein – dasselbe, nur mit einer anderen Unterteilung der Häuser, das in dem zehn Jahre älteren Manuskript Guglers überliefert ist.[79] Andere Leser betrieben die Sache mit mehr System: So weist der anonyme Benutzer eines Exemplars, das sich heute in Wien befindet, in einer Notiz darauf hin, daß das Horoskop, welches Cardano als das des Regiomontanus ausgibt, in Wahrheit Georg Peurbach, dem Lehrer dieses Astronomen, zuzuordnen sei.[80] Auf den leeren Seiten am Ende des Bandes zeichnete er sechs Horoskopdiagramme, darunter auch eines, dem die richtige Nativität des Regiomontanus zugrunde liegt. Und er bemühte sich,

---

esse docuerit« – »weil sie als einzige, und vor anderen Wissenschaften, die Bewegungen, den Rang, die periodischen Regelmäßigkeiten der Sterne erforschte und zugleich erkannte, daß Götter existieren müssen«. Die Worte »ante alias«, »vor anderen« kommentierte Cornarius mit der Bemerkung »ergo non sola«, »also eben nicht als einzige« (ddiij^{vo}).

77 Cardano, *Libelli duo,* 1543, Horoskop 46, [Yiiij^{ro}]; zu der Kürzung vgl. *O,* V.483.
78 Houghton Library *GC5.C7906.540a. Staphylus konvertierte später zum Katholizismus.
79 Ebda, auf der Versoseite des letzten Blatts von Cardano, *Libelli duo,* 1543; vgl. BN Paris MS lat. 7395, 326vo.

ganz nach dem Vorbild Cardanos, um eindeutige, durchsichtige Erklärungen: »Merkur im eigenen Haus macht einen Menschen geistreich, klug, geschickt in jeder Kunst, eifrig in jeder Wissenschaft, vor allem in der Mathematik, der Philosophie, der Dichtkunst und Rhetorik, und er kann mit den Händen alles machen, was er sieht ...«[81]

Melanchthon, ein großer Verehrer der astrologischen Kunst, ging noch weiter. Er verwandelte sein Exemplar der *Libelli* von 1543 in ein richtiges Arbeitsjournal, in das er Alternativen zu den Horoskopen von Paul III., Luther und Poliziano eintrug, aber auch neue Horoskope, so etwa die des Herzogs von Sachsen und der Könige von Dänemark sowie die seiner eigenen vier Kinder. Und er beschränkte sich nicht darauf, diese Texte lediglich zu archivieren, sondern untersuchte auch, wie weit die Voraussagen mit den tatsächlichen Lebensläufen seiner Studienobjekte übereinstimmten. Als er Cardanos Horoskop von Karl V. mit einer konkurrierenden Variante verglich, merkte er an, daß die vier Planeten Jupiter, Sonne, Venus und Merkur, die bei Karls Geburt im Zeichen der Fische standen, »mit ihrer Kraft den feindlichen Einfluß der übrigen abmildern«.[82] Seine Tochter Anna war im August 1522 geboren, als Mond, Merkur und Venus im Zeichen der Waage standen. Daraus erkläre sich, warum sie immer nur Töchter gebar.[83] Melanchthon fand Cardanos astrologische Geschichtstheorie ebenso faszinierend wie seine Deutung individueller Schicksale. Seine Anmerkungen zu der Passage, in der Cardano die Entwicklung des Christentums und des Islam zu den großen Konjunktionen in

---

80 Österreichische Nationalbibliothek 72 X 5, Bemerkung zum Horoskop 66, Aiij[ro]: »Non est verum: sed Peuerbachi preceptoris eius.«
81 Ebda, Vacatseiten am Ende des Buchs: »Mercurius in domo sua facit hominem ingeniosum, astutum, cautum in omni arte et scientia industrium, presertim in mathematica, philosophia, poesi, et arte oratoria, eritque aptus facere cum manibus omnia quae videt ...«
82 Österreichische Nationalbibliothek 72 J 123, Mij[vo]: »Hi planetae coniuncti mitigant sua potestate caeterorum malitiam.«
83 Ebda, unpaginierte Vacatseite am Ende des Buchs: »propter hos tres coniunctos multas gignit filias.«

Beziehung setzt, zeugen davon, daß er diese Theorie aufmerksam studiert hat.[84]

Offenbar erwarb sich Cardano mit der neuen Ausgabe der *Libelli duo* trotz mancher Irrtümer und Grobschlächtigkeiten, die einige bemängelten, den Ruf einer Autorität in seinem Fach, wenn auch nicht den der Unfehlbarkeit, und dies selbst bei ausgewiesenen Kennern der Materie wie Melanchthon. Seine Leistung läßt sich vielleicht besser einordnen, wenn man einen analogen Fall zum Vergleich heranzieht: Die erste gedruckte Sammlung römischer Inschriften, herausgegeben von Iacopo Mazzocchi im Jahr 1521, war voller Fehler und unvollständig und repräsentierte keineswegs den neuesten Stand der damaligen Altertumsforschung. Aber das Werk trug viel dazu bei, daß eine internationale Gemeinschaft von Gelehrten entstand, von denen viele sich ihre ersten Sporen damit verdient hatten, daß sie die gedruckten Texte mit den Originalen verglichen und die zahlreichen Fehler richtigstellten.[85] In ähnlicher Weise fanden auch einige frühe Leser Cardanos Werk enttäuschend: Ein medizinisch interessierter Leser, dessen Exemplar heute in der Münchner Staatsbibliothek liegt, nahm Cardanos Werk im Detail durch und wollte es sogar auswendig lernen – nur um dann Widersprüche zwischen Cardanos theoretischen Axiomen und seinen tatsächlichen Horoskopgutachten festzustellen, was ihn zu bitterer Kritik veranlaßte.[86] So

---

84 Ebda, N^{ro}: »Legem Christianam fovet igneus Trigonus, Mahumeti Aqueus«; »Christum praecessit coniunctio«; »Mahumetem non max [scil. Coniunctio] sed magna in initio praecessit«. Eine ähnliche Horoskopsammlung, zusammengetragen und kommentiert von einem Gelehrten mit engen Beziehungen zu Görlitz und Wittenberg, ist mit dem *Tractatus astrologicus* von Luca Gaurico, Venedig 1552, zusammengebunden und befindet sich heute im Besitz der Herzog August Bibliothek Wolfenbüttel (35.2 Astron.). Das Werk mit dem Titel *Farrago thematum genethlialogicorum collecta per A.R.G.L. Witebergae* enthält astrologische Analysen zur Weltgeschichte und zum Leben zahlreicher historisch bedeutender Personen, auch zu dem Jesu und der Jungfrau Maria. Das Horoskop Jesu hat der Kompilator dem Werk »Card. Comen. in Ptol. f. 164« (ebda, 126vo) entnommen; er benutzte auch Cardanos *Libelli quinque*, 1547: Auf fol. 127ro gibt er Cardanos Horoskop von Nero (*Libelli quinque*, 143vo) wieder (dabei steht eine Randbemerkung von anderer Hand: »Hanc veram esse affirmat Cardanus«), auf fol. 134ro das Horoskop von Giovanni Iacopo Medici (*Libelli quinque*, 305vo).

repräsentierte auch die erste gedruckte Horoskopsammlung vielleicht nicht die astrologische Kunst auf ihrem allerhöchsten Niveau, erregte aber enormes Interesse beim Publikum, nicht nur der Informationen wegen, die es vermittelte, sondern auch als Prototyp einer neuen Gattung.

In Melanchthons Handexemplar gibt es noch eine Bemerkung, die eine eigene Betrachtung verdient. Es finden sich dort von Melanchthon gezeichnete Horoskope von Philipp von Hessen und dessen ältestem Sohn und im Anschluß daran die Notiz, die sich offenbar auf das zweite dieser Horoskope bezieht: »Gaurico hat diese Genitur dem Herzog Georg [von Sachsen] gezeigt und vorhergesagt, er werde gleichsam ein zweiter Alcibiades werden.«[87] Dieser Kommentar ist in zweierlei Hinsicht aufschlußreich. Erstens bestätigt er, daß Cardano nicht der einzige Astrologe war, der auf dem Umweg über Deutschland Karriere machen wollte. Hier wie auch anderswo folgte er fremden Vorbildern. Tatsächlich war, wie wir noch sehen werden, Cardanos Werk nicht nur ein gut gemachtes und informatives Handbuch der Astrologie, sondern zugleich – subtil, aber unmißverständlich – eine Waffe im Kampf gegen den Rivalen Gaurico. Horoskopsammlungen wurden zu einem profitablen Geschäft für die Verleger, aber auch ein von den Gelehrten hart umkämpftes Gebiet, was ihren Reiz vielleicht noch verstärkte. Zweitens macht

---

85 S. A. Grafton, »The Ancient City Restored: Archeology, Ecclesiastical History and Egyptology«, *Rome Reborn*, hrsg. von A. Grafton, Vatikanstadt/ Washington D. C./New Haven/London 1993, 87–123, bes. 97.

86 Staatsbibliothek München, 4° Astr. U 35 a: »haec ad unguem tenenda erunt« (24vo); zum Horoskop 94, dem von Poliziano nämlich: »Mirum eciam quod iuxta principia tua violente morbo non obierit.« (178vo) (Cardano hatte in *De supplemento almanach*, 18, 24vo, genau an der Stelle, die dieser Leser so wichtig fand, geschrieben, daß Mars den Tod anzeige, und Mars hatte speziell in Polizianos Horoskop in einer ganz unzweideutigen Position gestanden.)

87 Österreichische Nationalbibliothek 72 J 123, [Xiiij^{vo}]: »Gauricus hanc genesim Duci Georgio explicavit, & praedixit velut Alcibiadem aliquem futurum.« Dasselbe Horoskop samt Kommentar ist auch in Reinholds Sammlung enthalten, UB Leipzig, MS Stadtbibliothek 935, 29ro.

Melanchthons Bemerkung deutlich, daß Horoskope mehr waren als abstrakt nüchterne Datensätze und Diagramme, konstruiert von mathematisch geschulten Intellektuellen, die bloß ihre Neugier befriedigen wollten – daß es sich vielmehr um politisch brisante und intellektuell anspruchsvolle Gutachten handelte, die für mächtige Klienten erstellt und oft vor einem großen Publikum präsentiert und diskutiert wurden, in einem Rahmen, wo eine Niederlage immer zugleich eine öffentliche Bloßstellung war. Cardanos erste Horoskopsammlung verrät noch wenig von solchem Streben zur Macht. Aber es sollte nicht mehr lange dauern, bis der seriöse Autor und Gelehrte auch als verläßlicher Berater der Reichen und Berühmten ein gefragter Mann war.[88]

---

88 Es scheint zumindest möglich, daß Petreius noch über seinen eigenen Tod im März 1550 hinaus auf Cardanos Karriere Einfluß nahm. Von 1554 an veröffentlichte Cardano seine Werke in Basel, die meisten davon bei dem Druckherrn Heinrich Petri. Es gab in der Stadt eine bedeutende italienische Exilgemeinde, die wohl eine gewisse Rolle beim Zustandekommen dieser Verbindung gespielt hat; s. z.B. Cardanos undatierten Brief an Celio Curione Secundo (Hamburg, Staats- und Universitätsbibliothek Carl von Ossietzky, Supellex epistolica, 59, folio, 67vo–68ro) mit vermischten Nachrichten: »Nunc nihil novi est. Totus sum in emendandis libris de varietate rerum, in quibus spero meliore me fortuna usurum quam olim existimaveram. Sed moles negotiorum et operis me opprimit ...«

KAPITEL 5
ASTROLOGENFEHDE

Viele von Cardanos Äußerungen zeigen an, daß die Astrologen der Renaissance in einem sehr wenig geschützten öffentlichen Raum arbeiteten, immer in Gefahr, von ihren Klienten betrogen oder von Konkurrenten lächerlich gemacht zu werden. Leute, die Cardanos Dienste in Anspruch nahmen, machten absichtlich falsche Angaben über die Zeit oder den Ort ihrer Geburt (um ihn auf die Probe zu stellen – in derselben Absicht brachten manche Patienten ihren Ärzten statt des eigenen Urins den von Hunden oder Pferden). Konkurrenten ließen keine Gelegenheit aus, Cardanos Arbeit zu kritisieren. Wie bereits erwähnt, warfen sie ihm vor, er analysiere nur Horoskope von Erwachsenen, die bereits einen großen Teil ihres Lebenswegs zurückgelegt hatten, und scheue sich, Voraussagen über Personen zu veröffentlichen, deren Entwicklung nicht ohne weiteres abzusehen sei.[1] Auch Freunde übten Kritik. Der Astrologe Girolamo Cutica, den Cardano als einen fähigen Kollegen schätzte, deutete an, daß Cardano sein eigenes Horoskop gefälscht haben

---

(68ro). Aber Petreius hatte alte Verbindungen zu Basel: Während seiner Studentenzeit in der Stadt hatte er als Korrektor in Adam Petris Offizin gearbeitet. Es scheint demnach nicht unmöglich, daß er seinen Autor Cardano dem Verlagshaus Petri gewissermaßen als eine Art Vermächtnis hinterließ. Über Cardanos Veröffentlichungen bei Petri s. F. Hieronymus, *1448 Petri/Schwabe 1988. Eine traditionsreiche Basler Offizin im Spiegel ihrer frühen Drucke*, Basel 1997, II, 1015–1059.

1 Cardano, *Libelli duo*, 1543, Dedikationsschreiben, [Aiiij^{ro}]: »Addidimus et illustris pueri genituram, ut quod nobis obiici solet dilueremus, nos publice de praeteritis tantum pronunciare.«

müsse. Das kleine mißratene Scheusal, dessen Bildnis dieses Horoskop zeichne, so argumentierte Cutica fein zweischneidig, hätte sich unmöglich zu dem exzellenten Großmeister entwickeln können, der Cardano nun einmal war.[2]

Schon immer hatten Astrologen mit neidischen Konkurrenten zu kämpfen. Die assyrischen Gelehrten, die im späten 8. und im 7. Jahrhundert v. Chr. für die Herrscher die Zukunft erforschten, waren einander spinnefeind, wenn sie auch in der Regel durchaus konstruktiv zusammenarbeiteten.[3] Die Astrologen, die auf offener Straße im mittelalterlichen Bagdad oder Damaskus ihre Diagramme auf Sandtablette zeichneten, waren heftiger und intellektuell seriöser Kritik ausgesetzt, die von allen Seiten auf sie eindrang.[4] Selbst im *Tetrabiblos* des Ptolemäus, einem staubtrockenen Fachbuch, schlagen Wellen der Erregung an den Stellen hoch, wo der Autor sich gedrängt fühlt, die weniger fortgeschrittenen Methoden seiner Standesgenossen zu geißeln.[5] Und auch unter den deutschen Astrologen, die Cardano so sehr um ihre Lage beneidete, wurde viel Gift verspritzt, und gelegentlich wurde auch schweres Geschütz aufgefahren.[6]

Cardano aber – ähnlich wie einige der Kollegen, die wir bereits darüber haben streiten sehen, ob der Astrologie oder der Medizin der Vorrang gebühre – entdeckte ganz neue Möglichkeiten, sein Renommee zu heben und seine Konkurrenten madig zu machen. Von Anfang an genoß er seinen Erfolg als Buchautor, und mit besonderer Befriedigung erfüllte es ihn, daß es ihm gelungen war, Osiander, Rheticus und Petreius auf seine Meisterschaft im astrologischen Fach

---

2 Ebda, Horoskop 19, [Piiij^ro]: »Itaque cum quidam huius artis non expertes eam [scil. Cardanos Horoskop] vidissent, meam esse posse negarunt, argumento sumpto, quod nec vitae qua hucusque fungor nec ullius dignitatis vestigium invenirent.« Vgl. Ptolemäus, *Quadripartitum*, hrsg. von Cardano, Lyon 1554, 21 und 76–77 (*O*, V.108 und 151); Cardano, *De iudiciis geniturarum*, 21 (*O*, V.450); *De interrogationibus*, ebda, 560.

3 Vgl. die sehr anschauliche Darstellung von U. Koch-Westenholz, *Mesopotamian Astrology*, Kopenhagen 1995, 54–73, die das Bild, das A. L. Oppenheim in seiner klassischen Studie »Divination and Celestial Observation in the Last Assyrian Empire«, *Centaurus* 14 (1969), 97–135, gezeichnet hat, revidiert.

aufmerksam zu machen. Noch im Alter verweilte er bei ausgedehnten Streifzügen durch seine Erinnerungen gern bei dieser Episode, wie seine Bekannten zu erzählen wußten. Hugo Blotius gab seinem Schützling die Empfehlung mit auf die Reise nach Italien, bei einem Besuch im Haus Cardanos dem alten Mann unbedingt zu versichern, daß »seine Bücher in Deutschland und Belgien begeistert gelesen werden«.[7] Am Ende mußte Cardano für seinen frühen Erfolg in der protestantischen Welt büßen. Als die Zensur in Italien an Boden gewann, erschienen seine einst so prestigefördernden Beziehungen zu prominenten deutschen Ketzern zunehmend verdächtig.[8] Es gab Phasen, in denen Cardano fand, seine Beschäftigung mit der Astrologie habe ihm mehr geschadet als genutzt, und seine Begeisterung für diese Kunst war gewissen Schwankungen unterworfen. Aber seine Erfolge fachten seine alte Liebe zu ihr immer wieder an.

Cardano trat damals allerdings nicht einfach in eine friedliche, sachliche Diskussion über allgemeine Prinzipien der Wissenschaft ein, sondern sein Buch war, auch wenn er dies nie ausdrücklich zugab, sehr wohl – teils genau kalkuliert, teils ohne Absicht – eine Kampfansage an seine Konkurrenten, gewissermaßen sein ureigener Versuch, die Sandtabletts seiner Rivalen auszuschütten. Der erste Astrologe, mit dem Cardano über Kreuz geriet, war nicht der Feind, den er eigentlich im Auge gehabt hatte, sein italienischer Kollege Luca Gaurico, sondern sein deutscher Verbündeter Rheticus. Dieser reiste, von dem Wunsch beseelt, den erfolgreichen Autor kennenzulernen und von ihm in die letzten Geheimnisse der Astrologie eingeweiht zu werden, nach Mailand, wo Cardano mittlerweile fest eta-

---

4 Vgl. dazu die ausgezeichnete Arbeit von G. Saliba, »The Role of the Astrologer in Medieval Islamic Society«, *Bulletin d'Études Orientales* 44 (1992), 45–68.
5 S. z.B. Ptolemäus, *Tetrabiblos*, 1.20, hrsg. von Robbins, Cambridge, Mass./London 1940.
6 S. z.B. K. Peutinger, *Briefwechsel*, hrsg. von E. König, München 1933, 390–393; W. Pirckheimer, *Briefwechsel*, hrsg. von E. Reicke u. a., München 1940–1989, III, 276.
7 Österreichische Nationalbibliothek MS 6070, fol. 25ro: »... magna enim cupiditate ipsius opera in Germania et Belgio legi.«
8 S. I. Maclean, »Cardano and his Publishers 1534–1663«, in Keßler, *Girolamo Cardano: Philosoph, Naturforscher, Arzt*, Wiesbaden 1994, 309–338.

bliert war, eine gutgehende Praxis betrieb und verschiedenen weiteren Veröffentlichungen für Petreius (darunter nicht nur Horoskopanthologien, sondern auch die *Ars magna,* sein wichtigstes Werk zur Mathematik) den letzten Schliff gab. Cardano selbst berichtet in der neuen Ausgabe seiner Horoskopsammlung, die er 1546 zusammenstellte, daß Rheticus einen wesentlichen Beitrag dazu geleistet habe:

»Ich sage es ja schon immer: Alles geschieht mit einer gewissen Notwendigkeit. Just zu einer Zeit, als ich daran dachte, einige weitere Horoskope zu veröffentlichen, kam zufällig Georg Joachim Rheticus, ein Gelehrter und ungewöhnlich fähiger Mathematiker, aus Deutschland nach Italien. Dieser ehrenwerte und gewissenhafte Mann hatte einige Horoskope berühmter Persönlichkeiten mitgebracht und überließ sie mir ohne Zögern, [unter anderen] die von Vesalius, Regiomontanus, Cornelius Agrippa, Poliziano, Jacobus Mycillus und Osiander. Einige davon habe ich diesem Werk beigefügt, um die hundert voll zu machen; die zweifelhaften habe ich alle weggelassen.«[9]

Cardano veröffentlichte nicht nur Stücke aus der Sammlung des Rheticus, sondern auch das Horoskop eines seiner prominentesten Klienten, des Gouverneurs von Mailand Alfonso Davolos, das er mit den Worten kommentierte: »Wenn die Angaben über seine Geburt stimmen, dann wird ihn das Glück nie im Stich lassen.«[10] Er nahm auch das Horoskop seines Schülers Ludovico Ferrari und das des Kaisers Maximilian I. in seine Sammlung auf, das letztere borgte er sich, wie er selbst sagt, aus einem Werk von Schöner.[11] Aber die

---

9 Cardano, *Libelli quinque,* Horoskop 67, ssiiij^{ro} = *O,* V.491: »Iam non desino dicere, cuncta necessitate quadam evenire, dum enim de adiiciendis genituris cogitarem, forte fortuna Georgius Ioachimus in Italiam ex Germania venit, vir humanus et in mathematicis haud mediocriter eruditus. Sed in primis, primo more officiosus ac syncerus, hic clariorum virorum genituras, quas secum habebat, mihi obtulit ultro: Vessalii, Ioannis Monteregii, Cornelii Agrippae, Politiani, Iacobi Mycilli, Osiandri, quarum aliquot addidi huic operi ad centenarium explendum, dubias enim omnes reieci.«

wichtigste Quelle war doch der Gast aus Deutschland, der für Cardano die reichen Bestände von Nürnberg und Wittenberg geplündert hatte. Cardano rühmte sich mehr als einmal, daß er weit mehr Horoskope erstellt und gedeutet habe, als er veröffentlichen konnte, aber die Gier, mit der er sich auf das Material, das Rheticus mitgebracht hatte, stürzte, läßt vermuten, daß seine eigenen detektivischen Bemühungen in Wahrheit weniger erfolgreich waren, als er glauben machen wollte.

Die beiden Männer tauschten nicht nur Horoskope aus, sondern diskutierten auch ausgiebig darüber, und in diesen Debatten lag der Keim des Streits. Der dritten, wiederum revidierten Ausgabe der *Libelli* fügte Cardano einige neue Abhandlungen hinzu, darunter eine Sammlung *Astronomischer Aphorismen,* welche die Quintessenz von Cardanos Erfahrungen beim Studium von Horoskopen enthielten und als eine Art Regeln für Fortgeschrittene dienen sollten. Diese verallgemeinerten Beobachtungen, offenbar völlig willkürlich aneinandergereiht, sind kaum mehr als eine etwas erweiterte, unsystematische Zusammenstellung jener Aussagen allgemeinen Charakters, die sich über das ganze Buch verstreut in und zwischen den gesammelten Horoskopen finden. Anders als etwa John Dee, der in einem ähnlichen Werk die Stärke planetarischer Einflüsse und die Wirkung der verschiedenen Konfigurationen konsequent zu quantifizieren versucht, macht Cardano keine Anstalten, strenge Systematik in die Sache zu bringen.[12] Trotzdem faszinierten Cardanos Regeln zur Entschlüsselung der Himmelszeichen viele Leser – so zum Beispiel jenen Unbekannten, der in seinem Exemplar (heute im Besitz der British Library) zahlreiche Passagen wild unterstrichen hat:

---

10 Ebda, Horoskop 88, 174ro = O, V.497: »Si haec sua est genitura quam mihi dedit, nunquam ab optima fortuna destituetur.«

11 Ebda, Horoskop 97, 180ro = O, V.501: »Hanc genituram ego posui, quia est exemplum Schonerii, qui nuper aedidit librum in hac arte.« Vgl. unten 361 f., Anm. 52.

12 S. Heilbrons »Introductory Essay« zu *John Dee on Astronomy:* »*Propaedeumata aphoristica« (1558 und 1568),* hrsg. und übersetzt von W. Shumaker, Berkeley 1978, 1–99.

»II. 132. Es ist unmöglich, eine Pestilenz in einer bestimmten Region allein aus den Sternen vorherzusagen.
133. <u>Um Aussagen über allgemeine Verhältnisse machen zu können, muß man auch Kometen und andere Ereignisse beobachten.</u>

II. 170. Merkur im Löwen macht große Redner, Merkur im Widder verleiht die Gabe, angenehm zu reden.
171. <u>Merkur in der Waage oder im Wassermann macht so geistreich wie in keinem anderen Zeichen; eine gewisse Wirkung tut er auch im Steinbock.</u>«[13]

Offenbar las das damalige Publikum diesen Text, der uns wie eine geballte Anhäufung unzusammenhängender Behauptungen erscheint, wie wir heute ein Werk vom Typ »Word Perfect für Anfänger« lesen – als eine wohlüberlegte Sammlung unverzichtbarer Tips, die man braucht, um die undurchschaubar komplizierte und unbarmherzige Himmelsmaschine dazu zu bringen, zu tun, was man von ihr verlangt. Wie die Klienten des Nostradamus, die den Meister anflehten, ihnen doch wenigstens ein paar »Aphorismen« über ihre Horoskope zu schenken, so fanden auch Cardanos Leser in diesen kryptischen Aufzeichnungen mehr, als das moderne Auge wahrnimmt. Viele gelehrte Astrologen versuchten, ihre wichtigen Erkenntnisse in Gestalt kurzer, unumstößlicher Fundamentalsätze auf den Punkt zu bringen. Reinhold zum Beispiel versuchte den Wust von Winkelrelationen, denen er in den Horoskopen seiner Sammlung begegnete, in einfache Deutungsregeln aufzulösen. »Diejenigen, die Mars im vierten Haus haben, in einer schwachen Position, sind im Krieg nicht erfolgreich«, so verallgemeinert er eine Beobachtung, die er im Fall

---

13 British Library 53 b 7 (früherer Besitzer unbekannt) = *O,* V.40, 41: »132 Pestilentiam regionis unius ex sola stellarum dispositione agnoscere est impossibile. 133 In constitutionibus generalibus etiam cometas et reliqua incidentia observare oportet«; »170 Mercurius in Leone facundos facit, in Ariete autem sermone gratos. 171 Mercurius in Libra vel Aquario ingenium celebre ut nullibi alias praestat, facit et aliquid in Capricorno.«
14 UB Leipzig, MS Stadtbibliothek 935, 15ro: »Quibus Mars est in quarta in loco

Friedrichs IV. und Franz' I. gemacht hat.[14] An anderer Stelle äußert sich Reinhold, der auch eine Sammlung von Horoskopen berühmter Frauen zusammenstellte, noch knapper: »Venus im zwölften Haus weist auf eine Hure.«[15]

Cardano bietet auch so etwas wie eine Rechtfertigung für sein Vorgehen, Dutzende von Regeln mit kleinem Geltungsbereich zu formulieren statt wenige Regeln mit großem. Er versichert, die Kunst der Astrologie lasse sich nicht in ein System fassen. Die Verhältnisse seien einfach zu komplex, die Zeichen allzu vieldeutig. Die Kunst des Astrologen, so meinte Cardano, »ist so erhaben, daß sie wie die Kunst derer, die Edelsteine bearbeiten, nicht vollständig zu beschreiben ist«. Die Deutung von Horoskopen erfordert, ähnlich wie die Arbeit mit kostbaren Steinen, die verschiedensten Kenntnisse und ist ein so komplexer Prozeß, daß die Sprache nicht ausreicht, sie zu fassen.[16] Cardano gesteht ein, daß seine Aphorismen lediglich einen vagen Hinweis auf dieses stumme Wissen geben, das in der Tiefe verborgen bleibt, meint aber, sie seien jedenfalls von größerem Nutzen als zum Scheitern verurteilte Anstrengungen um Systematik und Vollständigkeit.

Hie und da allerdings würzt Cardano seine kahlen Orakelsprüche mit konkreten Beispielen und Anekdoten. Er verfällt dann regelmäßig in den lehrhaften Ton unumstößlicher Gewißheit und spricht mehr wie ein Prophet mit einem direkten Draht zur göttlichen Wahrheit als wie ein Astrologe, der sich darum bemüht, alle relevanten Faktoren ins Kalkül zu ziehen. Zweimal kommt er einigermaßen ausführlich auf seine Diskussionen mit Rheticus über bestimmte Horoskope zu sprechen. In der einen Passage erzählt er:

---

abiecto, hi infoelices sunt bellatores, ut Fridericus Maximiliani pater et Franciscus Rex Galliae.« Die beiden Horoskope finden sich auf fol. 16ro und 20ro.

15 Ebda, 15ro: »Venus in XII denotat meretricem.«

16 Cardano, *Libelli quinque*, 1547, Horoskop 19, 125ro = O, V.471: »Ideo scias lector, quod haec sola ars est adeo sublimis, quod ut illa gemmariorum nunquam plene tradi potest. Sed praeter ea quae scribuntur in hoc libro, indiget homo singulari quodam lumine, magna et longa experientia, animo veritatis studiosissimo.«

»Als Rheticus, dieser exzellente Sternkundler, kürzlich für einige Zeit in Mailand zu Besuch war, hörte er mich öfter davon reden, daß ich die Fertigkeit entwickelt hätte und diese auch andere lehren könne, aus einem beliebigen anonymen Horoskop, das man mir vorlegte, viele und keineswegs triviale Dinge über die körperliche Verfassung der betreffenden mir unbekannten Person, über ihren Charakter und über wichtige Ereignisse in ihrem Leben herauszulesen. Er stellte mich zweimal auf die Probe, und ich war erfolgreich. Am 21. März 1546 brachte er mir dann das folgende Horoskop – er teilte mir nicht mit, zu welcher Person es gehörte, ja, er wußte es zu dem Zeitpunkt selbst nicht – und forderte mich auf, etwas darüber zu sagen, es weise auf ein spektakuläres Ereignis. Er hatte aber als Aszendenten den dritten Grad im Wassermann angesetzt statt des 17., und zwar *gegen* die Daten – er hatte aufgrund eigener theoretischer Überlegungen die Zeit verkürzt. Ich warf einen Blick darauf und sagte: ›Dieser Mann ist ein Saturntyp und melancholisch.‹ Er entgegnete: ›Wie kommst du darauf?‹ und ich: ›Weil Saturn den Aszendenten regiert und ihn, da er ihm genau gegenübersteht, direkt ansieht. Und Saturn steht im Löwen, der die Depression verstärkt.‹ Und ich fügte noch hinzu: ›Aber er versteht angenehm zu plaudern und scheint ein freundlicher, ruhiger Mensch zu sein.‹ Er fragte: ›Woher weißt du das?‹ ›Weil‹, antwortete ich, ›Wassermann ein leutseliges Zeichen ist und Saturn Männer macht, deren Rede angenehm ist, und – dies vor allem –: das

---

17 Cardano, *Aphorismi astrologici, Libelli quinque,* 1547, 298vo–299ro = O, V.85–86: »Cum Georgius Ioachimus Rheticus, syderalium motuum peritissimus, Mediolani moram per hos dies trahens, audisset a me saepius, posse hac arte, nuper a me inventa et tradita, oblata genitura, de figura corporis, de moribus, de magnis eventibus, incognito illo, cuius esset genesis, multa ac praeclara praedici, periculumque iam bis, succedente eventu, fecisset, tandem die 21. Martii 1546 ad me venit cum hac genitura, suppresso nomine ac homine, cum neque ipse tum nomen sciret, rogavitque ut aliquid de ea dicerem, magnum in ea eventum accidisse dicens. Tertiam autem partem Aquarii in ascendente statuerat, non 17. cum non ex dato tempore, sed iuxta sua placita, tempus contraxisset. Tunc ego inspiciens dixi, vir hic Saturninus est, ac melancholicus. tum ille, unde hoc? tum ego, quia ascendenti praeest Saturnus, et illius oppositam partem tenens, ipsum respicit, estque Saturnus in Leone, qui tristitiam auget. Inde subiungo, Habet autem blanda verba et

Drachenhaupt steht im Aszendenten, und es macht Männer mit freundlich schmeichelndem Auftreten.‹ Als ich alles geprüft hatte, sagte er zu mir: ›Du hast den Mann ganz genau beschrieben, es ist nichts daran auszusetzen; aber das ist nicht so erstaunlich, du machst das ja oft genug, und überhaupt sagst du selbst, es sei eigentlich ganz leicht. Aber jetzt sei so freundlich und sag mir auch noch das Übrige.‹ Und ich antwortete ihm: ›Es wird ohne Zweifel ein schlimmes Ende mit ihm nehmen.‹ ›Woher weißt du das?‹ Und ich: ›Saturn zusammen mit dem Drachenschwanz im siebten Haus hat es über ihn verhängt. Nach meinen Regeln bedeutet das ein schlimmes Ende.‹ ›Und wie wird er sterben?‹ ›Am Galgen‹, sagte ich. ›Woher weißt du das?‹ ›Saturn und Drachenschwanz im siebten Haus verraten, daß er gehängt wird. Aber danach‹, fügte ich hinzu, ›wird man ihn verbrennen.‹ Er sah mich staunend an und fragte: ›Woher weißt du das?‹«[17]

Und Cardano wußte nicht nur, wie der Mann sterben würde, sondern konnte auch genau sagen, wann, nämlich in seinem 35. Jahr, denn wenn auch die genaue Zeit der Geburt zweifelhaft war, so stand doch jedenfalls fest, daß der Aszendent im Wassermann anzunehmen war. Wassermann ist eines der Häuser, die dem Saturn in besonderer Weise zugeordnet sind. Deshalb nahm Cardano an, daß Saturn den Aszendenten regiere, also derjenige Planet sei, der den Charakter des Individuums präge.[18] Folglich mußte der Mann das

---

levia [lenia?], videturque mitis et placidus. Tum ille, cur hoc? Quia (respondi ego) Aquarius humanum est signum, Saturnusque tales facit, qui verbis sint blandi, et caput (quod maximum est) in ascendente, mites moribus et verbis facit. Inde dum inspicerem, subiicit ille, ad unguem certe, ut nihil melius, hominem expressisti, sed hoc minus mirum, cum id soleas facere, et facilius sit, ut tu fateris, sed si libet, reliqua persequere. Tum ego, indubie hic mala morte morietur. At ille, unde hoc? respondi. Saturnum habet damnatum, cum cauda, in septimo loco, iuxta nostra igitur principia male peribit. At ille, sed quo demum mortis genere? hic ego inquam, suspendio. Vnde hoc? ille. Quoniam Saturnus, cum cauda, in septimo loco, suspendium, cum infortunatus fuerit, ostendit. Tum subiicio, sed postquam suspensus fuerit, cremabitur. Hic ille valde admirans, unde hoc?«
18 J. C. Eade, *The Forgotten Sky*, Oxford 1984, 90.

Talent besitzen, sich angenehm auszudrücken, und dies in gesteigertem Maß, weil das Drachenhaupt im Augenblick seiner Geburt über den Horizont heraufkam. Unglücklicherweise bringt der Saturn aber, wenn er in einem »festen« Zeichen steht (Stier, Löwe, Skorpion und Wassermann), auch den gewaltsamen Tod mit sich.[19] Wie nicht anders zu erwarten, stellte sich hinterher heraus, daß Cardano das Schicksal des Unbekannten – es handelte sich um den Falschmünzer Francesco Marsili, geboren 1505 in Rom – fast mit vollkommener Präzision vorhergesagt oder doch beschrieben hatte (er war zu dem Zeitpunkt, da das Gespräch stattfand, bereits verurteilt): Der Mann wurde – allerdings im Alter von 41 Jahren – gehängt, seine Leiche wurde verbrannt. Daß er recht gehabt hatte, erfuhr Cardano erst, als er zum Richter ging und ihn fragte, ob er jemanden zum Tod verurteilt hatte. Diese Bestätigung seiner Kunst, so bemerkte er, brauchte nicht einmal den Vergleich mit antiken Beispielen zu scheuen.

Auch in dem Bericht von einem zweiten Fall dieser Art steht Cardano als großer Könner da und sein deutscher Freund Rheticus als etwas minderbemittelter Tölpel. Cardano deutet das Horoskop, das ihm vorgelegt wird, ohne Zögern als das einer Zauberin und Schwindlerin aus Mailand, die wohl auf dem Scheiterhaufen enden werde, denn die übelwollenden Planeten Mars und Saturn standen beide im Löwen, also wieder in einem »festen« Zeichen und »in trino« zum Aszendenten, also 120 Grad davon entfernt, was die Neigung zum Betrug erklärte. Der Mond im Skorpion sorgte dafür, »daß sie zu einem ganz üblen Charakter und zu einer Hure geraten und daß ihr viel Mißgeschick begegnen mußte«. Der Position von Venus, die Mars und Saturn »ansah«, verdankte die Gaunerin die Fähigkeit, ihren Lügen den Anstrich der Wahrheit zu geben. Carda-

---

19 Ptolemäus, *Tetrabiblos*, 4.9, 1.11.
20 Cardano, *Aphorismi astrologici, Libelli quinque*, 1547, 304vo–305ro = O, V. 88–89; 304vo: »Causa est, utraque infortuna in Leone, in trino ascendentis, et ideo est deceptrix maxima, cum Luna sit in Scorpione, et ideo erit pessimorum morum, et meretrix, et multa patietur infortunia, ob locum Lune.« Ein anderes Zeugnis bescheidener Zurückhaltung bietet das Horoskop 99 (O, V.502).

no konnte diesmal zwar nicht mit letzter Sicherheit sagen, ob die Analysandin wirklich ihr Leben auf dem Richtplatz beschließen würde oder nicht, aber im übrigen bewährte sich doch seine famose Kunst wieder aufs schönste.[20]

Rheticus hat es vermutlich nicht gefallen, sich in dieser Weise als ein begriffsstutziger Dr. Watson porträtiert zu sehen, der dem Sherlock Holmes der Astrologie die Stichworte lieferte. Und ebensowenig hat es ihn wohl gefreut, als Cardano seinen eigenen Fehler im Fall des Peurbach-Horoskops, das er fälschlich dem Regiomontanus zugeordnet hatte, richtigstellte und diesen bei der Gelegenheit als einen Plagiator anprangerte, der seine astronomischen Tafeln bei dem aus Ferrara stammenden Kollegen Giovanni Bianchini abgeschrieben hatte.[21] In den folgenden Jahren machte Rheticus immer wieder seinem Ärger über Cardano Luft. Er äußerte sich gereizt über Cardanos Kommentar zum *Tetrabiblos* des Ptolemäus und warf seinem einstigen Freund vor, sich auf Kosten des Regiomontanus profilieren zu wollen.[22] Er unterstützte einen Konkurrenten Cardanos, Thadäus Hayck, der ein groß angelegtes Handbuch der Metoposkopie (der Kunst, aus den Gesichtszügen einer Person deren Charakter und künftige Geschicke herauszulesen) veröffentlichte und damit Cardano einen schweren Schlag versetzte, denn dieser, so bemerkt Rhetikus gehässig, »narrt uns nun schon seit Jahren mit leeren Versprechungen bezüglich dieser Kunst«.[23] Noch im Oktober 1561 drängte er den lutherischen Astrologen Paul Eber, von einem seiner Schüler eine Sammlung von Herrscherhoroskopen zusammenstellen zu lassen – ohne Zweifel in der Hoffnung, ein solches Werk würde Cardanos Produkt vom Buchmarkt verdrängen.[24] Es war nicht das erste und sollte nicht das letzte Mal sein, daß Cardano sich mit unüberlegten Äußerungen einen Freund zum Feind machte.

---

21 Cardano, *Libelli quinque,* 1547, Horoskop 89, xx iij^{ro} = O, V.498.
22 K. H. Burmeister, *Georg Joachim Rhetikus 1514–1574: Eine Bio-Bibliographie,* Wiesbaden 1967–1968, III, 121, 123.
23 Ebda, 181, 186; vgl. W.-D. Müller-Jahncke, »Zum Prioritätenstreit um die Metoposkopie: Hajek contra Cardano«, *Sudhoffs Archiv* 66 (1982), 79–84.
24 Burmeister, *Georg Joachim Rheticus*, III, 160.

Wenn Cardano seinen wohlgesonnenen deutschen Kollegen und Wohltäter verärgerte, reizte er seinen italienischen Erzrivalen bis aufs Blut. Von Anfang an hatte er den älteren Gaurico verabscheut, der wenige Jahre nach Fazio Cardano eine eigene Edition von John Peckhams Traktat über die Perspektive veröffentlicht und in seinem Vorwort Cardanos Vater verächtlich gemacht hatte. Gaurico kritisierte damals die angeblich schlampige Arbeit seiner Vorläufer, rühmte sich, zahlreiche Fehler verbessert, das Werk gewissenhaft in Kapitel eingeteilt und alle Illustrationen richtig plaziert zu haben. In Wahrheit hatte er offenbar nur den Text Fazios, dessen Verdienste er mit keinem Wort würdigte, überarbeitet.[25] Cardano hatte also eine alte Rechnung mit Gaurico zu begleichen und hatte offenbar auch schon früher allerlei Sticheleien gegen ihn in Umlauf gebracht.[26] Als Reinhold Cardanos erweiterte Horoskopsammlung zu Gesicht bekam – wahrscheinlich 1545 oder bald danach –, fiel ihm sofort auf, daß Cardano Luthers Geburt ein ganzes Jahr früher angesetzt hatte als Gaurico. Vor allem aber bedeutete Cardanos gesamte Auffassung von der Astrologie eine Herausforderung an Gaurico.

Im Lauf des 15. Jahrhunderts hatten Astrologen am Hof von Ferrara und anderswo eine Astrologie neuen Typs entwickelt, die dem Geschmack hochgebildeter Herrschaften wie der notorisch astrologiegläubigen Este, aber auch eher skeptischer Geister aus den Häusern Medici und Sforza entgegenkam.[27] Zwar zogen Pellegrino Prisciani und seine Kollegen nach wie vor die seit Jahrhunderten eingeführten arabisch-lateinischen Standardwerke der Astronomie

---

25 L. Gaurico, Dedikationsschreiben, in J. Peckham, *Perspectiva*, Venedig 1504, Dedikationsschreiben, [1vo] = Rückseite des Titelblatts: »Recepi itaque ac mox depravatos supra tercentum locos in suum candorem restituimus, docuimusque non aliter loqui, quam ab ipso olim autore iussi. Et, ut res apertius intelligeretur, in suos capitulatim tractatulos distinxeimus, figurasque etiam ipsas pene confusas in proprium locum reduximus, omniaque ni fallor in pristinam dignitatem redegimus.«

26 In zwei auffallend genau übereinstimmenden Passagen, *Libelli duo*, 1543, Horoskop 30, S iv^{vo} = *O*, V.477, und *De vita propria*, 10, *O*, I.9, berichtet Cardano von der leidigen Angelegenheit.

27 G. Biondi, »Minima astrologica: Gli astrologi e la guida della vita quotidiana«,

und Astrologie zu Rate, studierten jedoch daneben bereits die umfangreichen astrologischen Schriften von Manilius und Firmicus Maternus, lasen byzantinische Traktate auf griechisch und kopierten sich die Illustrationen aus den Werken der antiken Autoren Aratus und Hyginus. Sie betrachteten gebannt die fremdartigen Gottheiten, die den in Segmente zu je zehn Grad unterteilten Tierkreis beherrschten. Diese »Dekane« standen im alten Ägypten für bestimmte Sterne oder Sterngruppen (Bilder davon finden sich auf Sargdeckeln), hatten aber auf ihrem langen Weg durch verschiedene Kulturen allerlei Metamorphosen durchgemacht und sich in dämonische Gestalten verwandelt, die durch die Ekliptik spukten und die Einflüsse, die von Tierkreiszeichen und anderen Konstellationen ausgingen, modifizierten oder aufhoben. Die Renaissance-Astrologen griffen auch die phantastischen, freilich in keiner Weise quantifizierenden Theorien des Manilius und Firmicus wieder auf, welche die Menschen in »Kinder« der sieben Planeten unterteilten. Aus dieser Zuordnung leitete man Erkenntnisse ab, welche die aus den individuellen Horoskopen gewonnenen ergänzten. Die Gelehrten hatten keine Probleme damit, ihr Wissen mit bildenden Künstlern zu teilen, und diese – so etwa Francesco Cossa und andere in den überwältigenden Fresken im Palazzo Schifanoia der Este in Ferrara – schufen eindrucksvolle Bilder eines Kosmos, in dem die Planeten, verkörpert von Gottheiten der griechischen Mythologie, Gedanken und Taten aller Sterblichen lenkten.[28] Erfolgreiche astrologische Autoren fanden Gefallen an den zahlreichen exotischen Details des

---

Schifanoia 2 (1986), 41–53; B. Soldati, *La poesia astrologica nel Quattrocento: ricerche e studi*, Florenz, 1906.

28 Zur Manilius-Rezeption s. W. Hübner, »Die Rezeption des astrologischen Lehrgedichts des Manilius in der italienischen Renaissance«, *Humanismus und Naturwissenschaften*, hrsg. von R. Schmitz und F. Krafft, Boppard 1980; A. Maranini, *Filologia fantastica*, Bologna 1994. Allgemein s. J. Seznec, *Das Fortleben der antiken Götter*, München 1990; F. Saxl, »The Revival of Late Antique Astrology«, *Lectures*, London 1957, I, 73–84; außerdem die neueren Arbeiten von K. Lippincott, vor allem »The Iconography of the ›Salone dei Mesi‹ and the Study of Latin Grammar in Fifteenth-Century Ferrara«, *La Corte di Ferrara e il suo mecenatismo*, hrsg. von M. Pade u.a., Kopenhagen/Ferrara/Modena 1990, und »Gli dei-decani del Salone dei

Werks von Firmicus und schlachteten es in eigenen Werken gewinnbringend aus. Gaurico blieb in all den Jahren seiner praktischen und schriftstellerischen Tätigkeit dieser Tradition treu und flocht in seine Pamphlete immer wieder Zitate aus dem Lehrgedicht des Manilius ein, dessen technische Kompetenz fragwürdig war, dessen rhetorische Brillanz jedoch außer Zweifel stand. Selbst in einer technisch strengen Horoskopanalyse wie derjenigen, die in Guglers Skript überliefert ist, konnte Gaurico mit derselben Leichtigkeit Firmicus wie Ptolemäus zitieren.[29] Er bot seiner humanistisch gebildeten Klientel eine Astrologie, die klassisch-elegant daherkam, und nicht wie manche seiner Konkurrenten ein mittelalterlich anmutendes, schwer verständliches Gelehrtenlatein und dazu dürre Zahlenreihen mit Planetenpositionen.

In einer Epoche, in der die Leser gewohnt waren, sich mit hellwachen Sinnen und der gespannten Aufmerksamkeit von Minenräumkommandos durch Texte zu bewegen, mußten Argumente weder besonders pointiert noch direkt sein, um ihre Wirkung zu entfalten. Um Gaurico zu treffen, konnte Cardano ganz einfach Firmicus und seine Astrologie angreifen, die er als gottlos und allen christlichen Grundsätzen zuwiderlaufend brandmarkte. In der ersten Ausgabe der *Libelli* hatte er bereits, wie wir gesehen haben, die Behauptung des Firmicus entschieden zurückgewiesen, die Herrscher seien nicht dem Einfluß der Sterne unterworfen.[30] Und er hat-

---

Mesi di Palazzo Schifanoia«, *Alle Corte degli Estensi, Filosofia, arte e cultura a Ferrara nei secoli xv e xvi*, hrsg. von M. Bertozzi, Ferrara 1994, 181–197; G. Federici Vescovini, »L'astrologia all'Università di Ferrara nel Quattrocento«, *La rinascita del sapere: libri e maestri dello studio ferrarese*, hrsg. von P. Castelli, Venedig 1991, 293–306; A. Field, »Lorenzo Buonincontri and the First Public Lectures on Manilius (Florence, ca. 1475–78)«, *Rinascimento*, n.s. 36 (1996), 207–225. S. auch J. Cox-Rearick, *Dynasty and Destiny in Medici Art*, Princeton 1984.

29 BN Paris MS lat. 7395, 335[ro]: »Si qua fides arti quam longo fecerat usu Firmicus in hac genitura eligeret Iovem datorem vitae et annorum, et tibi adolescens clariss. annos diiudicaret 57 ...«, 337[ro–vo].

30 Cardano, *Libelli duo*, 1543, [Kiiij[ro]] = O, V.458: »Quidam vero principum corpora animumque in totum a celestibus causis absolvunt, quemadmodum Firmicus. Licuit sane his, qui etiam deos ipsos appellavere, ob vanam superstitionem: nobis

te ihn scharf getadelt, weil er nicht erkannt hatte, daß Merkur und Jupiter als Glücksboten der Geburt eines neuen Platon und Aristoteles vorhergehen mußten.[31] In der erweiterten Ausgabe von 1547 nun griff er Gaurico direkt und ausdrücklich an. Er veröffentlichte ein Horoskop, das in dem Werk des Firmicus enthalten war und das, wie er glaubte, der Autor selbst für einen Zeitgenossen erstellt hatte. In seinen Erläuterungen dazu merkte er an, daß die übrigen Horoskope der *Mathesis* (die von Platon und Paris nebst einer Reihe weiterer antiker Helden) von etwas ausgehen, »was nicht sein kann: Merkur ist dort mehr als ein Tierkreiszeichen weit von der Sonne entfernt, woraus erhellt, daß [Firmicus] die Gesetze, nach denen sich die Planeten bewegen, nicht kannte und von den mathematischen Regelmäßigkeiten ihres Laufs nichts verstand, weswegen er auch keine [mathematisch präzisen] Positionen angab«.[32] In der Ausgabe des Jahres 1547 brachte er dasselbe Argument in noch schärferem Ton:

»Die antiken Autoren dieses Fachs behandeln ihren Gegenstand so nachlässig, daß man in ihren Büchern Dinge findet, die nach den Gesetzen der Astronomie gar nicht möglich sind. Man soll sie daher tunlichst meiden, und nicht nur sie, sondern auch diejenigen, die sich auf ihre Schriften berufen. Sie verstehen nichts von dieser Kunst, und die meisten von ihnen sind Hochstapler.«[33]

---

    autem, qui veram colimus pietatem, quique nihil in astris superstitiosum, sed tanquam naturales causas observamus, minime licet.«
31 Ebda, Horoskop 49, Zij^{vo}.
32 Cardano, *Libelli quinque*, 1547, Horoskop 98, yyiiij^{vo} = O, V.501: »... in quibus etiam quod esse non potest, Mercurius a Sole plus integro signo abest, quare illi notam non fuisse erraticarum legem, non motuum rationem, palam est, unde nec his partes apposuit.«
33 Cardano, *Aphorismi* III.145, *Libelli quinque*, 1547, 240 = O, V.50: »Antiqui huius artis scriptores adeo oscitanter ac ludibrio artem hanc tractaverunt, ut in eorum libris exempla invenias, quae syderum lex non admittit. Vnde non solum illos fugere decet, sed qui eorum libris inniti se fingunt, artem ignorant et plerique eorum sycophantae sunt.«

An die Stelle jener Astrologie des späten 15. Jahrhunderts, die Gaurico vertrat, einer enzyklopädischen Tradition, die widerstandslos Texte verschiedenster Art aufnahm, die Bildhaftes aller Art liebte und bisweilen bereit war, die quantifizierende Exaktheit zugunsten verführerisch farbiger Symbolismen preiszugeben, wollte Cardano eine moderne, nüchterne Wissenschaft setzen. Er argumentierte dafür mit all dem polemischen Ungestüm, das die klassische Tradition in seinem Fach von jeher ausgezeichnet hatte, und dies sowohl in dem öffentlichen Raum, den der Buchdruck geschaffen hatte, wie auch schon früher in jener Zeit, als Horoskope noch ausschließlich in handschriftlichen Fassungen zirkulierten.

Gaurico ließ sich Zeit mit seiner Entgegnung, schoß dann aber mit großem Kaliber. Sein *Tractatus astrologicus* erschien 1552. Das Buch enthielt eine ansehnliche Sammlung von Horoskopen und war systematischer aufgebaut als das von Cardano, befaßte sich aber weitgehend mit denselben Gegenständen. Ähnlich wie sein jüngerer Rivale bot Gaurico Diagramme, welche die Konstellationen zum Zeitpunkt der Geburt von Päpsten, Herrschern, großen Geistern und Künstlern darstellten, außerdem auch noch bei Stadtgründungen. Wie er kommentierte Gaurico auch dieses Material mit großer Geste, wobei er sorgsam auf die handwerklich astronomischen Details achtete, jedoch noch mehr Mühe auf die Schilderung der Charaktere und Schicksale verwendete, die aus den jeweils gegebenen Konfigurationen am Sternenhimmel resultierten. Bei allem Respekt vor der Autorität des Firmicus war auch Gaurico der Meinung, daß Horoskope wertvolle Informationen über europäische Fürsten liefern konnten. Über Cosimo I., den Herzog von Toskana, schrieb er zum Beispiel:

---

34 L. Gaurico, *Tractatus astrologicus,* Venedig 1552, 56ro: »Si Cosmus Medices venit in lucem labente anno Christianae Lyturgiae 1519. Iunio die 12. hora 2. noctis sequentis (diducto quadrante unius horae) Lucas Gauricus vaticinaretur ei annos 72. vel circiter, si forte superavit annos 52. 63. suae aetatis. Quid autem interea portendant Mars in occiduo cardine platice supputatus, et Stilbon ibidem partiliter, Saturnus horoscopi ecodespotes, et Luna in cacodaemone, alii diiudicent.«

»Wenn Cosimo de' Medici wirklich am 12. Juni AD 1519, eine Viertelstunde, bevor die 2. Stunde der Nacht voll wurde, geboren ist, so sagt Luca Gaurico ihm voraus, daß er 72 Jahre alt wird, wenn er das 52. und das 63. Jahr überlebt. Was aber Mars, der nach der Berechnung *platice* [grob gerechnet] am westlichen Kardinalpunkt steht [dem Aszendenten gegenüber], Merkur, der ebendort *partiliter* [aufs Grad genau] steht, Saturn als Herrscher im Haus des Aszendenten und der Mond im Kakodämon bringen, das mögen andere entscheiden.«[34]

Dieses zurückhaltend formulierte Horoskop mit der demonstrativ korrekten Unterscheidung zwischen zwei Graden mathematischer Exaktheit (*platice/partiliter*) und der Geste des Respekts vor anderen Autoritäten verrät keinerlei polemische Absichten.

In anderen Fällen jedoch machte sich Gaurico die Tatsache zunutze, daß derjenige, der die Feindseligkeiten eröffnet, sich immer auch aus der Deckung begibt, und prangerte mit lässiger Nonchalance einige Irrtümer an, die Cardano unterlaufen waren. Gauricos Horoskop von Heinrich VIII. beispielsweise wirkt auf den ersten Blick wie ein ganz gewöhnliches Exemplar der Gattung, für die Warburg den denkwürdigen Ausdruck »astropolitischer Journalismus« geprägt hat. Gauricos Kommentar trägt zumindest teilweise dem sensationellen Charakter Rechnung, der die Regierungszeit des Herrschers auszeichnet, wenn er auch schwerlich als Zeugnis souveräner Vertrautheit mit den Details der Zeitgeschichte taugt: »Der König von England war hochgebildet und schwerreich, aber lutherisch, und ließ seine Gemahlin und später auch seine Konkubine enthaupten. Er selbst starb im Alter von 55 Jahren, 5 Monaten und 6 Tagen am 17. Januar 1547 aufgrund der Ausrichtung des Aszendenten zum Saturn an einem Fieber.«[35] Gaurico griff, um den genauen Zeitpunkt

---

Zur »platischen« und »partilen« Bestimmung der Aspekte sowie zum Begriff der »Herrschaft über ein Haus« s. Eade, *The Forgotten Sky*, 78 und 91.

35 L. Gaurico, *Tractatus*, 54ro: »Rex Anglorum doctissimus et ditissimus, sed Lutheranus, iussit obtruncari caput uxori, dein concubinae. Ipse ex febre obiit anno 1547, Ianuarii 17. die, aetatis suae anno 55. cum mensibus 5. diebus 6. ex directione horoscopi ad Saturnum.«

des Todes zu erklären, auf eine allgemein anerkannte Regel zurück, die besagte, daß Saturn, wenn bestimmte Winkelverhältnisse, *directiones,* zwischen dem Planeten und dem Aszendenten gegeben sind, »schrecklich ist ... und Tod oder Todesgefahr ankündigt«.[36] Aber er rief auch allen, die Cardanos *Libelli* in der ersten Auflage gelesen hatten, in Erinnerung, daß dort dem König eine lange Herrschaft prophezeit worden war – ganz offenbar ein schwerer Kunstfehler, da doch die Daten unmißverständlich einen ziemlich frühen Tod anzeigten.

Gaurico stieß in seinem Werk allerdings auch kühn auf ein Gebiet vor, das zu betreten Cardano nicht gewagt hatte. Als Cardano sich seiner glänzenden Erfolge als Prognostiker rühmte, verwies er auf unveröffentlichte Dokumente, die im Besitz von Klienten waren, und vertraute im übrigen auf den guten Glauben seiner Leser und auf die Reputation seines Gönners Archinto, der für seine Seriosität bürgen sollte. Gaurico dagegen berief sich auf allgemein zugängliche Zeugnisse, zum Beispiel auf veröffentlichte Prophezeiungen, in denen er den Sieg Franz' I. bei Marignano und seine Niederlage vor Pavia sowie die Gefangennahme des Francesco Gonzaga und seine Freilassung vorhergesagt hatte.[37] Und Gaurico scheute sich nicht, öffentlich Prognosen über die Lebensdauer prominenter Zeitgenossen abzugeben – ein Risiko, das Cardano allenfalls ganz am Anfang seiner Karriere eingegangen war. Wie sein Konkurrent pries auch Gaurico die prophetischen Künste von Kollegen, so die des Vaters von Marcello Cervini, der unmittelbar nach der Geburt seines Sohnes freudig erregt ausgerufen hatte: »Heute ist mir ein Papst geboren

---

36 W. Lily, *Christian Astrology,* London 1647, Repr. 1985, 656–657; vgl. 651: »The Arte of Direction being onely to find out ... When, and at what time, or in what yeer such or such an accident shall come to passe ...« Eine knappe Erläuterung des Verfahrens bei Eade, *The Forgotten Sky,* 100–102.

37 L. Gaurico, *Tractatus,* 54vo: »Plerique Genethliacorum in genitura eius supputabant horoscopum sub tertia Geminorum decuria. Gauricus vero sub tertia Cancri parte: ex qua, tempore Leonis X., publice praedixerat et victoriam contra Elvetios in oppido Marignani prope Mediolanum, ut imo in obsidione Papiae anno 1525. 24. die Februarii, dum esset in Venetiis, in vaticinio impresso et divulgato vaticinatus fuit, quatenus ad hostiles Hispanorum militum manus deduceretur, a suorum

worden« – und er hatte recht behalten (allerdings hatte offensichtlich weder er noch Gaurico voraussehen können, daß Cervinis Pontifikat nur drei Wochen währen würde).[38] In seinem Kommentar zum Horoskop des Florentiner Feldherrn Pietro Strozzi zollt Gaurico den unwägbaren Risiken des Soldatenlebens zwar einigen Tribut, dennoch fällt seine Prognose deutlich bestimmter aus als die seines Rivalen: »Er wird Gefahren ausgesetzt sein und von Pferden und Schußwaffen verwundet werden und einiges abbekommen. Wenn er seine schlechten Jahre, nämlich das 49. und das 58., dank disziplinierter Lebensweise übersteht, dann wird er 82 Jahre alt. Er wird an einer Fieberseuche, die mit Durchfall einhergeht, fern seiner Heimat sterben.«[39] Trotz mancher Hintertürchen, die Gaurico in seine Prophezeiung einbaut, drückt er sich doch weit weniger unverbindlich aus als Cardano, und dies, obwohl er seine Wahrheitsliebe schon einmal, wie er versichert, auf der Folter hatte büßen müssen, nachdem er den Bentivoglio in Bologna prophezeit hatte, sie würden von Julius II. besiegt werden – was auch tatsächlich geschah. »So schneidet denn die Wahrheit dem armen Propheten ins Fleisch«, resümiert er – doch erfährt dieser Prophet so die Bestätigung und Beglaubigung sowohl seiner prophetischen Fähigkeiten als auch seiner Charakterstärke in einer Weise, die überzeugender nicht sein könnte.[40]

In der Sektion, die den Gelehrten gewidmet ist, befaßt sich Gaurico mit vielen Personen, die schon bei Cardano erscheinen, und auch die einzelnen Artikel sind denen Cardanos weitgehend ähnlich: Er beschreibt die physische Erscheinung, die moralische und körperliche Konstitution, die Laufbahn und fügt oft wohlgelaunt noch Er-

---

militum plerique ductoribus derelictus: quod ita accidisse nemo tibi inficias. Obiit 1547. Aprilis 2.« 52ro: »Gauricus multo ante in vaticinio quodam publice impresso haec omnia praedixerat.«

38 Ebda, 33ro: »quum primum ex utere matris prodiit, pater astrologus laetus dixit, hodie est mihi natus summus ecclesiae antistes.«

39 Ebda, 36vo.

40 Ebda, 49vo: »Ipse persuasus a Christophoro Pogio iussit ut Gauricus quater brachiorum torturas experiretur. Dein hora quinta noctis fuit infoelix, tunc vates 25. diebus in carceres atros detrusus. Itaque misello vati veritas nocuit.«

zählungen vom Sterben der Studienobjekte hinzu. Auch Gaurico ergötzte sich an kleinen schmutzigen Details und machte in schöner Eintracht mit seinem Rivalen den schlechten Einfluß von Venus und Mars dafür verantwortlich, daß in Francesco Filelfo »wollüstige Begierde nach jungen Mädchen, vor allem aber nach Knaben loderte«.[41] Wie Cardano tat auch Gaurico Picos Kritik an der Astrologie als nicht stichhaltig ab und bekannte sich zur Position von Luca Bellanti, »der seine Argumente und kindischen Anekdötchen entschieden abwies, jedoch die Meinung vertrat, daß man diesem großen Philosophen seine Unwissenheit in astrologischen Dingen zugute halten müsse«.[42] Wie Cardano präsentiert Gaurico Horoskope großer Geister aus Italien, aber auch aus den Ländern jenseits der Alpen, und er schließt weder gegen den Stachel löckende Katholiken wie Erasmus noch den protestantischen Erzfeind Luther aus.

Aber hier unterscheidet sich Gauricos Stil von dem Cardanos und verrät, zumindest in einigen Passagen, deutlich den weltläufigen Intellektuellen, der lange Zeit in Rom gelebt hatte und nicht wie Cardano in der Provinz in die Jahre gekommen war. Immerhin hatte man Gaurico im April 1543 um ein astrologisches Gutachten gebeten, als es darum ging, einen günstigen Zeitpunkt für die Grundsteinlegung beim Bau des Farnese-Flügels im Vatikan zu bestimmen, eine Geschichte, die er eindrucksvoll zu erzählen weiß:

»Luca Gaurico berechnete die Stunde und zeichnete das Diagramm für das Behauen des ersten Steins zum Fundament des Bauwerks, das bei St. Peter errichtet werden sollte. Aber Vincenzo Campanazzi aus Bologna benutzte ein Astrolabium, um die Zeit zu überprüfen, und schrie laut: ›Achtung, die sechzehnte Stunde nach der ein-

---

41 Ebda, 62ʳᵒ: »Ex Venere cum Marte in cacodemone fuit omni libidine flagrans in virginibus et pueris potissimum.«

42 Ebda, 58ʳᵒ: »Lucas Bellantius Senensis diluit eius argumenta et aniles fabellas, excusans tamen illum fuisse astrologiae ignarum, sed philosophum excellentissimum.«

43 Ebda, 7ʳᵒ: »Horam qua incisendus erat primus lapis in fundamento illius edificii circa Ecclesiam sancti Petri et figuram coelestem supputavit Lucas Gauricus Geophonensis episcopus: Vincentius autem Campanatius Bononiensis cum astrola-

geführten Zeitrechnung ist jetzt fast um!‹ Und sogleich paßte Ennio von Veroli, Kardinal von Abano, der eine weiße Stola umgelegt hatte und die Kardinalstiara trug, einen großen Marmorstein, der schön glatt poliert und mit dem Wappen Papst Pauls III. verziert war, in das Fundament ein.«[43]

Gaurico kannte als Mitglied der Kurie die Interna des Vatikan. Dank seiner privilegierten Stellung konnte er seinen Lesern allerlei Details aus dem Leben von Gelehrten berichten, die er kennengelernt hatte, zum Beispiel, daß der Karmelitermönch und Dichter Battista Mantuanus behauptet hatte – wahrscheinlich zu Unrecht –, er besitze Bücher von Ovid, die nicht in der Gesamtausgabe seiner Werke enthalten waren. Wenn möglich, teilte er seinem Publikum auf den Dukaten genau mit, wie hoch die Amtsbezüge der Männer waren, deren Horoskope er vorstellte – damals wie heute eine Angelegenheit allgemeinen Interesses. Gauricos Gelehrtenporträts, die in vertraulichem Ton die äußere Erscheinung jeder Person, aber auch ihre Einstellung zu Dingen der Religion beschrieben, hatten durchaus etwas mit den heutigen Newslettern gemeinsam, die Insider-Informationen für besonders gut informierte Leser versprechen.

Aber Gaurico beließ es nicht bei subtilen Seitenhieben, um den lästigen kleinen Kläffer aus dem Norden zu züchtigen. Er war nicht bereit, tatenlos zuzusehen, wenn Cardano ihn als einen inkompetenten Scharlatan darstellte, der gar nicht beurteilen konnte, ob eine antike Autorität technisch solide arbeitete oder nicht. Er ging also immer wieder zur offenen Attacke über. Manchmal waren die Kontrahenten nur in Detailfragen verschiedener Meinung. So datierte Cardano

---

bio inspexit tempus idoneum, clamitans alta voce. Ecce nunc praecise adest hora decima sexta fere completa ab horologio consueto. Et confestim Ennius Verulanus Cardinalis Abanensis Reverendiss. stola candida indutus cum Tyara Cardinea in capite coaptavit in fundamento maximum lapidem marmoreum perbelle expolitum, et cum stegmate Divi Pauli III. Pont. Maximi …« Zu dieser Episode s. P. Zambelli, »Many Ends for the World: Luca Gaurico Instigator of the Debate in Italy and in Germany«, ›Astrologi hallucinati‹, hrsg. von P. Zambelli, Berlin/New York 1986, 239–263, 260.

die Geburt von Julius II. auf den 22. Mai 1445, Gaurico dagegen auf den 22. Juni – trotzdem waren sich die beiden Experten darin einig, daß hauptsächlich das Tierkreiszeichen Skorpion für die kriegerischen Neigungen des Papstes verantwortlich war.[44] In anderen Fällen jedoch traten die Meinungsverschiedenheiten offener zutage. Cardano hatte 1543 aus dem Horoskop von Alciato die Erklärung für dessen staunenswerte Beredsamkeit herausgelesen. Gaurico deutete dasselbe Horoskop fast zehn Jahre später und bewies, daß der Einfluß des Schadenstifters Saturn – desselben Saturn, dem Cardano zufolge der große Mann seinen Ruhm verdankte – letztlich dafür verantwortlich war, daß Alciato mit gut fünfzig Jahren 1546 das Zeitliche gesegnet hatte.[45] In der Druckfassung seines Luther-Horoskops, dem das Geburtsdatum im Jahr der großen Konjunktion 1484 zugrunde liegt, ignoriert Gaurico trotzig Cardanos Versuch, das weithin akzeptierte falsche Geburtsdatum durch das richtige zu ersetzen:

»Martin war zuerst viele Jahre lang Mönch. Dann warf er seine Mönchskutte von sich und heiratete eine hochgewachsene Äbtissin in Wittenberg, mit der er zwei Kinder hatte. Eine imposante und einigermaßen schreckenerregende Konjunktion von fünf Planeten im Skorpion, im neunten Haus, das die Araber der Religion zuordneten, machte ihn zu einem lästerlichen Häretiker, zu einem erbitterten, gottlosen Feind der christlichen Religion. Der Winkel zwischen dem Aszendenten und der Konjunktion des Mars erklärt, weshalb er als durch und durch Ungläubiger sterben mußte. Seine verruchte Seele fuhr zur Unterwelt hinab, wo Allecto, Tesiphone und Megera sie in alle Ewigkeit immerfort mit feurigen Geißeln schlagen.«[46]

---

44 Cardano, *Libelli duo*, Horoskop 48, Z^{ro}–Zij^{ro}; Gaurico, *Tractatus*, 17ro.
45 Cardano, *Libelli duo*, Horoskop 13, Oij^{ro-vo} = O, V.465; Gaurico, *Tractatus*, 73ro.
46 Ebda, 69vo: »Martinus fuit imprimis monachus per multos annos: demum expoliavit habitum monialem duxitque in uxorem abbatissam altae staturae Vittimbergensem, et ab illa suscepit duos liberos. Haec mira satisque horrenda 5. planetarum coitio sub Scorpii asterismo in nona coeli statione, quam Arabes religioni deputabant, effecit ipsum sacrilegum hereticum, Christianae religionis hostem acerrimum atque prophanum. Ex horoscopi directione ad Martis coitum irreli-

Obwohl Gaurico die bedrohliche Konjunktion im Skorpion erwähnt, erklärt er im Grunde genommen aus der Winkelhöhe zwischen Mars und dem Aszendenten Luthers Neigung zu Jähzorn und Tobsucht. Zugleich sagte er seinen frühen Tod voraus, zu dem es tatsächlich nicht kam.[47] Damit war seiner Meinung nach alles gesagt, und es erübrigte sich, auf Cardanos hartnäckige Überzeugung, Luther sei 1483 geboren, und seine Analyse der diesem Datum entsprechenden Konfiguration weiter einzugehen. Anders als Gaurico hatte Cardano in seiner Deutung, die keinerlei eifernden Fanatismus verriet, den Reformator nicht als einen tückischen Skorpion beschrieben, sondern als einen unbeugsamen Theologen, der sich mit Leib und Seele für die Sache des Glaubens einsetzte.«[48]

Gaurico attackierte Cardano von zwei Seiten zugleich – er stellte sich selbst als den technisch besseren Astrologen dar, und er strich seine reiche Lebenserfahrung und seine Beziehungen heraus. So demonstrierte er bei der Konstruktion von Picos Horoskop seine technische Meisterschaft, indem er die Ekliptik nicht nach der simplen Methode, die Cardano bevorzugte, in gleichgroße Häuser unterteilte, sondern das anspruchsvollere sogenannte Alcabitius-Verfahren anwandte. Und er rieb es Cardano auch noch ausdrücklich unter die Nase, wie primitiv seine Horoskope waren. Über den Astrologen Paris Ceresarius schreibt Gaurico: »Erst im Alter begann er mit astrologischen Studien. Bei der Berechnung der himmlischen Häuser bildete er wie irgendein Simpel, der es nicht besser versteht, lauter gleichgroße Sektoren, und Schöner und Cardano machten es ihm nach.«[49] Selbst dort, wo Gaurico von der Arbeit seines Konkurrenten profitiert, kann er es nicht lassen zu sticheln, so

---

giosissimus obiit. Eius anima scelestissima ad inferos navigavit, ab Allecto, Tisiphone et Megera flagellis igneis cruciata perenniter.«

47 Lily, *Christian Astrology Modestly Treated of*, 659.
48 Cardano, *Libelli duo*, Horoskop 11, [Niiij^{ro-vo}, Niiij^{vo}] = *O*, V.465: »Porro firmitatem dogmatis Sol et Saturnus, cum lance meridionali, in loco futurae coniunctionis magnae ostendunt, cum diu trigonus ille iam dominaretur.« Vgl. Eade, *The forbidden Sky*, 216–221.
49 Gaurico, *Tractatus*, 65vo.

im Fall des Pico-Horoskops, wo er die Planetenpositionen samt und sonders von Cardano abschreibt und sich dann auch noch darüber beschwert, daß sie »nur in ganzen Graden angegeben sind«, daß es sich also um gerundete Werte handelt. Daß Gaurico zu bequem war, die Positionen noch einmal mit der gewünschten Genauigkeit selbst zu berechnen, macht die mathematische Gewissenhaftigkeit, die er bei der Einteilung der Häuser zur Schau stellt, einigermaßen verdächtig und legt die Annahme nahe, daß der Gelehrte weniger von dem wissenschaftlichen Eifer beseelt war, ein möglichst präzises und korrektes Diagramm zu erstellen, als vielmehr von dem Wunsch, seinem Konkurrenten am Zeug zu flicken.[50]

Ganz besonders bissig wird verständlicherweise Gauricos Kritik in der Passage seines Werks, die sich mit dem Horoskop seines Gönners Paul III. befaßt. Cardano hatte bei seiner Interpretation immer auch seinen eigenen Gönner Archinto, den treuen Diener dieses Papstes, im Auge behalten und die Gunst des Schicksals, deren sich Paul erfreuen konnte, seine Weisheit und Gelehrsamkeit und seine Tapferkeit in den Mittelpunkt seiner Analyse gestellt. Gaurico macht auch hier wieder deutlich, daß Cardano genau das, worauf es ankommt, nicht erkannt hat, weil es ihm an der Erfahrung fehlt, die nötig ist, um die Daten richtig zu interpretieren, und weil er allzu unkritisch der klassischen Autorität folgt. In Wahrheit nämlich wird aus dem Horoskop ersichtlich, und zwar aus der Tatsache, daß die Planeten im Moment der Geburt unter dem Horizont standen, daß dem Papst ein langes Leben verheißen war, und er war ja auch tatsächlich fast 82 Jahre alt geworden. Wenn Ptolemäus von einer solchen Regel nichts wußte, so ändert das nichts an ihrer Gültigkeit: »Luca Gaurico hat in ungefähr tausend Horoskopen bestätigt ge-

---

50 Cardano, *Libelli duo*, Horoskop 65, ccij^{vo}–cciij^{ro} = O, V.490; Gaurico, *Tractatus*, 38ro. Eine schöne Diskussion über die Problematik der Hauseinteilung bei H. Estienne, *Notes Parisinae*, in Aulus Gellius, *Notes Atticae*, hrsg. von H. Estienne, Paris 1585, 150-151.

51 Ebda, 21vo: »Lucas vero Gauricus in mille propemodum experientia compertum habuit, fuisse longioris vitae illos, qui habuerunt in eorum genituris omnes planetas sub terra, quam qui supra terram.«

funden, daß diejenigen, bei deren Geburt die Planeten unter der Erde stehen, länger leben als die, bei deren Geburt sie sichtbar sind.«[51] Cardano aber war im Gegenteil immer davon ausgegangen, daß man aus diesem Befund auf ein kurzes Leben schließen müsse. Damit war wohl ein für allemal klar, was man von dem Anspruch dieses Mannes zu halten hatte, die astrologische Wissenschaft auf empirischer Basis neu zu begründen.[52] Das war ein schwerer Angriff auf eines der Prinzipien von Cardanos Lehre.

Cardano, offenbar aufs höchste erbost über diese Attacke, die er doch sehenden Auges provoziert hatte, schlug prompt zurück. Im Rahmen einer kleinen Abhandlung über einen besonderen Typ astrologischer Gutachten, die sogenannten *interrogationes,* von denen man sich Aufschluß über die Erfolgschancen wichtiger Unternehmungen zu einem gegebenen Termin erhoffte, kommentierte er Gauricos Bericht von seinem Martyrium im Dienste der Wahrheit mit höhnischen Reden. Nachdem er zuerst einige unglückliche Astrologen aufgezählt hatte, die im Lauf der Jahrhunderte unter die Räder der Macht gekommen waren, meinte er: »Gaurico wurde von den Bentivoglio der Folter überantwortet. Das hatte er sicher nicht in den Sternen gelesen, wenn er auch aufgrund von Vermutungen, die sich mehr aus dem Stand der Dinge und weniger aus dem der Sterne ergaben, jener Familie Verderben prophezeite, denn er war ein Erzschwindler.«[53] Und als Cardano später aus Gauricos Sammlung die Horoskope von Heinrich II. und Katharina de' Medici übernahm, zahlte er dem älteren Kollegen seine gönnerhaften Reden mit gleicher Münze heim: »Es läßt sich unschwer erkennen, daß Gaurico gewissenhaft gerechnet hat, als er diese Genituren erstellte. Allerdings hat er in der zweiten den Mond um sechs Grad weiter östlich, als die

---

52 Cardano, *Libelli duo,* 1543, Horoskop 39, = O, V.480: »Hic publice laceratus est, anno 1506, quo ei praedictum fuerat, periturum acerba morte: nam non erat ei dispositor vitae, praeter ascendens. Erant enim planetae omnes sub terra ...«

53 Ptolemäus, *Quadripartitum,* hrsg. von Cardano, 1578, 714 = O, V.560: »Gauricus a bentivolis tortus in eculeo. Id certe ex astris non viderat, quamvis excidium familiae ominaretur, plus ex coniectura rerum quam astrorum. Fuit enim sycophanta egregius.«

Tafeln angeben, gerückt«[54] – ein hübscher Trick, von der lästigen Tatsache abzulenken, daß Gaurico seine Positionen genauer berechnete als Cardano, der sich doch als Verfechter exakter Wissenschaft seinem Gegner überlegen glaubte. Indes konnten Retourkutschen wie diese nicht als wirkungsvolle Entgegnung auf Gauricos Vorwürfe gelten, ebensowenig wie die kurze Passage in dem Traktat *Über die eigenen Bücher* (*De libris propriis*, 1557), in der Cardano versichert, Gaurico habe die Gründe, die ihn und Ceresarius bestimmten, äquale Häuser zu konstruieren, ganz falsch dargestellt.[55] Im Alter sollte Cardano erleben, daß Gauricos gesammelte Werke und sein eigener Ptolemäuskommentar, der seine Vergeltungssticheleien gegen Gaurico enthielt, innerhalb von nur drei Jahren bei ein und demselben Verlag erschienen, dem des gelehrten Basler Druckherrn Heinrich Petri.

Cardanos Erfolg auf dem Buchmarkt war also nicht ganz frei von ärgerlichen Begleiterscheinungen. Cardano hatte sich einen Namen machen und ein Publikum gewinnen können, aber er hatte auch Hiebe ausgeteilt, ohne daran zu denken, daß sein Opfer zurückschlagen könnte, eine Angewohnheit, die er zeitlebens beibehielt. Und er hatte auch nicht vorausgesehen, daß sein Rivale sich mit einem Drucker zusammentun könnte, um ein Konkurrenzprodukt auf den Markt zu bringen, das dem eigenen die Schau stahl. In seinen Büchern konnte Cardano ein besonderes Profil entwickeln: kenntnisreich, kritisch gegenüber seinen Kollegen, nicht fanatisch unfreundlich gegenüber gelehrten Protestanten. Aber das Medium des Drucks gab ihm auch Gelegenheit, ja, provozierte ihn, sich auf allerlei unwürdige Streitereien mit anderen Schriftstellern einzulassen, deren Zorn er mit seinen Arbeiten erregt hatte. Zum erstenmal, aber

---

54   Ebda, 710 = O, V.558: »Supputatas has geneses a Luca Gaurico diligentius, facile est coniicere. Facit autem Lunam orientaliorem sex partibus ephemeride, in secunda figura.«

55   S. unten, Anm. 61.

56   British Library MS Sloane 325, 71[vo]–77[vo] (Horoskope, in der Mehrzahl von Gaurico, von Smith kommentiert). Zu diesem Manuskript s. J. G. Nichols, »Some Additions to the Biographies of Sir John Cheke and Sir Thomas Smith«, *Archaeologia* 38 (1859), 98–127, bes. 103–112, 116–120. Eine Anmerkung auf fol. 71ro von unbekannter Hand lautet: »Hae geniturae ex Gaurico.«

nicht zum letztenmal in seiner Karriere sah sich Cardano in einen Kampf mit erbitterten Gegnern verstrickt, der ihn noch lange beschäftigen sollte.

Von den fünfziger Jahren an stellten sachverständige Leser die Bücher von Cardano und Gaurico Seite an Seite ins Regal. Die Spannungen und inneren Konflikte, die der direkte Vergleich der beiden erzeugte, machten manchem schwer zu schaffen. Sir Thomas Smith, später unter der Herrschaft Elisabeths königlicher Sekretär und Botschafter in Frankreich, wurde 1555 von einem wahren Astrologiefieber gepackt. Drei Monate lang studierte er Tag und Nacht, um zu den letzten Geheimnissen dieser Wissenschaft vorzudringen, in die er als junger Mann eingeführt worden war, mit der er sich aber seitdem offenbar nicht mehr beschäftigt hatte. Smith kannte Gauricos Arbeiten; er hatte sich einige seiner Horoskope abgeschrieben und zu den eher biographischen und historischen Kommentaren Gauricos eigene astrologische Analysen hinzugefügt.[56] Zu seinem eigentlichen Lehrmeister in der Kunst aber wählte er Cardano: Er las dessen *Libelli* in der Ausgabe von 1547 immer und immer wieder und kommentierte eifrig jedes Detail.[57] Smiths Protegé Gabriel Harvey, Freund und Berater von Philip Sidney und Edmund Spencer, studierte Gauricos *Tractatus* im Jahr 1580. Der vielseitig begabte Harvey las gern Fachbücher zu den verschiedensten Spezialgebieten und hielt die Gedanken, welche seine Lektüre ihm eingab, in ausgefeilten Anmerkungen fest, die er in wunderschön lesbarer Kursive an den Rand schrieb. Dank dieser Marginalien in seinem Handexemplar von Gauricos Buch können wir heute seine gewissenhaften vergleichenden Studien genau verfolgen.[58]

---

57 Bodleian Library MS Ashm. 157. Eine Abschrift von Cardanos Luther-Horoskop findet sich in Smiths Manuskript MS Sloane 325, 78ro.

58 Zu Harvey s. *Gabriel Harvey's Marginalia*, hrsg. von G. C. Moore Smith, Stratford-upon-Avon 1913; V. F. Stern, *Gabriel Harvey: His Life, Marginalia and Library*, Oxford 1979; L. A. Jardine und A. Grafton, »›Studied for Action‹: How Gabriel Harvey Read his Livy«, *Past & Present* 129 (1990), 30–78. Sein Exemplar von Gauricos Werk ist im Besitz der Bodleian Library (4° Rawl. 61); auf der Titelseite der Eintrag: »Gh. gabrielharvejus. 1580. Arte, et virtute.«

Harvey las Gaurico parallel mit einer Ausgabe von Cardanos Horoskopsammlung. Wir kennen das Exemplar der *Libelli* nicht, das er benutzt hat; es ist denkbar, daß ihm sein Verwandter Smith seine Ausgabe geliehen hat, aber wenn das so war, so hat er darin jedenfalls keine Anmerkungen hinterlassen, die von seiner Lektüre eindeutig Zeugnis geben. Harvey war offensichtlich aufgefallen, daß Gaurico Bosheiten in seinen Text eingewoben hatte, die, wenn auch Cardanos Name nicht genannt wurde, doch auf ihn zu beziehen waren, und hat viele davon in seinen Randbemerkungen kenntlich gemacht. Zu Gauricos Horoskop von Ceresarius etwa merkte er an, daß der jüngere deutsche Astrologe Johannes Garcaeus sich zum Fürsprecher von Cardanos Verfahren der äqualen Häuser gemacht habe.[59] Und zu Cardanos eigenen Anstrengungen, sich zu rechtfertigen, notiert er: »Cardano verteidigt Paris und sich selbst in Kap. 11 von *De motuum restitutione* und, aber nur ganz knapp, in dem Werk über seine eigenen Bücher. Ich habe die Stelle abgeschrieben; sie steht im Anschluß an den letzten Traktat dieses Buchs.«[60] Am Ende des Buchs fügte Harvey die wesentliche Passage aus Cardanos Selbstverteidigung ein, dazu bibliographische Angaben zu den übrigen astrologischen Arbeiten des Autors, darunter sein »großartiges Christus-Horoskop«.[61]

Bei seiner Parallel-Lektüre der beiden Bücher notierte Harvey sorgfältig sowohl Übereinstimmungen als auch Divergenzen. Er war fasziniert von Gauricos divinatorischen Künsten und seiner Kühnheit, sie öffentlich zur Schau zu stellen. Die Erzählung von einem unfähigen Konkurrenten, der sich in den zwanziger Jahren mit der Pro-

---

59 Ebda, 65vo.
60 Ebda, 66ro: »Paridis, et suiipsius Apologia, in Cardano cap. 11: de motuum restitutione. Item alia breuissima de libris propriis. Quam transcripsi in fine ultimi tractatus, hîc.«
61 Ebda, 122vo: »gabrielisharveji, et amicorum. 1580 ... In primis etiam Cardani duodecim Illustres Geniturae. Item aliae Centum Cardani Geniturae. Ipsius etiam Christi nativitas admirabilis. De cuius Astrologica Analysi, eccè nominatim s[upra], 65.b. Cardani autem brevissima Apologia, de libris propriis: L. Gauricus de diuisione domorum me arguit, sed non intellexit mentem nostram: pro qua etiam scripsit Antonius Alphasianus senator ad me. Nec vllum amplius verbum.«

phezeiung blamiert hatte, Karl V. habe nicht mehr lange zu leben, kommentierte er mit den Worten: »Gauricos Feind: aber ein falscher Prophet.«[62] Doch gab es in Gauricos Buch auch Stellen, die bei Harvey an protestantische Empfindlichkeiten rührten. Der Artikel über Melanchthon, den Gaurico persönlich kannte, würdigte den deutschen Literaten als einen bedeutenden Dichter und Gelehrten, auch seine astronomischen Kenntnisse wurden gelobt, seine ketzerischen Überzeugungen jedoch verdammt. »Über Melanchthon«, so notierte Harvey, »redet er mit einigem Respekt, außer was die Religion angeht. Ganz ähnlich sprach Sadoleto von Erasmus, Melanchthon, Bucer, Sturm. Mehr Kultur und Ehrlichkeit als bei den meisten anderen Papisten.«[63] Aber als Harvey zu der Passage kam, wo Gaurico über Luther spricht, fühlte er sich abgestoßen und wandte sich Cardano zu, der sich ihm auch als Freund der Deutschen empfahl: »Vergleiche Cardano, Nummer 14 in seinen hundert Horoskopen, das ist das von Luther. Siehe auch Nummer 46, das Horoskop von Heinrich VIII., dem König von England. Seine Erkenntnisse dort sind viel bemerkenswerter.«[64] Am Ende seines Studiums der beiden komplex strukturierten und verbundenen Stränge dieser astrologischen Doppelhelix fühlt sich Harvey hin und her gerissen. Einerseits konnte er sich der Überzeugungskraft von Gauricos Verweisen auf die unübersehbare Fülle empirischer Belege, die er bei seinen Studien und seiner praktischen Arbeit im Zentrum päpstlicher Macht gesammelt hatte, nicht verschließen: »Ohne Zweifel darf man so viel Erfahrung und die Autorität, die aus so viel Wissen erwächst, nicht gering veranschlagen – noch dazu wirkte er am Hof eines weltklugen Papstes.«[65]

---

62 Ebda, 78vo: »Gaurici antagonista: sed pseudoprophetae.«
63 Ebda, 79ro: »De Melanchthone satis honorifice, excepta religione: ut etiam ipse Sadoletus de Erasmo, Melanchthone, Bucero, Sturmio. Humanior et candidior plaerisq[ue] alijs Pontificijs.«
64 Ebda, 69vo: »Confer cum Cardani Genese 14, in exemplis centu[m] Geniturara[m]: quae est Lutheri. Item cum Genese 46. Quae est Henrici VIII. Angliae regis. In quibus iudicia notatu multò digniora.«
65 Ebda, 21vo: »Certè non contemnenda tanta experientia, et autoritas tantae scientiae coniuncta: idq[ue] in Aula prudentis pontificis.«

Und auch die Selbstsicherheit – bzw. die Arroganz –, die Gaurico an den Tag legte, flößte ihm einigen Respekt ein: »Es scheint mir besonders bemerkenswert, daß Gaurico so kühn ist, seine eigene astrologische Erfahrung sogar den brillanten Beobachtungen des Ptolemäus entgegenzusetzen.«[66] Andererseits schätzte Harvey aber auch Cardanos Buch wegen seiner Fülle an präzisen Informationen und seiner klugen Kommentare zu den Horoskopen und stellte es als eine Arbeit, die ein »polytechnus«, ein gebildeter Höfling mit vielseitigen geistigen Interessen, mit besonderer Aufmerksamkeit studieren sollte, in eine Reihe mit dem antiken Werk *Leben und Meinungen der großen Philosophen* von Diogenes Laertius, den spätantiken *Sophistenviten* von Philostrat und Eunapius und den modernen *Elogia* von Paolo Giovio.[67]

Harvey war ein sehr individualistischer, ja, oft idiosynkratischer Leser. In diesem Fall jedoch entsprach sein Verfahren der feinfühlig vergleichenden Lektüre genau dem, was auch die beiden Werke von sich aus nahelegten. Er war nicht der einzige, der diesen Ansatz wählte. Der Hebraist Richard Bruarne, der, nachdem man ihn wegen seines unsittlichen Lebenswandels von seinem Lehrstuhl in Oxford verjagt hatte, Rektor in Eton geworden war, benutzte sein Exemplar der *Libelli* in der Ausgabe des Jahres 1547 ziemlich genau in derselben Weise wie Harvey Gauricos *Tractatus*.[68] Er schrieb zahlreiche Randbemerkungen in das Buch, die den Inhalt zusammenfaßten, und zeichnete kleine Hände ein, die auf wichtige Details oder Argumente hinwiesen. Auf leere Blätter zeichnete er Horoskopdiagramme. Und er verglich Cardanos Buch mit dem von Gaurico, wie etwa aus der Bemerkung zum Luther-Horoskop hervorgeht: »Luca Gaurico schreibt, Martin Luther sei 1484 geboren, am 22. Oktober, einem Mittwoch ...«[69]

Cardanos Horoskopsammlungen fanden zahlreiche Nachahmer:

---

66 Ebda, 22ʳᵒ: »Praecipuè hîc mihi observandum videtur, quod Gauricus suam est ausus Astrologicam Experientiam opponere ipsius Ptolemaei artificiosis observationibus.«
67 Ebda, 57ʳᵒ.

Ein halbes Jahrhundert lang und darüber hinaus erschienen immer neue Anthologien dieses Typs, die immer mehr, schließlich bis zu dreihundert Stücke samt Interpretationen enthielten. Die Debatte über technische Fragen – von der Einteilung der Häuser bis zur Verwendung von astronomischen Tafeln – dauerte fort, die mathematischen Schwierigkeiten wurden nach und nach gelindert oder beseitigt – vor allem in den späteren Jahrzehnten des 16. Jahrhunderts, als praktische Anleitungen, die Schritt für Schritt genau erklärten, wie man die Planetenpositionen mit Hilfe von Erasmus Reinholds *Prutenischen Tafeln* (1551) bestimmte, und Almanache mit Tabellen im Druck erschienen. Ihnen konnte man Ausgangswerte für die Hauseinteilung entnehmen, was einige Rechenarbeit unnötig machte und die Erstellung von Horoskopen erleichterte.[70] Cardano als Autor der Horoskopsammlungen wurde auch weiterhin immer gelesen. Aber er wurde auch immer mit seinen Kritikern, etwa mit Gaurico, verglichen. Wenn seine Bücher Cardano einerseits zu einer gefeierten Berühmtheit in der seit jeher von Eifersüchteleien beherrschten Welt der Astrologen machten, so mußte er andererseits als Autor im Lauf der Zeit zu einem bloßen Namen in der Fachliteratur werden, die jeder Astrologe, der es zu etwas bringen wollte, nun einmal gelesen haben mußte. Wenn Cardano bei seinen Veröffentlichungen der vierziger Jahre stehengeblieben wäre, so hätte er die führende Stellung im astrologischen Fach, die er seinen Horoskopsammlungen verdankte, wohl nicht halten können.

Schon 1547, auf dem Höhepunkt seines Ruhms als Herausgeber der klassischen Horoskopsammlung, fühlte Cardano, wie schwierig seine Position war. In einer *Peroratio* zu seinen *Aphorismen* kehrt er zur traditionellen ptolemäischen Astrologie zurück und stimmt deren Leitmotive an. Wieder einmal betont er, daß er die Astronomie und die Astrologie reformiert habe, indem er die beiden Disziplinen

---

68 S. *Dictionary of National Biography*, s. v. Bruarne, Richard.
69 British Library C 112 c 5, *Libelli quinque*, 1547, 114vo: »L. Gauricus scribit M. Luth. Natum anno D. 1484 ...«
70 Eade, *The Forgotten Sky*, 26–30, 47–49.

von nutzlosem Beiwerk und von Irrtümern reinigte und das, was übrigblieb, zum erstenmal überhaupt zu einem kohärenten, dauerhaften Ganzen formte: »Ich habe, soweit das möglich war, alles ohne Fehler planmäßig geordnet. Vor allem aber habe ich es wieder zu einer Kunst gemacht, die ewig dauern wird.«[71] Wieder einmal weist er darauf hin, daß die Sterne nicht alles und jedes, was in dem chaotischen Reich der niederen Materie geschieht, gestalten können. Wieder einmal beharrt er darauf, wie alle Astrologen seit unvordenklichen Zeiten, daß die Sterne und Planeten die Neugeborenen, auf die sie niederblicken, unverkennbar prägen: »Es steht ohne Zweifel fest, daß alle Menschenkinder unmittelbar nach der Geburt, weich und formbar wie heißes Wachs oder wie Blei, das man in eine Form gießt oder drückt, für den Einfluß der Gestirne empfänglich sind und von ihm gemodelt werden. Alle diese Horoskope, die nicht von mir sind, die ich vielmehr, ausgenommen nur mein eigenes, sämtlich von anderen übernommen habe, können als Beweis dafür dienen.«[72] Und wieder einmal konnte Cardano der Versuchung nicht wiederstehen, höchst allgemeine Prinzipien auf die angebliche Evidenz einer speziellen Korrelation zwischen den Sternen und körperlichen Merkmalen seiner Klienten zu gründen: »Man kann noch einen anderen Beweis anführen. Die Augen derer, die in ihren Geburtskonstellationen die hell leuchtenden Gestirne haben, sind ausnahmslos fast weiß und in der Form anders als die der anderen Menschen und in

---

71 Cardano, »Operis peroratio«, *Aphorismi astronomici, Libelli quinque*, 1547, 307ro = O, V.90.
72 Ebda, 307vo = O, V. 90.
73 Ebda, 307vo = O, V. 90–91.
74 Ebda, 307vo = O, V. 90.
75 Cardano, *Contradicentium medicorum libri duo*, Paris 1564, Bd. II: *Contradicentium medicorum liber secundús continens contradictiones centum et octo. Addita praeterea eiusdem autoris, De sarza parilia, De Cina radice, Consilium pro Dolore vago, Quaedam aliae disputationes etiam non inutiles*, Paris 1565, »HIERON. CARDANVS MEDICVS AD LECTOREM«, 298^{ro-vo}: »... neque nobis, quod sibi plerique nostrorum temporum affuisse gloriantur, Mecoenates ulli unquam fuerunt: utinamque non magis fuissent, qui obessent, ita ut sine auxilio, ita etiam sine impedimento fuisse. Solus Sfondratus Cardinalis, annis ab hinc tribus aut quatuor, non mihi levi fuit auxilio: ita tamen ut ob fortunam meam potius propulsaverit in-

aller Regel sehr groß.«[73] Keines dieser Argumente war wirklich geeignet, das Besondere an Cardanos Kunst kenntlich zu machen, keines konnte wirklich seine stolze Behauptung stützen, er habe eine unverwechselbar neue Astrologie entworfen und praktiziert – am allerwenigsten ließ sich belegen, daß er tatsächlich »den guten Namen einer Kunst, die wegen der zahlreichen Irrtümer derer, die sie praktizierten, in Verruf gekommen war«, wiederhergestellt hatte.[74] Cardano selbst war sich darüber durchaus im klaren. Im Vorwort zu einem Sammelband mit verschiedenen kleineren Arbeiten zur Medizin klagte er bitter darüber, daß er sich je auf die Astrologie eingelassen hatte. Böse Menschen hatten ihn dazu gedrängt, nicht etwa, weil sie glaubten, er könnte auf diesem Gebiet etwas Besonderes leisten, sondern weil ihnen diese ganze Wissenschaft wertlos erschien. Wenn viele ihn damals auch für einen Astrologen hielten, so habe er doch in Wahrheit nur wenig oder gar nichts von der Kunst verstanden. Aber seine nun wirklich triumphale Leistung der Erneuerung »jener Astrologie, die uns befähigt, die Zukunft vorherzusagen, und die, wie ich gezeigt habe, eine ebenso exakte Wissenschaft ist wie alle anderen einschließlich der Medizin«, habe ihm keineswegs entsprechend mehr Anerkennung eingetragen: »Damals, als ich Mediziner war und von der Astrologie nichts verstand, galt ich als Astrologe und nicht als Mediziner, und jetzt, da die Mißgunst ein kleines bißchen nachläßt, bin ich ganz Mediziner und kein Astrologe.«[75]

---

iuriam (neque tamen id parum fuit) quam evexerit. Fuerunt et qui ad Astrologiam impulerint, non tam, ut reor, quod sperarent, quam irriderent artem quae prorsus vana et habebatur et erat. Nempe in tam absurdo labore nihil contulere, ut neque alius quispiam. Fortuna ne id acciderit mea, an temporum vitio, non sat scio. Verum mihi cum illo non secus ac Herculi cum Euristheo contigit. Quae inaccessa enim sperabat, ad illa mittens mundum a multis incommodis liberavit. Sic nos aliqua spe laetati, dum in incerto vagabamur labore, Arithmeticam complevimus, Astrologiam quae futura praedicare docet in lucem eruimus: docuimusque nullam aliam artem, nec medicam ipsam, minus esse fallacem. Ex centum enim iudiciis tum temporum, tum singularum medicorum, mensibus ab hinc decemocto (nam vix duo anni sunt, quo tandem absolvimus laborem) editis, nullum irritum fuit. Verum privatim ab initio, non tantum quod metueremus infamiam, sed ob indignationem potius ista prosequebantur, suntque huiusce rei in edito anno praeterito libro non pauca experimenta. Dii boni, quantum potest invidia! Olim cum medi-

Als astrologischer *Autor* konnte Cardano nicht zu der einzigartigen Stellung aufsteigen, die er erhofft hatte. Unvermeidlich kehrte er auf den festen Boden der astrologischen Tradition zurück. Aber er beschränkte sich von nun an nicht mehr darauf, seine Kunst in Büchern darzustellen. Im Verlauf der fünfziger Jahre entwickelte Cardano eine neue astrologische Praxis und parallel dazu auch eine neue Art zu schreiben.

---

cus essem, astrologiae vero ignarus, pro astrologo habebar, pro medico non habebar, nunc defervescente paululum invidia, medicus sum ex toto, non astrologus. Ergo ea de causa, ut essem quod non essem, non essem quod essem, quasi ludibrium de me agente fortuna, liberalitatem Alphonsi Avali Principis expertus sum. Qui quandiu non alieno, sed suo vixit arbitrio, et splendidus, et liberalis, et virtutum amantissimus fuit ...«

KAPITEL 6
ASTROLOGISCHE INDIVIDUALBERATUNG –
STERNDEUTEREI UND HOHE POLITIK

Am Sonntag nach dem Tag der hl. Scholastica (10. Februar) im Jahr 1520 erhielt Georg Helmstetter – besser bekannt unter dem Namen Faustus – vom Bamberger Bischof, dem er ein Horoskop gestellt hatte, 10 Gulden. Das war ein ansehnliches Honorar: Der Astrologe Johannes Schöner, der für denselben Bischof als Buchbinder arbeitete, bekam für das Binden eines Werks von Erasmus weniger als 4 Gulden.[1] Aber der Doktor Faust war ein Mann, der sich zu verkaufen wußte. Er hatte bereits eine lange Tour durch die wohlhabenden deutschen Reichsstädte hinter sich, wo er in den Gasthäusern seine vielseitigen Fähigkeiten als Wahrsager anpries. Und die Arbeit, die er für den Bischof ausführte, war tatsächlich recht aufwendig. Um ein solches individuell angefertigtes Horoskopgutachten nach allen Regeln der Kunst zu erstellen, war nicht nur eine Menge Rechnerei nötig, sondern auch eine komplizierte qualitative Interpretation des Zahlenmaterials. Der Astrologe mußte entscheiden, welche Planeten und Planetenkonfigurationen am stärksten auf die körperliche Konstitution und das Temperament des Individuums einwirkten, auf seine künftigen Geschicke hinsichtlich Ehe, Kindersegen, Reisen, Gesundheit, Lebensdauer und

---

[1] F. Baron, *Doctor Faustus from History to Legend*, München 1978, 42–44.

aller möglichen anderen Beziehungen und Erfahrungen, die im Leben eines Menschen wichtig sein können, und anschließend mußten all die verschiedenen positiven und negativen Einflüsse gewichtet und gegeneinander abgewogen werden. Auch der Ort der Geburt des Klienten, die Horoskope seiner Eltern und deren Eigenschaften sowie eine Menge weiterer Faktoren mußten im Kalkül berücksichtigt werden. Solche Horoskope enthielten bisweilen neben einer detaillierten Analyse der Verhältnisse zum Zeitpunkt der Geburt des Klienten auch noch ähnliche Gutachten über zahlreiche »revolutiones«, den Moment in jedem Jahr, der mit dem Zeitpunkt der Geburt korrespondierte. Die Horoskope von Familienvätern wurden gelegentlich durch die von Frau und Kindern ergänzt. Alle diese zeitaufwendigen und schwierigen Arbeiten mußten natürlich bezahlt werden, so daß sich stattliche Honorarforderungen ergaben.

Wie der Politiker so braucht auch der Astrologe eine lokale Basis. Cardano machte sich, wie wir gesehen haben, nördlich der Alpen als astrologischer Autor einen Namen. Aber gleichzeitig entfaltete er in Mailand einige Aktivität, nicht nur um sich in seiner Kunst weiter auszubilden, sondern auch weil seine Tätigkeit ihn mit prominenten Mitbürgern in Verbindung brachte, deren Renommee der Horoskopsammlung, die er damals aufbaute, zugute kommen konnte. So lernte er etwa vor 1543 den Musiker Francesco de Canona kennen, der mit seinem virtuosen Spiel auf der »Lyra« *(testudo)* die Päpste Leo, Klemens und Paul beeindruckt hatte: »Dieser zeigte mir sein Horoskop, und ich sagte ihm das Jahr, in dem er zu Ehren und Wohlstand kommen werde.«[2] Wahrscheinlich nach 1543 gab ihm Alfonso Davolos, der Marchese del Vasto und spanische Gouverneur von Mailand, sein Horoskop, das Cardano überaus vielversprechend

---

2 Cardano, *Libelli duo*, 1543, Horoskop 17, Pij^{ro-vo}, Pij^{vo} = O, V.467–468, 468: »Huic olim cum genituram mihi ostendisset, annum selegi, quo et dignitatem et praemium esset consecuturus.«

3 Cardano, *Libelli quinque*, 1547, Horoskop 88, 174vo = O, V. 497: »Si haec sua est genitura, quam mihi dedit, nunquam ab optima fortuna destituetur.«

4 Ebda, Horoskop 77, 169ro = O, V.494.

fand – »wenn die Daten stimmen«, fügte er hinzu.[3] Er erstellte auch für andere bekannte Mailänder Persönlichkeiten Horoskope, so für den Humanisten und Philologen Marco Antonio Maioragio.[4] Cardano kannte keineswegs alle die Zeitgenossen persönlich, deren Genituren er veröffentlichte und kommentierte. Über den Mediziner Antonio Brasavola sagt er: »Ich bin dem Mann nie begegnet, er muß aber von großer Statur sein.«[5] Allerdings hat es den Anschein, als verdankte er doch die meisten der Horoskope, die er veröffentlichte, persönlichen Beziehungen. Maioragio zum Beispiel hielt so große Stücke auf Cardano, daß er ihn in einer wichtigen Rolle in einem seiner lateinischen Dialoge auftreten ließ. Und Davolos interessierte sich stark für okkulte Techniken, Wissen und Zukunftswissen zu erlangen: Er förderte Giulio Camillo, den Architekten des berühmten »Gedächtnistheaters«, einer Konstruktion, die an ein Amphitheater erinnerte und dem Benutzer schnellen Zugriff auf den gesamten Wortschatz Ciceros eröffnen sollte; die Wörter und Phrasen waren nach einem System geordnet, das angeblich der Makrostruktur des Universums entsprach.[6] Im Alter erinnerte sich Cardano daran, daß er mit dem von fremden Universitäten heftig umworbenen Juristen Andrea Alciato befreundet gewesen war, einem der großen Geister Mailands und Gegner der Astrologie.[7] Kenner der feinen Gesellschaft rechneten Cardano jenen Auserwählten zu, die in den besten Kreisen verkehrten. Sein Name erschien in einer politischen Satire der fünfziger Jahre, die ihn einen großen Astrologen nannte und seine Beschreibung planetarischer Wirkungen auf Menschen mit cholerischer Konstitution zitierte.[8] Es ist also nicht allzu erstaunlich, wenn in seinen frühen astrologischen Werken auch Gutachten für Prominente auftauchen, die zu seinem Freundeskreis gehörten.

---

5 Ebda, Horoskop 82, 171vo = O, V.496: »Ego hominem hunc non vidi unquam. Magnus tamen corpore esse debet.«
6 F. A. Yates, *Gedächtnis und Erinnerung.*, Weinheim 1990, 123 ff. und Klapptafel; L. Bolzoni, *Il teatro della memoria*, Padua 1984.
7 Cardano, *De vita propria*, 15, O, I.12.
8 S. C. Viannello, »Feste, tornei, congiure nel cinquecento milanese«, *Archivio storico lombardo* n.s. 1 (1936), 370–423, bes. 380–381.

Der Umgang und die intensive Beschäftigung mit solchen Leuten in den vierziger Jahren müssen ihn in seiner Einschätzung bestärkt haben, daß viele große Männer ein beträchtliches Interesse an prognostischen Fähigkeiten wie den seinen hatten, vor allem im Heiligen Römischen Reich. Deutsche Astronomen von Rang, so zum Beispiel Rheticus, beschäftigten sich sehr ernsthaft mit astrologischen Dingen. Noch wichtiger aber war die Tatsache, daß auch mächtige protestantische Herren von dieser Wissenschaft fasziniert waren und sich von ihr angesichts der politischen und militärischen Bedrohung Rat erhofften, die auf sie zukam, nachdem Karl V. Franzosen und Türken in die Schranken gewiesen hatte und seine Aufmerksamkeit der Bekämpfung des Irrglaubens in seinem Reich zuwandte. Erasmus Reinhold, Astronom und Dekan an der Universität von Wittenberg, führte in den vierziger Jahren – in der Zeit, in der Reinhold die ersten kopernikanischen Tafeln zu den Planetenbewegungen erstellte (die komplette Sammlung, die *Prutenicae Tabulae,* erschien 1551) – eine lebhafte Korrespondenz mit seinem Gönner Albrecht von Brandenburg. Kurz nach der Sommersonnenwende 1545 schrieb Reinhold dem hohen Herrn, der ihn um einige Horoskope plus Erklärungen gebeten hatte, mit höfischer Umständlichkeit folgendes:

»Da Euer Hoheit mir im Gespräch zu verstehen gegeben haben, daß Euer Hoheit eine gründlichere Erklärung einiger Geburtshoroskope wünschen, habe ich dieses Schreiben mit dem Ausdruck meiner dienstwilligen Ergebenheit übersandt. Ich will selbst diese Aufgabe übernehmen, sobald Euer Hoheit mir angezeigt haben, welche Genituren sie erklärt haben möchte. Denn ich bin von meinen Lehr-

---

9 Berlin-Dahlem, Geheimes Preußisches Staatsarchiv, HBA A4 214: »Cum autem ex sermone Cels. V. intellixissem, Celsitudinem Vestram expetere aliquarum nativitatum longiorem enarrationem, misi hanc epistolam meae voluntatis declarandae caussa. Offero ea in re meam operam, si Celsitudo Vestra significaverit mihi, quas geneses enarrari velit. Nos in scholis occupati non possumus multas enarrare. Longa est enim computatio. Sed cum Celsitudo Vestra optime sentiat de his artibus et literas magna virtute tueatur, declarandae gratitudinis caussa libenter aliquas geneses Celsitudini Vestrae enarrabo.«

pflichten stark in Anspruch genommen und kann nicht eine große Menge erklären, da die Berechnung viel Zeit erfordert. Da aber Euer Hoheit eine so gute Meinung von diesen Künsten haben und ein so großer Beschützer der Wissenschaften sind, will ich gern meine Dankbarkeit beweisen, indem ich Euer Hoheit einige Genituren erkläre.«[9]

Achtzehn Monate später schrieb Reinhold wieder einen Brief, in dem er erklärte, warum er die gewünschten Horoskope noch nicht geschickt hatte: Er entschuldigte sich mit dem Hinweis auf Arbeitsüberlastung und die Unbilden des Kriegs.[10] Tatsächlich scheint Reinhold die abstrakten Freuden der Berechnung astronomischer Tafeln profitableren Beschäftigungen vorgezogen zu haben. Wie er 1549 versichert, hätte er leicht Geld damit verdienen können, daß er »Nativitäten für Könige, Fürsten und andere große Männer begutachtete«.[11] Gleichwohl erstellte er manchmal gegen Honorar Horoskope, wenn es sich nicht vermeiden ließ, wie sein unveröffentlichtes Notizbuch beweist.[12] Cardano, dessen Werk in Deutschland soviel Beifall fand, muß immer bewußt gewesen sein, daß ihm seine Studien, ähnlich wie Gaurico, früher oder später reizvolle und lohnende Angebote aus dem Ausland eintragen könnten.

Die große und für sein Leben so folgenschwere Reise in den Norden, die Cardano dann tatsächlich 1552 unternahm, gab ihm auch Gelegenheit, politische Nutzanwendungen seiner Kunst kennenzulernen und Horoskope von einem Zuschnitt und einer Detailfülle zu erstellen, die seine früheren Arbeiten in den Schatten stellten. In Frankreich und England wurde er, wie er sich später erinnerte, von

---

10 Ebda, 217: »Proinde cur enarrationes genesium nondum mitto, de quibus nominatim Vestra Celsitudo ad me scripsit...«
11 Ebda, 223: »... et plurima mea commoda neglexi, quae tum ex iudiciis nativitatum apud reges, principes et alios claros viros, tum etiam aliis honestis viis comparare mihi poteram, ut multi norunt...«
12 S. E. Kroker, »Nativitäten und Konstellationen aus der Reformationszeit«, *Schriften des Vereins für die Geschichte Leipzigs* 6 (1900), 3–33.

prominenten Medizinern und Intellektuellen bestaunt und herumgereicht. Er verkehrte mit berühmten Juristen und Staatsmännern wie dem Kirchenfürsten John Hamilton, auf dessen Einladung hin er in den Norden gekommen war. Seine Reise führte ihn durch die kompliziert gewundenen Korridore eines exotischen politischen und gesellschaftlichen Systems, eines Systems, in dem Pioniere des Gedankens der Naturbeherrschung wie John Dee sich bereits als Berater der Mächtigen im Staat etabliert hatten. Manchen anderslautenden Legenden zum Trotz waren Dee und seine Herren keineswegs fanatische Okkultisten. Dee ist mindestens ebensosehr der Tradition des an praktischen Ergebnissen und effizienter Steuerung interessierten Renaissance-Ingenieurs zuzurechnen wie der von Wahrsagerei und Naturmagie, und er war Königin Elisabeth und William Cecil sowohl in ganz praktischen Dingen wie auch mit Spezialkenntnissen in verschiedensten Wissensgebieten nützlich.[13] Nichtsdestoweniger waren doch er und einige andere Ratgeber der Königin, unter ihnen auch hartgesottene Pragmatiker, der Überzeugung, die Astrologie könnte Erkenntnisse von unschätzbarem Wert in Politik und Privatleben liefern. Nicht nur John Dee, sondern auch Thomas Smith, königlicher Ratgeber, Botschafter am französischen Hof und Verfasser einer streng rationalen, scharfsinnigen Studie über die englische Verfassung, sammelte und analysierte Horoskope bedeutender Persönlichkeiten.[14]

Offenbar war es die Beschäftigung mit der medizinischen Astrologie, die Dee und Cardano zusammenbrachte. Dee erwähnt die Begegnung in einer Randnotiz seines Exemplars von Ficinos *De vita*.

---

13 W. Sherman, *John Dee,* Amherst 1995.
14 Seine Sammlung ist im Besitz der British Library (MS Sloane 325); vgl. N. Clulee, *John Dee's Natural Philosophy: Between Religion and Science,* London/New York 1988, 246, Anm. 23 sowie oben, Kap. 5.
15 Ficino, *De vita coelitus comparanda,* in Iamblichus, Hermes etc., Venedig 1516, 160ro: »Vidi equidem lapillum Florentiam advectum ex India, ubi e capite draconis erutum, rotundum ad numi figuram, punctis ordine quam plurimis quasi stellis naturaliter insignitum, qui aceto perfusus movebatur parumper in rectum, immo obliquum, mox ferebatur in gyrum, donec exhalaret vapor aceti.« Über Herkunft und Entwicklung dieser Passage s. B. P. Copenhaver, »Hermes Trismegistus,

Er führt uns eine Szene vor Augen, in der Experten und reiche Gönner, verbunden durch ein intensives Interesse an astralen Kräften, Naturmagie und merkwürdigen Substanzen, einträchtig wissenschaftliche Studien treiben. »Ich habe in Florenz einen Stein gesehen«, so schreibt Ficino in der Passage, »der aus Indien stammt, wo man ihn im Kopf eines Drachen gefunden hat. Er war rund und flach wie eine Münze und mit vielen kleinen Pünktchen natürlichen Ursprungs übersät, die wie Sterne wirkten. Als man Essig darübergoß, bewegte er sich ein Stückchen in gerader Linie und dann zur Seite und endlich im Kreis herum, bis der Essig verdunstet war.«[15] Seiner Meinung nach handelte es sich um einen jener zahlreichen Edelsteine, welche die Eigenschaft hatten, die Kraft bestimmter Planeten auf sich zu ziehen, wovon derjenige, der einen solchen Stein am Körper trug, unter Umständen profitieren konnte. In dieser besonders luxuriösen Spielart von Astraltherapie, die dem verwöhnten Geschmack der Oberschicht von Florenz zur Zeit der Medici und nachfolgender Generationen von Höflingen in idealer Weise entgegenkam, verbanden sich sehr alte Traditionen der Talisman-Magie, die fast das ganze Mittelalter hindurch weit verbreitet gewesen war, mit neuplatonischen kosmologischen Ideen zu einer attraktiven Dienstleistung, die gebildete Herrschaften von Stand gerne wahrnahmen.[16] Cardano sammelte eifrig solche mit himmlischen Kräften aufgeladenen Steine – zur Not, wenn er sie nicht selbst in Augenschein nehmen konnte, gab er sich auch mit Berichten davon zufrieden.[17] In der erwähnten Randnotiz erinnerte sich Dee, daß er und Cardano in Anwesenheit hoher Herrschaften ein ähnliches

---

Proclus, and the Question of a Philosophy of Magic in the Renaissance«, *Hermeticism and the Renaissance,* hrsg. von I. Merkel und A. G. Debus, Washington/London/Toronto 1988, 79–110, s. 89, 100, bes. 100, Anm. 64.

16 M. Ficino, *Three Books on Life,* hrsg. und übers. von C.V. Kaske und J. R. Clark, Binghamton 1989, 314–315. Clulee meint, Dee habe Ficinos Buch erst zehn Jahre nach seiner Begegnung mit Cardano gelesen, aber das gemeinsame Interesse der beiden an dem Stein kann sehr wohl mit dem zu tun gehabt haben, was Dee schließlich in dieser Passage fand, weswegen er seine Erinnerung hier notierte.

17 Ptolemäus, *Quadripartitum,* hrsg. von Cardano, Basel 1554, 10–11 = O, V.100.

Stück dieser Art untersucht hatten: »Ich habe einen solchen Stein mit derselben Eigenschaft 1552 oder 1553 gesehen. Anwesend waren Cardano aus Mailand, John Francis [Cheke] und Monsieur Braudaulphin, der Gesandte des französischen Königs; das war im Haus des Botschafters in Southwark.«[18] Etwa zu dieser Zeit erstellte Cardano ausführliche Horoskope für Cheke und den französischen Botschafter Claude Baduel, und sogar für König Edward. Cardanos Wissenschaft war also, wie man sieht, nicht nur auf dem Buchmarkt erfolgreich, sondern sie erwies sich auch für eine neue und besonders zahlungskräftige Schicht von Klienten als attraktiv.

Cardanos umfangreichere Horoskope unterschieden sich in wesentlichen Dingen nicht von denen, die er in seinen Sammlungen veröffentlicht hatte. Er hielt an der klassischen Form des quadratischen Kosmogramms fest, in das die 12 Häuser und die Planetenpositionen eingezeichnet wurden. Die ganze Konstruktion war relativ unkompliziert. Allerdings wandte Cardano jetzt nicht mehr das simpelste aller Verfahren an (das der äqualen Häuser), sondern berechnete nach der mathematisch anspruchsvolleren Methode »des Alcabitius«, wie man damals sagte, Sektoren verschiedener Größe.[19] Doch führte Cardano in mehreren Fällen ein neues Element in seine Horoskope ein: Um ein solches Gutachten zu erstellen, genügte nicht mehr die bloße »Singularität« des Individuums, mit dem er es zu tun hatte, sondern er brauchte jetzt auch noch Inspiration, die von freundschaftlichen Beziehungen mit den Klienten angeregt werden mußte.[20] Seine Arbeit erschöpfte sich also nicht darin, Personen lediglich zu porträtieren, sondern machte es Cardano geradezu zur Pflicht, sich ihnen persönlich zu nähern, und gab ihm damit

---

18 Dee, Randbemerkung in seinem Exemplar von Ficino (Folger Shakespeare Library BF 1501 J2, Exemplar 2), 160ro: »Similem ego lapidem vidi et eiusdem qualitatis: anno 1552 aut 1553. Aderant Cardanus Mediolanensis, Ioannes Franciscus, et Monsieur Braudaulphin Legatus Regis Gallici in aedibus legati in Sowthwerk.« Das war kein einzigartiges Ereignis: Cardano besichtigte auch einen Stein, der einem Meteoriten ähnelte und Hamiltons Arzt Casanatus gehörte. Im 16. Jahrhundert galt neugieriges Verhalten noch nicht als unkultiviert. S. L. Daston und K. Park, *Wonders and the Order of Nature, 1150–1750*, New York 1998, 165.

Gelegenheit, engere Beziehungen mit den Mächtigen seiner Epoche zu knüpfen.

Das läßt sich schön am Fall von Cardanos Patienten, dem lungenkranken Kirchenfürsten John Hamilton, studieren, der ihn aus Mailand herbestellt hatte. Cardano vertraute bei der Behandlung hauptsächlich auf seine medizinischen Künste (leichtsinnigerweise hatte er sich in einem seiner Bücher gerühmt, Krankheiten wie die des Erzbischofs heilen zu können, und versuchte nun nach Kräften, dieser allzu optimistischen Einschätzung seiner Fähigkeiten gerecht zu werden),[21] aber er erstellte auch ein voll ausgearbeitetes Horoskop, aus dem, so behauptete er wenigstens, »die Charakterstärke, Klugheit, Bildung und Geduld« Hamiltons sowie »das Wesen seiner nahezu unheilbaren Krankheit« deutlich würden und das von Cardanos »Meisterschaft in dieser Kunst und von der Verläßlichkeit der Kunst als solcher« Zeugnis geben sollte.[22] Hamilton war jedoch offenbar ein so hochgestellter Herr, daß Cardano keinen Versuch unternahm, die Ergebnisse seiner astrologischen Expertise mit ihm persönlich zu diskutieren. Vielleicht hatte er zuwenig Zutrauen in seine gesellschaftliche Gewandtheit, die ihn oft im Stich ließ, wie er einmal zerknirscht bekannte. Statt dessen erörterte er den astrologischen Stand der Dinge in einem angeregten Gespräch mit Hamiltons Leibarzt Gulielmus Casanatus. Nach den Symptomen des Patienten zu schließen, prognostizierte Cardano, würde das Leiden sich von neuem bemerkbar machen, sobald Saturn im sechsten Haus, dem Haus der Krankheiten, stand und der Mond sich näherte. Diese Situation trat nach wenigen Tagen ein, und Cardanos Prognose bestätigte sich. Casanatus »berichtete Euer Eminenz all das, nicht

---

19 P. Brind'Amour, *Nostradamus astrophile*, Ottawa 1993, 306–307.
20 Cardano, *Liber xii geniturarum*, O, V.515.
21 N. Siraisi, *The Clock and the Mirror*, Princeton 1997, 33–35.
22 Cardano, *Liber xii geniturarum*, O, V.508: »Non hic encomium virtutis tuae scribere propositum est, sed exempla magnifica, ob id constantiae, summae prudentiae et humanitatis ac patientiae iconem habent lectores, tum morbi pene inexpugnabilis. Simul et testimonium peritiae nostrae in hac arte et veritatis ipsius artis.«

ohne Staunen«.²³ In diesem Fall stellt Cardano das Horoskop lediglich als ein präzises Instrument der medizinischen Diagnose dar, läßt allerdings erkennen, daß er den Kollegen, der ihn zur Konsultation hinzugezogen hatte, damit auch hatte beeindrucken können.

Cardano machte gar keinen Hehl aus den beziehungsstiftenden Implikationen seiner astrologischen Kunst. Eine seiner anspruchsvollsten Arbeiten während seines Aufenthalts im Norden war das Horoskop, das er für seinen Kollegen Casanatus erstellte. Er wußte in seiner Interpretation viel Schmeichelhaftes über den Mann zu sagen, dem er die Einladung nach Edinburgh und damit das ganz große Abenteuer in seinem Leben verdankte. Auch Casanatus, der seine Heimat in der Bourgogne verlassen hatte, um sein Glück in Schottland, »wo nur sehr wenige Ausländer leben«, zu suchen, liebte das Abenteuer. Er war ein gelehrter, toleranter, freundlicher Herr, »ein höfischer Edelmann durch und durch, als ob er von Geburt an am Hof gelebt hätte«.²⁴ Vor allem aber war bemerkenswert, daß sein Horoskop in vielen, wenn auch nicht in allen Dingen dem Cardanos ähnelte:

»Die Sache mit den Freunden ist höchst erstaunlich. Wie bereits gesagt, setze ich dieses Horoskop nur als Demonstrationsobjekt hierher, indes steht es doch in Konkordanz, wie Ptolemäus es ausdrücken würde, mit meinem: sein Ort des Mondes stimmt mit dem Ort des Mondes bei mir überein und ebenso der Ort der Sonne mit meinem Ort der Sonne. Und wo bei ihm der Ort der Sonne ist, da habe ich zusätzlich noch Venus und Merkur, und der Aszendent in den beiden Horoskopen wird von ein und demselben Planeten regiert, nämlich von der Venus …«²⁵

---

23 Ebda, O, V.509: »Retulit id Cel. tuae, Antistes maxime, non sine admiratione.«
24 Ebda, O, V.541: »Aulicus totus, ac quasi in ipsa aula natus.«
25 Ebda, O, V.543: »Mira res est amicorum, et ut dixi, hic apposita est haec genitura ob exemplum, sed cum nostra concordat, ut Ptolemaeus dixit, Lunae locus cum Lunae loco, et Solis locus cum Solis loco, et ubi est locus Solis illi, ibi est Venus et Mercurius etiam mihi, et dominus ascendentis utrique est unus, scilicet Venus …«
26 Ebda, O, V.543.

Alles in allem bewies das Horoskop, daß Casanatus der ideale Vermittler zwischen Cardano und dem Erzbischof war, während Cardano dank seiner eigenen Sterne die besseren Voraussetzungen dafür mitbrachte, die Krankheit seiner Eminenz zu diagnostizieren.[26] Die Astrologie, so wie sie Cardano betrieb, half nicht allein, freundschaftliche Beziehungen herzustellen, sondern lieferte auch noch eine exakte Erklärung der kosmischen Notwendigkeiten, die diese Freundschaften bedingten.

Die Idee, Horoskope zu einem System von Beziehungen zu vernetzen, war nicht völlig neu. Schon Ptolemäus hatte die kühne Behauptung aufgestellt, wenn man nur die Nativitäten von zwei beliebigen Menschen kenne, so könne man sichere Voraussagen über deren Verhältnis treffen, sei es freundschaftlich oder feindlich.[27] Astrologen der Renaissance machten sich dieses Prinzip zu eigen und setzten es in die Praxis um, wenn sie etwa im Auftrag von Klienten, die sich mit Heiratsgedanken trugen, Gutachten darüber erstellten, ob die in Aussicht genommene Verbindung sich glücklich entwickeln könnte.[28] Aber sie wandten diese Methode auch an, um sich Gewißheit über ihre eigenen Chancen, die Gunst hoher Herrschaften zu gewinnen, zu verschaffen. Regiomontanus zum Beispiel glaubte sich nach einem Vergleich seines Horoskops mit dem des Ladislaus von Ungarn zu den schönsten Hoffnungen berechtigt:

»Der Aszendent meiner Geburt liegt nicht mehr als 12 Grad von seinem entfernt; also wird er mir freundschaftliche Gunst erweisen. Zudem steht der Mond in seinem Horoskop genau dort, wo bei mir Jupiter steht, und die Position des Mars bei ihm nimmt bei mir die Sonne ein.«[29]

---

27 Ptolemäus, *Tetrabiblos*, 4.7, hrsg. von Robbins, Cambridge, Mass./London 1940.
28 UB Leipzig, MS Stadtbibliothek 935, 14vo: »Septima domus mulieris, si est ascendens viri, significat tranquillam coniunctionem viri et mulieris.«
29 Anonyme Anmerkung auf der unbedruckten Rectoseite des letzten Blatts in einem Exemplar von Cardanos *Libelli duo*, 1543, Wien, Österreichische Nationalbibliothek, 72 X 5: »Huic geniturae Ladislai comparavit Io: de monte regio genituram suam sic ut sequitur: Item ascendens nativitatis mee non differt ab

Wenn Cardano also aus Horoskopen auf Beziehungen zwischen Menschen schloß und sich in seiner Praxis von diesen Erkenntnissen leiten ließ, tat er nichts Extravagantes, sondern bewies nur, daß er ganz auf der Höhe seiner Zeit war.

Bei den Voruntersuchungen zu den Horoskopen, die Cardano für Cheke und Baduel erstellte, spielte die Kooperation zwischen dem Astrologen und seinen Klienten eine wichtige Rolle. Manche der Gespräche verliefen in streng geschäftsmäßiger Atmosphäre – zumindest vermitteln Cardanos eigene Berichte diesen Eindruck. In seiner Analyse von Chekes Horoskop etwa zählt er in aller Nüchternheit etliche wichtige Ereignisse im Leben seines Klienten auf und nennt präzise Details, die ihm nur Cheke selbst mitgeteilt haben kann:

»Ihm stießen folgende bemerkenswerte Dinge zu: Im Jahr 1540, am 7. September, erkrankte er an einem schlimmen Fieber. Am 5. Mai 1552 erkrankte er an Schwindsucht. Am 10. Juni 1544 wurde er zum Erzieher des Königs [Edward] ernannt. Am 11. Januar 1549 verlor er beinahe seine hohe Stellung. Am 11. Mai 1547 heiratete er.«[30]

Kurz danach macht Cardano noch etwas deutlicher, wie das Gespräch mit seinem Informanten abgelaufen war: »Er hat mir gesagt, daß er am 11. Januar 1549 beinahe aus dem Amt gestoßen worden wäre.«[31] Offenbar hatte der Astrologe seinem Klienten eine lange Reihe Fragen über bemerkenswerte Ereignisse in seiner Biographie gestellt, gleichgültig, ob sie medizinischer oder persönlicher oder politischer Natur waren. Dann hatte er die Planetenkonfigurationen bestimmt, die diese Geschehnisse verursacht hatten, wobei er sowohl das Geburtshoroskop als auch die jeweils aktuellen Gegebenheiten am Sternenhimmel ins Kalkül zog (in Chekes Fall hatte neben

---

ascendente huius per 12 gradus, igitur amicitie offitia faciet mihi natus iste. Item in loco Iovis in nativitate mea est luna in nativitate eius ...«

30 Cardano, *Liber xii geniturarum, O,* V.512: »Contigerunt ei haec insignia: Anno 1540. Die septima Septem. laboravit acuta febre. Anno 1552. die quinta Maii Peripneumonia. Anno 1544. die decima Iunii, in Regium praeceptorem electus est.

anderen Faktoren offensichtlich die Sonne, die sich der Opposition zu Mars näherte, etwas mit jener Krise zu tun, die ihn um ein Haar seine Stellung gekostet hätte).³² Die Bemerkung läßt Sitzungen ahnen, in denen stundenlang schematisch Fakten abgefragt wurden – möglicherweise bereits anhand standardisierter Fragenkataloge –, und einen astrologischen Fachmann, der seinen gereizten Klienten mit nutzlosen Erklärungen für längst vergangene Erfolge und Niederlagen eindeckte.

Das Horoskop, das Cardano für einen weiteren Intellektuellen, König Edward höchstselbst, erstellte, war noch umfangreicher und deutlich unschärfer als das von Cheke. Das Gespräch mit dem Klienten hatte mehr diskursiven Charakter. Edward, so erinnert sich Cardano,

»war damals erst fünfzehn Jahre alt. Er fragte – denn er sprach ebenso fließend und elegant Latein wie ich –: ›Was bietet Ihr Buch *De varietate rerum* Neues?‹ Dieses hatte ich nämlich ihm gewidmet. Ich antwortete: ›Zuerst einmal, gleich im ersten Kapitel, erkläre ich etwas, was man lange vergeblich zu erforschen versucht hat, nämlich, was die Ursache der Kometen ist.‹ ›Und was ist die Ursache?‹ fragte er. ›Die Kreuzung von Lichtstrahlen der Planeten‹, entgegnete ich. ›Aber‹, wandte der König ein, ›die Gestirne sind doch immer in Bewegung auf ihren je besonderen Bahnen. Wie kann es da sein, daß die Kometen nicht sofort wieder verschwinden oder sich doch wenigstens zusammen mit den Planeten bewegen?‹ Ich antwortete: ›Sie bewegen sich ja, nur viel schneller als die Planeten, wegen der Verschiedenheit der Entfernung – das ist so wie mit der Sonne und dem Kristall, wenn an der Wand der Regenbogen erscheint: Schon eine ganz kleine Bewegung bewirkt eine große Ortsveränderung.‹ Darauf meinte der König: ›Aber wie ist das möglich ohne etwas, das dem

---

  Anno 1549. die undecima Ianuarii a pristino honore ferme decidit. Anno 1547. die undecima Maii uxorem duxit.«
31 Ebda: »Dixit quod anno 1549. die undecima Ianuarii ferme excidit ab officio.«
32 Ebda; s. auch Cardano, *De vita propria*, 15, O, I.12.

Licht als Unterlage dienen kann so wie die Wand dem Regenbogen?‹ Ich antwortete: ›Das ist so wie bei der Milchstraße und bei der Reflexion des Lichts: Wenn viele eng beieinanderstehende Kerzen alle zugleich leuchten, entsteht in der Mitte ein besonderer heller, weißer Schein.‹«[33]

»O ja«, fügte Cardano hinzu und erwies dem wissenschaftlich geschulten Scharfsinn des Herrschers mit einem geflügelten Wort Respekt, »an seiner Kralle erkennt man bekanntlich den Löwen.« Das Gespräch hat, wie man meinen könnte, mit der eigentlichen Aufgabe des Astrologen nichts zu tun, aber ein eingeweihter Leser hätte seine Relevanz sofort erkannt: Cardanos Unterhaltung mit dem gebildeten und schlagfertigen jungen König, die wohl zu einem Zeitpunkt stattfand, da er noch mit den Vorarbeiten zu Edwards Horoskop beschäftigt war, führte ganz natürlich von der Astrologie zu dem nahe verwandten Thema der Kometen. Zwar hatte Aristoteles die Meinung vertreten, diese gehörten der Erdatmosphäre an und nicht dem Raum des Himmels, der nicht der Veränderlichkeit unterworfen war, aber selbst Ptolemäus, der sich der aristotelischen Lehre wie kein anderer Astrologe verpflichtet fühlte, hatte Kometen zumindest als verläßliche Wetterpropheten betrachtet und ihnen in seinem *Tetrabiblos* (2.13) einige Aufmerksamkeit geschenkt.

Viele Denker jener Zeit, die der klassischen Astrologie jeglichen Nutzen absprachen, so zum Beispiel Luther, leugneten gleichwohl nicht die Bedeutsamkeit von Kometen.[34] Indem Cardano hier im radikalen Widerspruch zur Tradition Kometen als Himmelsphänomene deutete, die entstanden, wenn sich Lichtstrahlen der größeren

---

33 Cardano, *Liber xii geniturarum, O,* V.506: »Cum illo congressus decimum quintum adhuc agebat annum. interrogavit (Latine non minus, quam ego, polite et prompte loquebatur) quod contineant libri tui de rerum varietate rari. Hos enim nomini M. S. dedicaveram. Tum ego: Cometarum primum causam diu frustra quaesitam in primo capite ostendo. Quaenam, inquit ille. Concursus, ego aio, luminis erraticorum syderum. At Rex: quomodo cum diversis motibus astra moveantur, non statim dissipatur aut movetur illorum motu. At ego movetur quidem, sed longe celerius illis ob diversitatem aspectus, velut in crystallo et sole cum iris

Planeten kreuzten, bot er, wie manche Leser finden mochten, eine eindrucksvolle und plausible Erklärung, die es rechtfertigte, daß die Astrologen sich mit diesem Gegenstand auseinandersetzten.[35] Sowohl die Art und Weise, wie der junge Mann seine Fragen stellte, wie auch der eigentliche Inhalt dieser Fragen zeugte von einem weit fortgeschrittenen Verständnis in Dingen der Naturphilosophie und Astrologie, und wahrscheinlich war das Gespräch dem Astrologen bei seinen Bemühungen, den Charakter des Königs zu analysieren, durchaus nützlich.

Andere Klienten waren nicht allein Männer von Geist und Bildung, sondern besaßen auch Kenntnisse und Erfahrungen in der Politik. Cardano versäumte in diesen Fällen nicht, den Leser durch irgendeine Andeutung darauf hinzuweisen, daß in den Gesprächen auch diese Wesenszüge zutage getreten waren. So bemerkte er zum Beispiel, daß er sein Horoskop des Juristen und Bibliophilen Aimar de Ranconet gegen dessen erklärten Willen veröffentliche. Wie so viele Geschichten, die Cardano erzählt, soll auch diese dem Leser zur Lehre dienen:

»Dieser hohe Beamte weiß würdigen Ernst mit wunderbar kultivierten Umgangsformen zu verbinden, Gelehrsamkeit mit praktischer Erfahrung. Er behandelt bei allem Pflichtbewußtsein Männer der Wissenschaft so freundlich, wie man es nur immer wünschen kann. Und obwohl sein Einkommen bescheiden ist, besitzt er doch eine so erlesene Bibliothek, daß man meinen könnte, er wolle es dem Epaphroditus nachtun. Er bat mich inständig, sein Horoskop nicht in diese Sammlung aufzunehmen. Seine Bitte beweist, daß er ein

---

in pariete relucet. Parva enim mutatio magnam facit loci differentiam. At Rex: et quonam pacto absque subiecto illud fieri potest, iridi enim paries subiectum. Tum ego, velut in lactea via et luminum reflexione, cum plures candelae prope accensae medium quoddam lucidum et candidum efficiunt. Itaque ex ungue Leonem, ut dici solet.«

34 R. Barnes, *Prophecy and Gnosis*, Stanford 1988.
35 D. Ruderman, *Kabbalah, Magic and Science*, Cambridge, Mass./London 1988, Kap. 6.

Mann von Verstand und Kultur ist, indes kann ihm nicht gewährt werden, was nicht gewährt werden darf, nämlich, daß ich darauf verzichte, an diesem so passenden Ort eines Mannes zu gedenken, dessen Freundschaft allein alle Mühen meiner Reise nach Frankreich aufwiegt. Ich gestehe, daß ich in meiner eigenen Heimat keinen wie ihn kennengelernt habe, einen hohen Würdenträger mit so viel Geist, einen Mann, der mein Wesen so beurteilt hat, wie er es tat: Obwohl ich in Lumpen gehüllt vor ihn trat, konnte ich ihn nicht dazu bringen, mich zu verachten; obwohl ich ganz schlicht redete, behandelte er mich nicht herablassend. Da sagte ich mir: ›Das ist ein seltener Vogel, einer, der auf das Innere sieht und sich von der trügerischen Fassade nicht beirren läßt.‹«[36]

Cardano hatte sich also in irgendeiner Art »verkleidet«, als er Ranconet zum erstenmal gegenübertrat – oder hatte diesen doch jedenfalls durch seine Kleidung und exzentrisches Benehmen über seine Persönlichkeit zu täuschen versucht. Der französische Jurist aber hatte sich als Menschenkenner erwiesen, der die bizarre Maske durchschaute und den wahren Cardano, den Weisen, sah. Auch Cheke bestand die Probe: Obwohl Cardano sich extrem schlicht und unauffällig gab, »um zu erkennen und selbst unerkannt zu bleiben«, ließ sich Cheke nicht dazu verführen, ihn zu unterschätzen.[37]

Cardano hatte seine Sitzungen mit diesen Intellektuellen, die in der Politik aktiv waren, also gewissermaßen zu praktischen Intelligenztests umfunktioniert, und die Kandidaten hatten die Prüfung

---

[36] Cardano, *Liber xii geniturarum*, in Ptolemäus, *Quadripartitum*, hrsg. von Cardano, 1554, 422, zit. bei F. Secret, »Jérôme Cardan en France«, *Studi francesi* 30 (1966), 480–485, 480: »Verum hic Praeses gravitatem habet cum humanitate mira junctam: eruditionem cum usu rerum. Officiosus, eruditorum amans, ut alius quisque. Et cum mediocri re familiari tantum tamen librorum habet selectorum, ut Epaphroditum a libellis imitari videatur. Rogavit me enixe ne illius genesim hic intererem, judicium et humanitatem his precibus suis declarans, sed non impetravit, quod impetrari non debuit: ut cujus solum amicitiae causa non pigeat Gallias invisisse, hunc tam opportuno loco silentio praeteream. Fateor ingenue me in patria mea nunquam talem expertum, in quo tantum humanitatis cum magistratu, tantum judicii de me fecerit. Quem quod pannosus essem effice-

ohne Schwierigkeiten bestanden. Der Astrologe erhob in seinen Gesprächen mit den Klienten nicht einfach nur mechanisch Daten und Fakten, sondern er interessierte sich auch für politische und moralische Dinge. In seinen Charakteranalysen schenkte er oft den Eigenschaften besondere Beachtung, denen im öffentlichen Leben positive oder negative Bedeutung zukam. Seine Kommentare zu den Horoskopen dieser Gruppe lieferten knappe, aber sprechende Charakterskizzen, die einigen Scharfblick verraten. In Cheke etwa sah er den Idealtypus eines hochintelligenten Opportunisten verkörpert, der keinerlei zentrale Grundüberzeugung besitzt:

»Procyon, der von merkurischer Natur ist, zusammen mit [Merkur] macht einen Mann, der Talent für wissenschaftliche Studien und zugleich einen Sinn für praktische Angelegenheiten hat. Er versteht es auch ganz ausgezeichnet, sich den Erfordernissen des Orts und der Zeiten anzupassen. Er wird zu den höchsten Ehren gelangen, die ein Mensch erreichen kann, und man wird ihm eine geradezu überirdische Weisheit zusprechen, wenn nicht ungünstige Einflüsse allgemeiner Art es verhindern.«[38]

Von Baduel weiß Cardano noch Besseres zu berichten; er spricht ohne Umschweife, pointiert, zugleich voller Bewunderung:

»Diese Geburtskonfiguration ist staunenswert günstig, was Glück, Geistesgaben, Charakter und Körpergestalt angeht. Er ist von gro-

---

re non potui, ut contemneret, quod simplici uterer sermone, ut despectui haberet. Tunc mecum dixi, haec rara avis est quae intus prospicit, nec recti falsa specie fallitur.«

37 Cardano, *Liber xii geniturarum*, O, V.513.

38 Ebda: »Cum Mercurio caput Medusae (de circulo positionis nunc loquor, ut etiam de sorte) significat sacerdotium et in legis administratione potestatem. Est enim de natura Saturni et Iovis. Cum eodem Procion quod naturae sit Mercurii facit hominem studiosum disciplinarum et negotiis tractandis habilem. Erit autem talis ut maxime loco et tempori accommodare se norit. Et ultimum splendoris ac gloriae humanae consequetur [verb.: consequentur], opinionemque sapientiae quasi divinae, nisi a communibus constitutionibus impediatur.«

ßer Statur, ein gutes Stück über dem Idealmaß, fett und massig. Auf diesem Körper sitzt ein kluger Kopf, der auch in der Mathematik einiges leistet. Er ist höflich, großzügig, ein angenehmer Gesellschafter. In praktischen Geschäften ist er gewandt, klug und energisch, er war mit seinem Scharfsinn seinem König schon oft sehr nützlich ... Seine Fähigkeiten kommen nirgends glücklicher und besser zur Geltung als auf Reisen oder diplomatischen Missionen oder Kriegszügen, wo er Gefahren und Intrigen, die seine Neider gegen ihn anzetteln, ausgesetzt sein wird. Trotzdem wird er zu den höchsten Ämtern aufsteigen. Aber sein Horoskop enthält auch einige widersprüchliche Dinge; so weist es zum Beispiel auf ein gutes Temperament und doch auch auf ein Leben voller Krankheiten, auf Einsamkeit, obwohl er doch verheiratet ist, auf einen schwerfälligen Körper bei scharfem Verstand, auf Verleumdungen, die er leiden muß, all seiner Güte zum Trotz.«[39]

Cardanos Übungen in der Kunst des Oxymorons, mit scharfen Kontrasten wie einem Gedicht von Petrarca entsprungen, zeigen, daß er es verstand, eine komplexe Persönlichkeit mit einem einzigen Blick zu erfassen – genau so, wie die großen Männer ihn einzuordnen wußten. Ebensogut wie politische konnte astrologische Erfahrung einem Mann den Weg zu höchst bedeutsamen Positionen bahnen.

Und Cardano schaffte es tatsächlich, in die Sphäre der hohen Politik vorzudringen. Er erstellte, vielleicht auf eine Anregung Chekes hin, ein Horoskop des jungen König Edward von England. Eine Abschrift davon – wahrscheinlich ein bequem lesbares, prächtig gestaltetes Manuskript –, war für das königliche Familienarchiv be-

---

39 Ebda, O, V.510–511: »Et fortuna et ingenio et moribus et corporis forma genesis haec admirabilis est. Vir est procerus, iusta magnitudine satis maior, oboesus et crassus. Cumque hac forma ingeniosus, mathematicarum non ignarus, civilis, magnificus, comis. In rebus etiam agendis callidus, prudens, impiger, quique multum suo regi sagacitate contulit. Causa amicitiae cum rege suo est locus solis idem ... Nulla in re aut felicior aut aptior quam in itineribus, legationibus et expeditionibus, in quibus et pericula et calumnias patietur ob invidiam. Ad maximas tamen administrationes perveniet. Complectitur autem haec genesis contra-

stimmt.⁴⁰ Er fand ganz offenbar Himmelskonstellationen, welche die überragenden Fähigkeiten des jungen Mannes erklärten, seine Sprachbegabung, seine erstaunlichen Leistungen in der Dialektik, der Naturphilosophie und der Musik, seine feinen Sitten, die eines Königs wahrhaft würdig waren.⁴¹ Cardano sah in den Sternen, daß sich Edward zu einem schönen Mann mit großem diplomatischen Geschick entwickeln werde und daß ihm eine vorteilhafte Heirat beschieden sein sollte. Allerdings waren seine Lebenskräfte in jungen Jahren eher schwach, da Saturn im ersten Haus stand.⁴² Am Anfang werde der König, so prophezeite Cardano, ruinös wirtschaften, aber dann seinen Besitz stetig mehren. Er werde nicht allzu weite Reisen nach Süden, Norden und Osten unternehmen. Er werde trotz seiner Jugend Weisheit und Maß an den Tag legen.

Derartig gründliche und detaillierte Charakteranalysen, in denen bisweilen auch scharf formulierte Kritik aufklang, entsprachen durchaus den Normen des Metiers und den Erwartungen höherer und höchster Herrschaften überall in Europa, die für solche Gutachten riesige Summen ausgaben. Seit dem Spätmittelalter beschäftigten französische und englische Angehörige des Hochadels Astrologen, die Horoskope für sie erstellten. Diese Arbeiten enthielten ebenso wie die Cardanos sehr detaillierte Aussagen über persönliche und politische Dinge sowie medizinische und psychologische Erkenntnisse. Sie beschrieben Charakter und körperliche Konstitution der Klienten in der Regel mit um Präzision bemühter Strenge und scheuten, wie Cardano, auch vor beißender Kritik nicht zurück.⁴³ Im Lauf des 16. Jahrhunderts weitete sich das Geschäft der Astrologen immer mehr aus: In den umfangreichen Horoskopgut-

---

ria quaedam simul, velut bonam temperiem et vitam morbosam; orbitatem cum sit uxoratus: obesum habitum et ingenium acre: benefacere et calumniam pati.«
40 Ebda, *O*, V.507: »... quae primo scripseram, ut etiam in praecedentibus quorum extat apud regios exemplar.«
41 Ebda, *O*, V.503.
42 Ebda, *O*, V.504.
43 S. z. B. Conrad Heingartens Horoskop für Jean II. de Bourbon, BN Paris MS lat. 7446, und M. Préaud, *Les astrologues à la fin du Moyen Age*, Paris 1984.

achten wurde jetzt auch den Kindern der Klienten Beachtung geschenkt, und neben gekrönten Häuptern und der Aristokratie nahmen auch reiche Handelsherren und andere Bürgerliche solche Dienstleistungen in Anspruch.

Die großen Geister des frühen 16. Jahrhunderts, in der Regel der städtischen Oberschicht zugehörig, konsultierten ebenfalls zuhauf astrologische Experten. Francesco Guicciardini zum Beispiel beschäftigte sich einigermaßen intensiv und lange mit dem Horoskop, das Ramberto Malatesta für ihn erstellt hatte. Wie Cardano legte auch Malatesta bei der Schilderung der mannigfachen Abenteuer, die seinem blitzgescheiten, zu »Melancholie« neigenden, einflußreichen Klienten nach dem Stand der Gestirne – oder vielleicht eher nach sorgfältig beobachteter Lage der Dinge – voraussichtlich begegnen würden, Talente an den Tag, die jedem Drehbuchautoren in Hollywood Ehre machen würden:

»[Zum Thema Reisen:] Indes ist es doch wahr, wie die Sonne und die rückläufige Bewegung des Saturn anzeigen, daß du viel reisen wirst. Dabei wirst du viele Schwierigkeiten und Gefahren meistern müssen, dir wird so manches Unglück begegnen und zustoßen, und du wirst ernstlich Schaden nehmen, auch an deiner Gesundheit. Aber zu der Zeit, die ich dir noch rechtzeitig mitteilen werde, mußt du vorsichtig und klug sein, damit dir nichts Schlimmes zustößt.

[Zum Thema Geist:] Aber wenn ich wiederum in Betracht ziehe, daß Merkur das Horoskop beherrscht, sage ich, daß du ein Mann von vielen Talenten bist, hochintelligent, in allen Wissenschaften daheim, dem Studium der Geheimnisse der Astronomie leidenschaftlich ergeben. Und wenn er in Konjunktion mit Venus tritt, so meint Firmicus Maternus, so macht er einen Menschen reich und häuft um ihn herum allerlei Besitz an, und auch Glück bei den Frauen wird dir reichlich zuteil.

[Gefahren des Reichtums:] Und weil du alles dies gewinnen wirst,

---

44 R. Castagnola, *I Guicciardini e le scienze occulte*, Florenz 1990, 114–115.
45 W. Pirckheimer, *Briefwechsel*, hrsg. von E. Reicke u. a., München 1940–1989), I,

werden allerlei Gefahren und Sorgen nicht ausbleiben, aber hab nur immer guten Mut.

[Ehre:] ... Mars in aufsteigender Bahn weist auf hohe Ämter und auf militärische Befehlsgewalt. Und er weist auf einen Mann, der über Leben und Tod entscheidet und Leben und Tod vieler Menschen in seiner Hand hält. Und also zeigt er uns einen Mann, der die Insignien mannigfaltiger Würden trägt, den viele Ehrenzeichen zieren ...

[Kirchliche Würden:] Aber er wird als Wissenschaftler und in kirchlichen Funktionen tätig sein und wegen seiner Verdienste die Gunst großer Männer erlangen. Und oft werden Feinde sich gegen ihn erheben und ihn attackieren, aber er wird sie mit Kraft und Tugend in ihre Schranken weisen.

[Ehebruch:] Und er wird auch die Ehefrau oder die Verlobte eines anderen verführen.«[44]

Willibald Pirckheimer erhielt nicht nur ein detailliert ausgearbeitetes Horoskop samt Interpretation von seinem Freund Lorenz Beheim, sondern nahm auch darüber hinaus immer wieder dessen astrologische Expertise in Anspruch. Beheim überließ ihm auch ein Horoskop Dürers, das dessen Ruhm, Reiselust und sexuelle Begierden teils im nachhinein erklärte, teils prophezeite, dazu genaue Instruktionen, die zum selbständigen Studium von Horoskopen anleiteten.[45]

Solche Arbeiten erforderten einigen Aufwand an Zeit, der in aller Regel zu bezahlen war. Da Cardanos Briefe verloren sind, ist es leider unmöglich, die wirtschaftlichen Aspekte und andere praktische Details seiner Tätigkeit genauer zu erkunden. Zum Glück sind aber etliche Briefe aus der Korrespondenz eines der erfolgreichsten Konkurrenten Cardanos erhalten, und diese Quellen vermitteln einen Eindruck sowohl von der Bandbreite der Fragen, mit denen ein Horoskopsteller sich auseinanderzusetzen hatte, als auch davon, in

---

446, 455, 539; 540–541; II, 20, 44, 104–108, 115, 362–368, 451, 508–512; III, 114, 283.

welcher Form er für seine Dienste entlohnt wurde. Michel de Nostradamus hatte sich – wie es Cardano ohne Erfolg versucht hatte – mit der Publikation von Prognostika einen Namen gemacht, in denen er astrologische und prophetische Künste und Stilmittel miteinander kombinierte.[46] Als er sich jedoch als eine Berühmtheit in der Branche etabliert hatte, wandte er sich mehr anderen Tätigkeitsfeldern zu; mit Vorliebe erstellte er nun astrologische Einzelgutachten, oft verbunden mit Kurzzeitprognosen, für finanzstarke Klienten. Ein besonders guter Kunde war der Augsburger Handelsherr Hans Rosenberger, der im November 1559 über einen Vermittler namens Lorenz Tubbe Kontakt mit ihm aufgenommen hatte. Tubbe hatte Nostradamus Rosenbergers Horoskop geschickt und ihn um seinen Rat gebeten. Der Klient, so erklärte er in seinem Brief, sei in astrologischen Dingen sehr anspruchsvoll; schließlich sei er früher von dem allgemein anerkannten Experten Cyprian Leowitz betreut worden, der sogar eine Weile mit ihm unter einem Dach gelebt habe.[47] Nichtsdestoweniger lege sich Rosenberger jetzt Nostradamus zu Füßen:

»In Tirol, einer Landschaft in Oberdeutschland, lebt ein Mann von Stand, der die mathematischen Wissenschaften liebt und alle, die sie studieren und lehren. Aus diesem Grund hat er in den vergangenen drei Jahren immer wieder exzellente Mathematiker aufgenommen, die bei ihm im Haus wohnten. Ihm sind Ihre Prophezeiungen untergekommen, und deren Exaktheit hat ihn mit Bewunderung für Sie erfüllt. Er hätte deswegen gerne, daß Sie sein Horoskop mit mir erörtern, das er mir geschickt hat. Er hofft, Sie möchten Zeit finden, ihm die folgenden Punkte, in Ihrer besonderen Manier und auf der Basis der astrologischen Wissenschaft, zu erklären. Erstens: Was ist aus den *directiones* bezüglich der Aussichten seiner Bergwerkspro-

---

46 Allgemein dazu s. Brind'Amour, *Nostradamus astrophile*.
47 Leowitz ist am besten als Autor von *De coniunctionibus magnis*, London 1573, bekannt; allg. s. Barnes, *Prophecy and Gnosis*.
48 Nostradamus, *Lettres inédites*, hrsg. von J. Dupèbe, Genf 1983, 39.

jekte im Jahr 1559 und darüber hinaus – sofern Sie zu der Überzeugung gelangen, daß er dann noch am Leben ist – zu schließen? Denn er investiert seit einiger Zeit bedeutende Summen in Bergwerke. Zweitens: Welche Würden und Ämter hat er Ihrem Urteil nach in den kommenden Jahren zu erwarten? Drittens: Wie ist es um seine Gesundheit, sein Vermögen bestellt? Mit welchen Risiken muß er rechnen? Wenn Sie ihm Klarheit in diesen Punkten verschaffen – möglicherweise stoßen Sie ja bei Ihren Studien auch noch auf andere Dinge, vor denen Sie ihn warnen möchten –, wird er mir schriftlich Anweisung erteilen, Ihnen ein großzügig bemessenes Honorar auszuzahlen.«[48]

Nostradamus schickte nach einiger Zeit das gewünschte Gutachten, mit dem Tubbe jedoch nichts anzufangen wußte: Es war auf französisch und zudem in einer Schrift geschrieben, die kaum zu entziffern war. Tubbe bat den Meister um eine lateinische Übersetzung, die er Rosenberger schicken konnte.[49]

Nach einigem Hin und Her schrieb 1561 Rosenberger selbst einen Brief, in dem er erstens Nostradamus zum Lohn für seine Mühe eine Ehrengabe, nämlich einen vergoldeten Silberpokal, wie sie in Deutschland Mode waren, anbot, ihn zweitens bat, Horoskope für seine Söhne Karl und Hans zu erstellen, und sich drittens über die unleserliche Handschrift des Astrologen beklagte.[50] Die Beziehungen zwischen den beiden dauerten noch einige Zeit fort und trugen durchaus erfreuliche Früchte, zumindest was Nostradamus betrifft. Dieser durfte nicht nur Rosenberger die himmlischen Ratschlüsse bezüglich seiner Investitionen mitteilen, sondern erhielt dank dieser Geschäftsverbindung eine ganze Reihe weiterer Aufträge von anderen wichtigen Leuten, darunter auch Rudolf und Ernst von Habsburg, die Söhne Maximilians II., für die er Horoskope erstellte.[51]

---

49 Ebda, 45–46.
50 Ebda, 69–71, 73–75.
51 Ebda, 152–162. Eines der beiden Horoskope ist im Besitz der Österreichischen Nationalbibliothek, Wien.

Gegen Ende seines Lebens, so Dupèbe, konnte sich Nostradamus vor Bestellungen kaum mehr retten: »Sein Arbeitszimmer, in dem mehrere Sekretäre zugange waren, machte den Eindruck einer betriebsamen kleinen Fabrik.«[52] Astrologische Individualberatung, wie sie Cardano betrieb, war also nichts Ungewöhnliches, sondern gängige Praxis unter den erfolgreichen Kollegen, und ebensowenig einzigartig war auch, daß er bei seiner Arbeit immer das große Ziel im Auge behielt, eine politische Karriere zu machen, in Sphären aufzusteigen, in denen allerhöchste Herrschaften ihm Gehör schenkten. Wenn er seine Dienste bei Hof und einflußreichen Höflingen anbot, war das keine Grenzüberschreitung, er drang nicht in ein Gebiet vor, das dem Astrologen verboten war, sondern er wandelte auf eingetretenen Pfaden.[53]

Cardano merkte bald, daß die glitzernde Welt der Mächtigen, die an ihren Herrentischen große Dinge verhandelten, ihre Spalten und Kluften hatte, in die ein ehrgeiziger Astrologe leicht stürzen konnte. Handwerkliche Fehler bei der Berechnung von Positionen oder der Prognoseerstellung konnten normalerweise vertuscht oder wegerklärt werden und waren in aller Regel bald vergessen. Wir haben bereits gesehen, daß Cardano sein Horoskop Neros einfach stillschweigend verbesserte, nachdem er erkannt hatte, daß er ein falsches Geburtsdatum zugrunde gelegt hatte. Kritikern, die Fälle von Willkür monierten, konnte man zeigen, daß die scheinbaren Verstöße gegen sonst gültige Regeln gar keine waren, was Cardano um so leichter fiel, als seine Kunst der Horoskopdeutung auf recht elastischen Grundsätzen ruhte. »Dieser oder jener Feind der Astrologie«, schreibt er in seinen Ausführungen zum Horoskop von Casanatus, »könnte hier aufstehen und fragen: ›Wo sind denn da Zei-

---

52 Ebda, 14.
53 Vgl. Armstrong, »An Italian Astrologer at the Court of Henry VIII«, *Italian Renaissance Studies*, hrsg. von E. F. Jacob, London 1960, 433–454.
54 Cardano, *Liber xii geniturarum, O,* V.544: »Rursus hic aemulus astrologiae, ubi signa itinerum, ubi signa tam diuturnae morae extra patriam? Nam hic luminare, non Mars, non Sors cadunt ad angulos. Sed audi o bone vir. Duo mediocria faciunt unum magnum, et tria unum maximum.«

chen, die auf seine Reisen deuten oder auf seinen langen Aufenthalt fern seiner Heimat? Hier ist es ja doch der Leuchter, nicht Mars und auch nicht der Schicksalsstern, der zu den Winkeln hin abfällt [im fünften Haus steht].‹« Cardano aber hat die Antwort schon bereit: »Hör mir zu, guter Mann: Zwei mäßig starke Zeichen ergeben ein starkes und drei ein sehr starkes.«[54] Die Position des Mondes im fünften Haus, wo Mars ihn »ansieht«, die Position des Saturn, schließlich auch die Tatsache, daß Casanatus einem reiselustigen Volk entstammt – all das zusammengenommen determiniert, daß der Mann weite Reisen unternehmen wird, und dies, obwohl weder Mond noch Merkur noch Mars im neunten Haus erscheinen, das normalerweise für Reisen zuständig ist.[55] Im Rückblick wirkt Cardanos Verhalten wenig geeignet, Skeptiker zu überzeugen. Wie auch am Fall Neros evident wurde, frisierte er widerspenstige Fakten einfach zurecht. In seiner eigenen Sichtweise stellte sich die Sache anders dar: Er war sich bei seiner Arbeit wohl bewußt, daß die Interpretation von Horoskopen eine unsagbar komplexe Abwägung von Faktoren voraussetzte, bei der auch die Intuition eine Rolle spielte, weswegen Fehler und Revisionen unvermeidlich waren.[56] Es war ein hermeneutisches System, kein geometrisches. Und jedenfalls regten Probleme wie diese Cardano dazu an, anspruchsvolle und glaubwürdige Argumentationen zu entwickeln, die für seine Lesart sprachen.

Aber eklatante Irrtümer in der Sache konnten weder stillschweigend korrigiert noch wortreich beschönigt werden, schon gar nicht, wenn sie in Gutachten für sehr prominente Klienten nachzulesen waren. Eine besonders peinliche Fehlprognose stand im *Liber xii geniturarum.* Zwar hatte Cardano in seinem Horoskop für König Edward Bedenken hinsichtlich der schwächlichen Vitalität des

---

55 Vgl. Ptolemäus, *Tetrabiblos,* 4.8; W. Lily, *Christian Astrology Modestly Treated of, in Three Books,* London 1647, Repr. 1985, 606–611.
56 Vgl. J. Heilbron, »Introductory Essay«, *John Dee on Astronomy: ›Propaedeumata aphoristica‹ 1558 and 1568,* hrsg. und übers. von W. Shumaker, Berkeley 1978, 52–53, ähnlich Clulee, 73.

jungen Mannes geäußert, ihm aber dennoch eine vorteilhafte Heirat, eine mehr oder weniger normale Lebensdauer und etliche Jahre während Regierungszeit vorausgesagt. Doch als das Buch 1554 erschien, war der König bereits tot, daran war nicht zu rütteln. Cardano war schockiert, beharrte aber nichtsdestoweniger darauf, daß er seine Prognose mit so vielen Vorbehalten ausgesprochen habe, daß von einem wirklichen Kunstfehler keine Rede sein könne: »Daraus erhellt«, schrieb er, »daß wir über die Lebensdauer bei schwachen Genituren keine Aussagen machen dürfen, wenn wir nicht sämtliche relevanten *directiones*, Durchgänge und Eintritte untersucht haben. Und wenn ich in der Vorhersage, die ich jenen gegeben habe, keinen Vorbehalt bezüglich dieser Frage hinzugefügt hätte, so könnten sie sich mit Recht über mich beklagen.«[57]

Diese Entschuldigung befriedigte Cardano allerdings selbst nicht recht, und er sah wahrscheinlich ein, daß sie seinen Lesern ebensowenig genügen konnte. Er fügte deswegen eine Passage hinzu, in der er erklärte, was der »noch wichtigere Grund« dafür gewesen sei, daß er den frühen Tod des Königs nicht vorhergesagt habe. Er hatte, behauptet er, circa 100 Arbeitsstunden an die Untersuchung der für die Lebensdauer relevanten Orte in Edwards Horoskop gewendet. Sein normales Verfahren, die *directiones* dieser Orte zu ermitteln, sagt er, hätte unweigerlich zur Entdeckung der drohenden Gefahr geführt: »Die Sache wäre sofort deutlich geworden: Todesgefahr – denn ich würde mir nie anmaßen, zu sagen: der sichere Tod, auch wenn er angesichts so vieler miteinander übereinstimmender Hinweise als ziemlich gewiß gelten kann – und auch der Verrat, die Un-

---

57 Cardano, *Liber xii geniturarum, O,* V.507: »Ex quo patet, quod non debemus pronuntiare de vitae spatio in debilibus genituris, nisi prius consultis directionibus omnibus aphetarum, processibus et ingressibus [vgl. Ptolemäus, *Tetrabiblos,* 3.10]. Et nisi esset quod ego in prognostico quod illis dederam ad me haec reservassem, iure poterant de me conqueri.«
58 Ebda: »tunc res ipsa patuisset, mortis periculum, neque enim tantus sum, ut audeam dicere certam mortem (quanquam et illa tuto posset cum tot testimoniis una consentientibus pronunciari), proditio, tumultus, regni translatio, et caetera quae sequuntur.«

ruhen, der Regierungswechsel und alles übrige.«[58] Solche Schrecknisse hätte Cardano unmöglich für sich behalten können: »Das Gute in meiner Natur hätte mich gezwungen, es auszusprechen.«[59] Eine solche Prophezeiung aber hätte die schlimmsten Folgen nach sich gezogen:

»Ich hätte meine Meinung aussprechen müssen. Welche Schrecken, welche üblen Nachreden! Die einen hätten gesagt, meine Vorhersage sei eitel und dumm, andere, ich sei von irgendeinem mächtigen Herrn bestochen worden und wollte mit List diesen oder jenen stürzen oder seinem König entfremden. Wieder andere hätten behauptet, ich hätte es erfunden, um in irgendeiner Weise Profit daraus zu ziehen. Wer hätte mir in dieser Lage geholfen, wo hätte ich Hoffnung finden sollen unter lauter Fremden, die selbst ihre eigenen Landsleute nicht schonen, nicht einmal ihren König, der noch ein Knabe war und sich selbst nicht schützen konnte, noch weniger mich.«[60]

Der leichtgläubige junge König, umgeben von lauter Männern, die bereits entschlossen waren, ihn zu verraten, hätte sich unter deren Einfluß möglicherweise sogar selbst gegen Cardano gewandt: »Es stand fest, daß ich unter solchen Umständen meine Heimat nie wiedergesehen hätte, und selbst wenn alles den besten denkbaren Verlauf genommen hätte, welchen Lohn hätte ich gehabt für die große Gefahr und all die schreckliche Aufregung?«[61] Kurz: Cardano wäre verloren gewesen, gefangen in der Schlinge seiner Pflicht als gewissenhafter Astrologe, gezwungen, die Wahrheit zu sagen, und dies in dem

---

59 Ebda: »Nam naturae bonitate cogebar praedicere.«
60 Ebda: »Cogebar sententiam meam dicere. Qui terrores, quae voces, alii inanem et stultum praedicassent, alii pecunia ab aliquo principe corruptum dolo agere, ut aliquem everterem, aut regis mentem alienarem, alii spe corradendae pecuniae ista commentum. Vnde mihi auxilium, aut spes ulla inter gentes ignotas, quae nec suis parcunt, praesertim rege adhuc puero, qui nec seipsum nedum me tutari valuisset?«
61 Ebda: »Itaque certum erat non redire in patriam, et si optime res cessisset, cum quo praemio tanti periculi et perturbationis animi.«

sicheren Bewußtsein, daß er dadurch sein Leben ruinierte. Und dabei hätte diese Wahrheit dem armen jungen König gar nichts geholfen, der selber ein Gefangener war in seinem verwunschenen Palast, umzingelt von älteren mächtigen Männern, die seinen Tod wünschten.

Aber Cardano schaffte es, sich in Ehren aus der Affäre zu ziehen: Er behauptete steif und fest, er habe sich einfach die letzte halbe Stunde Rechenarbeit gespart, die ihn zu der fatalen Erkenntnis dessen geführt hätte, was dem König bestimmt war. Es wäre ihm ein Leichtes gewesen, frech zu behaupten, er habe in Wirklichkeit sehr wohl richtig vorausgesehen, was passieren würde: »Ich hätte wie gewisse andere Astrologen so tun können, als hätte ich es gewußt und hätte aus Furcht nichts gesagt, das wäre ganz leicht gewesen in einer Sache, die so offensichtlich war, aber es lag mir fern, auch nur daran zu denken, geschweige denn, es vorauszusehen.«[62] Statt dessen hatte er einfach das Land verlassen. Cardanos Mitgefühl mit dem armen König hatte sich ständig gesteigert, schließlich war es ihm schlicht unerträglich, länger zuzusehen, wie er unterdrückt und ausgenutzt wurde. Ein tyrannisches Regime zeichnete sich ab, und vollends deutlich wurde das, als Teile des englischen Adels sich an den Gütern der katholischen Kirche bereicherten. Wenn man dieser Darstellung glaubte, hatte Cardano also das Weite gesucht, ohne seine Arbeit zu vollenden – nachdem ihn nicht etwa die Sterne gewarnt hatten, sondern sein gesunder Menschenverstand.[63]

Der Fall bewies, so betrachtet, nicht etwa ein Versagen der astrologischen Kunst, wohl aber, daß die hohe Position, zu der Cardano aufzusteigen hoffte, Gefahren mit sich brachte. Cardano war gewiß

---

62 Ebda, 508: »Potuissem sane more quorundam astrologorum fingere me novisse, quae ventura essent, tacuisse ob timorem, facile hoc erat in re tam conspicua, sed tantum abfuit, ut vel de hoc cogitarem, quanto minus ut praeviderim.«
63 Ebda.
64 Österreichische Nationalbibliothek MS 7433, 2vo–3ro: »Immo, ni me celestia fallant, procul dubio Marte tuo poteris Rex invictissime Regum Turcharum rabiem mox superare malam, ipsorumque Ducem manibus post terga revinctum duces. Dein Magno Caesare maior eris. Nil profecto blandior tuae Maiestati«; 10ro (*revolutio* für 1534–1535): »… et uti reor Constantinopolitanae urbis sceptra et coronam suspicies uti ex illius horoscopo et annuae huius conversionis elicitur.«

nicht der einzige ehrgeizige Astrologe von niederer Geburt, der einem königlichen oder vornehmen Klienten unkorrekt Auskunft gab. Gaurico zum Beispiel hatte dem Habsburger Erzherzog Ferdinand prophezeit, er werde die Türken besiegen, den Sultan gefesselt mit sich führen und mächtiger werden als selbst der Kaiser, und er hatte dies alles zu einer Zeit vorhergesagt, da die Habsburger froh sein konnten, wenn es ihnen gelang, Wien gegen die anstürmenden Türken zu halten, und viele Jahre bevor Karl V. seine Krone niederlegte.[64] Allerdings schrieb Gaurico dies in einem unveröffentlichten Horoskop, dessen Inhalt weder er noch der Kunde, der es bestellt hatte, an die große Glocke hängten. Cardano dagegen mußte sich für seinen Irrtum rechtfertigen, und das tat er unter Verweis auf ein gütiges Geschick und seinen gesunden Menschenverstand, die ihn davor bewahrt hatten, jenes kleine Bißchen mehr Zeit, das ihn zur Erkenntnis der Wahrheit geführt hätte, in seine Arbeit zu investieren. Andernfalls wäre er in ein politisches Dilemma geraten, aus dem ihm noch soviel fachliches Können nicht herausgeholfen hätte. Erstaunlicherweise zeigte der Fall Edwards, daß ein Hofastrologe unter gewissen Umständen seiner wichtigsten Pflicht, seinem Klienten die ungeschminkte Wahrheit zu sagen, nicht nachkommen konnte.[65]

Wenn Cardano mit solchem Nachdruck darauf verweist, daß der Astrologe allenthalben von politischen Problemen umlauert sei, lenkt er die Aufmerksamkeit des Lesers mit Bedacht auf ein in der astrologischen Tradition altbekanntes Thema. Wie viele andere Mediziner seiner Epoche und wie sein Rivale Gaurico war Cardano nicht nur ein guter Astrologe, sondern auch ein guter Humanist und

---

Noch peinlicher für Gaurico war das frühzeitige ruhmlose Ableben von Heinrich II, dem er eine glänzende Karriere verheißen hatte; s. G. Minois, *Geschichte der Zukunft*, Düsseldorf/Zürich 1998, 409.

65 Cardano, *Liber xii geniturarum*, O, V.507–508. Cardano schafft in seiner Argumentation das sprichwörtliche Kunststück, den Kuchen zu essen – indem er erklärt, daß seine Wissenschaft sehr wohl in der Lage war, den nahen Tod des Königs vorauszusehen – und ihn doch zu behalten – indem er beteuert, er sei zu ehrlich, um im nachhinein einfach so zu tun, als hätte er alles richtig vorausgesehen und seine Erkenntnisse nur verschwiegen. Eine spätere, positivere Sicht der Dinge in *De vita propria*, 42, O, I.36.

Philologe, der eifrig antike Texte und die Traditionen, denen sie entstammten, studierte.⁶⁶ Er durchforschte die alte Literatur auch nach Hinweisen auf das Verhältnis von Astrologie und Politik und entdeckte, daß schon seine Kollegen am Kaiserhof in Rom vor ganz ähnlichen Problemen gestanden hatten wie er. Wenn Tiberius in seinem Exil auf Capri seinen Astrologen Thrasyllus zum Vortrag empfing, stand ein Sklave bereit, um den Seher ins Meer zu werfen, falls der sich eine Lüge erlauben sollte. Einmal prophezeite der Astrologe, man werde Tiberius schon bald wieder nach Rom rufen. Daraufhin fragte dieser ihn, welche Zukunft er denn für sich selbst in den Sternen sehe. Eine sehr düstere, antwortete Thrasyllus – und rettete damit sein Leben: Nur indem er seinen Tod voraussagte, konnte er ihm entgehen. Der Astrologe, der sich in den Treibsand des höfischen Lebens begab, mußte aufpassen, daß ihm die schwere Bürde seines Berufs nicht zum Verhängnis wurde. An warnenden Beispielen fehlte es nicht. Der Astrologe Askletarion etwa hatte dem Kaiser Domitian seinen Tod prophezeit und dafür – auch das hatte er vorausgesehen – mit dem Leben bezahlt. Er hatte damit zugleich sein fachliches Können und ein vorbildliches Berufsethos unter Beweis gestellt.⁶⁷

Überhaupt lebten römische Astrologen gefährlich, besonders in der Spätantike, als ihre Wissenschaft zunehmend auch in einen prinzipiellen Konflikt mit den universellen Herrschaftsansprüchen der christlichen Kirche und den Kaisern geriet. Wie wir bereits gesehen haben, schlug Firmicus Maternus, der nicht nur Astrologe, sondern auch Bischof war, eine Lösung für dieses Problem vor, die allgemeine Akzeptanz fand: Da die Herrscher göttlich seien, erklärte er,

---

66 Vgl. M. Mucillo, »Luca Gaurico: astrologie e ›prisca theologia‹«, *Nouvelles de la République des Lettres* 2 (1990), 21–44.

67 Zur Sozialgeschichte der Astrologie im antiken Rom s. die neueren Arbeiten von M. T. Fögen, *Die Enteignung der Wahrsager*, Frankfurt a. M. 1993; D. Potter, *Prophets and Emperors*, Cambridge, Mass., 1994; T. S. Barton, *Power and Knowledge*, Ann Arbor 1994. Zu den politischen Aktivitäten mittelalterlicher Astrologen s. H. M. Carey, *Courting Disaster*, London 1992.

68 Firmicus Maternus, *Mathesis*, 2.30.5; über den Ursprung dieses Gedankens – vielleicht spiegelt er Diokletians Anspruch, alles Wirken und Geschehen auf Er-

seien sie der Macht der Gestirne nicht unterworfen.[68] Noch in der Renaissance wurde diese Lehre weithin anerkannt, allerdings nicht von Cardano, der auch sonst von dieser antiken Autorität keine hohe Meinung hatte. Firmicus, so stellte er mit Recht fest, war ein Grammatiker, kein Astrologe, und er hatte lediglich bruchstückhafte, angelesene Kenntnisse von der Lehre, verstand aber nichts vom eigentlichen Handwerk und vom Wesen dieser Kunst.[69] Ein ehrgeiziger Astrologe konnte leicht in eine kitzlige politische Angelegenheit hineingeraten, aber er konnte dem nicht einfach dadurch entgehen, daß er erklärte, für die hohe Politik sei er nicht zuständig.

Es galt also, und Cardano betont es mehr als einmal: Je mehr Talent ein Astrologe hatte, zu desto höheren Risiken führte ihn seine Karriere. Aber seine diesbezüglichen Erfahrungen waren nichts Ungewöhnliches in der Branche; auch Gaurico wußte ein Lied davon zu singen, wie wir bereits seinem Bericht von den Folgen entnehmen konnten, die eine korrekte Prophezeiung, ausgesprochen in einer gedruckten Schrift, für ihn hatte. Er hatte Giovanni Bentivoglio gewarnt, er und sein Haus seien dem Untergang geweiht, wenn er sich nicht Julius II. unterwerfe. Der erzürnte Herrscher verurteilte ihn zu »vier Folterungen an den Armen« – zu derselben schrecklichen Tortur, die viele Jahre später Tommaso Campanella standhaft aushielt, bis ihn seine Peiniger schließlich für geisteskrank erklärten – und zu fünfundzwanzig Tagen Haft. Als Julius II. bald danach die Bentivoglio besiegte und ihren Palazzo niederreißen ließ, machte er Gauricos Prophezeiung wahr, aber das linderte nicht die Schmerzen des Astrologen, die ihm noch lange im Gedächtnis blieben. »So schneidet denn die Wahrheit dem armen Propheten ins Fleisch«, schrieb

den zu lenken, und seine Weigerung wider, die Souveränität der himmlischen Sphären anzuerkennen, die seinen Vorgängern noch selbstverständlich gewesen war – s. Fögen, *Die Enteignung der Wahrsager*, 276–284.

69 Ptolemäus, *Quadripartitum*, hrsg. von Cardano, 1554, 34 = O, V.118: »cum ille purus esset grammaticus expersque omnino huius artis, non solum absque iudicio, bona, mala, falsa, vera, ex toto, et ex parte veritatem continentia, coniuncta disiunctaque in unum absque discrimine compegerit, sed quod multa non intelligens confuderit atque corruperit ...« Vgl. *Dictionary of Scientific Biography*, s.v. Firmicus Maternus, von D. Pingree.

Gaurico Jahre später, als er von seinen Kassandra-Erlebnissen berichtete.[70] Cardano hatte die Passage in seinem eigenen Büchlein *De interrogationibus* hämisch kommentiert.[71] Es ist nach alledem nicht erstaunlich, daß selbst sein prominentester Mißerfolg Cardanos Glauben an die prophetische Potenz seiner Wissenschaft nicht zu erschüttern vermochte. Auch für den weniger spektakulären Fall des Aimar de Ranconet, dessen Tugend und Bildung Cardano in den höchsten Tönen gepriesen hatte, fand der Astrologe eine vernünftige Erklärung, nachdem nämlich der Klient, den man beschuldigte, seine Tochter geschwängert zu haben, 1559 im Gefängnis gestorben war. Zwar hatte er auch diesmal die Katastrophe nicht vorhergesehen, jedoch konnte er wenigstens darauf verweisen, daß er Ranconet zu besonderer Vorsicht ermahnt hatte, da ihm Mars und Saturn ein großes Unglück ankündigten. Ohne Zweifel, so bemerkte er, hatte die Konjunktion von Mond und Mars in Opposition zu Jupiter ein übriges getan und sein Schicksal besiegelt.[72]

Die Erfahrungen, die Cardano in seiner Arbeit an technisch anspruchsvollen, detaillierten Horoskopen für Klienten und für tote Berühmtheiten machte, fachten seine Begeisterung für seine Kunst nur noch weiter an. Bisweilen geriet er unversehens ins Experimentieren – so zum Beispiel im Zusammenhang mit einem depressiven Patienten, dessen Kind kurz zuvor nach einem Sturz ums Leben gekommen war. Er erstellte das Horoskop des Kindes, um herauszufinden, ob daraus die Todesursache ersichtlich war, und entdeckte prompt, daß die Unglücksplaneten einen tödlichen jähen Absturz vorhersagten.[73] Immer wieder nahm er sich auch mit ungebrochenem Enthusiasmus alte Arbeiten vor, beispielsweise die Horoskope von Erasmus und Paul III., und ergänzte sie um weitere Details.

Mit anhaltendem Interesse, praktisch sein Leben lang, studierte er sein eigenes Horoskop in der Fassung des Jahres 1553. Er hatte, wie

---

70 Gaurico, *Tractatus*, 49vo: »Itaque miselo vati veritas nocuit.«
71 Cardano, *De interrogationibus liber*, O, V.560: »Id certe ex astris non viderat, quamvis excidium familiae ominaretur, plus ex coniectura rerum quam astrorum.«

bereits erwähnt, schon früh ein Diagramm seiner eigenen Geburtskonfiguration entworfen und mit Mailänder Freunden und Kollegen diskutiert. Varianten davon hatte er in seinen Horoskopsammlungen von 1543 und 1547 veröffentlicht. Aber im *Liber xii geniturarum* analysierte er nun die astronomischen und astrologischen Details mit einer geradezu mikroskopischen Genauigkeit, wie er sie noch nie an den Tag gelegt hatte. Offenbar fand er das Unternehmen höchst lehrreich, so sehr, daß er sich zwanzig Jahre später derselben Mühe noch einmal unterzog und die Arbeit weiterführte, um als Ergebnis seiner Bemühungen schließlich seine stark analytische Autobiographie *De vita propria* vorzulegen.

Auf dieses Horoskop wird noch ausführlich einzugehen sein – fürs erste interessiert uns vor allem Cardanos Rechtfertigung dafür, daß er es im Rahmen einer Sammlung publizierte, die seiner Ankündigung zufolge »illustre Genituren« enthielt. Man könnte daran Anstoß nehmen, gab Cardano zu, daß er sein eigenes Horoskop zusammen mit denen wirklich großer Männer wie Erasmus und Cheke präsentiere, und doch verdiene es in hohem Maß die Aufmerksamkeit des Publikums. Es enthalte eine große Fülle an Informationen über Talente und Erlebnisse – mehr als jedes andere Horoskop. Und es hatte einen weiteren, einzigartigen Vorzug: Der Analytiker kannte es bis in die letzte Einzelheit. Man werde, so rühmte ihm Cardano nach, »nicht leicht eines finden können, das so peinlich genau unter die Lupe genommen wurde wie dieses«.[74] Vor allem aber war an diesem Fall zu zeigen, daß die Prinzipien von Cardanos prognostischer Kunst richtig waren:

»Die vorhergehende Ausgabe liefert den Beweis: In den zehn Jahren, die seitdem vergangen sind, ist vieles von dem eingetreten, was dort öffentlich vorhergesagt wurde, und nichts ist eingetreten, was

---

72 Cardano, *Liber xii geniturarum, O,* V.513–514; s. Secret. In *De vita propria,* 32, *O,* I.24, erwähnt Cardano einen Brief, den er von Ranconet erhalten hat.
73 Cardano, *Liber xii geniturarum, O,* V.516.
74 Ebda, *O,* V.517: »... quoniam ad amussim adeo perspecta est, ut simile exemplum non facile invenire queas.«

nicht vorhergesehen worden war. Es paßt also alles, was sich in meinem Leben ereignet hat, so exakt zu diesem Horoskop, daß es scheint, als hätte ich nicht eine Vorhersage und Beschlüsse, die in den Sternen stehen, aufgeschrieben, sondern die Geschichte der Ereignisse.«[75]

Trotz aller Mißerfolge in seiner Prognostikerkarriere, trotz aller Gefahren und Fallstricke auf seinem Weg sah sich Cardano doch durch seine Horoskoparbeit in der Überzeugung vollkommen bestätigt, daß er ein Meister einer edlen, hocheffizienten Kunst war. Kein Wunder, daß er es sich nun auch zutraute, den ersten umfassenden und aktuellen Kommentar zu dem einzigen Klassiker seiner Disziplin zu schreiben, zum *Tetrabiblos* des Ptolemäus, zu einem Buch, dem er mit desto größerem Respekt begegnete, je mehr astrologische Erfahrung er sammelte.

---

75 Ebda: »Comprobata etiam est editione praecedente cum iam decennio exacto multa publice praedicta successerint, eorum quae non essent praevisa nihil. Adeo vero quae tota vita evenerunt huic figurae exacte congruunt, ut historiam potius quam praedictionem et ex stellis decretum subiecisse videar.«

KAPITEL 7
DER ERNEUERER DER KLASSISCHEN ASTROLOGIE

Schon in den Anfängen seiner astrologischen Karriere machte sich Cardano Gedanken über den Stand und die Leistungen seiner Disziplin in der antiken Welt. Germana Ernst hat darauf hingewiesen, daß der Humanist und Jurist Andrea Alciato einer der ersten Mailänder Prominenten war, dessen Horoskope Cardano publizierte.[1] Im frühen 16. Jahrhundert zögerten die italienischen Gelehrten noch anzuerkennen, daß nördlich der Alpen eine Generation von Humanisten, darunter etwa Erasmus und Budé, herangewachsen war, die es mit den großen Geistern Italiens aufnehmen konnten.[2] In den vierziger Jahren war das Verhältnis der literarischen Kräfte bereits gekippt: Cardano rühmte zu dieser Zeit seinen Landsmann als einen der wenigen Italiener, der den gelehrten Nordländern die Stirn bot, ja, der sie sogar noch übertraf:

»Ich bin mir wohl bewußt, daß meine Heimatstadt sich einiger Bürger rühmen kann, die sich in so hohem Maß durch Tugenden und Vorzüge aller Art auszeichnen, daß es keinen geringen Gewinn bedeuten würde, wenn man auch ihre Horoskope hier aufführte. Indes habe ich nur das von Alciato hier aufgenommen, weil ich das getrost tun konnte, ohne in den Verdacht zu geraten, ich sei ein Schmeichler.

---

[1] Zu Cardanos Beziehung zu Alciato s. *De vita propria*, 15, O, I.12, 48, O, I.46.
[2] C. Dionisotti, *Europe in Sixteenth-Century Italian Literature*, Oxford 1971.

Denn er hat in seinem Leben eine solche Menge lesenswerter Schriften publiziert, wie es kaum sonst jemandem vergönnt war, und sich, umringt von so vielen barbarischen Kommentatoren, ein makelloses Latein bewahrt, und dazu lernte er auch Griechisch. Er ist der einzige, dessen stilistische Eleganz der Budés und sogar der des Erasmus gleichkommt, ja ihr, so behaupte ich, den Rang abläuft. Und was das Gewicht seiner Gedanken angeht, so übertrifft er sie weit – man braucht nur einmal die Briefe des einen mit denen der anderen zu vergleichen oder die Reden. Ich habe also bestimmt nicht unrecht getan, wenn ich sein Horoskop hier aufgenommen habe.«[3]

Ganz offenbar war Alciatos Horoskop in höchstem Maß würdig, Seite an Seite mit dem von Erasmus zu stehen.

Aber wenn Cardano auch die historisch-philologischen Studien des humanistisch gebildeten Juristen zum römischen *Corpus iuris* uneingeschränkt bewunderte, betrachtete er doch andere literarische Aktivitäten Alciatos, die in der Öffentlichkeit noch mehr Beifall fanden, eher mit gemischten Gefühlen. Im Jahr 1531 hatte Alciato ein Werk herausgebracht, das eine der großen literarischen Moden jener Epoche stiftete und ein neues Genre begründete, das der emblematischen Literatur. Es handelte sich dabei um eine Sammlung von kurzen Kompositionen aus drei Elementen: einem Bild, oft zu ei-

---

3 Cardano, *Libelli duo*, 1543, O ij^{ro-vo} = O, V.466: »Quanquam haud me lateat, aliquos fore e nostra urbe, qui sic omni virtute omnique splendore ornati sunt, ut non minimum hic commodum essent allaturi, si adiicerentur. Alciati tamen genituram hic solum posui, quod citra suspicionem κολακίας fieri posset: multa enim vivens aedidit lectu digna, cum vix alii a fato id impetrare potuerint, tum inter tot barbarorum expositurum congeriem candorem Latinae linguae retinuit et aliam Graecam adiecit. Decertat unus candore eloquii cum Budaeo non solum, verum cum Erasmo, et si nostro iudicio acquiescendum esset, felici Marte. Porro gravitate longe praestantior, facile id est, si epistolas epistolis, orationes orationibus conferas. Quare ne iniuria huic operi adiunxerim hanc genituram.« Zu Alciato allgemein s. *Dizionario biografico degli italiani*, s.v. Alciato, von R. Abbondanza.
4 Allgemein dazu W. S. Heckscher, *The Princeton Alciato Companion*, New York 1989.
5 A. Alciato, *Emblemata*, hrsg. von C. Mignault, Antwerpen 1578, Emblem 102: »Quae supra nos, nihil ad nos«, 348–349; 349:

nem Thema aus der griechischen oder römischen Mythologie, einer Überschrift, einem Titel, und schließlich einem lateinischen Epigramm, das mehr oder weniger verblümt oder verschlüsselt die Botschaft von Titel und Bild kommentierte.[4] Alciatos Embleme, die einen Sinngehalt in Wort und Bild komprimiert auf den Punkt brachten, waren Gegenstand gelehrter Auslegung und riefen allenthalben Nachahmer auf den Plan. Akademien und Schulen verpflichteten ihre Mitglieder dazu, Embleme zu entwerfen und zu verfassen, und diese intellektuellen Modeartikel erfreuten sich bald in der Gelehrtenrepublik ähnlicher Beliebtheit wie die »Devisen« und *imprese* in der höfischen Welt diesseits wie jenseits der Alpen. Zwei der Embleme in Alciatos Buch treffen genau den Nerv der Astrologie. Das eine zeigt einen an seinen Felsen angeketteten Prometheus und warnt die Leser vor allzu hohem Streben, da manche Formen des Wissens dem Menschen verschlossen und verboten seien: »An den Herzen der Weisen, welche das Los von Himmeln und Göttern zu wissen begehren, frißt mancherlei Sorge.«[5] Auf dem Bild des zweiten Emblems ist Ikarus zu sehen, der ins Meer stürzt, nachdem das Wachs an den Flügeln, die Dädalus ihm gemacht hat, geschmolzen ist. Die Überschrift lautet: »Gegen die Astrologen«, und der Sinnspruch warnt ausdrücklich, daß jeder Versuch, zu den Sternen emporzusteigen, in der Katastrophe endet.[6] Gewiß, Alciatos Kritik war in keiner Weise

---

»Roduntur variis prudentum pectora curis
qui caeli affectant scire deumque vices.«
In seinem Kommentar zu der Stelle betont Mignault, der Text beziehe sich auf jene Philosophen, die ein Wissen für sich beanspruchen, das dem Menschen nicht vergönnt ist, aber er läßt auch eine andere Interpretation zu: »Poterit etiam non incommode torqueri in eos qui astrologi iudiciarii vulgo nuncupantur, quorum animus quantis vagetur erroribus, alii viderint.«

6 Ebda, Emblem 103: »In astrologos«, 353:
»Astrologus caveat quicquam praedicere; praeceps
Nam cadet impostor dum supra astra volat.«
Mignault dankt in seinem Kommentar zu dem Emblem (ebda, 354) seinem Freund Franciscus Iunius, der ihn auf Picos *Disputationes*, 2.9, aufmerksam gemacht hat, wo die Ikarus-Geschichte allegorisch auf den Astrologen bezogen wird. Es erscheint zumindest möglich, daß auch Alciato die Passage in dem Werk des bekanntesten Astrologiekritikers seiner Epoche kannte und sich davon anre-

originell, aber seine Autorität verlieh ihr doch einiges Gewicht, weswegen sich Cardano unter Rechtfertigungszwang fühlte und näher auf Alciato einging. In seinen Ausführungen folgte Cardano dem Vorbild des berühmten Juristen, der die römischen Gesetze in ihrem historischen Kontext auszulegen pflegte, und berief sich ebenfalls auf die Geschichte: Bei historischer Betrachtung werde deutlich, weshalb die Astrologie so verrufen sei, es zeige sich aber auch, daß sie ihren schlechten Ruf heute nicht mehr verdiene:

»Dennoch hätte man ihn, ohne ihm unrecht zu tun, auch übergehen können, da er geschrieben hat, diese Kunst sei schwindelhaft und müßte eigentlich unter Strafe gestellt werden, wobei er auf [alte] Gesetze verwies, die ebenso streng wie gerecht gewesen seien, denn die Welt sei voll von Taugenichtsen, die ungebildet, wie sie sind, ohne sich je eingehend mit den Dingen befaßt zu haben und ohne Sachverstand aus Geldgier oder Ehrgeiz falsche Vorhersagen machten und damit ganze Staaten in Gefahr brächten. Aber diese Gesetze sind außer Gebrauch gekommen, denn im Lauf der Zeit hat sich erwiesen, daß diese Kunst, wenn sie richtig praktiziert wird, von großem Nutzen für die Menschheit ist.«[7]

Cardano verfolgte diesen Punkt im Zusammenhang mit Alciatos Horoskop nicht weiter, hängte jedoch am Ende seiner kleinen Sammlung einen kurzen hymnischen »Lobpreis der Astrologie« an. Die Idee dazu war ihm möglicherweise aus Nürnberg zugeflogen: Petreius und seine Kollegen ließen oft am Ende der Fachbücher, die in ihren Verlagen erschienen, noch ein kleines rhetorisches Schmuckstück von irgendeinem literarischen Autor einrücken, der

---

gen ließ. G. Ernst hat als erste auf die Bedeutung dieser Embleme für Cardano hingewiesen, in »›Veritatis amor ducissimus‹: aspetti di astrologia in Cardano«, *Religione, ragione e natura*, Mailand 1991. Vgl. auch C. Ginzburg, *Clues, Myths and the Historical Method*, übers. von J. C. Tedeschi und A. Tedeschi, Baltimore/London 1989.

7 Cardano, *Libelli duo*, 1543, Oii^{ro} = O, V.466: »Et potuit tamen hic iure praetermitti, cum scripserit fallacem hanc esse artem, atque publice puniendam, fretus

den nüchtern abweisenden Stoff solcher spezialisierter Werke in einen moralischen, literarischen oder historischen Rahmen einbettete und so – auch diese ganz praktische Überlegung spielte eine Rolle – die letzten Seiten des Druckbogens füllte, die man nicht gerne leer ließ, weil man das als verschwenderisch empfand. Es ist leicht denkbar, daß Petreius den Autor um diese ornamentale Zugabe ausdrücklich gebeten hat. Wie auch immer, jedenfalls verstand es Cardano, die Gelegenheit kreativ zu nutzen. Er verfolgte in dem Stück die Geschichte der Astronomie und Astrologie bis in die frühesten Anfänge der menschlichen Kultur zurück und rühmte die einschlägigen Kenntnisse des Moses, der sich in seinem jüdischen Festkalender an den Tagundnachtgleichen und Sonnenwenden orientierte und der besonderen Bedeutung der Zahl sieben, der Zahl der Planeten, gerecht wurde.[8] Die Griechen, Ägypter und Phönizier, die in der Beobachtung des Himmels »noch mehr Wißbegierde, wenn auch nicht mehr Ehrfurcht« an den Tag legten, entwickelten dann die wissenschaftliche Astronomie. Wieder einmal erinnerte Cardano an etwas zweifelhafte nahöstliche Heldengestalten aus antiker Zeit, wie etwa den Ägypter Hermes Trismegistos und den Chaldäer Berosos.[9] Alles das war in keiner Weise originell. Schon griechische und römische Autoren hatten die Astronomie als eine uralte Wissenschaft gepriesen, die von weisen Priestern entwickelt worden sei. Und auch die Professoren an den Universitäten der Renaissance versäumten nicht, ihre Studenten auf diese mythischen Ursprünge der Astronomie aufmerksam zu machen, bevor sie zu den komplizierten Feinheiten von Epizyklen und mittleren Geschwindigkeiten übergingen. Gaurico, den Cardano von jeher zutiefst verabscheute, widmete den Mysterien der Astrono-

---

quibusdam legibus tunc saeveris atque iustis, quod orbis horum nebulonum impleatur, qui sine scientia, sine studio, sine iudicio, vel avaracia vel spe etiam imperia in discrimine mittunt, falsas promulgantes praedictiones. Has usus irritas fecit, quod temporibus succedentibus apparuerit, hanc disciplinam, si quis ea dextere utatur, magno commodo humano generi accessisse: sed haec forsitan *parerga*.«

8 Ebda, ddiij^{vo} = O, V.727.
9 Ebda = O, V.728.

mie im antiken Orient etliche leidenschaftlich bewegte Betrachtungen.[10]

Cardano folgte dem Humanisten Alciato auf dessen ureigenes Gebiet, das der griechischen Mythologie, und unterzog die Geschichten, die Alciato behandelt hatte, und noch einige andere, zu denen er elegant überleitete, einer kühnen Neuinterpretation, die sie als Zeugnisse für das hohe Ansehen von Astronomie und Astrologie in alter Zeit auswies. Orpheus etwa verwendete mit Bedacht sieben Akkorde in seiner Musik – entsprechend den Harmonien des Universums, die seine Kunst ausdrückte. Noch erstaunlicher aber war, daß Cardano jene allzu hochfliegenden Gestalten des griechischen Mythos, die ein tragisches Ende genommen hatten, nicht als Menschen auffaßte, die nach einem Wissen strebten, das ihnen nicht zustand, sondern als Astrologen, deren Ehrgeiz ihre technischen Möglichkeiten überstieg. Und sie alle genossen hohe Achtung bei ihren Landsleuten, die sie in den Rang mythischer Wesen erhoben: »Phaeton, weil er die Bahn der Sonne, Endymion, weil er die des Mondes, Atlas, weil er die der Sterne und des Tierkreises erforscht hatte, Dädalus, dem sie sogar die Fähigkeit zu fliegen andichteten, und Ikarus, von dem sie, weil er seine Kunst, die er vom Vater gelernt hatte, nicht vollkommen beherrschte, erzählten, er sei kopfüber ins Meer der Unwissenheit gestürzt.«[11] Man brauchte alle diese Mythen nur richtig zu lesen, so gaben sie Auskunft über die ganz realen Anstrengungen der Griechen, den Himmel zu erforschen. Von dem Seher Teiresias behaupteten die Griechen, er habe sein Geschlecht wechseln können, weil er, so Cardano, die Sterne in weibliche und männliche unterschieden habe. Die Geschichte von den Argonauten und dem Goldenen Vlies

---

10 S. M. Mucillo, »Luca Gaurico: astrologia e ›prisca teologia‹«, *Nouvelles de la République des Lettres* 2 (1990), 21–44; allgemeiner N. Jardine, *The Birth of History and Philosophy of Science,* Cambridge 1984, verb. Neuauflage 1988; vgl. auch die sehr erhellende Studie von S. Bokdan, »Les mythes de l'origine de l'astrologie à la Renaissance«, *Divination et controverse religieuse en France au xvie siècle,* Paris 1987, 57–72, zum Konflikt zweier konkurrierender Erklärungsmodelle, welche die Entwicklung der Astronomie auf göttliche Offenbarung respektive auf den menschlichen Forschergeist zurückführten.

spiegelte einen astronomischen Wettstreit unter den griechischen Königen wider: Jeder von ihnen wollte der erste sein, dem es gelang, den Zeitpunkt der Frühjahrstagundnachtgleiche zu errechnen, wenn die Sonne ins Zeichen des Widders eintrat.[12] Sogar die im eigentlichsten Sinn klassischen Geschichten, die den Kern der literarischen Tradition Griechenlands ausmachten, enthielten ein gerütteltes Maß an Astronomie und Astrologie: Wie schon Heraklit und andere Deuter der Homerischen Epen interpretierte Cardano die Begegnungen von Göttern bei Homer und Vergil als Konjunktionen oder Oppositionen von Planeten und die Beziehungen zwischen Gottheiten und Helden als Ausdruck der Gestirneinflüsse, die Körper und Wesen der Heroen formten:

»Was hatten wohl Homer und Vergil im Sinn, als sie die Götter unaufhörlich miteinander streiten und kämpfen ließen, die Homerischen auf seiten der Griechen oder der Trojaner, die Vergils auf der Seite des Äneas oder des Turnus? Doch offenbar die Tatsache, daß manche Gestirne diese Partei, andere jene begünstigten. Das ist die Erklärung für all die Begegnungen und Ratssitzungen der Götter. Denn es wäre ja absurd anzunehmen, daß die Götter sich wirklich genauso wie die Menschen verhalten hätten. Nicht weniger absurd aber ist es, zu behaupten, diese großen Dichter hätten unter dem Literalsinn keinen tieferen Sinn verstecken wollen, als sie diese Dinge schrieben, sondern hätten in eitlem Bemühen etwas ganz und gar Unnützes, eine bloße Schimäre, geschaffen. Deshalb ist es klar, daß sie, wenn sie sagten, Venus stehe auf der Seite des Äneas, weil er so schön war, oder Juno, das heißt: das Glück, und der Mond helfe zu Turnus, oder

---

11 Cardano, *Libelli duo*, 1543, ddiii^vo–ddiiii^ro = O, V.728: »Inde Phaeton, quod solis cursum explorasset, Endimion lunae, Atlas stellarum ac signiferi, Daedalus ille, quem volare finxerunt, atque Icarus, qui cum patriam disciplinam non perfecte adeptus esset, in mare ignorantiae praecipitatus fertur.«
12 Ebda, ddiiii = O, V.728.

Apollo, die Sonne, zu dem starken und gerechten Hektor, daß sie also dabei unter dem Schleier der Fabel nichts anderes meinten als den Genius, das Gestirn, das die Geburt jedes dieser Helden regierte.«[13]

Der gedrechselten Rede kurzer Sinn war also: Die Astrologie ist zutiefst in der griechischen und römischen Kultur verwurzelt. Ein wahrer Humanist, der die antike Literatur und Religion wirklich versteht, muß diese Kunst preisen und wird keinesfalls über sie die Nase rümpfen.

Cardano war nicht der einzige, der sich philologische Methoden der Humanisten in seinem eigenen Studium der antiken Wissenschaften zunutze machte. Im späteren 15. Jahrhundert hatten zahlreiche italienische Gelehrte sich den Klassikern der griechischen Naturwissenschaften gewidmet, hatten ihre Texte ausgegraben, übersetzt und kommentiert. An der Frage der Interpretation zentraler Werke wie des Almagest von Ptolemäus oder der *Naturgeschichte* von Plinius, einer Enzyklopädie der antiken Medizin und Naturwissenschaft im allerweitesten Sinn, hatten sich scharfe Kontroversen entzündet. Man stritt darüber, wer berufen war, diese Texte in ihrer ursprünglichen Reinheit wiederherzustellen und zu erklären: die Humanisten mit ihren verfeinerten Künsten der Textkritik und ihrer Erfahrung mit den Tücken der handschriftlichen Überlieferung oder die Naturphilosophen, welche die nötigen fachspezifischen Kenntnisse besaßen. Der Streit war keineswegs müßig: Die Interpretation eines klassischen Texts über den Theriak oder zur *materia medica*

---

13 Ebda: »Quid vero aliud argonauticam illam expeditionem aurei velleris significasse credimus, quam multorum regum certamen in exquirendo aequinoctii momento, cum sol arietem ingreditur? Nam et antiqui historici et sacrae paginae referunt, olim consuetudinem fuisse, ut reges quaestionibus certarent, victusque victori aurea praemia persolveret. Quid etiam existimas Homerum ac Virgilium sensisse, cum ubique deos illos altercantes aut pugnantes, hos quidem pro Graecis aut Troianis, illos vero pro Turno Aeneaque? quam quod stellarum hae quidem huic parti, aliae autem diversae faverent. Inde tot concursus conciliaque deorum. Perabsurdum enim est, credere deos tanquam homines haec factitasse: absurdius etiam, cum haec illi scriberent, nullum prorsus sensum sub tot verbis latere voluisse, sed tanquam Chimeram, nullo usui omnibus suis membris, inani

konnte über Leben und Tod eines Patienten entscheiden. Die Kalenderreform, die ein korrektes Kirchenjahr und die richtige Liturgie gewährleistete, hing davon ab – oder zumindest dachte man das –, wie gewisse antike Quellen zu interpretieren waren.[14] Zu Cardanos Zeit gab es freilich mehr und mehr Gelehrte, die über beide Qualifikationen verfügten. Andreas Vesalius zum Beispiel verdankte seine anatomischen Kenntnisse nicht allein dem Studium eines griechischen Texts von Galen, sondern auch Forschungen an Skeletten und Leichen. Mediziner entwickelten bei der Suche nach Fragmenten verschollener Werke und der Jagd nach seltenen Manuskripten ähnlich großen Eifer wie nur irgendein Kollege von einem der geisteswissenschaftlichen Fächer.[15]

Cardanos Neuinterpretation griechischer Mythen war eine sehr dekorative Geste, eine Andeutung humanistischer Studien der antiken Astrologie, aber mehr nicht. Als eifriger Leser astrologischer Literatur wußte Cardano ganz genau, daß Pico della Mirandola dem Mythos von den uralten nahöstlichen Ursprüngen der Sternkunde, den er in seinem Loblied auf diese Kunst wieder einmal hervorgekramt hatte, längst den Garaus gemacht hatte, was vielleicht erklärt, weswegen er sich in seiner Argumentation mehr auf die Griechen konzentrierte und die Astrologie nicht als eine Wissenschaft präsentierte, die in ferner Frühzeit sozusagen fix und fertig weisen Männern geoffenbart worden war, sondern als eine, die sich im Lauf von Jahrhunderten dank der Anstrengungen von Forschern entwickelt hatte.[16] Wenn Cardano wirklich vorhatte, die Techniken humanisti-

---

quodam studio a tam claris poetis fabulam fabricatam. Itaque cum Aeneae Venerem, quod pulcherrimus esset, cum Turno Iunonem, idest, fortunam, ac Lunam, cum Hectorem Apollinem, quod fortis esset ac iustus, seu Solem favere dixerunt, non aliud quam genium seu sydus, quod unicuique dum oritur dominatur, sub fabulae velamento intellexerunt.«
14 S. z.B. P. L. Rose, *The Italian Renaissance of Mathematics*, Genf 1975; D. Mugnai Carrara, *La biblioteca di Nicolò Leoniceno*, Florenz 1991; A. Borst, *Das Buch der Naturgeschichte*, Heidelberg 1994.
15 S. V. Nuttons ausgezeichnete Monographie *John Caius and the Manuscripts of Galen*, Cambridge 1987.
16 Zu Picos historischer Kritik der Astrologie s. *Disputationes adversus astrologiam*

scher Gelehrsamkeit und die der empirischen Naturwissenschaft zusammenzuführen, um den guten Ruf der Astrologie wiederherzustellen oder ihr allererst dazu zu verhelfen, mußte er deutlich effizientere Mittel einsetzen.

Diese waren erstaunlich leicht zu finden. Cardano war, wie wir gesehen haben, nicht nur Astrologe, sondern auch Mediziner. Galen, die wichtigste antike Autorität in diesem Fach, hatte sowohl intensive theoretische als auch empirische Forschungen betrieben. Er hatte ältere medizinische Werke, die Hippokrates zugeschrieben wurden, ausführlich kommentiert, sie nach allen Regeln der Textkritik von Fehlern gereinigt und unechte Schriften aus dem Kanon entfernt.[17] Er hatte auch immer wieder betont, daß Hippokrates seiner Meinung nach das Idealbild eines Arztes darstellte und seine Bücher grundlegende Pflichtlektüre für jeden wissenschaftlich arbeitenden Mediziner seien. Die Philologen der Renaissance nahmen sich diese Mahnungen zu Herzen. Im Jahr 1525, als Cardano seine medizinische Ausbildung abschloß, veröffentlichte Fabio Calvo die erste lateinische Übersetzung sämtlicher Schriften des Hippokrates, im Jahr darauf brachte Aldo Manuzio eine griechische Ausgabe auf den Markt. Nun waren endlich die Texte, die Galenus so intensiv studiert hatte, auch den modernen Gelehrten zugänglich. Cardano, aber auch viele andere hatten das Gefühl, daß sich hier herrliche Aussichten eröffneten. Hippokrates spielte für Cardano eine zentrale Rolle, sowohl was seine weitere wissenschaftliche Arbeit anging als auch seine Pläne, die medizinische Praxis zu reformieren.[18]

Unter allen Schriften des antiken Gelehrten beeindruckte Cardano am meisten eine Sammlung von Krankengeschichten in den *Epi-*

---

divinatricem, hrsg. von E. Garin, Florenz 1946–1952, bes. die Bücher 11, 12, und A. Grafton, *Commerce with the Classics,* Ann Arbor 1997, Kap. 3.

[17] Allgemein dazu W. Smith, *The Hippocratic Tradition,* Ithaca/London 1979, und V. Nutton, »»Prisci dissectionum professores«: Renaissance Humanists and Anatomy«, *The Uses of Greek and Latin: Historical Essays,* hrsg. von A. C. Dionisotti u. a., London 1988.

[18] Zu Cardanos Hippokratismus ausführlich und scharfsinnig N. Siraisi, *The Clock and the Mirror,* Princeton 1997, Kap. 6.

demienbüchern; diese sehr genauen Fallstudien, in nüchtern kühlem Ton gehalten, sollte er sein ganzes Leben immer wieder studieren. Die Bedeutung der Sammlung lag für ihn nicht zuletzt darin, daß sie exemplarisch eine naturwissenschaftliche Arbeitsweise vorführte, die vom genauen Studium konkreter Fälle ausging und deswegen in hohem Maß Vertrauen verdiente. Aber diese Studien hatten auch Modellcharakter für die Kunst der Vorhersage. Hippokrates bot keine abstrakten Regeln, sondern »er stellt nur das Wesen der Sache dar, lehrt aber nicht, was zu tun ist« – das entsprach genau Cardanos Begriff von der Astrologie als einer unbeschreiblich komplexen Kunst, deren Verästelungen nicht adäquat in Worte zu fassen sind.[19] Schon ziemlich früh in seiner Astrologenkarriere hat Cardano wohl bedauert, daß seine Zunft – wenn sie auch in Ptolemäus zumindest eine spätantike Autorität besaß, deren Rang dem des Mediziners Galenus vergleichbar war – nie einen Meister vom Format des Hippokrates hervorgebracht hatte, der in ausgewählten Fallstudien seinem Fach eine solide Grundlage gegeben hatte.[20]

Ohne Zweifel hat er die Sache später so beurteilt. In einem seiner zahlreichen Werke über sein Leben und seine Schriften spricht er 1556 von seinen *Iudicia astronomica* in einer Weise, die den Eindruck erweckt, seine Horoskopsammlerei wäre immer schon Teil des Projekts gewesen, eine reformierte Astrologie zu schaffen, die sich am Modell der Medizin orientierte: »Das zehnte Buch enthält 200 Horoskope. Es beginnt mit den Worten ›Hoc totum quod nos ambit‹ [›Alles um uns herum …‹]. Es umfaßt an die 200 Blätter. Das Werk verhält sich zum Ptolemäuskommentar wie die *Epidemienbücher* zu den *Aphorismen* in der Medizin.«[21] Aber die Horoskop-

---

19 Ebda, 127–128.
20 Cardano, *Libelli duo*, 1543 Horoskop 53, O, V.486; vhl. *De vita propria*, 40, O, I.34.
21 Cardano, *De libris propriis*, 1557, O, I.63: »Decimus de exemplis ducentarum geniturarum. Initium operis est, Hoc totum quod nos ambit. Folia continet circiter ducenta. Hic liber se habet ad Ptolemaei commentaria, velut Epidemiorum libri ad libros Aphorismorum in medicina.«

sammlungen selbst lassen von solch großen Zusammenhängen nichts ahnen. Weder in der noch recht primitiven Erstfassung von 1538 noch in der umfangreichen Version von 1543 findet sich ein eindeutiger Hinweis darauf, daß Cardano Hippokrates nacheifern wollte. Auch in der ersten Fassung seiner Autobibliographie, die ebenfalls 1543 erschien, erwähnt er in den Passagen über seine astrologische Arbeit den Klassiker der antiken Medizin mit keinem Wort, obwohl er mit dessen Werk zu diesem Zeitpunkt bereits so vertraut ist, daß er es als Elle verwendet, wenn er den Lesern eine Vorstellung vom Umfang seiner eigenen Arbeiten vermitteln will.[22]

Im Jahr 1546 verfaßte Cardano dann seine *Astronomischen Aphorismen*, eine unsystematische Abfolge von Leitsätzen, in denen er Prinzipien der Astrologie auf den Punkt zu bringen versuchte. Die schiere Vielfalt der in rasender Geschwindigkeit wechselnden Inhalte dieser verwirrenden Lehrschrift, die er zusammen mit einer Sammlung von hundert Horoskopen 1547 drucken ließ, läßt sich kaum zusammenfassen. Viele der »Aphorismen« behandeln durchaus konventionelle Themen, etwa die Wirkungen, die sich aus verschiedenen Zweierkombinationen von Planeten, sei es in Konjunktion, sei es in Opposition, ergeben, die Bedeutung von Verfinsterungen und von Kometen oder jene besonderen Beziehungen zwischen einzelnen Planeten und Tierkreiszeichen zu bestimmten Orten auf der Erde, die Gegenstand einer astrologischen Geographie waren. Einige der unkonventionellen Bemerkungen belegen, daß Cardano auch die allerneueste astronomische Literatur kannte, so etwa die überraschende Notiz: »Kopernikus scheint nicht völlig unrecht zu

---

22 Cardano, »Libellus de libris propriis, cui titulus est, Ephemerus«, *De sapientia*, Nürnberg 1543, 422–423 = O, I.56–57.
23 Cardano, »Aphorismi astronomici«, IIII.65, *Libelli quinque*, 1547, 250ro = O, V.56 (der Leser eines Exemplars der ersten Auflage, heute im Besitz der British Library, 53 b 7, hat die Zeilen unterstrichen): »Non male omnino videtur Copernicus existimasse, Lunam solam circa elementa versari, ut centrum, nam vere operationes eius sunt a caeteris planetis diversae multum.«
24 Cardano war freilich keineswegs überall mit den Thesen von *De revolutionibus* einverstanden; s. ebda, I.69, 212vo = O, V.32 – auch diese Stelle ist im Exemplar der

haben, wenn er meint, daß nur der Mond um die Erde kreist. Denn er verhält sich tatsächlich ganz anders als die übrigen Planeten.«[23] Offenbar macht sich hier die Verbindung mit Petreius bemerkbar, der auch das Buch von Kopernikus verlegt und Cardano sehr wahrscheinlich ein Exemplar geschickt hatte.[24] Daß Cardanos kleine Regelsammlung von Hippokrates inspiriert ist, scheint unverkennbar. Das macht nicht nur die Tatsache deutlich, daß sich Cardano für die hippokratische Form des Aphorismus entschieden hat, sondern auch der besondere Aphorismus, den er an den Anfang stellt: »Das Leben ist kurz, die Kunst ist lang« – ein geflügeltes Wort, das jeder gebildete Leser ohne Zögern Hippokrates zuordnen konnte.[25] Ebenso unverkennbar – und ebenfalls eng mit der Medizin verbunden – ist das durchgehende Motiv der Reform, deren die Astrologie dringend bedarf; Voraussetzung dafür war ein systematisches Arbeitsprogramm, das ein neues gründliches Studium der antiken Quellen, aber auch das Sammeln von neuem Material vorsieht.

Cardano stellte sein Programm, wenn er zu diesem Zeitpunkt überhaupt schon eines hatte, nirgends explizit vor. Aber aus der Masse verstreuter Bemerkungen stechen doch einzelne Punkte deutlich hervor. Als ein guter Humanist war Cardano der Überzeugung, daß man einen neuen Anfang am besten auf die Weise machte, daß man sich wieder unmittelbar und mit der gebührenden Andacht dem klassischen Autor der Disziplin zuwandte: »Der Unterschied zwischen den Lehren des Ptolemäus und denen aller übrigen, die ihm nachfolgten, ist größer als der zwischen Smaragden und Dreck.«[26] Für die späteren Autoren hatte Cardano nichts als Verachtung übrig.

British Library unterstrichen –: »Copernici autem nondum perspecta est recte sententia: vix enim, quae vellet, dicere visus est« (gewiß eine der frühesten gedruckten Erwähnungen der wichtigsten Hypothese des Kopernikus).
25 Cardano, »Aphorismi astronomici«, I.1, *Libelli quinque*, 1547, 207vo = O, V.29: »Vita brevis, ars longa.«
26 Cardano, »Aphorismi astronomici«, I.101, 215vo = O, V.35: »Maius est discrimen inter Ptolemaei praecepta et omnium reliquorum qui eum secuti sunt, quam inter smaragdum et lutum.«

Sie begingen sämtlich so grobe Fehler, daß sie mit ihrer Wissenschaft früher oder später scheitern mußten. Bloße »Grammatiker« wie Firmicus Maternus im Altertum und Giovanni Gioviano Pontano in der Neuzeit hatten schlicht keine Ahnung vom technisch-mathematisch anspruchsvollen Handwerk dieser Kunst. Technisch halbwegs anstellige Astrologen, die immerhin die Alfonsinischen Tafeln benutzten, ließen sich durch die falschen Fixsternpositionen irreführen, die in dem Handbuch angegeben waren. Infolgedessen passierte es ihnen, daß in den Horoskopen, die sie erstellten, auch wenn der Klient ein Glückskind war, Planeten in Konjunktion mit Unglückssternen zu stehen kamen; diese und ähnliche Ungereimtheiten raubten ihnen bald allen Glauben an ihre Wissenschaft. Andere verzweifelten bei dem Versuch, in der großen Masse an astrologischer Literatur das Wahre und das Falsche auseinanderzuklauben. Wieder andere kamen zu dem Schluß, daß weder die Bedeutung noch die Positionen der Fixsterne bestimmt seien, und gaben die Astrologie ganz auf.[27] Cardano erhob somit – ganz ähnlich wie die Humanisten, die sich in der medizinischen Wissenschaft engagierten – den Anspruch, einen neuen Anfang gemacht zu haben, indem er die nach wie vor gültigen Prinzipien der Kunst, die bereits in dem großen und schwierigen Werk des Ptolemäus, dem *Tetrabiblos,* formuliert waren, freigelegt und wieder deutlich gemacht hatte: »Ptolemäus hat die Fundamente der Kunst gelegt. Ich habe die schwer verständlichen Passagen in seinem Werk erklärt, Fehlendes ergänzt und Zweifelhaftes entschieden.«[28] Aber mit bloßer Textkritik war es in diesem Fall nicht getan. Auch die medizinische Wissenschaft konnte sich ja nicht in der Lektüre von Galen oder Hippokrates erschöpfen. Und für die Astrolo-

---

27 Ebda, 59.
28 Ebda, IIII.140, 254vo = O, V.59: »Ptolemaeus radices artis posuit, nos autem obscura eius dicta declaravimus, supplevimusque deficientia, et ambigua determinavimus.«
29 Ebda, V.32, 257vo = 61: »Quam stulte quidam faciunt, qui volunt solum haerere Ptolemaeo, cum ipse ex artis infinita magnitudine minimam partem nobis tradiderit. Sic enim si Galenus fecisset, Hippocratis scriptis contentus existens, medicina careremus.«

gie galt: »Wie dumm wäre es, wenn wir uns einzig und allein an Ptolemäus halten wollten, da er doch nur einen ganz kleinen Teil der unübersehbar großen Kunst der Nachwelt überliefert hat. Wenn Galen dasselbe getan und sich mit den Schriften des Hippokrates begnügt hätte, so gäbe es heute keine medizinische Wissenschaft.«[29] Cardano gestand also ein, daß »die Kunst immer noch unvollkommen« war. Ältere Astrologen hatten mit gutem Grund die Hoffnung aufgegeben, lange genug zu leben, um noch zu sehen, was den Kindern, deren Horoskope sie erstellt hatten, wirklich beschieden war.[30] Ein vernünftiger Astrologe mußte wohl oder übel einsehen, daß alle seine Vorhersagen Stückwerk waren.

Cardano sah aber doch eine Möglichkeit, Fortschritte zu machen. Ptolemäus, so meinte er, müsse seinerseits aus Quellen geschöpft haben, die später verlorengingen: »Wahrscheinlich hatte er die ganz großartigen chaldäischen und babylonischen Aufzeichnungen aus vielen Jahrhunderten zur Verfügung und auch die aus Ägypten«[31] – eine Vermutung, die sich auf eine Stelle im Werk des Ptolemäus gründet, wo von alten Handschriften und ägyptischen Verfahren die Rede ist. In der *Peroratio* zu den *Aphorismen* erwähnt Cardano noch zwei andere antike Astrologen, nämlich Thrasyllus und Askletarion, die als Wahrsager am Hof des Tiberius bzw. Domitian ihrer höchst riskanten Tätigkeit nachgingen und sich unsterblichen Ruhm erwarben.[32] Viele Autoren der Renaissance und späterer Zeit, die sich mit der Astrologie und verwandten Dingen befaßten, verdammten diese römischen Sterndeuter als Zauberer, die nur deswegen korrekte Vorhersagen machen konnten, weil sie mit Dämonen im Bunde waren.[33] Cardano dagegen erkennt sie als Kollegen an, die möglicherweise ihr

---

30 Ebda, III.164, 242ro = 51: »causa, cur rari eventus praedici soleant ab astrologis, est, quoniam imperfecta est ars, ex his quae scripta sunt, ad hanc diem ...«
31 Ebda, I.101, 215vo = 35: »Verisimile autem est illum Chaldeorum et Babyloniorum scripta miranda multorum seculorum, nec non Aegyptiorum habuisse.«
32 Ebda, 307vo = 91.
33 Literarische Belege für solche Anschauungen bei R. Goclenius, *Synopsis astrologiae specialis*, in *Synopsis methodica geometriae, astronomiae, astrologiae, opticae et geographicae*, Frankfurt 1620 (aus protestantischer Sicht) – dieser Kompilator

Handwerk besser verstanden als er, die aber jedenfalls bei der Datengewinnung wie auch bei der Auswertung mit ganz normalen menschlichen Mitteln arbeiteten und keinerlei übernatürliche Hilfe in Anspruch nahmen. War es vielleicht möglich, indem man alle verfügbaren Informationen zusammentrug, die verlorenen Texte, auf denen Ptolemäus aufgebaut hatte, gewissermaßen zu rekonstruieren? War es denkbar, daß man, wenn man nur Texte und Kontexte genau genug studierte, die Astrologie der römischen Kaiserzeit neu schaffen, sie wieder in etwa auf den Stand zurückführen konnte, auf dem sie zur Zeit des Ptolemäus gewesen war? Die Quellen lassen vermuten, daß Cardano spätestens Mitte der vierziger Jahre solche Gedanken entwickelte. Wie wir bereits gesehen haben, bestärkten seine Erfahrungen bei Hof Cardano in dem Gefühl, sich in einer ganz ähnlichen Situation zu befinden wie seine antiken Fachgenossen. Es scheint daher zumindest möglich, daß er irgendwann an den Punkt gelangte, wo er in der traditionellen Horoskopsammlerei plötzlich einen ganz neuen Sinn sah. Die Horoskopsammlungen, die neben modernen Stücken auch Genituren auf der Grundlage antiken Materials enthielten, so etwa das von Kaiser Nero, spiegelten mehr und mehr Cardanos Sehnsucht wider, jene verschollene, gewissermaßen hippokratische Astrologie wiederzufinden, deren Summe im Werk des Ptolemäus, des Galen der Astrologie, vorlag, und aus der Verbindung beider Elemente eine neue, bessere Wissenschaft zu gewinnen.

Auf der Reise zu Hamilton im Jahr 1552 machte Cardano einige Tage in Lyon Station. Von einem Lehrer, den er am letzten Tag zufällig kennenlernte, bekam er ein Exemplar von Ptolemäus' *Tetrabiblos* geschenkt. Er setzte seine Reise per Schiff die Rhône hinauf fort, was ihm Gelegenheit gab, das Werk sogleich gründlich und in Muße zu studieren.[34] Noch ehe er an seinem Ziel im Norden anlang-

---

unterscheidet »veram & licitam astrologiam ab ea, quae magicis incantationibus corrupta ac depravata est, ex qua illicium divinationum dependet, ut fatalem horam ad unguem praedicere, quod de Domitiano refert Suetonius c. 16 ...« –, und M. Del Rio, *Disquisitionum magicarum libri sex,* Köln 1679 (aus katholischer Sicht), der bemerkt, IV.iii.1, 609: »Quando Astrologi verum dicunt, tum multo diligentius esse cavendos, quia satis clarum hoc signum foret, eos pactum

te, hatte er einen stattlichen Kommentar zu dem Buch geschrieben, den er zusammen mit zwölf umfangreichen Horoskopanalysen und anderen kleineren Schriften veröffentlichte und damit seinen Lesern eine komplette neue Basis für astrologische Studien hinstellte.

Cardano hatte bei seiner Arbeit praktisch keinerlei Sekundärliteratur zur Verfügung. »Es ist erstaunlich«, bemerkte er, »daß es so wenige Kommentare zu einem so berühmten und nützlichen Buch gibt.«[35] Er kannte den mittelalterlichen Kommentar, der Hali ibn Rodoan zugeschrieben wurde und im christlichen Europa schon lange in lateinischer Übersetzung zugänglich war, außerdem die griechischen Scholien, die erst in jüngerer Zeit von Giorgio Valla dem lateinischsprachigen Publikum erschlossen worden waren. Im übrigen war er in seinem Bemühen, sich einen Weg durch das komplizierte Geflecht technischer Einzelheiten zu bahnen und dem Leser den größeren Zusammenhang darzustellen, in den das Werk gehörte, ganz auf sich selbst verwiesen. Cardanos Bericht von seiner Arbeit hat durchaus etwas Prahlerisches: Der einsame Held, ein fixes Kerlchen, zu allem entschlossen, muß durch finstere Gassen marschieren, und weit und breit keiner, der ihm hilft. In Wahrheit gab es etliche, die ihm mit ihrer Erfahrung hätten beistehen können. Conrad Heingarten zum Beispiel hatte einen sehr umfangreichen Kommentar verfaßt und betont, wie schwierig, aber auch wie dringend nötig diese Arbeit sei. Seine Würdigung des Ptolemäus hätte Cardano gefallen können:

»Sein Buch enthält die Grundlagen und Regeln aller deutenden Astrologie, dargestellt in der natürlichen viergeteilten Form. Es ist so schwierig, wegen der extrem knappen und dichten Sprache, daß es kaum jemand verstehen kann. Ich habe mich daran gewagt, es zu

---

cum daemone inivisse, ut ait D. Augustin. et de Thrasyllo Dion. indicat, cum scribit solitum affirmare, quae nuncia longinquis e regionibus adferrentur.«
34 Cardano, *De libris propriis*, 1557, O, I.72.
35 Ptolemäus, *Quadripartitum*, hrsg. von Cardano, Basel 1554, 2 = O, V.94: »Mirum est autem, quod a tam paucis, tam celebris utilisque liber sit expositus ...«

deuten und die hermetisch verschlossenen Sätze zu öffnen, um all denen, die das Werk studieren wollen, zu helfen und die Lektüre zu erleichtern. Denn Ptolemäus ist der mit Abstand bedeutendste unter allen astronomischen Autoren; mit seinem Glanz überstrahlt er sie wie der goldene Schein des Mondes die kleineren Sterne.«[36]

Auch Heingarten kannte und benutzte den Kommentar von Hali. Allerdings war er der Meinung, daß der Text durch Überlieferungsfehler so verderbt war, daß man ihn nicht ohne weiteres heranziehen konnte (Cardano dagegen führte Halis Fehler darauf zurück, daß der Autor gezwungen war, mit einer schlechten Übersetzung zu arbeiten).[37] Heingarten und auch all die Professoren, die in ihren astrologischen Lehrveranstaltungen den Text systematisch durcharbeiteten, hätten Cardano eine Menge Material zu seinem Projekt liefern können.[38] Andere Kommentatoren, die weniger ehrgeizig waren als Cardano, hatten keine Hemmungen, auch große Mengen fremden geistigen Eigentums, oft wortwörtlich abgeschrieben, in ihre Anmerkungen zu großen Werken aufzunehmen. Die Arbeit des Kommentators geriet so nicht selten zu einer Art von intellektuellem Recycling.

Cardano ging bei seinem Unternehmen von Anfang an einen anderen Weg. Die Analogie zur Medizin immer im Hinterkopf, folgte er dem Vorbild Galens und befaßte sich zuerst mit den philologischen Fragen, bevor er zu den philosophischen überging. So über-

---

36 BN, Paris, MS lat. 7305, 4vo: »Cum itaque stellarum verificationem ad arcis tue Bellepartici meridianum pro era tua obtulissemus, ultro se nobis obtulit divi Ptholemei quatuor tractatuum liber: in quo et totius iudiciariae astrologie radices et regulae quadruviali naturalique ratiocinatione continentur. Cuius tanta est obscuritas, tum propter succinctam sui brevitatem, tum propter verborum ponderosam gravitatem, ut vix a quoquam intelligi potuerit. Hunc interpretandum suscepimus, clausas eius sententias aperturi, quo studiosorum universitati prodessemur, et Ptholemei nostri lectio familiarior efficeretur. Hic enim (velut aureo suo splendore luna cuncta minora superat sidera) omnes astronomie scriptores facile antecedit.«
37 Ebda, »Quem ante nos Hali doctissimus philosophus exactissime interpretatus est, cuius commentariis contenti fuissemus, nisi transscriptorum inertia plerique omnes eius loci depravati fuissent.« Vgl. Ptolemäus, *Quadripartitum*, hrsg. von

prüfte er gewissenhaft die Echtheit des *Tetrabiblos* anhand derselben Kriterien – Stil und Konsistenz –, die schon Galen seiner Prüfung der hippokratischen bzw. pseudo-hippokratischen Schriften zugrunde gelegt hatte:

»Es ist eindeutig: Das ist der Mann, der die große Abhandlung über den Lauf der Gestirne [*Almagest*] geschrieben hat, denn erstens versichert er es im Vorwort des Buchs, und zweitens hätte auch kein anderer eine so scharfsinnige Abhandlung des Themas zustandegebracht, und außerdem wird es aus der Ähnlichkeit des Stils deutlich, der ihn allenthalben als einen wahren Philosophen ausweist.«[39]

Cardano bekannte sich auch ausdrücklich zur Methode Galens – die ihm die Gewißheit vermittelte, daß das *Tetrabiblos* wirklich von Ptolemäus war, womit er, auch wenn einige deutsche Philologen des 19. Jahrhunderts anderer Meinung waren, recht behielt –, als er ein anderes Werk, das üblicherweise Ptolemäus zugeschrieben wurde, das arabisch-lateinische *Centiloquium,* für unecht erklärte. Angesichts der Fülle an *interrogationes* – astrologische Gutachten über bestimmte einzelne Unternehmungen und Vorhaben – im *Centiloquium* hatte sich Hali verwundert gefragt, warum Ptolemäus im *Tetrabiblos* dieses Thema gar nicht behandelt hatte. Cardano hatte das Problem gelöst, indem er zeigte, daß es auf einer falschen Vorausset-

---

Cardano, 1554, 2 = O, V.94: »Is vero si veram mentem Ptolemaei verborum translatione explicatam habuisset, forsan nos hoc labore liberasset.«

38 So etwa Giuliano Ristori, der in Pisa lehrte und Vorlesungen über das Werk hielt. Seine Manuskripte sind erhalten und heute im Besitz der Biblioteca Riccardiana, Florenz (MS 157).

39 Ptolemäus, *Quadripartitum,* hrsg. von Cardano, 1554, 1 = O, V.93: »Libros hos antiquorum more de iudiciis inscripsit Ptolemaeus Pelusiensis Aegyptius, unde Alexandrinus etiam dictus est, quod Pelusium ab Alexandria parum distet. Constat hunc illum esse qui Magnam compositionem motus syderum scripsit, tum quia id in prooemio huius operis testatur, tum quia nullus alius tam subtilem tractationem perficere potuisset, tum ex styli similitudine, ubique enim philosophum praefert.«

zung beruhte: Was Hali als Inkonsequenz des Autors erschien, bewies in Wahrheit lediglich, daß jenes Werk gar nicht von Ptolemäus stammte, sondern ihm nur untergeschoben worden war. Cardano verdankte Galen, der in ähnlicher Weise einige pseudo-hippokratische Schriften entlarvt hatte, nicht nur die detektivische Methode, sondern auch eine stimmige Erklärung der Fälschungen: Die unersättliche Büchergier der antiken Herrscher, welche die großen Bibliotheken von Alexandria und Pergamon gestiftet hatten, stimulierte auch Fälscher:

»Man kann daraus [aus der ausführlichen Behandlung der *interrogationes* und anderer Verfahren] und aus der Tatsache, daß Ptolemäus in verschiedenen Punkten hier eine deutlich andere Meinung vertritt als der Autor des *Centiloquium* dort, klar erkennen, daß Ptolemäus nicht der Autor des *Centiloquium* ist. Aber das Vorwort zum *Centiloquium* ist ein wichtiges Argument dagegen, denn es erwähnt Syrus und dieses Buch [was auch die erwiesenermaßen echten Vorworte taten]. Aber Galen erklärt das. In alter Zeit, sagt er, bezahlten die Könige, die große Bibliotheken aufbauen wollten, sehr hohe Preise für Bücher berühmter Männer. Aus diesem Grund gaben manche Leute Bücher, die sie selbst geschrieben hatten, für Werke antiker Autoren aus.«[40]

Der Leser von Cardanos Kommentar bewegte sich von Anfang an in einer neuen intellektuellen Atmosphäre, die nirgends völlig mit der übereinstimmte, die für die astrologische Tradition des christlichen Europa seit dem 12. Jahrhundert typisch war.

---

40 Ebda, 198 = O, V.242: »Vnde facile est intellegere, tum ob haec, tum ob diversas de eisdem rebus sententias, quae a Ptolemaeo in his libris referantur, et ab authore Centiloquii, non esse authorem Centiloquii ipsum Ptolemaeum. Verum quod maius est argumentum in oppositum est Prooemium Centiloquii, in quo de Syro meminit et de his libris. Sed huius rationem reddit Galenus, dicens: Olim reges ut instruerent bibliothecas magno pretio emendo illustrium virorum scripta, causam dedisse ut sua veteribus attribuerent.«
41 G. Valla, *Commentationes in Ptolemaei Quadripartitum*, Venedig 1502, Ep. ded.,

Der Gedanke von der Analogie zur Medizin, von dem Cardano ausging, hatte viele Implikationen. Cardano war sich immer der Tatsache bewußt, daß Ptolemäus und Galen derselben kulturellen Epoche angehörten, der Blütezeit griechischsprachiger Philosophie, Rhetorik und Naturphilosophie im späten 1. und im 2. Jahrhundert n. Chr. Gewiß, auch andere hatten auf die Gleichzeitigkeit hingewiesen,[41] aber Cardano machte diese Erkenntnis zu einem der Grundpfeiler seiner Deutung. Er versuchte eine Erklärung dafür zu finden, daß die antike Kultur in der Epoche der Antoniner so üppig gedieh, und gelangte zu der ganz unklassischen Überzeugung, daß nur die großen Konjunktionen von Jupiter und Saturn für so viel Fortschritt in verschiedensten Wissenschaften verantwortlich sein könnten.[42] Und er stellte eine enge Wesensverwandtschaft zwischen dem »prognostischen Teilbereich der Philosophie, der sich mit dem Vorherwissen befaßt«, und der Prognostik in der klassischen Medizin fest.[43] Typischerweise ist Cardano in seiner Bewertung der beiden Künste, selbst wenn man nur dieses eine Werk betrachtet, einigermaßen schwankend: Bisweilen betont er die metaphysische und epistemologische Superiorität der Astrologie, an anderen Stellen streicht er die große praktische Effizienz der medizinischen Wissenschaft heraus, die auch ganz allgemein in höherem Ansehen stehe.[44] Aber Cardano läßt es keineswegs bei Allgemeinheiten bewenden, sondern stellt in zahlreichen sehr spezifischen Punkten Verbindungen sowohl mit der Methode des Ptolemäus als auch mit seinen eigenen Erkenntnissen her. Ptolemäus, so stellt er etwa fest, achte als ein »kluger Lehrmeister« immer darauf, seine Thesen auf möglichst augenfällige Tatsachen zu gründen:

A[vo]: »Ptolemaeus mathematicorum omnium facile princeps ut quidem scripsere Adriani vixit temporibus ad Antoninumque usque pervenit: quo tempore Galenum inclitum medicine auctorem perhibent floruisse ...«

42 Ptolemäus, *Quadripartitum*, hrsg. von Cardano, 1554, 20–28 = O, V.112–113.

43 Ebda, 1 = O, V.93: »Est autem ars haec philosophiae pars prognostica et praecognoscere docens, unde non vere scientia, sed ut medicinam se habet liber praedictionum Hippocratis aut Galeni, ita hic ad totam philosophiam.«

44 Ebda; vgl. 81 = O, V.154.

»Denn Aufgang und Untergang der Sterne bewirken so augenfällige Wetterveränderungen, daß alle Autoren, die sich mit den Dingen der Natur befassen, Wetterbeobachtungen in Abhängigkeit vom Lauf der Sterne beschreiben, und die berühmtesten Mediziner, darunter Galenus und auch Hippokrates, richteten sich bei der Bestimmung der Jahreszeiten mehr danach als nach der Position der Sonne.«[45]

Keinem aufmerksamen Leser von Cardanos Kommentar konnte die allgemeine Analogie von wissenschaftlicher Medizin und wissenschaftlicher Astrologie entgehen.

Ebenso deutlich wurde Cardanos sehnlich gehegter Wunsch, jene verschollenen Quellen, die der Astrologie des Ptolemäus zugrunde lagen, könnten in irgendeiner Weise wiederbeschafft werden. Er stellte endlose Spekulationen über das Wesen dieser Materialien an, die Ptolemäus durchgearbeitet hatte, um seine glasklare, systematische Studie zu schaffen, ein reines Destillat ohne all die präzis bestimmten empirischen Details, die im *Almagest* weiten Raum einnahmen. Der Text des Ptolemäus selbst gab in zweierlei Weise, wenn auch wenig präzis, Auskunft über diese Quellen. So erwähnte Ptolemäus wiederholt »ägyptische« und »chaldäische« Verfahren, die in gewissen Fällen anzuwenden waren, und beschrieb sehr detailliert das »alte Manuskript«, dem er seine Informationen verdankte.[46] Schon bevor Cardano den Kommentar in Angriff nahm, war er, wie wir gesehen haben, zu der Überzeugung gelangt, daß Ptolemäus derartige, umfangreiche Literatur zur Verfügung gestanden haben müsse. Als er den Text dann Schritt für Schritt durcharbeitete, schloß er jedesmal, wenn er auf Erkenntnisse traf, die ihm aus besonders soliden empirischen Daten abgeleitet schienen, daß

---

45 Ebda, 11 = O, V.99–100, 100: »Nam ortus syderum atque occasus adeo evidentes temporum mutationes faciunt, ut ab omnibus qui naturales res scripserunt temporum observationes iuxta ea descriptae sint, et clarissimi medicorum, inter quos Galenus, tum etiam Hippocrates, tempora anni magis ab his quam a solis locis distinxerint.«
46 Ptolemäus, *Tetrabiblos*, 1.20–21, hrsg. von Robbins, Cambridge, Mass./London 1940.
47 Ebda, 1.18.

Ptolemäus hier auf Beobachtungen aufbaute, die seine nahöstlichen Quellen überlieferten. An einer dieser Stellen (1.18) beispielsweise beschrieb Ptolemäus die vier »Triplizitäten«, Gruppen von je drei Tierkreiszeichen, die miteinander ein gleichseitiges Dreieck bilden; jeder dieser Gruppen ist eines der vier Elemente und ein Planet, der sie regiert, zugeordnet:

»Widder, Löwe, Schütze	Norden	Jupiter
Stier, Jungfrau, Steinbock	Süden	Venus
Zwillinge, Waage, Wassermann	Westen	Saturn
Krebs, Skorpion, Fische	Osten	Mars.«[47]

Wie vor ihm bereits Hali erläuterte Cardano, daß jede Triplizität die Neugeborenen, die ihrem Einfluß unterworfen sind, genau in der Weise forme, die dem Wesen des jeweils regierenden Planeten entspreche. Er merkte zwar an, daß »in unserem Teil der Welt« andere Zuordnungen üblich seien, meinte aber, daß den Lehren des Ptolemäus eine besondere Autorität zukomme, da sie gewiß den verschollenen Quellen aus dem Vorderen Orient entstammten:

»Außerdem macht der Osten Menschen, die den Freuden der Sinnlichkeit zugetan sind – das entspricht der Natur der Venus. Der Norden macht wild und stark und grimmig – wie Mars. Der Westen macht maßvoll, höflich, heiter – wie Jupiter. Und der Süden macht trüb, melancholisch, ängstlich, grausam und unruhig – wie Saturn. Aber Hali sagt, die Regeln, die Ptolemäus angibt, würden von der Erfahrung bestätigt. Es ist daher glaubhaft, daß die Lehre des Ptolemäus einen höheren Grad der Gewißheit beanspruchen darf und besser mit Beobachtungen der Ägypter und Chaldäer übereinstimmt.«[48]

48 Ptolemäus, *Quadripartitum*, hrsg. von Cardano, 1554, 81 = O, V.154: »Praeterea oriens facit voluptatibus deditos, quales Venus, boreas autem furibundos et fortes, et atroces, quales Mars: occidens moderatos, civiles, iucundos, quales Iupiter: meridies tristes, melancholicos, timidos, crudeles, solicitos, quales Saturnus. Quia tamen Haly dicit quae Ptolemaeus comprobavit, experimento consentire, credendum est tradita a Ptolemaeo certiora esse ac magis conformia Aegyptiorum et Chaldaeorum observationibus.«

Auch die überzeugenden Lehren des Ptolemäus von den machtvollen Wirkungen der Fixsterne beruhten ganz offensichtlich »auf den Beobachtungen der Chaldäer und Ägypter«.[49]

Cardano war sich wohl bewußt, daß diese Argumentation ihre Tücken hatte: Pico hatte nämlich gezeigt, daß keine der Beobachtungen, die Ptolemäus überlieferte, vor dem 8. Jahrhundert v. Chr. gemacht worden sein konnte, und die meisten waren sehr viel jünger. Die Vorstellung, daß die antike Astronomie auf den Pyramiden von Ägypten und Mesopotamien ihre definitive Form angenommen hatte, war überaus verlockend, entbehrte jedoch jeglicher historischen Grundlage. Cardano mußte also erst einmal beweisen, daß Ptolemäus Zugang zu Arbeiten chaldäischer und ägyptischer Astrologen gehabt haben könnte.[50]

Auch hier wieder erwiesen sich die Geschichten über die römischen Astrologen, mit denen er sich einige Zeit beschäftigt hatte, als anregender Stoff: Indem Cardano einen Zusammenhang zwischen den Berichten römischer Historiker und den knappen Hinweisen des Ptolemäus auf seine Quellen herstellte, gelangte er zu einer verblüffend originellen Hypothese über die Art und Weise, wie der Astronom aus Alexandria die nahöstliche Astrologie kennengelernt haben könnte. Zu Beginn seiner Karriere hatte er einmal versucht, Genaueres über die Kunst der römischen Astrologen herauszufinden, etwa über jenes »Geheimnis aus alter Zeit«, das es dem Askletarion ermöglichte, so erstaunlich präzis den Tod des Domitian vorherzusagen.[51] Und jetzt schloß er, daß Ptolemäus ebendiesen Sehern, deren Abenteuer am Kaiserhof ihn so sehr fasziniert und beunruhigt hatten, sein Wissen verdankte:

---

49 Ebda, 53 = O, V.133: »Ob id igitur Ptolemaeus docet experimento vires illarum cognitas fuisse. Quo autem experimento facile est intellegere, quod ex observationibus Chaldaeorum et Aegyptiorum, cum Sol vel Luna eis iungebatur [verb.: iungebantur], per longitudinem deprehensae sunt vires.«
50 Eine ausführlichere Darstellung des Kontexts, in dem Cardano diese Gedanken entwickelte, bei A. Grafton, »From Apotheosis to Analysis: Some Late Renais-

»Wenn er sagt, daß die Ägypter einiges zur Vervollkommnung der Kunst beigetragen hätten, so meint er damit nicht diese allein, sondern auch noch einige benachbarte Völker, wie die Chaldäer, von denen Sueton berichtet, sie hätten dem Nero geweissagt, er werde Kaiser werden und seine Mutter ermorden. Als dieser die Prophezeiung zu Ohren kam, sagte sie: ›Soll er morden – wenn er nur herrscht.‹ Einer von ihnen war Thrasyllus, der zuviel Macht erlangte, weil Tiberius ein schändliches Leben führte. Er sagte dem Tiberius in der Verbannung voraus, er werde in Rom herrschen. Ein anderer von ihnen war Sulla, der Astrologe Caligulas. Er prophezeite seinem Herrn das Kaisertum und seine Ermordung; dieses wie jenes kam unerwartet. Auch er hatte viel Macht. Schlimmer erging es Askletarion mit Domitian, allerdings wurde er noch berühmter, weil er gleich zwei höchst bemerkenswerte Vorhersagen machte [er prophezeite den Tod des Kaisers und seinen eigenen]. Der Mann, der Gordian voraussagte, er werde Kaiser werden – er legte seiner Prognose die Zeit zugrunde und benutzte bei seiner Arbeit Instrumente – gehörte ebenfalls diesem Volk an. Aus alledem wird deutlich, daß die Chaldäer und Ägypter unglaublich berühmt für ihre Fähigkeit in dieser Kunst waren. Ptolemäus sammelte ihre Schriften und faßte sie in diesem Buch zusammen, aber so knapp, daß der größte Teil ihrer Wissenschaft fehlt. Es wäre besser gewesen, wenn er wie der große Hippokrates, nachdem er sein Werk geschrieben hatte, in dem er aus den einzelnen, besonderen Dingen die Regeln der Kunst extrahiert hatte, noch eines – analog zu den *Epidemienbüchern* – mit besonderen Beispielen verfaßt hätte. Denn dadurch wären die Dinge in diesem Buch viel besser verständlich geworden, und die Beispiele hätten auch dazu dienen können, jene, welche die Astrologie als eine angeblich eitle Kunst schmähen, eines Besseren zu belehren.«[52]

---

sance Histories of Classical Astronomy«, *History and the Disciplines*, hrsg. von D. R. Kelley, Rochester, N.Y., 1997, 261–276.
51 Cardano, *De supplemento almanach*, 22, *Libelli duo*, 1543, Fij^{vo} = O, V.590.
52 Ptolemäus, *Quadripartitum*, hrsg. von Cardano, 1554, 33–34 = O, V.117–118, 117: »Quod vero de Aegyptiis adiecit quos auxisse artem refert, intelligit tum illos tum affines illis quasdam provincias, veluti Chaldaeos, de quibus narrat Suetonius in

Mit unermüdlichem Eifer verfolgte Cardano die Spur jedes Fetzchens Information über jene Astrologen, deren verschollenes Werk die empirische Basis für den großen theoretischen Wurf des Ptolemäus war. Wiederholt bemerkte er sinnend, Ptolemäus habe »wahrscheinlich« diese Schätze besessen, sei aber offenbar ein nachlässiger Verwalter seiner Güter gewesen. Er ließ sich auch zu Spekulationen über hypothetische Kronjuwelen der Sammlung hinreißen – möglicherweise hatte sie sogar Kaiserhoroskope enthalten: »Wie nützlich wäre es doch, wenn wir die Horoskope samt exakten Zeitangaben von Domitian und Nero hätten – nicht allein zum höheren Ruhm der astronomischen Kunst, sondern auch um sie weiter voranzubringen und zu vervollkommnen.«[53] Und er durchstöberte alle Winkel und Nischen der astrologischen Literatur nach Fragmenten der praeptolemäischen Astrologie. Schon bei seinen ersten Studien damals auf der Rhône, als er praktisch keinerlei Sekundärliteratur zur Hand hatte, erinnerte er sich daran, daß auch Firmicus Maternus sich auf alte chaldäische und ägyptische Werke berufen hatte, die ihm angeblich untergekommen waren, und nahm sich vor, diese Materialien systematisch zusammenzustellen – keine leichte Aufgabe, da Firmicus von der eigentlichen Astrologie nichts verstand und in

---

Nerone, praedixisse illi imperium et parricidium matris, quod cum illa audisset, dixit, occidat cum imperet. Ex his fuit Thrasylus qui imperium Tiberio exuli praedixit nimis magnus authoritate, quod Tiberius flagitiose vixerit: et C. Caligulae Sulla astrologus necem similiter et imperium atque utrunque insperatum: atque hic maxima etiam authoritate vixit. Infelicior fuit Ascletarion sub Domitiano, sed illustrior eventu duplici atque exquisitissimo, ex hoc genere fuit etiam qui Gordiano imperium per instrumenta tempusque praedixit, ut appareat Chaldaeos atque Aegyptios hac in arte supra fidem fuisse celebres. Quorum scripta cum collegisset Ptolemaeus, in hunc librum compegit, sed tam breviter, ut maxima pars artis desideretur. Praestabat enim quemadmodum et praestantissimus Hippocrates, postquam ex singularibus artem compegerat, librum etiam et singularium exemplorum epidemiis correspondentem conscribere. Multum enim attulisset lucis ad intelligendum ea quae hoc in libro scripta sunt, simulque fidei adversus illos qui artem inanem esse declamitant.«

53 Ebda, 34 = O, V.118: »Quantum profuisset geniturae Domitiani exemplum atque Neronis cum temporum indicationibus habuisse, non solum ad gloriam artis astronomicae, verum ad ipsam disciplinam excolendam amplificandamque, quas

seinem Dilettantismus Versatzstücke aus fremden Arbeiten, die er zitierte, so sehr entstellte, daß kaum noch etwas damit anzufangen war.[54] Später, nachdem Hieronymus Wolf eine zusammenfassende Darstellung des *Tetrabiblos,* die Porphyrius zugeschrieben wurde, sowie einen weiteren griechischen Kommentar zu dem Werk des Ptolemäus veröffentlicht hatte, zeigte sich Cardano von dem astrologischen Sachverstand dieser antiken Kommentatoren wenig beeindruckt, war aber doch dankbar für neue historische Informationen: »Porphyrius, der nur insoweit nützlich ist, als er Namen erwähnt, spricht davon, daß Thrasybulus und Petosiris in der Zeit vor Ptolemäus – er nennt sie ›die Alten‹ – großes Ansehen genossen; auch die Ägypter Antigonus und Psnanus werden genannt.«[55]

Alle Kommentatoren, auch die griechischen, machten ausdrücklich auf die Erwähnungen älterer Quellen aufmerksam. Heingarten zum Beispiel nutzte die Gelegenheit, die astronomischen und astrologischen Künste der Ägypter zu preisen:

»Diese Ägypter waren die weisen Meister des Altertums. Denn sie waren sowohl was Gelehrsamkeit als auch was praktische Erfahrung betrifft unübertroffen in den Wissenschaften und allen höheren

---

quidem Ptolemaeum habuisse verisimile est, quod proximus ei aetati fuerit, et ipse praedives, sed neglexisse visus est.«

54 Ebda. Cardano beklagt, daß Firmicus anders als solide Autoren wie Galen und Aetius – wieder greift er auf die Medizin zurück – »konsequent die Namen seiner Gewährsleute unterschlägt; hätte er seine Quellen genannt, so wäre es leicht, in jedem Einzelfall Vermutungen darüber anzustellen, wieviel Kredit seine Empfehlungen verdienen« – »et quod deterius est, suppressis undique nominibus, quae si addidisset, ut Aëtius in suo medico volumine et Galenus passim in libris de Medicamentis (quoniam talia experimento constant) facile fuisset coniectari, quantum unicuique praecepto fidei esset tribuendum« (*O,* V.118).

55 Ptolemäus, *Quadripartitum,* hrsg. von Cardano, 1578, 194 = *O,* V.158–159 (über *In Claudii Ptolemaei Quadripartitum ennarator ignoti nominis etc.,* hrsg. von H. Wolf, Basel 1559): »Meminit et Porphyrius in nulla alia re utilis quam in commemorandis huiusmodi nominibus Trasibuli et Petosiridis, qui ante Ptolemaeum in magna fuerunt existimatione, quos etiam vocat vetustiores, sed et Antigoni et Psnani Aegyptiorum ...«

Künsten, deren Menschen sich bedienen. Das wissen wir aus Geschichtsbüchern weiser Männer der Antike und aus dem, was von ihren Schriften über viele Tausende von Jahren hinweg auf uns gekommen ist ... Und die Chaldäer sind die Leute von Babylon, die von den Ägyptern die Wissenschaft der Astronomie lernten.«[56]

Aber die meisten dieser Erläuterungen blieben in ähnlicher Weise unverbindlich. Cardano dagegen diskutierte eingehend alles, was er über die Ägypter in Erfahrung bringen konnte. Und je mehr er herausfand, desto weniger gefiel ihm die ganze Sache. Die Lehren der älteren ägyptischen Astronomen, so urteilte er, seien »derart absurd und voller Albernheiten, daß Porphyrius damals die ganze Kunst verdarb, so wie es in jüngster Zeit lateinische und arabische Autoren getan haben.«[57] Zumindest in diesem Punkt führten also Cardanos historische Recherchen zu einem entschieden negativen Resultat, nämlich zu der Erkenntnis, daß sich die ägyptische Astrologie bei näherer Untersuchung als ebenso fragwürdig entpuppte wie die arabisch-lateinische Tradition, die er zutiefst verachtete. Nun, da Cardano diesen dunklen Hintergrund genauer erforscht hatte, trat die wissenschaftliche Brillanz von Ptolemäus und seinen unmittelbaren Vorgängern nur desto deutlicher hervor. Wenn Joseph Scaliger in seinem Kommentar zu Manilius die Meinung vertrat, in dem astrologischen Lehrgedicht dieses römischen Autors würden Spuren einer frühen nahöstlichen Sternkunde sichtbar, so verdankte er diese Erkenntnis sehr wahrscheinlich nicht zuletzt Cardano, den er kritisierte, aber auch Pico, den er bewunderte, weil er mit so kühner Entschlossenheit einige zentrale Mythen seiner Epoche in Frage gestellt hatte.[58]

Bei seiner Arbeit an dem Kommentar sah sich Cardano dann einer

---

56 BN, Paris, MS lat. 7305, 80^{ro-vo}: »Illi de Egipto fuerunt sapientes magistri antiquo tempore. Nam ipsi studio et exercitio maximi viri in scientiis fuerunt et in sapientiis omnibus de quibus homines se iuvant. Et hoc scimus per cronicas sapientum antiquorum et per ea quae de eorum operibus remanserunt a multis mille annis usque ad hodiernum diem ... Et Caldei sunt illi de Babilonis qui Egiptianos sequuti sunt in scientiam astronomie.«

doppelten Aufgabe gegenüber, deren Forderungen bisweilen in direktem Widerspruch zueinander standen. Zum einen mußte er den Text erklären, also streng systematisch Inhalt, Grundlagen und Anwendung der zahlreichen Lehren herausarbeiten, die in dem Büchlein komprimiert und auf ihr Gerüst reduziert enthalten waren. Cardano widmete dieser Arbeit enorme Mühen und bot alle verfügbaren Geisteskräfte auf. Nicht minder gewissenhaft erledigte er die damit zusammenhängende Aufgabe, alle in der Astrologie seiner Epoche virulenten Praktiken und Lehren, die nicht mit den ptolemäischen Leitlinien übereinstimmten, auszusondern und der Verdammung zu überantworten. Zum anderen jedoch fühlte sich Cardano gehalten, immer wieder auch Material und Methoden zu diskutieren, die der Autor gar nicht zur Sprache gebracht hatte – darunter die empirischen Befunde, die der Arbeit des Ptolemäus zugrunde lagen, die er aber nicht offenlegte, aber auch verschiedene Theorien, die dem Autor ganz einfach unbekannt gewesen waren oder die er jedenfalls nicht verfochten hatte, auch wenn sie durchaus mit seinen allgemeinen Anschauungen übereinstimmten. Das alles führte dazu, daß Cardanos Buch zu einem umfangreichen Wälzer geriet, erst recht in der um neue Materialien und Erkenntnisse vermehrten zweiten und dritten Auflage.

Seine genauen Kenntnisse von dem historischen Kontext, in dem Ptolemäus lebte, kamen dem Kommentator Cardano gelegentlich unübersehbar zugute, so gleich am Anfang des Buchs, wo das *Tetrabiblos* eine Reihe von Argumenten für die moralische Vortrefflichkeit und die Nützlichkeit der Kunst des Ptolemäus aufführt. Cardano wußte aus seiner Lektüre antiker Literatur, daß diese Passage sich ganz gezielt gegen einige Philosophen richtete, die sich als Gegner der Astrologie hervorgetan hatten und die er benennen konnte. In

---

57 Ptolemäus, *Quadripartitum*, hrsg. von Cardano, 1578, 194 = O, V.159: »... quorum etiam placita adeo absurda sunt, et plena nugis, ut Porphyrius totam artem et nunc etiam Latini et Arabes olim deturparint, constatque Arabum omnia illa commenta non esse illorum, sed horum inventa ...«
58 A. Grafton, *Joseph Scaliger*, Oxford 1983–1993, I, Kap. 7.

seinem Kommentar machte er deutlich, daß die Passage eine genau definierte Funktion in der Ökonomie des Werks hatte, aber auch, daß er gewillt war, seinem – und des Ptolemäus – Anspruch, Astrologie im Geist strenger Wissenschaftlichkeit zu treiben, gerecht zu werden:

»Bei Aulus Gellius tritt der Philosoph Favorinus auf, der es in der Zeit unmittelbar vor Ptolemäus zu einigem Ruhm brachte, und verleumdet ganz in der Art, die für solche Streberseelen typisch ist, die astrologische Kunst. Er stützt sich auf zwei Hauptargumente: daß man erstens nicht wissen könne, was die Zukunft bringt, und daß zweitens, wenn man es könnte, dieses Wissen den Sterblichen in keiner Weise zum Nutzen gereichen würde. In den letzten zwei Kapiteln dieses Prologs nimmt Ptolemäus dazu gewissenhaft Stellung und macht zugleich deutlich, wohin seine Kunst zielt. Denn wie Galen in seinem Buch *De constitutione artis medicae* lehrt, wird eine Kunst zuallererst durch die Entscheidung, was ihr Endziel sein soll, begründet. Wie hätte also Ptolemäus seine Kunst in diesem Buch anders begründen können, als indem er zuerst ihr Ziel erläuterte?«[59]

Wie schon Ptolemäus vertrat auch Cardano, vorsichtig und mit vielen Vorbehalten, den Standpunkt, daß die Astrologie sehr wohl nützlich sei, selbst wenn sie kein absolut sicheres Wissen von der Zukunft anzubieten habe.

Favorinus hatte, ganz im Einklang mit einer nicht unbedeutenden Strömung innerhalb der stoischen Schule, der er angehörte, argumentiert, das Wissen um künftige Katastrophen könnte, da am Lauf

---

59 Ptolemäus, *Quadripartitum,* hrsg. von Cardano, 1554, 3 = O, V.94–95: »Nam apud Gellium Phavorinus, qui parum ante Ptolemaeum floruit famosus philosophus, more ambitiosorum artem astrologiae infamem reddiderat, duobus maxime argumentis, quod futura sciri non possent, nec si possent cognitio illa utilitatem aliquam mortalibus esset allatura. His igitur Ptolemaeus diligenter occurrit duobus illis postremis prooemii capitibus. In hoc autem ostendit finem artis: nam ut a Galeno habetur in libro de Constitutione artis medicae, ars unaquaeque a finis notitia per resolutionem constituitur. Quomodo igitur Ptolemaeus artem hanc constituet in hoc libro, nisi primum finem artis declaraverit?«

der Dinge ja nichts zu ändern wäre, den Menschen nichts nützen, sondern müßte sie lediglich in Verzweiflung stürzen. Der wahrhaft Weise lebe für die Gegenwart – unter strenger Achtung der Moral, versteht sich – und quäle sich nicht mit Gedanken an die Zukunft.[60] In seinen Erläuterungen zu Ptolemäus stellte Cardano klar, daß der antike Astrologe niemals behauptet hatte, mit absoluter Gewißheit voraussagen zu können, was geschehen werde, vielmehr gehe es in seiner Wissenschaft darum, wahrscheinliche künftige Umstände, Bedingungen von Ereignissen, zu ermitteln. Ein kluger Mann konnte diese ins Kalkül ziehen und ihren schlimmsten Wirkungen auf Leib und Seele aus dem Weg gehen:

»Ptolemäus erwidert, kurz gesagt, daß die Zukunft nicht unveränderbar ist. Aber Favorinus wird einwenden, daß das nicht die Zukunft sein kann, wenn es veränderbar ist. Aber dem entgegnet Ptolemäus, daß künftige Dinge nicht per se die Zukunft sind, sondern im relativen Sinn. Es ist, wie wenn, da ich im voraus weiß, daß eine große Hitze kommen wird und meine Schafe, die ich auf einem hohen Berg weiden lasse, verschmachten werden, diese Schafe eben nicht umkommen, wenn ich eine Höhle grabe und eine Quelle freilege. Die Astrologie befaßt sich nicht mit den künftigen Dingen, sondern stellt lediglich Ereignisse und ihre Ursachen einander gegenüber. Aber diese machen, daß sie stattfinden.«[61]

Wieder einmal könnte man hier, wenn man auf Cardanos Astrologie zurückblickt, versucht sein, sie zu parodistischen Zwecken zu

---

60 Aulus Gellius, *Noctes atticae,* 14.1.36.
61 Ptolemäus, *Quadripartitum,* hrsg. von Cardano, 1554, 7 = O, V.97: »Ptolemaeus respondet uno verbo, quod futura possunt immutari. At Phavorinus dicet, quod talia futura non erunt, si mutari queant. Verum Ptolemaeus respondebit, quod futura non sunt per se futura, sed in comparatione, velut si praesciam calorem magnum et sitim occisuram, oves meas in aedito monte pascentes excavato specu et fonte non morientur. Ergo astrologia non est de rebus futuris, sed comparationem causarum ad suos effectus solum, his autem contingit ut futuri sint.«

mißbrauchen: Wie zwei gestandene Experten der Volkswirtschaft wirken der antike Autor und sein moderner Kommentator, wenn sie im Duett darlegen, warum ihre Wissenschaft für die Menschheit so wichtig ist, obwohl sie nicht in der Lage ist – ja, angeblich strebt sie das nicht einmal an –, irgendwelche spezifischen Resultate mit letzter Sicherheit vorauszusagen. Viele von Cardanos praktischen Empfehlungen – etwa der Rat, daß man, um sein Risiko zu mindern, zusammen mit möglichst vielen anderen in einer Gruppe reisen solle, weil es unwahrscheinlich sei, daß einer großen Zahl von Passagieren ein und dasselbe traurige Schicksal, bei einem Schiffbruch umzukommen, bestimmt sei –, sind ebenso nützlich und intelligent wie die Börsentips, die gewisse moderne Anlageberater unters Volk streuen.

Solcher Spott ist jedoch weniger berechtigt, als es auf den ersten Blick scheint. Neuere Studien über die antike Philosophie haben deren therapeutische Funktion hervorgehoben: Die Stoiker, Skeptiker und Epikuräer zielten ja mit ihren Schriften auf das Emotionale, die Leser sollten ihre psychische Einstellung ändern und so zu einem besseren Leben finden; diese Philosophen lehrten, daß der wahrhaft Weise sich in die Ordnung des Universums fügte, daß er sich an ihrer Gesetzmäßigkeit und Schönheit ergötzte und es mit Gleichmut hinnahm, wenn sie ihm gelegentlich andere Freuden, etwa Gesundheit oder Wohlstand, versagte. Sie legten, wie Martha Nussbaum und andere gezeigt haben, großen Wert auf die »Würde der Vernunft« und waren deshalb vor allem bestrebt, ihren Schülern eine bestimmte Art von diszipliniertem Denken beizubringen, das sie dazu befähigte, selbständig zu den richtigen Schlußfolgerungen zu gelangen.[62] Nussbaum hat nicht eben eine hohe Meinung von der Astrologie: »Was die Philosophie von Volksreligiosität, Traumdeuterei und Astrologie unterscheidet«, meint sie, »ist, daß sie die Verbindlichkeit rationaler Argumente anerkennt.«[63] Ptolemäus und Cardano wären

---

62 S. P. Hadot, *Exercices spirituels et philosophie antique*, Paris 1981; M. Nussbaum, *The Therapy of Desire*, Princeton 1994.
63 Ebda, 353.

mit dieser Grenzziehung schwerlich einverstanden gewesen. Nach ihrem Selbstverständnis boten sie ihren Lesern ein hocheffizientes Instrumentarium, das sie befähigte, sich aus der Sklaverei der äußeren Umstände zu befreien – nicht indem sie lernten, einfach nur gute Miene zum bösen Spiel zu machen, sondern indem sie sich in der Kunst ausbildeten, diese äußeren Bedingungen im voraus zu erkennen. Die beiden Astrologen waren überzeugt, daß Wissen um die Zukunft zu mehr, nicht zu weniger Freiheit und Selbstbestimmung führte: Leid und Leidenschaft konnten den, der darauf gefaßt war, nicht mehr so leicht überwältigen. Die Astrologie bot wie die Philosophie eine Strategie an, das Leben zu meistern, und zwar eine, die in besonderer Weise den Bedürfnissen eines Menschen entsprach, der sich als irdisches Wesen definierte und wußte, daß sein Glück untrennbar mit dem Wohl und Wehe seines Körpers, seines Hauses, seiner Nation verbunden war.

Cardano wurde nicht müde, die Präzision und das Raffinement der astrologischen Kunst, so wie sie Ptolemäus gelehrt hatte, zu rühmen. Nach dem Vorbild Galens warnte er seine Leser eindringlich vor den Schwierigkeiten des Unternehmens, auf das sie sich eingelassen hatten: »Denn das, was Galen in seinen Bemerkungen zu den Büchern von den Atemschwierigkeiten über Hippokrates sagt, gilt auch für Ptolemäus, nämlich, daß er nichts Gemeines und Triviales geschrieben hat, sondern lauter einzigartig tiefgründige Dinge.«[64] Aus abfälligen Bemerkungen des Ptolemäus über den Dilettantismus gewisser antiker Fachkollegen macht Cardano einen großen Rundumschlag gegen die Scharlatane, die zu allen Zeiten und allerorten den guten Astrologen ins Handwerk pfuschten: Geomantiker, Zahlenmagier, welche die Namen ihrer Klienten in Zahlenreihen umwandelten und dann diesen Zahlen Planeten und Zeichen zuordneten, und, am schlimmsten von allen, jene gewinnsüchtigen

---

64 Ptolemäus, *Quadripartitum*, hrsg. von Cardano, 1554, 24 = *O,* V.110: »Nam quemadmodum Galenus de Hippocrate inquit, in libros quos de difficultate spirandi conscripserat, ita nos de Ptolemaeo existimare oportet: nihil, scilicet, illum scripsisse commune aut vulgare, sed omnia singularia atque recondita.«

Schwindler, die in *interrogationes* und *electiones* die Gunst oder Ungunst der Sterne zu einem bestimmten Zeitpunkt feststellten. Ohne mit einem Wort auf die Frage einzugehen, ob diese in seiner eigenen Epoche verbreiteten Künste antike Wurzeln hatten oder nicht, nimmt Cardano in seiner sarkastischen Strafpredigt ganz selbstverständlich an, daß sie genau die Sorte schlechter Astrologie repräsentieren, die Ptolemäus bei seiner Bemerkung im Sinn hatte:

»Bedenke, geneigter Leser, welches Hohngelächter diese Leute auslösten, wenn sie einem Klienten eine *interrogatio* verkauften und dessen Unternehmen unglücklich ausging, da doch viele, die in einer solchen Lage keinen astrologischen Rat in Anspruch nehmen, erfolgreich sind. Ich will hier nur eines von vielen Beispielen mit einem eindeutigen und prominenten Ausgang berichten von einem Mann, den ich persönlich gekannt habe: Ludovico Sforza war Herrscher der Provinz Mailand. Er beschäftigte einen geldgierigen Astrologen (einen von denen, die Ptolemäus mit Recht geißelt), der von der Astrologie keine Ahnung hatte und dem er schon mehr als hundert Goldstücke geschenkt hatte. Dafür bezeichnete dieser Mann ihm immer die rechte Zeit, zu der er ein Unternehmen oder Geschäft beginnen sollte, und er tat dies in einer Weise, die wirklich lachhaft ist. Der Fürst, sonst ein vollkommen vernünftiger Mann, mußte nach diesen Vorschriften beim größten Unwetter aufs Pferd steigen und mitsamt seinem ganzen Hofstaat in den dichten Regen hinaus und ritt durch Schlamm und Matsch, als müßte er einem fliehenden Feind nachjagen oder selber flüchten.«[65]

---

[65] Ebda, 16 = O, V.104: »Vnde tecum aestima lector qualem risum moverint qui, vendita electione, infelicissimum illi exitum pepererunt: cum multi in eadem causa nullo utentes astrologi consilio felicissime rem peragant. Atque ut ex multis unum evidentis ac praeclari exitus exemplum referam hominis a me cogniti: fuerat princeps Mediolanensis provinciae Ludovicus Sfortia qui quaestuosum astrologum, quique nihil minus quam astrologiam sciret (erat enim ex his quos Ptolemaeus hic merito sugillat) aleret, eumque ditaverat egregie centum atque plus magnis aureis talentis. Ab hoc pro tanta mercede tempus unicuique negotio inchoando praescribebatur, adeo ridicule ut sapientissimus alioquin princeps coge-

Kein Wunder, daß der arme Ludovico sein Leben im Kerker beschloß, vom Thron gestoßen, geschlagen und erniedrigt.

Wenn Cardano Ptolemäus als einen Weisen darstellte, eingekesselt von Schwachköpfen und korrupten Gaunern, projizierte er gewiß seine Wahrnehmung der eigenen Lage zurück in die Antike. Trotzdem war seine Interpretation des antiken Texts und Kontexts nicht ganz falsch. Geoffrey Lloyd, Vivian Nutton, Tamsyn Barton und andere Historiker, die sich mit der Medizin und Astrologie im Altertum beschäftigt haben, weisen in ihren neueren Arbeiten darauf hin, daß die Naturforscher jener Zeit unter brutalem Konkurrenzdruck standen, vor allem diejenigen, die ihren Lebensunterhalt damit verdienten, daß sie Klienten gegen Honorar berieten. Es gab keinerlei amtliche Zulassung oder Diplome, die einen Arzt aus der Schule des Hippokrates oder einen Astrologen, der bei Hipparch studiert hatte, als tüchtigen Fachmann auswiesen und aus der Menge von Heilern und Wahrsagern aller Couleur heraushoben, die mit ihm auf offenem Markt ihre Dienste feilboten. Nur mit unwiderstehlichen rhetorischen Fähigkeiten und stärksten technischen Argumenten konnte ein Praktiker sich behaupten. Barton meint sogar, die labyrinthische Komplexität der astrologischen Technik im Altertum – die eine verwirrende Vielzahl sich kreuzender stellarer und planetarischer Einflüsse postuliert, so viele, daß sie unmöglich alle in einem schriftlichen Gutachten zu analysieren sind – habe vor allem den Zweck erfüllt, die Stellung des Astrologen zu sichern, da kein Amateur hoffen konnte, ohne Hilfe eines Experten jemals zu den Schätzen vorzudringen, die irgendwo in diesem Irrgarten verborgen lagen.[66]

---

retur tempestatibus maximis equos conscendere, totamque auleam cohortem et stipatores per medios imbres, per coenum atque lutum, tanquam hostes, vel insecuturus, vel fugiturus deducere.«

66 S. bes. G. Lloyd, *Magic, Reason and Experience,* Cambridge 1979; T. Barton, *Power and Knowledge,* Ann Arbor 1994; allgemeiner zur Verlagerung des Interesses der Wissenschafts- und insbesondere der Medizingeschichte hin zu ökonomischen Fragen s. L. Traub, »The Rehabilitation of Wretched Subjects«, *Early Science and Medicine* 2 (1997), 74–87, und H. King, »Beyond the Medical Market-Place: New Directions in Ancient Medicine«, ebda, 88–97.

Cardano hätte nie zugeben können, daß er oder Ptolemäus seinen Ruhm nicht so sehr überragenden Kenntnissen von der Natur und ihren Gesetzen verdankte, als vielmehr seinen Überredungs- und Imponierkünsten, aber er hätte bestimmt die von scharfer Konkurrenz geprägte Lebenswelt der antiken Astrologen, wie sie die modernen Historiker beschreiben, wiedererkannt, da er sie in seinen eigenen Schriften so deutlich skizziert hatte.

Das Buch des Ptolemäus inspirierte Cardano auch zu einem seiner zahlreichen Porträts des idealen Astrologen. Wenn der antike Meister bemerkte, an seiner Kunst selbst sei nichts problematisch, zu kritisieren seien nur die, die sie praktizierten, so konnte Cardano dem von ganzem Herzen zustimmen. In modernen wie in alten Zeiten lieferten inkompetente Astrologen ihren Gegnern häufig Munition für ihre Angriffe. Zahllose Beispiele legen Zeugnis von Pfuschereien in der Branche ab:

»Giovanni Marliani, ein sehr klarsichtiger, kluger Mann, pflegte zu sagen, und damit hatte er nicht ganz unrecht: Wenn du prophezeien willst, so sage einfach das genaue Gegenteil dessen, was die Astrologen verheißen oder androhen. Sie haben sich schon so oft geirrt, daß die ganze Kunst mittlerweile nicht nur als wertlos gilt, sondern geradezu berüchtigt ist. Denn sie wenden nicht einmal den hundertsten Teil dessen auf, was an Mühe, Fleiß, Gewissenhaftigkeit und Zeit nötig wäre. Und wir lassen es nicht allein bei der eigentlichen Untersuchung, wenn wir nach der Zukunft forschen, an Sorgfalt fehlen, sondern auch schon, wenn wir die Kunst erlernen sollten, denn das erfordert viele Mühen.«[67]

Um den Anforderungen des Berufs gerecht zu werden, brauchte man nicht nur die fachliche Qualifikation, man mußte auch die rich-

---

67 Ptolemäus, *Quadripartitum*, hrsg. von Cardano, 1554, 15 = O, V.103: »Nec immerito dicere solebat Ioannes Marlianus vir gravis iudicii: si vis divinare, totum contrarium ad unguem dicito eius quod astrologi aut pollicentur, aut minitantur. Adeo vero in hoc erraverunt, ut non inanem tantum, sed infamem disciplinam reddiderint. Neque enim vix centesimam, aut laboris, aut industriae, aut diligen-

tige Einstellung haben. Der Astrologe mußte sich bewußt sein, daß seine Vorhersagen irrig sein konnten. Ptolemäus selbst hatte das eingestanden – wie auch der Autor des 7. Buchs der hippokratischen *Epidemien*, der zugab, daß er sich von einer Schädelnaht hatte täuschen lassen. Trotzdem, ein Astrologe mußte in seiner Ausbildung lernen, daß seine Kunst, selbst wenn sie wieder auf das hohe Niveau zurückgeführt werden konnte, auf dem sie zur Zeit des Ptolemäus stand, ihn nie in die Lage versetzen würde, die Zukunft in der Weise sicher vorherzuwissen, wie es Tiere und ekstatische Seher dank direkter, wenn auch unberechenbarer Inspiration konnten.[68]

Aber der Astrologe mußte auch positiven Anforderungen genügen. Ptolemäus – der die klassische Astrologie so streng systematisch darstellte wie kein zweiter, der aber zugleich ihr scharfsichtigster Kritiker war – ließ keinen Zweifel daran, daß die Positionen der Gestirne zur Zeit der Geburt eines Menschen unmöglich für jeden Schlenker, jede Wendung auf seiner Lebens- oder Karrierebahn verantwortlich zu machen waren:

»Wenn man aber Nativitäten und individuelle Temperamente ganz allgemein untersucht, so sieht man, daß es Umstände von einigem Gewicht und sehr wohl wesentlicher Bedeutung gibt, die ihren Teil dazu beitragen, die besonderen Eigenschaften der Neugeborenen zu formen. Denn Unterschiede im Saatgut beeinflussen sehr stark die spezifischen Züge einer Art ... und der Ort der Geburt bewirkt auch keine geringen Abweichungen. Denn wenn der Same von ein und derselben Art ist, von der menschlichen zum Beispiel, und die äußeren Bedingungen auch die gleichen sind, so unterscheiden sich doch die, die da geboren werden, sehr stark an Leib und Seele, je nach den Geburtsländern. Wenn aber selbst alle vorgenannten Bedingungen gleich sind, so läßt sich außerdem feststellen, daß Erziehung und

---

tiae, aut temporis partem impendunt eius quam impendere debent. Nec solum tunc cum inquirere volumus futura negligentia delinquimus, sed cum ars ipsa discenda est, laborare oportet.«
68 Ebda, 17–18 = O, V.105.

Sitten Einfluß darauf haben, wie sich das Leben eines Individuums entwickelt. Wenn man nicht jedes einzelne dieser Dinge in Verbindung mit den Ursachen, die dem Bereich der äußeren Bedingungen zuzurechnen sind, genau prüft ... dann können sie diejenigen in große Schwierigkeiten bringen, die da meinen, man könne in solchen Dingen alles und jedes einzig aus dem Lauf der Himmelskörper erklären, sogar das, was sich deren Einfluß entzieht.«[69]

Cardano seinerseits war schon früh klar geworden, wie schwierig es war, akkurate Voraussagen zu erstellen, und er hatte immer wieder darauf hingewiesen.[70] Es ist daher verständlich, daß diese Passage des *Tetrabiblos* für ihn zentrale Bedeutung gewann. Ptolemäus, so erklärte er, betone in diesen Ausführungen mit Nachdruck, daß ein Horoskop so subtil und gewissenhaft ausgearbeitet sein müsse, wie nur irgend möglich, außerdem aber wolle er darauf aufmerksam machen, daß es »eine besondere verborgene Kraft« gebe, die oft den Einfluß der Sterne verstärke oder im Gegenteil abschwäche:

»Denn ich habe Fälle gesehen, wo Menschen größeres Unheil begegnete und häufiger, als in den Sternen zu lesen war, und andere, wo es glimpflicher ausfiel. Meine Tochter und mein jüngerer Sohn zum Beispiel schienen von weit mehr Gefahren bedroht, als in ihrem Leben tatsächlich zu bemerken waren, und obwohl bei meiner Tochter alles auf eine ziemlich schwächliche Konstitution hindeutete, ist sie doch kaum je ernstlich krank gewesen. Und ich selbst habe viel Bes-

---

69 Ptolemäus, *Tetrabiblos,* 1.2, hrsg. von Robbins.
70 Cardano, *Libelli quinque,* 1547, Horoskop 99, O, V.502: »et ideo recte ille apud Quintilianum declamat, ad tantam scientiam tamque firmam ac exquisitam non posse astrologum pervenire.«
71 Ptolemäus, *Quadripartitum,* hrsg. von Cardano, 1554, 21 = O, V.108: »Vidimus enim quosdam quibus plus satis infelicitas atque frequentius contingebat quam astra polliceri viderentur: vt contra aliis. Nam et filiae nostrae et minori filio plura longe videbantur imminere pericula, quam eventus praestiterit. Et filia cum satis imbecillis videretur futura, vix tamen unquam gravi aliquo morbo correpta est. Et

seres erfahren, was Ehren, Wirken und Lebenskraft angeht, als was die Gestirne erwarten ließen.«[71]

Auch in anderen Passagen seines Kommentars fand Cardano immer wieder Anlaß, auf Grenzen hinzuweisen, die seiner Kunst gesetzt waren.

Wir haben bereits gesehen, daß Cardano schon ganz zu Anfang seiner Karriere im Rahmen seiner Tätigkeit als Astrologe auch Wettervorhersagen machte. Zumindest bis zu einem gewissen Grad blieben ihm seine optimistischen Erwartungen an die astrologische Meteorologie lebenslang erhalten. Wenn etwa Ptolemäus im 2. Buch bemerkte: »die Sonne schafft die typischen Gegebenheiten und Bedingungen der Jahreszeiten in einer Weise, die es sogar denen, die von der Astrologie gar nichts verstehen, ermöglicht, die Zukunft vorauszusagen«,[72] so ergriff Cardano diese Gelegenheit, dem Amateur, der nützliche Beobachtungen machen wollte, zur Hand zu gehen: »Ich empfehle jedem, der Voraussagen über das Wetter zu bestimmten Zeiten machen will, drei oder vier Jahre lang täglich Aufgang und Niedergang der Sterne zu beobachten und außerdem aufmerksam die Winde und den Himmel zu studieren. Und er soll sich Notizen machen, was für Übereinstimmungen es gibt und wie die Verhältnisse jeden Tag sind, und alles in einer tabellarischen Jahresübersicht zusammenfassen, die ihm gute Dienste leisten wird.«[73] Das Ergebnis solcher Studien war ein immerwährender Wetterkalender für eine bestimmte Region, der nach dem Vorbild von Ptolemäus' *Phaseis* systematisch Sternaufgänge und deren Wirkungen beschrieb. Cardano

---

nobis longe maiora successerunt, circa honores et actiones et vitam, quam sydera polliceri viderentur.«
72 Ptolemäus, *Tetrabiblos*, 2.10, hrsg. von Robbins.
73 Ptolemäus, *Quadripartitum*, hrsg. von Cardano, 1554, 169 = O, V.223: »Propterea consulo, ut quilibet qui velit de futuris pronunciare statibus temporum anni, observet tribus vel quattuor annis exortus syderum et occasus singulis diebus, et praeter id diligenter ventos et coeli status in sua regione: et in quibus concordant statusque ipsi consistunt, adnotet, tabulamque faciat toti anno inservientem, exemplo deducto a Ptolemaeo, qui talem observationem non omisit ...«

verwendete auch einige Mühe auf die Erklärung der meteorologischen Lehren des antiken Meisters – unter anderem steuerte er eine elegant gezeichnete graphische Übersicht bei, der Namen und Richtungen von nicht weniger als zweiunddreißig Winden zu entnehmen waren. Für seine freundliche Hilfe bei diesem Unternehmen dankte er ausdrücklich John Hamiltons Leibarzt Casanatus, was beweist, daß er mit ihm nicht allein die Horoskope diskutierte, die ihn direkt angingen, sondern auch den Ptolemäus-Kommentar.[74]

Doch betonte Cardano auch, daß der Meteorologie unüberwindliche Grenzen gesetzt waren. Ptolemäus selbst hatte, als er zum Thema der Wetterforschung überging, davon gesprochen, daß nun eine »noch subtilere Untersuchung« folge.[75] Cardano schloß daraus, daß sein sonst so selbstsicherer Autor angesichts der extrem verzwickten Problemlage offenbar mit schwersten Zweifeln zu kämpfen hatte. Kein Wunder: Die Winde etwa stellten sowohl den Philosophen, der sie zu erklären hatte, als auch den Astrologen, der nach einem Verfahren, sie vorherzusagen, suchte, vor schier endlose Schwierigkeiten. Selbst Aristoteles hatte sich nicht weiter als bis zu der Aussage vorgewagt, daß sie heiß und trocken seien, eine These, die Cardano für einigermaßen angreifbar hielt.

»Aber was daraus folgt, ist äußerst schwierig zu bestimmen. Denn wenn es in Gallarate regnet, so ist der Himmel über der Hauptstraße von Cardano heiter, obwohl diese beiden Städtchen kaum eine Meile voneinander entfernt liegen. Welche Kunst oder Vermutung wäre subtil genug, zu erklären, wie dieser winzige Unterschied der Entfernung so verschiedene Phänomene bewirkt, da doch die beiden Orte,

---

74 Ebda, 178 = O, V.230.
75 Ptolemäus, *Tetrabiblos*, 2.10, hrsg. von Robbins.
76 Ptolemäus, *Quadripartitum*, hrsg. von Cardano, 1554, 166–167 = O, V.221: »Quod vero sequitur ex hoc arduum atque difficillimum est, quod Gallaratae pluit atque Cardani media via serenum est, cum tamen vix mille passibus distent haec duo oppida. Quaenam igitur erit ars aut coniectura tam subtilis, qua discrimen hoc causas illius in tam parvo spatio, quod vicem puncti gerit, seu ad coeli ambitum visibilem, seu ad terrae superficiem conferatur, assequi possit? Torsit me diu hoc argumentum, atque ut existimo Ptolemaeum, propter quod coactus

wenn man sie mit der Weite des Firmaments oder der Oberfläche der Erde vergleicht, nur ein einziger Punkt sind? Mit dieser Frage quäle ich mich seit langem, und sie bereitete, glaube ich, auch Ptolemäus Kopfzerbrechen, weswegen er es für angemessen hielt, von einer ›noch subtileren Untersuchung‹ zu sprechen. Ohne Zweifel ist jenes Argument das stärkste von allen, die man einem Astrologen vorhalten kann. Aber die Medizin ist ja nicht als ganze verächtlich, nur weil sie Krebskrankheiten nicht heilen kann. Überhaupt kann keine Kunst, mag sie auch noch so großartig sein, alles und jedes erklären und meistern. Die Medizin läßt viele Fragen offen, ebenso die Geometrie und die Musikwissenschaft, und auch die Grammatik, die Rhetorik und die Dialektik sind keineswegs vollkommene Künste.«[76]

Wie Ptolemäus nimmt Cardano immer wieder Schwachpunkte im Gefüge der Astrologie genau unter die Lupe und präsentiert nicht nur Zeugnisse, die für die Effizienz seiner Wissenschaft sprechen, sondern auch solche, die ihre Ohnmacht offenbaren. Er selbst hatte wichtige Ereignisse in seinem eigenen Leben nicht vorhergesehen, weil er deren himmlische Ursachen verkannt hatte: »Ich sah sie nicht, obwohl ich es leicht hätte sehen können.«[77] Kein Wunder, daß die Astrologie bei aller Solidität ihrer astronomischen Basis und allem technischen Raffinement nicht das hohe Ansehen ihrer Schwesterwissenschaft, der medizinischen Prognostik, genoß. Der menschliche Geist war einfach zu schwach, um jedes Detail, das in den Sternen geschrieben stand, richtig zu entziffern: »Und daher kommt es, daß die Urteile der Mediziner über künftige Dinge nichts Albernes an sich haben und sozusagen auf festen Fundamenten wohl begründet

---

fuerit illa verba addere (sequitur quaedam subtilior exquisitio), nec ullum maius argumentum astrologo obiici posse, dubium non est. Sed si medicina carcinomata curare non possit, non propter id ars contemnenda est. Nulla enim ars quantumcunque egregia omnia complecti potest atque assequi. Multa omittit medicina, multa desunt in geometria, plurima in musica, neque grammatici, neque rhetores, neque dialectici artes suas perfectas habent.«

77 Ebda, 21 = O, V.108: »Sed haec non vidimus, quamvis videre facile potuerimus.« Vgl. A. A. Long, »Astrology: Arguments pro and contra«, *Science and Speculation*, hrsg. von J. Barnes u. a., Cambridge/Paris 1982, 165–192.

stehen, während die der Naturphilosophen und erst recht die der Astrologen und Theologen nichtig sind, zumal da jeder von ihnen eine andere Meinung vertritt.«[78] Die Astrologie, so wie Cardano sie verstand, streckte ihre Tentakel in alle Bereiche des menschlichen Lebens aus, aber manche davon waren nicht stark genug, die Gegenstände, auf die sie dort trafen, auch nur von der Stelle zu rücken.

Vielbeachtete Passagen in Cardanos Kommentar erschöpften sich im wesentlichen darin, die Implikationen dessen im Detail herauszuarbeiten, was Ptolemäus in seinem knappen, schematischen Text lediglich andeutete. An einer Stelle versicherte Ptolemäus ohne weitere Erläuterung, wenn gewissen Winkelverhältnissen zwischen den Planeten, den »Aspekten«, besondere Signifikanz zugesprochen werde, so finde dies seine Rechtfertigung in der Musik. So verhalte sich zum Beispiel

»Quartilis (90 Grad) zu Sextilis (60 Grad) wie 3 zu 2, was dem musikalischen Intervall der Diapente [Quinte] entspricht; Trinus (120 Grad) verhält sich zu Quartilis (90 Grad) wie 4 zu 3, das entspricht dem Diatesseron [Quart] in der Musik.«[79]

Wie dies zu verstehen war, erklärte Cardano des langen und breiten in einem ausführlichen Kommentar, ergänzt durch graphische Darstellungen. Solche Erläuterungen, räumte er ein, hatten wenig mit der astrologischen Praxis zu tun, schienen ihm aber »wegen der Verleumder«, welche diese doch so evident solide Wissenschaft schmähten, notwendig. Mochte Cardano diese Passage für die Astrologie, die er im Sinn hatte, auch wenig relevant finden, so sollte sie doch einen seiner scharfsinnigsten Leser desto mehr interessieren: Johannes Kepler sah darin eine solide Rechtfertigung für die reformierte – empirisch begründet und auf allgemeine Gesetzmäßigkei-

---

78 Ptolemäus, *Quadripartitum*, hrsg. von Cardano, 1554, 148 = O, V.206: »Inde factum ut nostris etiam temporibus generosi medici qualis fuit Galenus prophetarum authoritatem retineant, dictaque horum de futuris tanquam oracula habeantur. Et ita contingit ut medicorum pronunciata de futuris tanquam solida ratione et firma fundata nihil vani retineant: ut contra philosophorum naturalium atque magis

ten hin ausgerichtete Astrologie –, die, wie er hoffte, die antike Kunst der Erstellung und Analyse individueller Horoskope ersetzen würde.

Große Teile von Cardanos weitschweifigem Kommentar hatten durchaus den Charakter einer jener Enzyklopädien, die für seine Epoche typisch waren. Die Astrologie war gewiß nicht vollkommen, aber immerhin konnte sie, wie Ptolemäus ausführlich darlegte, erklären, auf welche Weise Mißgeburten zustandekamen.[80] Cardano griff die Gelegenheit beim Schopf und präsentierte dem Publikum das Horoskop von kurz zuvor geborenen siamesischen Zwillingen. Er beschreibt das Paar mit der nüchternen Präzision eines Pathologen:

»Es wurde in England geboren, während ich mich dort aufhielt, auf einem Gut names Middleton Stoney, acht Meilen von der berühmten Universität Oxford gelegen. Der Vater hieß John Kemer (so schreibt man es auf englisch) und war damals schon tot. Es waren zwei Mädchen, am Nabel zusammengewachsen, als wären die beiden an dieser Stelle ineinandergefügt worden, der eine Bauch in den anderen, der eine Rücken in den anderen, aber nur ein einziger Nabel, eine Vulva, ein Anus, der zwischen den linken Oberschenkeln und den Gesäßbacken lag. Deswegen waren die linken Schenkel an ihrem Platz, wie wenn zwei Knaben dasitzen und spielen, aber das eine rechte Bein samt Fuß war mit dem anderen zu einem einzigen verwachsen. Deshalb hatte dieser Fuß neun Zehen. An den ersten zwei Tagen wollten sie nicht an der Brust ihrer Mutter saugen – sie waren noch zu sehr geschwächt von der Geburt – und wurden deshalb mit Kuhmilch gefüttert. Am dritten Tag tranken sie dann an der Brust. Manchmal schlief die eine ein, während die andere wach blieb – vom Nabel aufwärts war ja jeder der beiden Körper vollständig aus-

---

astrologorum et theologorum vana sunt, atque talia ut ne unus cum altero idem sentiat.«
79 Ptolemäus, *Tetrabiblos,* 1.13, hrsg. von Robbins.
80 Ebda. 3.8.

gebildet. Die eine lebte bis zum 18., die andere bis zum 19. August.«[81]

Cardano konnte dieses Naturwunder ohne Schwierigkeiten erklären: Das Zeichen der Zwillinge war Aszendent und Herr des Horoskops der beiden, und die Positionen der verschiedenen Planeten, vor allem der notorischen Schadenstifter Mars und Saturn, hatten die Kinder mißgestaltet. Im übrigen dürften ihn und seine Leser aber auch einfach die anatomischen Details interessiert haben – schließlich lebte er in einer Zeit, da es keineswegs außergewöhnlich war, wenn gelehrte Männer populäre Flugblätter, die von spektakulären Mißgeburten bei Mensch und Tier Kunde gaben, sammelten und abschrieben.[82] Ähnlich konventionelle Interessen waren im Spiel, als Cardano (wie vor ihm bereits Hali) unter Berufung auf die Lehren des Ptolemäus erklärt, weshalb man in extrem kalten und heißen Regionen »Anthropophagi antrifft, deren Gesichter schrecklich sind und so sehr von denen normaler Menschen unterschieden, daß sie kaum mehr menschlichen Wesen gleichen« – eine andere Gattung von Ungeheuern, die, jedenfalls in den Phantasien der Schriftsteller des 16. Jahrhunderts und ihrer faszinierten Leserschaft, Brasilien und Indien bevölkerten.[83]

Bei aller angestrengten Loyalität zu Ptolemäus und allem konsequent zur Schau gestellten Traditionalismus beschränkt sich Carda-

---

81 Ptolemäus, *Quadripartitum*, hrsg. von Cardano, 1554, 225–226 = O, V.263: »Natum est in Anglia, dum ibi essem, in villa vocata Mioletonstoni VIII.M passuum distante ab inclyta Academia Oxoniensi, fuitque post humum. Pater vocabatur Ioannes Kemer. Ita enim anglice scribitur. Erant duae puellae ad umbilicum commissae, quae in unum coierant quasi recta altera alteri inserta, venter ventri, dorsum dorso, unus umbilicus, una vulva, unus anus, qui inter crura sinistra atque nates positus erat. Itaque sinistra crura locum suum servabant: velut cum pueri sedentes colludunt. Dextra vero crus et pes alter alteri commixtus in unum coire. Itaque pes ille novem habuit digitos. Primis [verb.: Primus] duobus diebus lac suggere noluerunt a matre ob partus laborem, nutriti lacte vaccae, tertia suxerunt a matre, dormiebat quandoque altera, reliqua vigilante, quod ab umbilico supra unaquaeque sua membra seorsum retineret. Itaque vixit una ad decimamoctavam Augusti, reliqua ad. 19.« Zu Middleton Stoney s. W. G. Waters, *Jerome Cardan*, London 1898, 258.

no in seinem Kommentar doch keineswegs auf die Erörterung von Fragen, die der antike Meister aufwirft, oder auf Antworten, die dieser selbst hätte vorschlagen können. So widmete Ptolemäus zum Beispiel den Kometen nur eine kurze Betrachtung, obwohl er sie im Prinzip für signifikante Phänomene hielt. Er bemerkte, daß sie »von ihrer Natur her Wirkungen hervorbringen, wie sie für Mars und Merkur typisch sind – Kriege, Hitze, Unordnung und Wirren und was damit einhergeht«.[84] Aber er sagte kaum etwas darüber, auf welche Besonderheiten man achten sollte und wie ihr Einfluß quantitativ zu bestimmen war, sondern nannte lediglich einige der in der Tradition bekannten Typen wie »Strahlenbündel« oder »Trompete«. Cardano meinte dazu, Ptolemäus handle »diesen Gegenstand nicht deswegen so kurz ab, weil etwa die Kometen wenig oder keine besonders große Bedeutung hätten, sondern vielmehr, weil das ein enorm weites Feld ist und er, wie es scheint, den Leser nicht verwirren will«.[85] Er beschrieb dann selbst Kometen und verwandte Phänomene ausführlich und versuchte, wobei er zahlreiche Beobachtungen heranzog, von denen Regiomontanus, Pontano, Nifo und andere berichteten, eine Vorstellung von den unterschiedlichen Perioden und Erscheinungsformen der echten Kometen zu vermitteln. Er ließ den Leser auch nicht im Zweifel, warum er sich so intensiv einem Gegenstand widmet, dem die traditionelle Astrologie keine besonders große Beachtung geschenkt hatte. Kometen, behauptete

---

82 Vgl. J. Céard, *La nature et les prodiges*, Genf 1977; *Die Wickiana*, hrsg. von M. Senn, Küsnacht-Zürich 1975; L. Daston und K. Park, *Wonders and the Order of Nature, 1150–1750*, New York 1998.
83 Ptolemäus, *Quadripartitum*, hrsg. von Cardano, 1554, 108 = O, V.177: »Et ideo invenientur anthropophagi in utraque, quorum facies sunt terribiles et ab humana adeo alienae, ut vix videantur esse homines.« Über Cardanos recht originelle Interpretation des Kannibalismus in der Neuen Welt s. F. Lestringant, *Le cannibale*, Paris 1994, Kap. 9.
84 Ptolemäus, *Tetrabiblos*, 2.9, hrsg. von Robbins.
85 Ptolemäus, *Quadripartitum*, hrsg. von Cardano, 1554, 154 = O, V.211: »... ob id Ptolemaeus (non quod parvi res esset momenti cometes aut mediocris, sed ne magnitudine rei lectorem in desperationem adducere velle videretur) paucis verbis illius historiam absolvit.«

Cardano, hatten deswegen dieselben Eigenschaften wie Mars und Merkur, weil sie diesen Planeten ihre Existenz verdankten – genauer gesagt, wie er in *De varietate rerum* darlegte, den planetarischen Lichtstrahlen, die sich im kristallenen Raum des Himmels kreuzten und so jene hellen, flink beweglichen Lichter hervorbrachten, die man von der Erde aus beobachten konnte.[86] In solchen Passagen werden die Risse in der geschlossenen, kohärenten Kosmologie sichtbar, auf die sich schon seit alter Zeit Theorie und Praxis der Astrologie stützten und der auch Ptolemäus in seinem Werk so mächtigen Ausdruck verliehen hatte. Im Lauf der siebziger Jahre des 16. Jahrhunderts sollte dieses System in Folge genauerer Beobachtungen des neuen Sterns von 1572 und des Kometen von 1577 unter starken Druck von außen geraten. Cardanos Kommentar läßt andeutungsweise erkennen, welche inneren Spannungen bereits vorher in diesem Kosmos spürbar waren.

Letzten Endes kehrte Cardano jedoch immer wieder zu astrologischen Traditionen zurück, darunter viele nichtklassische, und bettete die Lehre des Ptolemäus darin ein. Dieser hatte die Astrologie als eine Wissenschaft aufgefaßt, die nicht nur individuelle Schicksale, sondern auch die ganzer Nationen erklärte. Aber er hatte sich bei der Prognose im großen Stil am räumlichen Prinzip orientiert, nicht an dem der Zeit: Er war von der Annahme ausgegangen, daß Verfinsterungen oder Konjunktionen, die als solche oder weil sie in einem bestimmten Sternzeichen stattfanden, von je besonderer Bedeutung waren, jeweils auch für die Länder relevant waren, die direkt in ihrem Einflußbereich lagen. Cardano aber las den Text des Ptolemäus durch die Brille einer astrologischen Tradition – vor allem der sassanidischen, die in der mittelalterlichen Astrologie wohlbekannt war –, derzufolge die Konjunktionen von Jupiter und Saturn den Lauf der Weltgeschichte insgesamt determinierten, wobei die besonderen Wirkungen dieser Planetenkonstellation davon abhingen, welchem »Trigon«, welcher Gruppe von jeweils drei Tierkreiszeichen also, sie jeweils zuzuordnen war.[87] Er spann nun Gedanken weiter, die ihn

---

86 Ebda, 150 = O, V.208. Vgl. oben, 217 f.

schon in den dreißiger Jahren, als er seine ersten Vorhersagen schrieb und seine *Geheimnisse der Ewigkeit* entwarf, fasziniert hatten – daß er dabei ganz in ebenjener islamischen Tradition stand, die er sonst vehement ablehnte, schien ihn nicht zu stören –, und fügte in seinen Kommentar eine Prophezeiung ein, der auch in seinem zutiefst unptolemäischen Stil auf jene Zeit zurückwies. Charakteristischerweise schickte er einige höchst kritische Bemerkungen über andere Texte zum selben Gegenstand vorweg: Diese seien, meinte er, empirisch nicht fundiert und daher wertlos. Dann präsentierte er seine eigene, angeblich ureigene Variation zum Thema:

»Es gibt gewisse allgemeine Hinweise, die man den großen Konjunktionen entnehmen kann, als da sind: Die Konjunktionen in den wäßrigen Zeichen, die den Trigon des Mars bilden, bedeuten, eben wegen Mars, viel Krieg und Erfindungen mechanischer Apparate und Maschinen, außerdem schreckliche Seuchen wegen Skorpion und Krebs und der Kombination Mars-Venus oder Mars-Mond, und auch schlimmen Irrglauben. Die Religion des Mohammed und etliche andere entstanden unter diesem Trigon. Im ersten Trigon dagegen, dem des Widders, entstehen weltliche Herrschaften und Königreiche, weil hier Sonne und Jupiter regieren, und das bedeutet Frieden auf der Welt, und Frieden kann es nur geben, wenn einer allein Herr über alles ist. Weise und große Männer treten auf, aber auch Mißernten wegen großer Dürre, denn die beiden dominierenden Planeten sind heiß und nicht sehr feucht. Deswegen wird nach dem Jahr 1583 eine Monarchie entstehen, und bis zur Mitte des Jahres 1782 wird einer allein herrschen. Aber im zweiten Trigon, dem des Stiers, wird es Erdbeben geben und Überschwemmungen und viele Kometen, weil Saturn und Mars im Steinbock regieren und weil die Präfekten, nämlich Venus und Mond, schwach sind. Und was feste Gestalt angenommen hatte, wird sich unter dem wäßrigen Trigon auflösen. Wenn aber die Konjunktion bei dem Trigon der menschlichen Bilder anlangt, bei dem der Zwillinge, werden die Rei-

---

87 Ebda, 104 = O, V.173.

che, die unter dem Widder-Trigon entstanden waren, auseinanderbrechen und in eine neue Monarchie überführt werden, und weil Saturn und Merkur dominieren, wird es viele Weise geben, und Künste und Wissenschaften werden blühen, und es werden auch viele Betrüger auftreten. Und die Menschen werden durch und durch schlecht sein und sich hemmungslos den größten Ausschweifungen hingeben, und am Himmel werden viele Kometen erscheinen wegen Merkur.«[88]

Im Kommentar zum klassischen Lehrbuch des Ptolemäus klangen also immer noch jene Töne durch, die Cardanos astrologisches Erstlingswerk, den längst vergessenen *Pronostico*, dominiert hatten.

Cardano hörte niemals auf, mit diesem Material herumzubasteln. Er untersuchte die astrologischen Umstände – auch hier stieß er wieder prompt auf die großen Konjunktionen –, die den Buchdruck und viele andere spektakuläre Errungenschaften und Entdeckungen seiner eigenen Epoche ermöglicht hatten.[89] Und er füllte das Gerüst seiner astrologischen Geschichtstheorie mit immer mehr konkreten Details aus, entdeckte, daß das Reich der Meder und das Karls des Großen sich spektakulären Konjunktionen verdankten, und Tarquinius Priscus hatte ebenfalls geballte planetarische Macht zum Thron

---

88 Ebda, 104 = O, V.173–174: »Sunt tamen quaedam generalia quae ex coniunctionibus magnis habentur, et sunt quod coniunctiones in signis aqueis, quia trigonus est Martis, significant multa bella et inventiones operum mechanicorum propter Martem, et morbos malignos contagiosos propter Scorpionem et Cancrum, et mixtionem Martis cum Venere vel cum Luna, et haereses graves et magnas: Mahumeti et aliorum quorundam dogma, lex, sub eo trigono ortum habuit. In primo autem trigono, scilicet Arietis, fiunt mundi imperia et monarchae propter dominium solis et Iovis qui significant tranquillitatem in mundo: haec autem non possunt contingere nisi uno regente omnia. Apparent et sapientes et viri insignes, et sterilitates magnae propter dominium planetarum calidorum parumque humidorum. Ideo post annum millesimum quingentesimum octuagesimum tertium usque ad annum millesimum, septingentesimum, octuagesimum secundum ante medium, incipiet monarchia, et omnia regentur nutu unius. In secundo autem trigono, scilicet Tauri, fient terrae motus et inundationes et cometae plures propter Capricornum in quo dominantur Saturnus et Mars: et debilitatem praefectorum, qui sunt Venus et Luna. Dissolventurque quae parata sunt sub trigono aqueo. Sed

verholfen.⁹⁰ Cardano war sich dessen bewußt, daß er hier nicht mehr auf den Spuren des Ptolemäus wandelte – dieser, sagte er, habe die Langzeiteffekte der großen Konjunktionen in seinem Werk nicht behandelt, »weil man es hier mit ziemlich trägen Prozessen zu tun hat, die nicht so ohne weiteres augenfällig werden, und weil sie mehr in das Gebiet der Prophetie als in das der Astrologie fallen«.⁹¹ Cardanos Werk ist nirgends so konventionell unklassisch wie in solchen Passagen, die stilistisch und inhaltlich stark an Kompendien von angepaßten Vertretern der Mehrheitsastrologie erinnern, wie es etwa Cyprian Leowitz war, dessen Buch über die Bedeutung der großen Konjunktionen in der Geschichte zu einem Standardwerk wurde.⁹²

Aber mochte Cardano in seinem historischen Erweiterungsbau zu Ptolemäus auch ganz gewöhnliches Material verwenden, so war doch zumindest seine Verfahrensweise entschieden unkonventionell. Seit Jahrhunderten hatten Geschichtsdeuter wie er ihren Lesern astrologische Erklärungen für Aufstieg und Niedergang von Reichen, aber auch von Prophetengestalten und Religionen geboten. Obwohl die Überzeugung weit verbreitet war, daß Guido Bonati, der Geburt und Wirken Christi im Licht der Astrologie gedeutet hatte, seine sündhafte Kühnheit mit dem Leben bezahlt hatte, wurden in der astrologischen Literatur der Renaissance auch weiterhin

---

 cum coniunctio pervenerit ad trigonum humanorum, id est, Gemini, tunc dissolventur monarchiae per trigonum Arietis factae, et loco eius traducetur in aliam monarchiam et propter dominium Saturni et Mercurii erunt multi sapientes, et artes vigebunt, et erunt multi deceptores: et homines erunt improbissimi et vigebunt vitia in libidinibus maxima: et cometae multae in coelo videbuntur propter Mercurium.«

89 Ebda, 26–31 = O, V.112–113; ebda, 1578, 216 = O, V.174. Vgl. Ernst, »Veritatis amor dulcissimus«: Aspetti dell' astrologia in Cardano«, 204–207.

90 Ebda.

91 Ebda, 1554, 134 = O, V.195: »Illud animadvertendum est quod de effectibus longioribus non tractat Ptolemaeus, quae spectant ad coniunctiones trium superiorum, maxime Saturni et Iovis, quia effectus tardiores sunt et non adeo evidentes: qui potius ad prophetas pertinent, quam ad astrologos.«

92 C. Leowitz, *De coniunctionibus magnis*, Lauingen 1564. Zu Kontext und Wirkung des Buchs s. Barnes, *Prophecy and Gnosis*, Stanford 1988; Grafton, *Scaliger*, II, Teil 1.

immer wieder solche Verbindungen zwischen der Heilsgeschichte und dem Lauf der Gestirne hergestellt.[93] Cardano jedoch ging noch einen Schritt darüber hinaus: Er präsentierte an zentraler Stelle, im Kommentar zum 2. Buch des *Tetrabiblos*, ein veritables Horoskop Jesu, und er analysierte, Schritt für Schritt, die Genitur des Heilands.

Zwar hatten schon viele Astrologen vor ihm, sowohl christliche wie islamische, dasselbe gewagt, dennoch erregte er damit viel Aufsehen – Scaliger und andere, denen offenbar die astrologischen Traditionen des Mittelalters, denen er folgte, unbekannt waren, klagten ihn gar der Gotteslästerung an. Cardano erwähnte die früheren arabisch-lateinischen Christus-Horoskope nicht und ermöglichte es damit seinen Gegnern, ihn, ganz zu Unrecht, als einen Wilden hinzustellen, der sich zu nie dagewesenen Spekulationen verstiegen hatte.[94] Wie die meisten seiner Vorgänger betonte Cardano, daß er keinesfalls auch nur andeuten wolle, die göttliche Natur des Erlösers, seine wundertätigen Kräfte, seine Heiligkeit, die ganze neue Heilsordnung, die er gestiftet hatte, hätten letzten Endes ihre Ursprünge in den Sternen. Was er aber sagen wollte und wirklich sagte, war fast ebenso stark: »Die Nativität Christi ist ganz wunderbar. Die Natur stattete ihn mit allem aus, was nur irgend möglich ist, wenn alle Himmel zusammenwirken, und unsere Religion ist daher ganz natürlich eine der Frömmigkeit, Gerechtigkeit, des Glaubens, der Einfalt und der Nächstenliebe, in allem aufs beste eingerichtet, und sie wird ewig dauern, oder bis der Kreislauf der Ekliptik vollendet ist: dann wird eine neue Ordnung des Universums anheben.«[95] Wenn man das Horoskop des Erlösers, so argumentiert Cardano

---

93 Ernst,»›Veritatis amor dulcissimus‹: Aspetti dell' astrologia in Cardano«, 207–212.
94 S. dazu W. Shumaker, *Renaissance Curiosa*, Binghamton, N.Y., 1982, Kap. 2, der auch eine kommentierte Übersetzung von Cardanos Christushoroskop bietet.
95 Ptolemäus, *Quadripartitum*, hrsg. von Cardano, 1554, 196–197 = O, V.221: »... Christi navitatem fuisse admirabilem, naturamque illi tribuisse quantum concursu omnium coelorum excogitari poterat, et naturaliter legem nostram esse legem pietatis, iustitiae, fidei, simplicitatis, charitatis, optimeque institutam: nullumque habituram finem, nisi post reditum eclipticarum, in quo fiet novus status universi.«

weiter, streng nach den Regeln des Ptolemäus auslege, so finde man darin sämtliche Ereignisse des Lebens Jesu und der frühesten Kirchengeschichte genau, ja sogar im Wortlaut der synoptischen Evangelien beschrieben. »Vielleicht«, so räumt er ein, »hat Ptolemäus von dieser Genitur nie etwas erfahren« – und doch wird seine Astrologie diesem besonderen Fall in einer Weise und so vollkommen gerecht, daß man daraus unausweichlich schließen muß: Entweder hat Ptolemäus die Regeln seiner Wissenschaft aus ebendiesem Horoskop Christi abgeleitet – eine Annahme, die Cardano sogleich als »dumm und lächerlich« verwirft –, oder – auch wenn Cardano dies nicht ausdrücklich so sagt – Ptolemäus hatte tatsächlich eine Kunst entwickelt, die es dem, der sie beherrschte, ermöglichte, dem Gang der Welt über die Zeit hinweg zuzusehen und ihn mit derselben Präzision vorherzusagen, mit der man die Operationen einer perfekt konstruierten Maschine vorhersagen kann, deren Räder und Gestänge sich ohne alle Reibung so bewegen, wie ihr Schöpfer es eingerichtet hat.[96] Einerseits betonte Cardanos ptolemäische Astrologie immer wieder ihre Begrenztheit, andererseits erhob sie keinen geringeren Anspruch als den, die Schlüssel zu universalem Wissen in der Hand zu halten. Wie so oft bei Cardano erscheint seine Haltung bei genauer Betrachtung inkonsistent, ja labil. In der Hoffnung, die Gründe dafür etwas besser zu verstehen, wählen wir nun nach dieser Nahaufnahme vom Astrologen Cardano wieder einen etwas größeren Bildausschnitt, der uns zeigt, wie Cardano mit dem ganzen Register prädiktiver Künste verfuhr, von denen er viele ebenfalls praktizierte.

---

96 Ebda, 222: »Quid igitur reliquum est, nisi ut dicant Ptolemaeum, qui ne forsan unquam hanc Genesin cognovit, ut arti fidem faceret, totum hunc librum ad eius exemplar confinxisse? Quo quid stultius dici, aut absurdius excogitari possit, non intelligo.« Ähnlich argumentiert Ficino im Zusammenhang mit Überlegungen, wie die Weisen aus dem Morgenland ihren Weg zur Krippe in Bethlehem fanden; vgl. »De stella magorum«, *Opera*, Basel 1576, 489–491.

KAPITEL 8
DER EKLEKTIKER:
ASTROLOGIE UND VERWANDTE KÜNSTE

In der Zeit, als Cardano an seinem ersten großen Werk zur Astrologie schrieb – so erinnerte er sich fast zwanzig Jahre später –, hatte er einen lebhaften Traum, der ihn in seiner ehrgeizigen Entschlossenheit, als Autor Karriere zu machen, bestärkte:

»Eines Nachts, als ich meinen Körper abgestreift hatte, war mir, als befände ich mich im Mondhimmel zusammen mit der Seele meines Vaters. Ich sah ihn aber nicht, deswegen sagte er: ›Schau, hier bin ich; ich soll hier dein Begleiter sein.‹ Da begann ich ihm nun viele Fragen zu stellen, und er gab mir Antwort. Unter anderem erfuhr ich von ihm, wo ich war und daß ich nach siebentausend Jahren in den Merkurhimmel aufsteigen würde. Nach weiteren siebentausend Jahren käme ich dann in den Venushimmel und in der nächsten Stufe zur Sonne und so weiter bis ins Paradies, auf die oberste Stufe des Universums. Das vernahm ich mit großer Freude. Ich hätte es für einen

---

1 Cardano, *Liber de libris propriis,* Lyon 1557, 78–79 = O, I.74: »Videtur autem mihi haec multitudo varietasque librorum somnio quodam usque ab initio, scilicet dum librum de astorum iudiciis inchoassem, pauloque postquam aliud somnium videram quod me ad scribendum audendumque impulerat, demonstrata. Quadam enim nocte corpore exutus in caelo Lunae cum patris anima esse videbar, sed cum illam non viderem, dixit, ecce ego tibi socius datus sum. Dein ego multa percunctari ab eo coepi, ad quae respondens inter reliqua me monuit ubi nam essem, et quod post vii Annorum millia in Mercurii caelum essem ascensurus. Inde post totidem annos in Veneris, ac deinde Solis, donec ad paradisum, qui in mundi summo est, accederem. Haec ego cum voluptate audiebam. Vanum

bloßen Traum ohne besondere Bedeutung halten können, wenn nicht so viel von dem, was ich später schrieb, so offensichtlich dem entsprochen hätte, was die Planeten in dem Traum mir anzeigten – so viel, daß es geradezu scheint, als hätte ich bereits alles erfaßt, was zur Interpretation dieses Traums gehört. Denn das Paradies kann als Verweis auf mein Werk von den *Arcana aeternitatis* verstanden werden, die zahllosen Sterne der achten Sphäre bedeuten meine Bücher *De rerum varietate* und *De subtilitate,* die Sonnensphäre bedeutet mein medizinisches Werk, da die Heilkunst auf Apollo zurückgeht. Arithmetik und Geometrie sind der Merkursphäre zuzuordnen, die heiteren Dinge der Venus, die Moralphilosophie dem Jupiter, die Traumdeutung und alle übrigen divinatorischen Künste dem Saturn und dem Mond, die Bücher über das Glücksspiel gehören zum Mars.«[1]

Astronomie und Astrologie lieferten den allgemeinen Rahmen zu Cardanos Traumgeschichte. Wenn er sich vorstellte, daß er allmählich von einer Sphäre zur nächsten emporstieg, hatte er offensichtlich jenes allgemein verbreitete Modell des Kosmos im Sinn, dem wir etwa am Anfang von Hartmann Schedels *Weltchronik* begegnen, ein Bild von einem Universum, in dessen Zentrum die Erde mit all ihren Unvollkommenheiten und Wirren liegt, unablässigem Wandel ausgesetzt, umgeben von kristallenen Sphären, die unwandelbar sind und vollkommen. Ihre konzentrischen Ringe dienten seiner Seele als Leiter.[2] Selbst im Schlaf war Cardano Astronom genug, um sich der *Alfonsinischen Tafeln* und ihrer Periodik von 7 mal 7 000 Jahren zu er-

---

somnium existimare poteram, ni tot postmodum scripsissem quae planetarum significatis congruere videntur, ut omnia quae ad somnii interpretationem pertinent, complexus videar. Nam paradisus libros de Arcanis aeternitatis significare potest. Multitudo stellarum quae in octavo orbe est, libros de Rerum Varietate et Subtilitate: Solis orbis, medicae artis libros: ab Apolline enim ars ea originem sumpsit. Arithmetica Mercurio Geometricaque, iocosaque Veneri, Moralia Iovi: Somniorum interpretatio Saturno et Lunae, velut et reliqua quae ad divinationem pertinent. De ludis libri ad Martem.«
[2] Beispiele für solche Darstellungen bei S. K. Heninger, jr., *The Cosmographicall Glasse,* San Marino 1979.

innern, auch wenn er diese kosmische Zahl gewissermaßen zweckentfremdete und auf seine persönliche Himmelfahrt bezog. Nach dem Aufwachen bediente er sich dann der Astrologie, um die tiefe Symbolik des Traums zu entschlüsseln. Charakter und Eigenschaften jedes Planeten, so schloß er, gaben Auskunft darüber, was es mit seiner künftigen Karriere auf sich hatte. Andere Elemente in Cardanos Erzählung verdanken sich literarischen Reminiszenzen: Er war nicht der erste, der von einem solchen langsamen Aufstieg über die Sphäre der Fixsterne hinaus berichten konnte. Dem Florentiner Humanisten und Dichter Matteo Palmieri war 1451, während einer Reise zum Val di Nievole, im Traum der Geist von Cipriano Rucellai erschienen:

»Er sagte, die Planeten bewegten sich nach ewigen Gesetzen immer fort auf ihren Bahnen und die Fixsterne stünden fest an ihren Orten. Und dieser ganze Raum bewegte sich auf seiner Bahn und sei bevölkert von Engeln und guten Wesen. Daraufhin fragte ihn Matteo, wo er selbst sich befinde, und bekam zur Antwort: ›Ein kleines Stückchen über dem Mond.‹ Da sagte Matteo: ›Aha, du bist im Merkur.‹ Aber er erwiderte: ›Meine Position fällt mit der des Merkur zusammen, aber wir berühren einander nicht.‹ Da fragte Matteo, ob jene Wesen zu uns kommen könnten. Da lachte er und sagte: ›O ja. Ich komme und gehe, wie ich will.‹«[3]

Sowohl in Cardanos wie auch in Palmieris Kopf spukten ohne Zweifel auch Reminiszenzen an Dantes *Divina Comedia,* als sie in ihren

---

3 Der Bericht von Leonardo Dati, abgedruckt in M. Palmieri, *Libro del Poema chiamato Citta di Vita,* hrsg. von M. Rooke, Smith College Studies in Modern Languages VIII, 1–2; IX, 1–4, Northampton/Paris 1926–1928, II, 261–262. Zu zahlreichen Parallelen in einem enger verwandten Text, der Cardano zeitlich sehr viel näher steht, s. A. Yagel, *A Valley of Vision,* übers. und hrsg. von D. B. Ruderman, Philadelphia 1990.
4 Zum historischen Hintergrund s. A. Scott, *Origen and the Life of the Stars,* Oxford 1991.
5 G. Steiner, »The Historicity of Dreams«, *No Passion Spent: Essays 1978–1996,* London 1996, 207–223, Zit. 222.
6 Allg. dazu s. P. Burke, *Varieties of Cultural History,* Ithaca 1997; S. F. Price, »The

Träumen Seelen durch die himmlischen Sphären wandern und sich läutern sahen.⁴ In diesen Erinnerungen gelehrter Männer an ihre nächtlichen Erfahrungen – wie in denen von Descartes zwei Generationen später – finden sich allenthalben dieselben »Allegorien, Emblemata, rhetorischen Konventionen ... die nicht nur diesen besonderen Traum, sondern die barocke Gefühlswelt insgesamt regierten«; diese Träume waren »von einer rhetorisch geregelten Dramatik ... in einer Weise choreographisch gestaltet und sentenziös, wie unsere Träume es nicht sind«.⁵ Immer wieder haben Historiker versucht, zwischen den Zeilen solcher Texte zu lesen, beispielsweise, indem sie den manifesten Trauminhalt vom latenten trennten. Aber solche Bemühungen erzeugen lediglich Anachronismen und tun den Quellen Gewalt an. Es ist aussichtslos, aus einer so großen zeitlichen Distanz zwischen dem literarischen Bericht und einem »eigentlichen«, vermeintlich ursprünglichen Traum unterscheiden zu wollen, und es ist sinnlos, Cardanos Geschichte in eine moderne analytische Sprache zu übersetzen.⁶ Der Historiker kann nur zu rekonstruieren versuchen, wie der Astrologe selbst das Innenleben der Träume mit dem kosmischen Reigen der Gestirne verknüpfte.

Es scheint auf den ersten Blick sonderbar, daß ein engagierter, fähiger Astrologe wie Cardano – ein Mann, der so viele Nächte durchwachte, um das mit der Präzision eines Uhrwerks ablaufende Schauspiel am Sternenhimmel zu studieren, der so viele Tage damit zubrachte, sich durch nüchterne Zahlenkolonnen in astronomischen Tafeln zu arbeiten – auch dem undeutlichen Gemurmel, den

---

Future of Dreams: From Freud to Artemidorus«, *Past & Present* 113 (1986), 3–37; zum Verständnis des weiteren Kontexts ebenfalls nützlich G. Guidorizzi, »L'interpretatione dei sogni nel mondo tardoantico: oralità e scrittura«, *I sogni nel Medioevo*, hrsg. von T. Gregory, Rom 1985, 149–178; S. M. Oberhelman, *The Oneirocriticon of Achmet*, Lubbock 1991, Kap. 1–3; P. E. Dutton, *The Politics of Dreaming in the Carolingian Empire,* Lincoln/London 1994; S. F. Kruger, *Dreaming in the Middle Ages,* Cambridge 1992; F. Berriot, Hrsg., *Exposicions et significacions des songes et Les songes Daniel,* Genf 1989, 12–52. Über die Bedeutung von Träumen in der Praxis von zwei anderen Medizinern des 16. Jahrhunderts s. R. Cooper, »Deux médecins royaux onirocrites: Jehan Thibault et Auger Ferrier«, *Le Songe à la Renaissance,* hrsg. von F. Charpentier, Saint-Etienne 1990, 53–60.

wenig konturierten Schemen seines Traumlebens so intensive Beachtung schenkte. Und nach Cardanos fester Überzeugung waren ja die Sterne nicht einfach beliebige Zeichen künftiger Ereignisse, sondern sie *bewirkten* diese Ereignisse. Wenn er ihre Bewegungen vorausberechnete und beobachtete, so studierte er gewissermaßen die gesetzmäßig präzisen, unabänderlichen Bewegungen der einzelnen Zahnräder in der Maschinerie des Schicksals und der Weltgeschichte. Die Sprache der Träume dagegen war, mochten auch ihre Bilder und Begriffe mit denen des wachen Bewußtseins irgendwie verknüpft sein, notwendigerweise dunkel und unscharf. Die Träume enthielten lediglich Zeichen, die auf Künftiges deuteten, keine Ursachen. Und doch vertraute Cardano den Träumen ebenso fest wie den Gestirnen. Sein Eifer, die Traumdeutung zu einer kohärenten Wissenschaft zu machen, war kaum geringer als der, den er in seinem Bemühen, die Astrologie zu perfektionieren, an den Tag legte – oder, um es in Begriffen seines Zeitgenossen Caspar Peucer auszudrücken: Mit ein und derselben Beharrlichkeit verfolgte er das Ziel, eine Wissenschaft von der Interpretation der Sterne, die Ereignisse im eigentlichen Sinn bewirkten, und eine von der Interpretation der Träume zu entwerfen, die lediglich Zeichencharakter hatten.[7] Und er bediente sich in seinem Streben, die Dinge der Welt in den Griff zu bekommen und ihren künftigen Gang vorherzusehen, noch etlicher anderer Künste und analysierte eine Vielfalt von Gegenständen, die alle wie die Pigmente auf der Palette eines Malers eine Fülle unterschiedlichster Farben, Werte und Intensitäten aufwiesen. Indem Cardano diese anderen Techniken anwandte, machte er deutlich, daß das Wissen, das die Astrologie ihm liefern konnte, so gewaltig auch immer es sein mochte, doch allein nicht ausreichte.

---

7 S. die scharfsinnige Analyse von A. Browne, »Girolamo Cardano's *Somniorum Synesiorum libri iiii*«, *Bibliothèque de l'Humanisme et Renaissance* 40 (1979), 123–135. Über frühere Bemühungen, Astrologie und Traumdeuterei miteinander zu verknüpfen, T. Gregory, »I sogni e gli astri«, *I sogni nel Medioevo*, hrsg. von Gregory, 111–148.

8 Vgl. G. Dagron: »Le saint, le savant, l'astrologue: Étude de thèmes hagiographiques à travers quelques recueils de ›Questions et réponses‹ des Ve–VIIe

Cardano selbst fand es offenbar in keiner Weise problematisch, wenn er sowohl eine formal streng geregelte Astrologie als auch weniger präzise, eher interpretierende Techniken der Divination praktizierte. Das ist nicht so erstaunlich, wie man denken könnte, denn die Astrologen ganz allgemein hatten ja, in der Praxis, nie jene absoluten Ansprüche erhoben, welche die meisten ihrer Kritiker ihnen unterstellten und die einige wenige Verteidiger in theoretischen Arbeiten verfochten. Schon in der Spätantike waren die Klienten der Astrologen – nicht anders als diejenigen, die Ärzte oder auch Priester konsultierten – nicht Anhänger irgendeiner »reinen Lehre«, sondern Eklektiker, die ganz einfach in ihren Nöten und Ängsten Hilfe suchten und aus dem großen Fundus unterschiedlichster Mittel, die weltliche Wissenschaft und Religion anboten, auswählten. Die medizinische *koiné* der mediterranen antiken Kultur, ein »ererbtes Konglomerat« aus Medizin und Magie, lebte, war ebenso langlebig wie die astrologische Tradition, auch wenn sie im Lauf der Zeit durchaus Veränderungen erfuhr. Ihre Komponenten ruhten auf völlig gegenläufigen Voraussetzungen.[8] In Cardanos Epoche wie auch schon in den vorhergehenden Jahrhunderten konnte man sich in Italien, wenn man unter »Melancholie« litt, unter depressiven Zuständen, die ein normales, aktives Leben unmöglich machten, an einen Arzt, einen Astrologen oder an einen Exorzisten wenden, oder man konnte auch eine Wallfahrt zu irgendeinem Heiligtum unternehmen, um auf diese Weise seine Gesundheit wiederzuerlangen. In Süditalien konnte man noch eine besondere Therapie in Anspruch nehmen: Dort konnte man sich Musikanten ins Haus holen, die zur Tarantella aufspielten, und sich die Krankheit von der Seele tanzen.[9] Das betrügerische Treiben medizinischer, astrologischer und exor-

---

siècles«, *Hagiographie, cultures et sociétés, ive-xiie siècles,* Paris 1981; P. Brown, *Authority and the Sacred,* Cambridge 1995, 69. Ich habe den Ausdruck »ererbtes Konglomerat« (*inherited conglomerate*) der klassischen Arbeit von E. R. Dodds, *The Greek and the Irrational,* Berkeley 1951, entlehnt, wenn er hier auch andere Implikationen hat.

9 S. D. Gentilcore, *From Bishop to Witch,* Manchester/New York 1992; vgl. G. Tomlinson, *Music in Renaissance Magic,* Chicago 1993. G. Pomata, *La promessa*

zistischer Scharlatane wurde oft bitter beklagt. Manche Kritiker gingen gar so weit, in polemischen oder satirischen Schriften zu behaupten, sämtliche Vertreter der Astrologie oder der mit ihr konkurrierenden Künste seien Hochstapler. Im ganzen jedoch scheint die große Mehrheit der Patienten doch einiges Vertrauen in die Kompetenz der meisten Heiler oder Ratgeber gesetzt zu haben. Die Gründe, weshalb sie sich im Einzelfall gerade an diesen oder jenen Experten wandten, sind oft reichlich unklar, zumal da unter gelehrten und ungelehrten Heilern und Gesundbetern verschiedenster Couleur ein reger Austausch stattfand und sich nur langsam spezifische Methoden und exklusive Zuständigkeiten herausbildeten.[10]

Was nun die Astrologen betrifft, so waren diese in aller Regel nicht der Meinung, daß solcher Wettbewerb prinzipiell etwas Schlechtes sei. Cardano verhielt sich in seiner eigenen prognostischen Praxis nicht weniger eklektisch als seine Klienten. Er erkannte an, daß die Astrologie nun einmal nicht in der Lage war, jegliche Art von Information zu beschaffen, die ein Klient im Einzelfall haben wollte. Ein ständiges Ärgernis war ihm insbesondere die weit verbreitete »katarchische« Astrologie, die sich nicht mit der möglichst genauen Analyse von Genituren befaßte, sondern sogenannte »Stundenhoroskope«, Diagramme für einen jeweils gegebenen Zeitpunkt und Ort, erstellte, um daraus Antwort auf eine einzige bestimmte Frage zu erhalten: ob man eine bestimmte Reise unternehmen, eine bestimmte Investition tätigen, eine bestimmte Ehe schließen sollte. Cardano wetterte immer

---

di guarigione, Bari 1994 = Contracting a Cure, Baltimore 1998; B. Duden, Geschichte unter der Haut, Stuttgart 1987.

10 Zu diesem Definitionsprozeß und zu den Konflikten, die sich daraus ergaben, s. J. Céard, »Médicine et démonologie: les enjeux d'un débat«, Diable, diables et diableries au temps de la Renaissance, hrsg. von M. T. Jones-Davies, Paris 1988, 97–112.

11 Über Talisman-Magie in der Renaissance s. D. P. Walker, Spiritual and Demonic Magic from Ficino to Campanella, London 1958; H. C. Agrippa, De occulta philosophia libri tres, hrsg. von V. Perrone Compagni, Leiden/New York/Köln 1992 [dt.: Agrippa von Nettesheim, De occulta philosophia, Drei Bücher über die Magie, Stuttgart 1855, Repr., Nördlingen 1987]; P. Behar, Les langues occultes de la Renaissance, Paris 1996.

wieder dagegen, daß die Klienten solche Gutachten als eine Art Talisman verstanden: nicht als die Darstellung einer so und nicht anders gegebenen Disposition, sondern als ein Mittel, das Schicksal zu *lenken*. Obwohl Marsilio Ficino und andere einflußreiche Theoretiker der Astrologie und Naturmagie den Gebrauch von Talismanen, die schädliche planetarische Kräfte abwehrten und wohltätige anzogen, entschieden befürworteten, glaubte Cardano nicht an solche Hilfsmittel.[11] Allen Versicherungen zum Trotz, daß das Schicksal eines Menschen nicht allein von den Gestirnen, sondern ebensosehr von seiner Herkunft und Erziehung sowie von allerlei Erfahrungen, die er in seinem Leben mache, bestimmt werde, hielt Cardano doch an der antiken Idee fest, daß die Planeten den neugeborenen Menschen ein für allemal prägten so wie der heiße Siegelstempel das Wachs. Andere Faktoren mochten diese ursprüngliche Prägung modifizieren, aber gewiß konnte kein magisches Verfahren sie ungeschehen machen. Cardano warnte auch immer wieder vor der Gefahr, daß astrologische Gutachten zu Einzelproblemen zu irreführenden Resultaten gelangen könnten, was, wenn es etwa um so wichtige Fragen wie die nach dem legitimen oder illegitimen Status von Kindern gehe, fatale Folgen, ja, Blutvergießen nach sich ziehen könne. Das aber dürfe die Astrologie, da sie kein vollkommen sicheres Wissen bieten könne, nicht riskieren – selbst hier, wo Cardano offensiv auftritt, gesteht er ein, daß seiner Wissenschaft Grenzen gesetzt sind.[12]

Cardano trieb nicht nur seine astrologischen Studien mit kriti-

---

12 Ptolemäus, *Quadripartitum*, hrsg. von Cardano, 1578, *De interrogationibus libellus*, 701–715, Zit. 712–713 = O, V.559 (im Zusammenhang mit der Frage, ob die Astrologie Aufschluß über die Legitimität eines Kindes geben könne, einer Frage mit offensichtlich schwerwiegenden moralischen und juristischen Konsequenzen): »Quod ars haec coniecturalis sit, et hominum comparatione ambigua, saepe diximus, quo fit ut apud multos talia damno fuerint. Iniicere enim suspitionem filii spurii, adulterii uxoris, neque tutum est, nec sapientis officium. Propterea etiam si ars ad huiuscemodi extendatur, haud tutum est ei aut prudentis insistere. Inde enim caedes, suspitiones, veneficia, abiectionesque filiorum exoriuntur. Invisa fuit mathematica olim propter hoc, et nunc quoque si talibus studeamus, astrologia. Quamobrem omnis scientia bona, non omnis suspitio aut coniectura. Hoc igitur unum est ex his quae nescire praestat ...«

schem Verstand, sondern widmete auch anderen prognostischen Künsten viel Zeit und Mühe. Als prominenter Arzt und Theoretiker der Medizin erwarb er sich, wie wir gesehen haben, sowohl mit seinen diagnostischen als auch mit seinen therapeutischen Fähigkeiten einen Ruf, der weit über sein Heimatland hinausreichte.[13] In selbstbewußten – oder prahlerischen – Momenten rühmte er sich, er könne aus dem Aussehen und den Symptomen eines Patienten jederzeit dessen wahren Zustand erkennen und eine unfehlbare Prognose stellen, mochten auch alle seine Konkurrenten irregeführt worden sein. Seine wunderbaren Therapieerfolge, so räumte er in seiner Autobiographie ein, sollten »niemanden erstaunen, da ich nicht minder vollkommen den diagnostischen Teil der medizinischen Kunst beherrschte«.[14] Als echte Spielernatur bot Cardano sogar Wetten an: Man solle ihm bloß einen kürzlich verstorbenen Patienten nennen, und er werde sogleich die Todesursache angeben können:

»Deshalb nahmen viele in der erklärten Hoffnung, mich bei einem Irrtum zu ertappen, Leichenöffnungen vor. Sie sezierten zum Beispiel den Körper von Senator Orsi, den von Doktor Peregrino und den von Giorgio Ghislieri. Was den letzteren betrifft – ist es erstaunlich, daß ich sagte, man werde die Krankheit in der Leber finden, obwohl sein Urin ganz in Ordnung war? Und daß ich voraussagte, daß man am Magen nichts Ungewöhnliches feststellen werde, obwohl der Patient ständig über Magenschmerzen geklagt hatte? Danach sezierten sie, nun aber heimlich, noch viele andere Leichen, konnten mich indes in keinem Fall eines Irrtums überführen, und so wollten sie denn von einer Wette mit mir nichts mehr wissen.«[15]

---

13 S. N. Siraisi, *The Clock and the Mirror*, Princeton 1997.
14 Cardano, *De vita propria*, 40.12 = O, I.33: »nec mirum videri debet me optime ac feliciter exercuisse therapeuticam, qui etiam tenerem optime diagnosticam medicinae partem.«
15 Ebda: »Itaque cum plurimi aperte primum sperantes me arguere posse, quod aberrassem, corpora dissecuissent: ut Senatoris Vrsi, Doctoris Peregrini, Georgii Ghisileri: in quo illud visum est admirabile, praedixisse me morbum fore in iecore, cum urinae essent optimae: incolumem vero ventriculum, qui perpetuo dolo-

Leichensektionen waren im 16. Jahrhundert öffentliche Schauspiele, die dramatisch inszeniert wurden. Oft wohnten hohe Herrschaften, die kein professionelles Interesse an medizinischen Dingen hatten, der Veranstaltung bei. Für zusätzliche Unterhaltung sorgten Studenten, die sich zu Sprechchören formierten und ihre Professoren lautstark aufforderten, miteinander zu debattieren.[16] Cardano erinnerte sich mit Vergnügen daran, daß jede öffentliche Anatomie, an der er in seiner Zeit in Bologna 1562 bis 1570 teilnahm, sich in ein Ritual der Demütigung seiner zahlreichen Feinde verwandelte. Unweigerlich legte das Seziermesser jedesmal Tatsachen bloß, die Cardanos wider alle Wahrscheinlichkeit zutreffende Diagnose bestätigten.[17] Die Medizin wie die Astrologie wirkten Wunder und erklärten diese als Folgen naturgesetzlicher Mechanismen, die nur bis dato unbekannt gewesen waren.

Einige Philosophen des 16. Jahrhunderts waren der Meinung, daß die Astrologie den strengen theoretischen Rahmen liefern konnte, innerhalb dessen der Arzt seinem kaum objektivierbaren, letztlich chaotisch undurchsichtigen Handwerk nachging. An den Bewegungen der Planeten – so wiederholten die Handbücher, die eine lange, bis in die Antike zurückreichende Traditionskette bildeten – sollte sich der Arzt orientieren, wenn er entschied, zu welchem Zeitpunkt er einen Patienten zur Ader ließ, eine Operation durchführte, ein Medikament zubereitete.[18] Man könnte annehmen, daß gerade Cardano, selbst Astrologe und Mediziner, die mehr erdgebundene und kaum quantifizierende medizinische Prognostik der weit edleren, mathematisch reinen Kunst der Astrologie untergeordnet hätte, aber dies ist keineswegs der Fall.

---

   ret: post clam multos alios, nunquam errare me invenerunt, nec conditionem recipere ausi, nec ut reciperetur consuluerunt.«
16 G. Ferrari, »Public Anatomy Lessons and the Carnival: The Anatomy Theatre of Bologna«, *Past & Present* 117 (1987), 50–106.
17 Cardano, *De vita propria*, 42, O, I.36.
18 W.-D. Müller-Jahncke, *Astrologisch-magische Theorie und Praxis in der Heilkunde der frühen Neuzeit*, Stuttgart 1985.

Cardano erstellte für einige seiner Patienten – für sich selbst zum Beispiel und für Erzbischof Hamilton – sowie für Kollegen aus dem medizinischen Fach Horoskope. Auch führte er in einer langen Passage seines Ptolemäus-Kommentars aus, daß man in manchen Fällen Beginn und Verlauf von Krankheiten aus den Bewegungen der Planeten erklären könne. Er deutete sogar an einer Stelle an, daß es möglich sei, durch eine astrologische *interrogatio* das Geschlecht eines Ungeborenen herauszufinden.[19] In demselben Text – einer kleinen Abhandlung über jene unter englischen Medizinern besonders beliebte Spielart der katarchischen Astrologie, die sich mit Kurzzeitprognosen befaßte – versicherte er so kategorisch wie nur je, daß die Sterndeuterei allen anderen prädiktiven Künsten überlegen sei: »Denn die Vorhersagen der Astrologen, wenn sie nur die in diesem Buch niedergelegten Regeln richtig anwenden, sind weit zuverlässiger als alles das, was die Ärzte unserer Zeit über Krankheiten wissen. Soviel Präzision und Sorgfalt hier in die Darstellung der Astrologie gelegt wird, soviel Schludrigkeit findet man in der medizinischen Lehre.«[20] Aber an anderer Stelle des Werks, dem der kleine Traktat beigegeben ist, nämlich des Ptolemäus-Kommentars, den Cardano selbst als die Krönung seiner astrologischen Arbeit begriff, gab er im Gegenteil zu verstehen, daß die Medizin, wenn auch ihre erkenntnistheoretische Grundlage mangelhaft sei, doch in der Praxis der Astrologie einiges voraushabe und daß deren Vertreter weit weniger hohes Ansehen genössen als die Mediziner.

Cardano faßte also die beiden Disziplinen als im wesentlichen voneinander unabhängige prognostische Wissenschaften auf. Keine von beiden fußte auf Prinzipien der anderen. Keine von beiden verdankte der anderen ihre wichtigen Errungenschaften und Leistungen. Keine von beiden konnte sich einer signifikant höheren Erfolgsquote rühmen. Daß Cardano selbst in beiden Fächern so spek-

---

19 S. N. Siraisi und A. Grafton, »Between the Election and My Hopes: Girolamo Cardano and Medical Astrology«, *Archimedes,* in Vorb.
20 Cardano, »De interrogationibus libellus«, in Ptolemäus, *Quadripartitum,* hrsg. von Cardano, Basel 1578, 701–715, Zit. 714–715 = O, V.560: »… nec minore cum

takuläre Erfolge erzielte, bewies nicht etwa, daß man es mit einem letzten Endes doch kohärenten Erkenntnissystem zu tun hatte, sondern es zeigte lediglich, daß er eine ans Wunderbare grenzende Fähigkeit besaß – ebenjene Fähigkeit, die ihm schon früh sein prophetischer Traum offenbarte –, in vielen ganz verschiedenen Disziplinen innovative und solide Forschungsarbeit zu leisten und seine Ergebnisse in aufsehenerregenden Büchern der Öffentlichkeit zu präsentieren.

Auf Cardanos Palette gab es demnach viele prächtige Farben, nicht allein das Schwarz und Gold der Astrologie und das Rot der Medizin. Im Lauf der vierziger und fünfziger Jahre entwickelte er ein Bild von sich selbst, das dem seines Vaters ähnelte – er sah sich als einen Mann, der nicht allein das Zeug dazu hatte, die Welt zu verstehen und vorherzusehen, wie einzelne Prozesse ausgehen mußten, sondern der auch diese Welt manipulieren konnte, indem er sich die erstaunlichen Wirkungen der natürlichen Magie zunutze machte. Er widmete diesem Thema zwei ebenso großartige wie bizarre Bücher, *De subtilitate* und *De rerum varietate*. Hier entfaltete sich seine Naturphilosophie vor dem Leser wie der gewaltige nächtliche Himmel – hie und da trübe schwarze Löcher, aber auch immer wieder gleißend helle Lichtpunkte der Erkenntnis. In seinem naturphilosophischen Denken erschien Cardano die irdische Welt nicht als ein im wesentlichen statisch-stabiles System, sondern als eines, das in ständigem Wandel begriffen ist, als ein gewaltiger Organismus, der ganz und gar, bis ins Reich der Mineralien hinein, vom Prinzip des Wachsens und Werdens durchdrungen war. Physikalische Verwandtschaften und das räumliche Nebeneinander aller Wesen erklärten die scheinbar wunderbaren Wechselwirkungen zwischen ihnen, so wie Struktur und Gestalt der einzelnen Organe des Körpers und die Beziehungen dieser Organe untereinander deren Interaktionen erklär-

---

gloria ac utilitate quam medici nostri aevi suam artem medicam. Longe enim securiores sunt astrologorum praedictiones, qui ex hoc libro servatis his conditionibus divinabunt, quam cognitio medicorum nostri temporis de morbis, adeo diligenter astrologia hic tradita, adeo oscitanter medicina tractatur.«

ten. Sympathie und Antipathie, Nähe und Distanz waren die Kategorien, an die man sich halten mußte, wenn man diese Wirkungen identifizieren und verstehen wollte.

Im Rahmen seiner Forschungen befaßte sich Cardano zum Beispiel mit der Frage, warum die Flamme einer Kerze, die aus menschlichem Fett gemacht war, in unmittelbarer Nähe eines versteckten Schatzes auflöderte, flackerte und plötzlich erlosch. Dieses so unerklärlich bizarre Phänomen erwies sich als ganz natürliche, gesetzmäßige und daher vorhersehbare Folge einer Beziehung der »Sympathie«: Fett enthielt Blut, Blut wiederum enthielt »Geist«, *spiritus*, und dieser subtile Stoff – sozusagen der Alleskleber, der den Kosmos des Renaissance-Magiers zusammenhielt und der das ganze Universum durchdrang, stellte die Kommunikation zwischen der himmlischen und der irdischen Welt her. Dieser freischwebende Geist/*spiritus* war jedoch früher einmal menschlicher Geist gewesen, und die menschliche Gier nach Gold war darin immer noch machtvoll anwesend. Kein Wunder, so meint Cardano, daß er, wenn er das Objekt seiner Begierde spürt, auflodert. Kein Wunder freilich auch, daß moderne Interpreten zu dem Urteil gelangt sind, Cardanos groß angekündigte Expeditionen in unerforschte Gebiete der Natur endeten in aller Regel damit, daß er lediglich irgendwelche Phänomene kommentiere, die er zumeist – wie auch in diesem besonderen Fall – aus der Literatur oder vom Hörensagen kenne und jedenfalls nicht in eigenen Forschungen entdeckt habe.[21]

Sicher waren Cardanos Bücher in gewissem Sinn Sammelsurien. Sie behandelten sublime Gegenstände aus dem Reich der Talisman-

---

21 So z. B. J.-C. Margolin in der ausgezeichneten Studie »Rationalisme et irrationalisme dans la pensée de Jérôme Cardan«, *Revue de l'Université de Bruxelles*, Febr./März 1969, Nr. 2–3, 1–40; vgl. auch die treffende Kritik von Browne, Girolamo Cardano's *Somniorum Synesiorum libri iiii*, 123–124.

22 Cardano, *De rerum varietate libri xvii*, Avignon 1558, VIII.44, 435: »Multa enim sunt quae quibusdam propria sunt, et mirabilem eventum sortiuntur, latente causa. Nuper cum haec scriberem, dolor acerbissimus duos ultimos maxillae sinistrae superioris dentes vexabat: unde consensu quodam et alios omnes superiores eius partis dentes affligebat, et maxillam totam, adeo ut os excuti videretur: tum etiam oculum et aurem et nasi partem eandem vehementer urgebat, nec ullo auxi-

Magie, aber auch entschieden triviale, Hausmittel gegen Zahnweh etwa (sogar hier passierten erstaunliche Dinge: Cardano stellte fest, daß es nichts half, wenn er einen schmerzenden Zahn mit den Fingern der rechten Hand hin und her bewegte – wenn er jedoch in einer genau definierten Weise die linke Hand benutzte, so wurde dadurch auch heftiger Schmerz wie durch ein Wunder gelindert).[22] Selbst sein Skeptizismus ähnelt nicht selten dem der Medizinmänner vom Stamm der Zande, die Evans-Pritchard studiert hat: Sie stellen oft das Können rivalisierender Kollegen in Frage, nicht aber die ärztliche Kunst selbst.[23] Wenn er auch diejenigen kritisierte, die glaubten, astrologische Symbole und Zeichen auf Talismanen verliehen ihnen irgendwelche besonderen Kräfte, so forderte er doch nicht dazu auf, die Frage der Talisman-Magie oder die der Möglichkeit, über große Distanzen hinweg zu wirken, grundsätzlich neu zu überdenken. Auch seine eigene felsenfeste Überzeugung, daß bestimmte »lebendige« Materialien wie Gold und Edelsteine Sternenkräfte auf sich zögen, stellte er nie kritisch in Frage.

Und doch legte Cardano bisweilen bei der Diskussion von Naturphänomenen und Naturwundern ein beachtliches Maß an Nüchternheit an den Tag. Plinius der Ältere hatte in seiner *Naturgeschichte* den wunderbaren Kräften des Speichels eine ausführliche Betrachtung gewidmet: Dieser besondere Saft half bei epileptischen Anfällen und Schlangenbiß, schützte vor Hexerei und linderte Schmerzen. Wenn man jemandem weh getan hatte und es bereute, brauchte man nur auf die Hand zu spucken, die das Leid zugefügt hatte, und sogleich ließ der Schmerz nach. Es scheint kaum möglich,

---

lio abscedebat, sed intermittens quandoque, revertebatur. Dextra manu dentes apprehendebam, distrahebam, nihil proficiebam. Tandem casu aliquo inveni, quod ubi sinistra manu leviter apprehendissem dentem qui magis vexabat, ita ut pollice partem exteriorem, indice interiorem comprehenderem, statim non solum dolor illius dentis, sed et totius partis sedabatur. Illud vero mirabilius, quod quanto lenius tangebam, tanto celerius ac perfectius dolor sedabatur: fiebat autem sedatio haec confestim: et hoc cum rediret dolor, saepius plusquam vicies sum expertus, donec sic sponte abscessit, et liberatus sum.«

23 E. E. Evans-Pritchard, *Hexerei, Orakel und Magie bei den Zande*, Frankfurt a. M. 1988; vgl. G.E.R. Lloyd, *Magic, Reason and Experience*, Cambridge 1979, 17–18.

aber man kann sich, versichert Plinius, leicht davon überzeugen – man mache nur einmal einen Versuch mit einem Zugtier! Heinrich Cornelius Agrippa, der in seinem Werk *De occulta philosophia* Jüngern der magischen Wissenschaften eine Fülle raffinierterer Techniken und Rezepte bietet, erwähnt dieses vergleichsweise anspruchslose Kunststückchen ebenfalls.[24] Cardano findet die Behauptungen des Plinius einfach lächerlich und kann den Erfolg seiner Methode, soweit ein solcher festzustellen ist, leicht psychologisch erklären: Oft, so meint er, habe man gewisse Hemmungen, einem anderen Wesen Schmerz zuzufügen, und schlage deswegen in Wahrheit bei weitem nicht so hart zu, wie es einem vorkomme; daher halte der Schmerz auch nicht lang an und sei nach der kurzen Zeit, die man brauche, um auf die Hand zu spucken, schon von selbst wieder verschwunden. Überhaupt sei Schmerz ein sehr labiles Phänomen, das ähnlich wie das Feuer, damit es existieren könne, ständig neu erzeugt werden müsse.[25] Das eigentlich Bemerkenswerte an der Passage aber ist Cardanos Erklärung, daß der Schlußfolgerung des Plinius ein weit verbreiteter Denkfehler zugrunde liege: Aus der Tatsache, daß etwas häufig geschieht, schließt der antike Gelehrte, daß

---

24 H. C. Agrippa, *De occulta philosophia libri tres,* hrsg. von Perrone Compagni, Leiden/New York/Köln 1992, 1.51, 183, mit Verweis auf Plinius, *Naturalis historia,* 28.7.36–37.
25 Cardano, *De rerum varietate,* Avignon 1558, XVI.90, 785: »Ridebunt, non intellecta causa, qui Plinium dicentem legerint: Si cominus aut eminus illati ictus poeniteat, conspuere manum praestat: percussum enim animal statim dolore levatur: idque tanquam verum refert: cum subiiciat nobis experiri licere in delumbata quadrupede. Versa vice, si prius conspuat: acrior fit ictus. Duae igitur causae huius sunt: altera, quod qui poenitentiae causa conspuit manum post ictum, vix fieri potest quin dum feriret animo titubaret, atque ita levius ferit: nam ex eodem impetu iuxta existimationem magnum discrimen in ictibus fit, nobis occultam vim addentibus subtrahentibusve. Quod etsi non spueret, idem contingeret: sputum igitur poenitentiae signum: poenitentia vero levitatis ictus. Causa manifesta est ratione, occulta sensui. Alia causa est, tempus quod interponitur: post statum enim dolorem minui necesse est: neque dolor res est stabilis, sed quae perpetuam habet, velut ignis, generationem: haec enim in medicis disputationibus declarata sunt. Quod vero saepe contigit, a philosophiae imperitis pro regula certa statuitur. Accedat ergo et sympathia quaedam atque vis animi poenitentis, et mundi

er es mit einem allgemeingültigen Naturgesetz zu tun habe. Wie so viele andere Naturforscher hatte Plinius seine Erfahrungen nicht sorgfältig und gewissenhaft genug analysiert, um auf die Wahrheit zu stoßen.

Wie sich in Cardanos Bemerkungen zum Problem des Speichels bereits andeutet, war die Naturmagie, wie er sie verstand, in Inhalt und Methoden verlockend vielfältig. Petreius hatte in seinem Klappentext zur Erstausgabe von *De subtilitate* den Lesern verheißen, das Buch gebe Auskunft über die »Ursachen, Kräfte und Eigenschaften von mehr als 1 500 verschiedenster keineswegs trivialer, sondern komplizierter, verborgener, wunderschöner Dinge, die der Autor selbst in Experimenten beobachtet hat. Jeder, der davon liest und auch die Arbeiten vieler seiner Vorgänger kennt, wird mir nicht widersprechen, wenn ich sage, daß die Lektüre nicht allein der bloßen Erkenntnis wegen Vergnügen bereitet, sondern auch mehr Nutzen – sowohl im privaten wie im öffentlichen Leben – stiftet als viele ältere Schriften, die, wenn sie auch fester Bestandteil der Philosophie sind, weniger Bedeutung haben.«[26] Cardano selbst sprach die Leidenschaft seiner Zeitgenossen für das Seltene und Ungewöhnliche an:

---

vinculum partium, fientque haec mirabiliora et evidentiora, non veriora.« Wie man sieht, geht Cardano auf die zweite Behauptung des Plinius, daß nämlich der Speichel die Wirkung eines Schlags auch verstärken könne, gar nicht ein. Über die Schwierigkeit, sich Sinneseindrücke zu vergegenwärtigen, s. Cardano, *De vita propria*, 43, O, I.39; vgl. auch Cardano, *De subtilitate libri XXI,* Lyon 1554, XII, 448: »Imaginatio etiam doloris alieni, in aliquibus suscitat Venerem, adeo quod, ut refert Ioannes Mirandula, quidam non arrigebat nisi vapularet, multi nisi verberarent.« Er verweist hier auf eine berühmte Passage von Picos *Disputationes adversus astrologiam divinatricem* (3.27).

26 Cardano, *De subtilitate,* Nürnberg 1550, Titelseite (in den Pariser Ausgaben 1550 und 1551 erscheint dieser Waschzetteltext auf der Rückseite des Titelblatts): »Habes hoc in libro, candide Lector, plusquam sesquimille variarum, non vulgarium, sed difficilium, occultarum et pulcherrimarum rerum causas, vires, et proprietates, ab authore hinc inde experimento observatas: quae non solum propter cognitionem delectabiles, sed etiam ad varios usus, tum privatos, tum publicos, multo utiliores, quam hactenus plurimorum scripta, quae etsi ex philosophia sint, minoris tamen momenti esse, legens haec et illa, haud mecum dissentiet: uti singula in adiecto indice perspicue licet cernere.«

»Was man erzählt bekommt, vermag mehr zu entzücken als das, wovon man liest, und unter den Dingen, die man in Büchern findet, sind reizvoller diejenigen, von denen in fremden Sprachen und in seltenen Büchern berichtet wird. Der Grund ist jedesmal derselbe: Das Seltene zieht uns an. Seltenes findet sich in seltenen Büchern, die nur wenigen bekannt sind, noch seltener aber ist, was in schwierigen Büchern steht, die noch weniger Leuten verständlich sind, am seltensten ist, was wir erzählt bekommen, weil es außer uns niemand hört. Deswegen bereitet uns nichts größeres Vergnügen als ein Gespräch über große und verborgene Dinge. Was jedermann weiß, büßt eben deswegen in unseren Augen an Wert ein, auch wenn es an sich sehr wohl kostbar ist. Das ist der Grund, weshalb Priester ihre Zeremonien gern im dunkeln lassen: wenn sie nicht mit dem Schleier des Geheimnisses umhüllt wären, würde man sie für wertlos halten.«[27]

De subtilitate ähnelte bisweilen einem gedruckten Äquivalent zu Aldrovandis Raritätenkabinett mit seinen sonderbaren Mineralien, den getrockneten Blumen, den farbenprächtigen, detailgenauen Abbildungen seltener Vögel und Schlangen. Cardano komponierte eine künstliche Welt der Wunder für ein Publikum, das mit Genuß von Bergen las, so hoch, daß die Asche von Brandopfern, die auf ihrem Gipfel dargebracht wurden, ein ganzes Jahr unberührt liegenblieb, von Quellen im Karpatengebirge, deren Wasser Eisen in Bronze umwandelte, von Nadeln, die man mit Magnetsteinen in Berührung ge-

---

27 Ebda, 14. Buch, 291: »Quinetiam lectis audita sunt iucundiora: et inter ea quae leguntur magis grata quae aliena lingua conscripta sunt, et libri qui rariores sunt, magis delectant. Causa in omnibus una est, raritas scilicet: nam rara in libris raris continentur, paucioribus cognita, quae difficilibus, rariora sunt, quia pauciores sciunt[:] quae audiuntur, rarissima, quae solis nobis narrata sunt. Vnde nihil delectabilius homini colloquiis de magnis rebus tum secretis. Vilescunt enim quae omnibus cognita sunt, et si preciosiora sint. Ob id sacerdotes obscure traditas voluere esse suas ceremonias: et nulla essent haec nisi tenebris quibusdam obscuritatis adumbrarentur.«
28 Cardano, *De subtilitate,* Paris 1551, 2. Buch, 56vo–57ro; 6. Buch, 123vo–124ro; 7. Buch, 160ro.

bracht hatte und die man sich, ohne den geringsten Schmerz zu empfinden, ins Fleisch stecken konnte.[28] Cardano scheint es geradezu darauf anzulegen, statt der versprochenen Klarheit verblüffte Konfusion zu stiften. Die Leser der revidierten Auflage von 1554 warnte er denn auch ausdrücklich vor den Schwierigkeiten des Unternehmens, auf das sie sich eingelassen hatten: »Denn viele werden lesen, kaum jemand aber, wenn überhaupt, wird alles, was hier geschrieben steht, verstehen können, zumal da vieles unter der Rinde verborgen bleibt, was doch von größerem Wert ist als das, was erklärt wird.«[29] Es ist nicht das einzige Buch von Cardano, das von okkulten Kräften in okkultem Stil berichtet.

Aber Cardano – ebenso wie Biringuccio, della Porta und Agricola, die mit ähnlichen Werken in den fünfziger Jahren Furore machten – versuchte durchaus, dem paradoxen Anspruch gerecht zu werden, die Wunder, die er dem Publikum präsentierte, zu erklären.[30] Vor den Lesern der revidierten Ausgabe von 1554 rühmte er sich sogar – unverkennbar in Anlehnung an den Wortlaut von Petreius' Werbetext zur Erstausgabe –, daß er nun die letztgültige, vollendete Fassung des Werks vorlege, die alle früheren Ausgaben in den Schatten stelle, da sie Erklärungen – vom Autor selbst experimentell überprüft – der »mannigfaltigen Kräfte und Eigenschaften und der ungewöhnlichen, verborgenen, diffizilen Ursachen« von »2 200 der allerschönsten Dinge« biete.[31] Das Werk, so mußte man demnach erwarten, würde sich gewissermaßen selbst die Maske vom Gesicht

---

29 Cardano, *De subtilitate*, Basel 1554, _3^{ro} (Widmungsschreiben): »multi enim legent: pauci, imo vix ulli, omnia quae hic scripta sunt, assequi poterunt: cum etiam plurima sub cortice lateant praestantiora his quae explicantur.«

30 Allg. dazu die gelehrten Arbeiten von W. Eamon, *Science and the Secrets of Nature*, Princeton 1994, und L. Daston und K. Park, *Wonders and the Order of Nature, 1150–1750*, New York 1998.

31 Cardano, *De subtilitate*, 1554, _4^{ro} (»auctor lectori«): »En lector candide absolutum opus de Subtilitate, cuius umbram solam prioribus editionibus habuisti … cum duorum millium ac ducentarum pulcherrimarum rerum, praeter infinitas alias, quas indice comprehendere immensi fuisset laboris, vires atque proprietates varias, et non vulgares, sed occultas atque difficiles, ab ipso autore experimento confirmatas, causas quoque illarum ac demonstrationes explicet …«

reißen, indem es ebenjene mysteriösen Eigenschaften, die das ganze Unternehmen erst so recht reizvoll machten, enträtselte, so daß vom Geheimnis der Dinge nichts mehr übrig blieb. Tatsächlich bot Cardano in dem Buch neben Verweisen auf verborgene Kräfte, die verschiedensten Dingen innewohnten, auch Ideen und Erklärungen, die einer anderen, mechanistischen Auffassung von Naturmagie zuzurechnen sind, einem Typ von Magie, der aus dem Geist des Renaissance-Ingenieurs geboren war. Als ein Vertreter dieser Kunst kann etwa Filippo Brunelleschi gelten, der, wenn er einen jungen Mann im Jesus-Kostüm am Himmelfahrtstag in einer Kirche empor- und zum Dach hinaus schweben ließ oder für einen Umzug Festwagen konstruierte, die sich von selbst bewegten, die florentinische Öffentlichkeit nicht weniger verblüffte, als wenn er irgendwelche Geister beschworen hätte.[32] So berichtet Cardano nicht nur, daß »in Mailand just zu der Zeit, da ich dieses Buch schrieb, ein Mann sich Gesicht und Hände mit geschmolzenem Blei wusch«, sondern er versucht auch zu ergründen, wie dies möglich war.[33] Meisterleistungen der Technik begeistern ihn nicht weniger als spektakuläre Erfolge der Hellseherei. Fasziniert verweilt er bei einem Handwerker aus Brescia, der eine Uhr baute, die auf einem Fingerring Platz fand und sogar die Stunde schlagen konnte, außerdem ein Schiff, dessen Ruder sich in Bewegung setzten, wenn man einen Gong schlug, und der den Liebhaber seiner Frau auf so raffinierte Art tötete, nämlich mit Hilfe eines winzig kleinen Skorpions aus Blei, daß man ihm nichts beweisen konnte.[34]

In solchen Passagen zeigt sich in Cardanos Studien zur Naturmagie dieselbe reflektierende, ja sogar selbstkritische Ader, die auch in seinem astrologischen Denken deutlich wird. Bisweilen behandelt er die Wirkungen okkulter Kräfte nicht als physikalische, sondern als rein psychologische Phänomene. Immer wieder verweist er mit

---

32 S. z. B. J. J. Berns, *Die Herkunft des Automobils aus Himmelstrionfo und Höllenmaschine*, Berlin 1996.
33 Cardano, *De subtilitate*, Paris 1551, 6. Buch, 133ro.
34 Ebda, 2. Buch, 52ro.

Nachdruck darauf, daß bloße Daten, ungeprüft und unbestätigt, noch keine wissenschaftlichen Aussagen über Gesetzmäßigkeiten erlaubten. Und in vielen Fällen deckte er nicht verborgene Kräfte von geheimnisvollen Dingen, edlen Steinen etwa, auf, sondern erklärte einfach die ganz unverborgene Wirkungsweise mechanischer Apparate. Ähnlich verfuhren auch andere Magie-Wissenschaftler dieser Epoche: John Dee beeindruckte sein Publikum mit der Vorführung eines künstlichen Insekts, das zu fliegen schien; außerdem unterhielt er sich, unterstützt von seinen Sekretären, mittels einer Kristallkugel mit Engeln. Der jüdische Naturphilosoph Abraham Yagel hatte, wie David Ruderman zeigt, ähnlich breit gefächerte Interessen und arbeitete mit vergleichbaren Techniken.[35] Bisweilen erinnert Cardano durchaus an Propheten der Neuen Wissenschaft vom Schlag Francis Bacons, der unermüdlich dafür eintrat, empirische Daten aufs gründlichste zu sieben, und zugleich mit intensivem wissenschaftlichen Interesse verfolgte, wie infolge einer geheimnisvollen Sympathiebeziehung seine Warzen von ihm abfielen, nachdem er einen Klumpen ranziges Schweineschmalz an seinen Fensterbalken genagelt hatte. Der Magier, der sich in seinen Methoden durchaus von der Vernunft leiten ließ, hatte mit dem Methodiker, dessen Vernunft eine ordentliche Portion Magieglaube beigemischt war, vielleicht mehr gemeinsam, als die Historiker immer geglaubt haben.

Auch die Kunst der Traumdeuterei beschäftigte Cardano viele Jahre lang. Schon 1543, in seiner ersten autobiographischen Schrift größeren Umfangs, betonte er die Bedeutung von Träumen für seine intellektuelle Entwicklung. Seine mathematischen Arbeiten, die er in den dreißiger Jahren veröffentlichte, verdankten sich nicht allein seinem fachlichen Können und seinem wissenschaftlichen Eifer, sondern, wie er bekennt, auch dem glücklichen Umstand, »daß mir viele Entdeckungen im Traum zufielen. Das ermutigte mich in mei-

---

35 S. L. B. Campbell, *Scenes and Machines on the English Stage During the Renaissance*, Cambridge 1923, Repr. New York 1960; N. Clulee, *John Dee's Natural Philosophy*, London/New York 1988; D. Ruderman, *Kabbalah, Magic and Science*, Cambridge, Mass., 1988.

ner weiteren Suche nach Lösungen, die ich denn am Ende auch wirklich immer fand.«[36] In derselben Periode hatte er auch einmal einen Traum, der ihn anspornte, weiter als Schriftsteller zu arbeiten. Es war ein so intensives Erlebnis, daß ihn die Bilder noch Jahre danach quälten.[37] Ein anderer Traum bewegte ihn dazu, über das Leben Jesu zu schreiben, und jagte ihm solche Angst ein, daß er nicht wagte, den Text zu veröffentlichen.[38] Wieder ein anderer inspirierte ihn dazu, Griechisch zu lernen.[39]

Cardano konnte sich in seinem Glauben, daß ein Wissen, das einem im Traum zufiel, die Erfahrungen, die man im wachen Zustand sammelte, ergänzen konnte, auf allerhöchste Autorität berufen. Kein Geringerer als Galen hatte dies gelehrt. Und ungezählte Handbücher der Traumdeutung versicherten Cardano, daß man durch systematische Beobachtung zu Prinzipien gelangen könne, die es erlaubten, diese Träume zu deuten, und zwar in aller Regel als prophetische »Wahrträume« und nicht, wie Freud sie verstand, als Zeugnisse für *vergangene* Seelenzustände des Träumers. Galens Zeitgenosse Artemidorus hatte Träume gesammelt und verglichen und sie nach rationalen Kategorien geordnet – ganz ähnlich, wie Ptolemäus, zumindest in Cardanos Vorstellung, mit seinen Horoskopen verfahren war.[40]

So unternahm denn Cardano schon früh Anstrengungen, die Traumdeuterei zu einer kohärenten prognostischen Kunst zu machen. In den *Somnia synesia*, die erst 1562 erschienen, erzählt er gewissenhaft ausführlich zahlreiche eigene Träume, die oft hochinteressante Details enthalten. Er arbeitete auch eine recht plausible Theorie aus, die erklärte, wie es möglich war, daß Träume auf die

---

36 Cardano, »Libellus de libris propriis, cui titulus est Ephemerus«, *De sapientia libri quinque,* Nürnberg 1543, 426 = O, I.58: »In his ultra omnem artem, tum diligentiam, casus etiam et nescio quis auxilio fuit, ut etiam multa per somnium invenerim: tum ad quaerendum confirmatus, nunquam fallente eventu.«
37 Ebda: »... ut illius imago nunc me torqueat.«
38 Ebda, 429.
39 Ebda.
40 S. Price, »The Future of Dreams«, *Past & Present* 113, 1986, 3–37.
41 S. Browne, »Girolamo Cardano's *Somniorum Synesiorum iiii*«, *Bibliothèque de l'Humanisme et Renaissance* 40 (1979), 123–135.

Zukunft vorausdeuteten. Im Bewußtsein der Tatsache, daß es viele verschiedene Formen von Träumen gab, die in ganz unterschiedlichem Maß klar oder undeutlich waren, stellte Cardano fest, daß sowohl die Ursache als auch der Gegenstand eines Traums eindeutig identifizierbar sein müsse, damit wirkliche Klarheit über seinen Sinn hergestellt werden könne. Nur wenn die Sterne Bilder von Personen oder Dingen schickten, die dem Träumer bereits bekannt waren, konnte eine Interpretation gelingen, die Anspruch auf Gewißheit erheben durfte.[41] Cardano rühmte die Potenzen, die dieser Kunst innewohnten, in den höchsten Tönen und mahnt Unwissende eindringlich, die Finger davon zu lassen:

»Die Offenbarung in all ihren Formen preist die Traumdeuterei als ein Geschenk Gottes, als eine wohltätige und bewundernswerte Technik der Weissagung ... Nie hat sich jemand geschämt, sich zu ihr zu bekennen, wenn auch andere Weissagungskünste verachtet waren und von vielen verlacht wurden. Aber Moses verbot ihren allgemeinen Gebrauch – wie er auch sonst gefährliche Dinge verbot –, um zu verhindern, daß Wahres mit Falschem und Nützliches mit Eitlem vermischt werde, daß Leute einfach ohne weiteres aus den Träumen Prophetien herauslesen und verkünden, als ob gar keine Kunst der Deutung nötig wäre, und daß erlogene Weissagungen Glauben finden und durch alles dies das Volk zur Sünde verführt werde. Gerade so, wie es den Medizinern vorbehalten ist, zu heilen, den Priestern, Gottesdienst zu halten, den Gesetzeskundigen, Recht zu sprechen, so sollen auch allein die Weisen Träume deuten.«[42]

---

42 Cardano, *Somniorum Synesiorum libri iiii*, Basel 1562, I.1, 1: »Neminem puduit, se fateri somnium interpretem, cum alia genera divinandi aspernarentur, ac etiam irriserint plurimi. Verum ne miscendo falsa veris et inania utilibus, atque e re praedicendo, tanquam nulla arte opus sit ad interpretationem, aut etiam falsis vatibus credendo plura admitterentur in populo flagitia: Moses vulgarem usum, ut et plerumque aliarum periculosarum rerum interdixit. Itaque ut non nisi medicis medendi facultas est, et sacerdotibus divina tractandi, et legum peritis iudicandi: ita non nisi sapientibus licere debet somnia interpretari.«

Wie die Astrologie so verlangte auch die Kunst der Traumdeuterei von den Ihren Sachverstand, tiefe Weisheit und einen ehrenhaften Charakter.

Anders als die Astrologie fußte aber die Traumdeuterei nicht immer auf einem kohärenten Ensemble technischer Prinzipien. Zwar behauptete Pomponazzi in seiner glänzend geschriebenen Polemik *De incantationibus*, aus den Bewegungen der Himmelskörper ließen sich Vorzeichen und Omina aller Art erklären, von weinenden und blutenden Statuen bis hin zu Visionen im Wachen oder im Schlaf, wie sie so viele antike Helden hatten, »daß ich eine unendliche Menge von Beispielen aus den Werken Plutarchs und zahlreicher anderer Autoren anführen könnte, worauf ich aber verzichten will«,[43] doch waren eher konventionelle Denker nicht dieser Ansicht. Caspar Peucer etwa meinte, das Gehirn mancher Menschen sei von Geburt an natürlicherweise so beschaffen, daß es, einfach aufgrund seiner besonderen Physiologie, die Träume so ausforme, daß sie auch die Zukunft voraussagen könnten. Trunkenbolde dagegen hatten auch im wachen Zustand wirre Gedanken, und wenn sie wirres Zeug träumten, so war dies lediglich Ausdruck ihrer allgemeinen Geistesverfassung. Wieder anders verhielt es sich mit den Träumen, die übernatürliche Wesen – Gott selbst oder Engel oder Teufel – den Menschen eingaben: »Von teuflischer Art sind alle die Träume, die der Teufel einst den Heiden schickte, wenn sie, in Felle von Opfertieren gehüllt, die Nacht in den Tempeln ihrer Götzen zubrachten, um derartige Trugbilder zu empfangen« – und nicht minder diabolisch waren die Visionen der modernen Wiedertäufer und Anhänger magischer Künste.[44]

---

43 P. Pomponazzi, *De naturalium effectuum causis sive de Incantationibus*, Basel 1567, Repr. Hildesheim/New York 1970, 122–123: »Verum et corpora coelestia non solum sic dirigunt homines, verum etiam manifesta indicia futurorum eventuum dant hominibus, modo in somniis, modo in vigiliis secundum apparitionem diversarum figurarum, ut infinita exempla de somniis adducere possem ex Plutarcho et infinitis aliis authoribus, quae omnia praetermitto ...« Allg. s. 120–155. Vgl. F. Graiff, »I prodigi e l'astrologia nei commenti di Pietro Pomponazzi al *De caelo*, alla *Meteora* e al *De generatione*«, *Medioevo* 2 (1976), 331–361.

Auch Cardano war nicht der Meinung, daß Träume in jedem Fall von den gesetzmäßigen, berechenbaren Bewegungen der Gestirne herrührten. Vielmehr neigte er dazu, zumindest die blitzartig auftretenden Traumgesichte von künftigen Dingen übernatürlichen Wesen zuzuschreiben. Wie sein Interesse für die Astrologie so war ihm auch der Glaube daran, daß Kommunikation zwischen Geistwesen und Menschen möglich war, gewissermaßen in die Wiege gelegt: Sein Vater Fazio, den Girolamo sehr verehrte, war überzeugt gewesen, daß er die Fähigkeit besaß, mit Gott und seinen Engeln direkt in Kontakt zu treten. Daß sein Körper erstaunlich gut erhalten war, wie man zwanzig Jahre nach seinem Tod feststellte, als man eine neue Grabplatte anbrachte, bewies natürlich noch nicht, daß er geradezu ein Heiliger gewesen war, sondern war einfach auf die gute Luft und eine gesunde Lebensweise zurückzuführen;[45] doch behandelte Cardano seine Überzeugungen mit Ehrfurcht, so etwa den unter frommen Katholiken der Zeit um 1500 weit verbreiteten Glauben, daß man, wenn man am 1. April um acht Uhr morgens niederknie, die Gottesmutter um ihre Fürbitte anflehe, ein Vaterunser und ein Ave Maria bete, sicher damit rechnen könne, daß Gott einem jeden Wunsch, den man ihm vortrage, erfüllen werde. Cardano probierte es selbst aus, als er krank war – und tatsächlich: am Fronleichnamstag desselben Jahres fand er sich geheilt. Später nahm er dasselbe Wunder noch einmal in Anspruch und wurde von der Gicht kuriert.[46]

Am meisten jedoch beeindruckten ihn die Geschichten seines Vaters von Visionen und Unterhaltungen mit Dämonen. Fazio behauptete, er habe über 30 Jahre lang mit solchen Geistern Kontakte

---

44 C. Peucer, *Commentarius de praecipuis divinationum generibus*, Wittenberg 1553, 182vo–203ro; 200vo: »Diabolici generis sunt omnia illa, quae Diabolus olim offudit aethnicis, ubi ad delubra idolorum captandarum talium praestigiarum causa involuti victimarum pellibus cubabant: quaeque nunc Anabaptistis et similibus fanaticis in abdito ad novas patefactiones velut hiantibus, aut magis et veneficis, et promiscue omnibus non conversis ad Deum ...«
45 Cardano, *De rerum varietate libri XVII*, Basel 1557, 8.40, 294–295.
46 Cardano, *De vita propria*, 27, O, I.28.

gepflegt. Einmal – so stand es in einem Bericht, den Cardano im Nachlaß des Vaters fand – suchten sieben von ihnen, alle überzeugte Averroisten, Fazio heim, um mit ihm eine theologische Disputation über die Ewigkeit zu führen. Sie erwähnten unter anderem, daß ihr Lebensraum die Luft sei und daß sie bis zu 300 Jahre alt werden könnten. Cardano räumte ein, daß die Geschichte unglaubwürdig anmutete, »da das, was die Dämonen vortrugen, nicht so recht mit unserer Religion übereinstimmt, und außerdem war mein Vater mitsamt seinen Dämonen weder erfolgreicher noch wohlhabender noch berühmter als ich es bin, der noch nie einen Dämonen gesehen hat.«[47] Doch andererseits: »Mein Vater hätte dem entgegenhalten können, daß er oft weit in der Zukunft liegende Dinge vorhergesagt hat, die unmöglich jemand ohne die Hilfe von Dämonen hätte wissen können, so zum Beispiel, daß der Kaiser letztlich in Italien die Oberhand behalten werde, was erst nach 30 Jahren bestätigt wurde.«[48] Vielleicht ließen sich die Dämonen nur deswegen mit Fazio ein, weil dieser ein so reiner und heiligmäßiger Mann war, vielleicht konnte er sie mit Hilfe einer Beschwörungsformel herbeizitieren, die ein Spanier auf dem Sterbebett ihm mitgeteilt hatte.[49] Wie auch immer – nach allem, was in *De subtilitate* darüber gesagt wurde, mußten die Leser es zumindest für wahrscheinlich halten, daß der Vater Umgang mit Geistern gehabt hatte, mochte auch Cardano im Prinzip, so schien es jedenfalls, die Meinung vertreten, daß solche Kommunikation mit der Welt des Übernatürlichen unmöglich war.[50]

In *De varietate* legte Cardano sehr viel weniger Zurückhaltung an

---

47 Cardano, *De subtilitate libri XXI*, Paris 1551, 19. Buch, 305vo: »Quod fabula videatur, satis argumento esse debet, quod placita haec non satis cum religione consentiunt, quodque pater meus cum suis daemonibus nihilo aut foelicior aut ditior aut notior hominibus fuerit quam ego, qui daemonas nunquam vidi.«
48 Ebda, 305[vo]–306[ro]: »Ad haec tamen ille responderet, plura se praedixisse, quae sine ope daemonum tanto tempore ante sciri non poterant, ut quod Caesar tandem superior futurus esset in Italia, quod vix contigit post xxx annos ...«
49 Ebda, 306ro. Vgl. Cardano, *De vita propria*, 3, O, I.2.
50 S. Clark, *Thinking with Demons*, Oxford 1997.

den Tag: Er beschrieb hier in aller Ausführlichkeit Lebenswelt und Sitten der Geistwesen, die in höheren Sphären zu Hause waren. Nicht minder ausführlich behandelte er das Thema seiner eigenen außergewöhnlichen Wahrnehmungsfähigkeiten. Er konnte zum Beispiel willkürlich Bilder herbeizitieren, die er dann tatsächlich *sah*, »nicht etwa im Geist, sondern mit den Augen«. Und er ließ keinen Zweifel daran, daß er seine Träume und andere Wahrnehmungen von künftigen Dingen in symbolisch verschlüsselter Form für besondere Gunstbeweise von seiten übernatürlicher Wesen hielt:

»Die dritte [meiner außergewöhnlichen Fähigkeiten] ist, daß ich alles, was mir begegnen wird, im Schlaf bildlich sehe. Ich will nicht so vermessen sein, zu behaupten, daß es immer geschieht, aber ich kann doch mit Wahrheit sagen, daß mir meiner Erinnerung nach nichts Gutes oder Schlimmes oder Indifferentes geschehen ist, was mir nicht vorher und ausnahmsweise auch lange vorher im Traum angekündigt worden wäre. Die vierte ist, daß Zeichen von dem, was mir begegnen wird, allerdings nur ganz schwache, auf meinen Fingernägeln erscheinen. Schwarze und bläuliche Male am Mittelfinger deuten auf Übel, weiße auf Gutes. Die am Daumen beziehen sich auf künftige Ehren, die am Zeigefinger auf Geld, die am Ringfinger auf meine wissenschaftliche Arbeit und auf wichtige Dinge, die am kleinen Finger auf kleinere Entdeckungen. Dicht und kompakt bedeuten sie Dinge von Dauer und Substanz, wenn sie mehr sternförmig sind, handelt es sich um weniger solide und mehr öffentliche Dinge, die mit viel Gerede verbunden sind.«[51]

---

51 Cardano, *De varietate rerum*, 8.43, 314–315: »Tertium est quod omnium quae mihi [e]ventura sunt, imaginem video per somnum. Neque unquam ausim ferme dicere, vere autem dicere possum, meminisse quod quicquam boni aut mali vel mediocris mihi evenerit, de quo prius et raro ante multum, non fuerim per somnium praemonitus. Quartum est quod eorum quae mihi eventura sunt, quanquam sint perexigua, vestigia in unguibus apparent. Nigra et livida malorum, et in medio digito, felicium alba: et ad honores in pollice, ad divitias in indice, ad studia et res maioris momenti in annulari, ad exiguas inventiones in minimo: coacta, res firmas: si sint veluti stellae, res minus constantes et magis publicas verbisque plenas.«

Unmittelbar darauf versichert Cardano dem Leser mit allem Nachdruck, daß es sich bei diesen Malen um rein »natürliche« Zeichen handle. Aber diese Beteuerung wirkt reichlich gezwungen. Später, im 16. Buch, das ganz der Dämonenfrage gewidmet ist, erörtert er ausführlich die ganze unheimliche Bandbreite möglicher Interaktionen zwischen Menschen und Geistern:

»Manchmal kommen sie, wenn man sie ruft, oder erzeugen ein Bild einer solchen Erscheinung. Manchmal sind sie eher sanft und weise und prophezeien künftige Ereignisse, wobei sie jedoch tausend Zweideutigkeiten und Lügen in ihre Vorhersagen mischen. Andere aber erwürgen Menschen oder, wenn sie das nicht können, treiben sie in die Verzweiflung. Oder sie machen sie glauben, sie wären in ihre Körper gefahren. Oder sie töten die Söhne, und zwar mittels gewisser Künste, so wie Menschen Netz und Dreizack benutzen, wenn sie den Fischen tief unten im Meer nachstellen.«[52]

Cardano empfahl seinen Lesern, sich möglichst nicht mit Dämonen einzulassen, da man in ihrer Gesellschaft, ebenso wie in der von Tyrannen, mächtigen Männern und wilden Tieren, gefährlich lebe. Was ihn selbst betreffe, so sei er sich völlig sicher, daß ihn kein Daimon oder Genius begleite, erklärt er im Brustton der Überzeugung, um diese Gewißheit im nächsten Satz sogleich wieder preiszugeben: »Wenn mich aber doch einer ohne mein Wissen begleiten sollte – immerhin habe ich ja schon so oft in Träumen entsprechende Warnungen empfangen –, so will ich, da Gott ihn mir beigegeben hat, auch

---

[52] Ebda, 16.93, 658: »Verum vocati quandoque veniunt, aut venientis imaginem praeferunt: tunc mitiores et sapientiores, et ex pacto futura quaedam docent mille ambagibus involventes mendaciisque miscentes: alii vero strangulant, vel si id non possunt, in desperationem agunt: aliquibus videntur in corpora inseri: aliorum filios occidunt, non per se sed arte quadam, non secus ac homines in fundo maris fuscina et reti pisces opprimunt.«

[53] Ebda: »Ego certe nullum daemonem aut genium mihi adesse cognosco. Quod si modo me inscio adsit, postquam toties monitus sum per somnia, a Deo mihi cum datus sit, Deum solum reverebor, illique soli gratias agam, siquid mihi boni contigerit.«

weiterhin Gott allein verehren und ihm allein für alles Gute danken, das mir widerfährt.«[53]

Wie sein Vater Fazio hatte auch Girolamo Cardano den Verdacht, daß die Dämonen es in besonderer Weise auf ihn abgesehen hatten. Auch er konnte Dutzende von Geschichten über Offenbarungen des Künftigen erzählen, die ihm nicht durch die Vermittlung der Kunst der Stern- oder Traumdeuterei zuteil geworden waren, sondern die er direkt am eigenen Körper oder in seinem Geist erfahren hatte. Auch wenn Cardano sich dagegen sträubte, so lag die Erklärung dafür doch auf der Hand: Viele seiner Träume rührten nicht von den streng geregelten Bewegungen der Gestirne her, sondern wurden ihm von einem höheren Wesen oder mehreren höheren Wesen geschickt – Cardano gestand es schließlich in seinem Werk *De libris propriis* von 1557 selbst ein, ohne sich weiter zu zieren. Cardanos Träume waren auch als Offenbarungen zu lesen und nicht allein mit Begriffen der aristotelischen Naturphilosophie zu fassen. Wie in der Naturmagie Cardanos gab es auch in seiner Wissenschaft von den Träumen verschiedene Deutungsansätze, die zum Teil auf völlig verschiedenen Auffassungen vom Wesen dieser Erfahrung basierten.[54]

Cardano trieb auch noch andere Deutungskünste: Er entwickelte eine Theorie der Physiognomik und eine der Chiromantie (obwohl er beide Künste gelegentlich als trügerisch verdammte).[55] Gegen Ende seines Lebens webte er in seine Autobiographie allenthalben riesige asymmetrische Erklärungsnetze ein, beschrieb die astrologische Konfiguration bei seiner Geburt, die Träume, die ihm entscheidende Anstöße gaben, die Omina, die er in den verschiedensten ganz

---

54 S. auch G. Zanier, *Ricerche sulla diffusione e fortuna del ›De incantationibus‹ di Pomponazzi*, Florenz 1975, 50–55, und Cardano, *De vita propria*, 42, O, I.36–37.

55 S. Cardano, *De vita propria*, 39, O, I.31, wo er die Chiromantie als eine üble Kunst verwirft und erklärt, er habe niemals physiognomische Studien getrieben, »nam longa res est, difficillima, et quae multa memoria indiget, et sensibus acutis, quae mihi adesse haud credo ...«, sowie 45, O, I.42, wo er sein Werk über die Metoposkopie, die Wissenschaft von der Analyse der Gesichtszüge, zur Physiognomik rechnet, allerdings immer noch betont, daß es überaus schwer sei, Aussagen dieser Wissenschaft zu verifizieren.

unspektakulären Alltagsphänomenen entdeckte: in einem Geruch nach heißem Wachs, wo keine Kerzen brannten, im Surren einer großen Wespe, sogar im »widerspenstigen Verhalten« der Uhr, einem Ärgernis, das er nicht näher erklärt.[56] »Wir dürfen aus den allerkleinsten Geschehnissen, wenn sie über das gewöhnliche Maß hinaus andauern, Schlüsse ziehen«, lehrt Cardano in seiner Autobiographie. »Ich habe an anderer Stelle schon einmal erklärt, daß alles im menschlichen Leben aus lauter winzig kleinen Fleckchen besteht, die sich wie die Maschen eines Netzes gleichförmig wiederholen und sich zu verschiedenen Gestalten wie Wolken formieren.«[57] Als sein Leben sich dem Ende zuneigte, kam Cardano mehr und mehr zu der Überzeugung, daß seine Welt nicht nur eine Welt voller Wunder, sondern auch eine voller Zeichen gewesen war. Und er blieb immer im Zweifel, ob er manche dieser Zeichen einfach deshalb entziffern konnte, weil er die Regeln gesetzmäßig ablaufender natürlicher Prozesse gelernt hatte, oder ob diese Fähigkeit sich dem Wirken des überirdischen Wesens verdankte, das ihn begleitete. Wie andere Magier seiner Epoche achtete er sehr genau auf ungewöhnliche Zeichen an seinem Körper und in seiner Umgebung, auf Male, Gerüche, Geräusche – Zeichen, die in anderen Fällen als wunderhafte Attribute von Heiligkeit interpretiert wurden.[58] Er ging soweit, sich selbst ein besonderes »Strahlen« zuzuschreiben, eine gewissermaßen göttliche Illumination, die ihn zu seinem einzigartigen Verständnis der Welt befähigte – genau die Eigenschaft, nach der im Umgang mit dem Übernatürlichen erfahrene Geister wie Giovanni Francesco Pico

---

56 Ebda, 43, *O*, I.38: »contumacia horologii«.
57 Ebda, 41, *O*, I.35–36; 36: »Nonnunquam ex minimis cum immodice perseverant, coniecturam facere licet: cum ex minimis, ut alias declaravi, ac uniusmodi, velut retium maculis omnia apud homines constent, repetitis, et in diversas figuras ut nebulae formatis: nec solum per minima augeantur, sed et illa minima sensim in infinitas partes, ut ita dicam, dividere oportet: isque solus in artibus, in consiliis, in negociis civilibus praestantissimus erit, et ad summum culmen perveniet, qui haec intelliget, et in opere ipso observare noverit: quamobrem in quibuslibet eventibus talia minima erunt observanda.«
58 S. dazu bes. J.-M. Sallmann, *Naples et ses saints a l'âge baroque (1540–1750)*, Paris 1994, 182, 194, 274–277, 303–310.

della Mirandola bei echten weiblichen Heiligen suchten, um Gewißheit darüber zu erlangen, ob ihre eigenen Erleuchtungen und Läuterungserfahrungen von Gott und nicht vom Teufel geschickt waren.[59] Allerdings legte Cardano selbst nie eine solch sakralisierende Interpretation seiner Erfahrungen nahe, wahrscheinlich hat er sie nicht einmal in Erwägung gezogen.

Cardano schloß aus den gesetzmäßigen Bewegungen der Planeten auf vergangene und künftige Ereignisse. Aber er befaßte sich auch intensiv mit Phänomenen, die, wie es schien, den normalen Naturgesetzen zuwiderliefen. Schon manche Zeitgenossen fanden, daß diese beiden Ansätze einander ausschlossen. Philipp Melanchthons Schwiegersohn, der Astrologe Caspar Peucer, befaßte sich in seinem *Kommentar zu den vorzüglichsten Formen der Weissagung*, der 1553 erschien, mit diesem Problem. Er beschreibt darin die weit verbreitete Ansicht – die auch sein Schwiegervater teilte –, daß sich die göttliche Vorsehung normalerweise in monströsen Tiergeburten und ähnlichen Omina offenbare. Wenn etwa ein Kalb mit zwei Köpfen geboren wurde, so war dies als Zeichen zu deuten, das auf ganz bestimmte nahe bevorstehende Ereignisse hinwies. Dagegen hatte man es, wie Peucer einräumte, im Fall von Verfinsterungen mit gesetzmäßigen Phänomenen zu tun, die man vorausberechnen konnte, weswegen Peucer durchaus Verständnis dafür hatte, falls der eine oder andere Leser heftigen Einspruch dagegen erhöbe, ihnen ominösen Charakter zuzusprechen.[60] Es gab auch wirklich Fachkollegen, die sich solche Einwände zu Herzen nahmen. Der Mar-

---

59 Cardano, *De vita propria*, 38, O, I.30; vgl. G. Zarri, *Le sante vive*, Turin 1990, 116 u. 155, Anm. 232. Formal betrachtet war Cardanos *splendor* eine rhetorische Trope (Enargie); s. dazu M. Wintroub, »The Looking Glass of Facts: Collecting, Rhetoric and Citing the Self in the Experimental Natural Philosophy of Robert Boyle«, *History of Science* 35 (1997), 189–217.

60 C. Peucer, *Commentarius de praecipuis divinationum generibus*, 291[ro]: »Sed fortasse obiecerit quispiam, cur portentosa faciam deliquia, et singulares casus eventaque tristia praeire affirmem, cum nec contra observatum, notum, et usitatum naturae cursum, nec secundum insuetiorem minusque ordinariam rationem accidere ea luminibus constet, sed ex lege et consequutione motuum necessaria.«

burger Professor Rudolf Goclenius, der einige Jahrzehnte später als Astrologe, Chiromant und Metoposkop wirkte, verwies darauf, daß allen seinen divinatorischen Bemühungen ein und derselbe empirische Ansatz zugrunde liege. Diejenigen, »die heutzutage alle möglichen Monstrositäten in Kristallkugeln vorführen«, versichert er, arbeiteten mit diabolischen Mitteln.[61] Und er verdammt alle »abergläubischen« Varianten der divinatorischen Künste und will nur jene gelten lassen, die sich auf sorgfältige Fallstudien und auf präzise Beobachtungen stützen. Er selbst hatte etwa auf der Stirn von sieben Personen, »darunter zwei große Männer«, ein kreuzförmiges Mal ausgemacht, und tatsächlich: Alle sieben waren eines gewaltsamen Todes gestorben, fünf von ihnen auf dem Schafott. Von solchen Regularitäten konnte man zu exakten wissenschaftlichen Vorhersagen gelangen, und nur von solchen.[62]

In der Praxis indes erwies sich die Wahrsagerei ganz allgemein, in Europa wie anderswo, als flexibel genug, um konkurrierende oder einander logisch ausschließende Methoden miteinander zu vereinbaren.[63] Der Humanist und Architekt Leon Battista Alberti (geb. 1404) führte seine beachtlichen Fähigkeiten, den Charakter seiner Mitmenschen zu durchschauen und ihre Gedanken zu erraten, wie auch seine Erfolge als Prognostiker auf natürliche Begabung und auf technische Meisterschaft in der astrologischen Kunst zurück.[64] Peucer

---

61 R. Goclenius, *Uranoscopiae, chiroscopiae, metoposcopiae et ophthalmoscopiae contemplatio,* Frankfurt 1608, 159–160. Der Autor verdammt hier »teuflische Formen der Weissagekunst«, »... ut sunt, qui hodie nescio quid monstri in crystallo monstrantes futura praesagiunt imperitioribus. Impia enim omnia superstitiosa et *anaitiologeta* praesagia atque vaticinia serio detestor, nec quicquam huic meae Chiroscopiae cum illis erit commune ...«

62 Ebda, 272: »Septem in experimentis habeo, et inter hos duos magnos viros, quibus Martia in fronte divulsa, intercisa et cruciformis conspecta est: quinque ex iis decollati sunt, reliqui in violentia grassatorum transfossi.«

63 Vgl. die sehr lehrreiche Studie von R. J. Smith, *Fortune-tellers and Philosophers,* Boulder/San Francisco/Oxford 1991.

64 S. die sog. *Vita anonyma,* die, wie man heute glaubt, von Alberti selbst verfaßt wurde, in R. Fubini und A. Menci Gallorini, »L'autobiografia di Leon Battista Alberti. Studio e edizione«, *Rinascimento,* 2. Ser., 12 (1972), 21–78, 76: »Etenim praedicendis rebus futuris prudentiam doctrinae et ingenium artibus divinationum

und Melanchthon interpretierten die Welt ganz ähnlich wie Cardano, auch wenn dies ein hohes Maß an Toleranz gegenüber Inkonsistenzen erforderte. Peucer blieb unbeirrt bei seiner Meinung, daß die Gestirne ganz allgemein und im besonderen, wenn sie an Verfinsterungen beteiligt waren, Zeichen Gottes waren. Schließlich war erwiesen, daß in der Vergangenheit Eklipsen regelmäßig mit großen und tragischen Ereignissen einhergegangen waren. Und auch Gott selbst hatte es ja gesagt: »Erunt vobis in signa.« Peucer hatte keine streng logische Erklärung dafür, wie und warum die Astrologie funktionieren sollte, aber dafür war sie theologisch, nämlich durch die Heilige Schrift, und empirisch desto besser begründet und gerechtfertigt.[65] Der nominell katholische Jurist Jean Bodin interpretierte die Schicksale der Staaten in ähnlich eklektischer Weise. Zwar lehnte er die astrologische Geschichtsdeutung ab und kritisierte Cardano wie Gaurico gleichermaßen, setzte freilich an ihre Stelle eine hochkomplizierte Geschichtsarithmetik, die absolute Höchstgrenzen für die Dauer von Staaten festlegte und die Schicksale von Nationen und Dynastien auf numerisch-mathematische Gesetzmäßigkeiten zurückführte. Zugleich führte er die hippokratische Tradition fort und erklärte das Wesen der Völker aus dem Klima der Landstriche, denen sie entstammten.[66] Aber Bodin hatte auch einen Dämon, einen Schutzgeist, der ihn mit allerlei, oft recht nachdrück-

---

coniungebat ... Habebat pectore radium, quo benivolentias et odia hominum erga se praesentisceret; ex solo intuitu plurima cuiusque praesentis vitia ediscebat.«

[65] Peucer, *Commentarius de praecipuis divinationum generibus*, 291vo–292ro, bes. 291vo: »... insisto reliquis duobus κριτήριοις eruditae ac verae experientiae ac verbo Dei.« Zu den latenten Widersprüchen in Peucers Gedanken s. R. Barnes, *Prophecy and Gnosis*, Stanford 1988, 99, 107–108, 148. Barnes bietet auch eine Fülle von Informationen zu dem weiteren Kontext, in dem Peucer arbeitete, und zu der wuchernden prophetischen Literatur im protestantischen Deutschland des 16. Jahrhunderts. Allg. dazu s. D. Cantimori, »Umanesimo e luteranesimo di fronte alla scolastica: Caspar Peucer«, *Rivista di studi germanici* 2 (1937), 417–438 = *Umanesimo e religione nel Rinascimento*, Turin 1975, 88–11.

[66] J. Bodin, *Methodus ad facilem historiarum cognitionem*, Paris 1566; *De re publica*, Paris 1576. S. M. J. Tooley, »Bodin and the Medieval Theory of Climate«, *Speculum* 28 (1953), 64–83; C. Glacken, *Traces on the Rhodian Shore*, Berkeley 1967; M.-D. Couzinet, *Histoire et méthode à la Renaissance*, Paris 1996, 277, 303–308.

lichen Zeichen führte und lenkte, wie wir aus seiner Schilderung, in der er von sich selbst in der dritten Person spricht, erfahren:

»Jeden Morgen um drei oder vier Uhr klopfte der Geist an seine Tür, und manchmal stand er dann auf und ging zur Tür und sah niemanden, und so machte es der Geist jeden Tag. Und wenn er nicht aufstand, dann klopfte der Geist noch einmal und hörte nicht auf, bis er aufstand. Da begann er sich zu fürchten, weil er dachte, so sagte er mir, das könnte ein böser Geist sein. Und daher betete er regelmäßig und versäumte es nicht auch nur einen einzigen Tag und bat Gott, ihm seinen guten Engel zu senden, und er sang oft die Psalmen, die er fast alle auswendig konnte. Und er hat mir versichert, daß der Geist ihn seitdem immer begleitet und ihm deutlich spürbar den Weg gewiesen hat: So berührte er ihn zum Beispiel immer am rechten Ohr, wenn er etwas tat, was nicht gut war, und am linken Ohr, wenn er es richtig machte ...«[67]

Anders als dieser Schutzgeist, der sich einfand, nachdem Bodin darum gebetet hatte, kam Cardanos Dämon ungerufen, doch ist die Ähnlichkeit der beiden Geister in ihrem ganzen Verhalten gegenüber ihren Schützlingen unverkennbar.[68]

Cardanos astrologische Kollegen verhielten sich weitgehend genauso wie er. Schon Ptolemäus hatte behauptet, Astrologen könnten vorhersagen, ob eine Person prophetische Gaben hatte oder nicht. Hali gab seinem Kommentar zum *Tetrabiblos* das Musterhoroskop

---

67 J. Bodin, *De la démonomanie des sorciers*, Paris 1587, Repr. Paris 1979, I.ii, 12ᵣₒ.
68 S. F. von Bezold, »Jean Bodin als Okkultist und seine Démonomanie«, *Historische Zeitschrift* 105 (1910), 1–64, und C. Baxter, »Jean Bodin's Daemon and his Conversion to Judaism«, *Jean Bodin: Verhandlungen der internationalen Bodin-Tagung in München*, hrsg. von H. Denzer, München 1973, 1–21.
69 Zanier, *Ricerche sulla diffusione e fortuna del ›De incantationibus‹ di Pomponazzi*, 9, Anm. 36; P. Pomponazzi, *De naturalium effectuum causis sive de Incantationibus*, Basel 1567 (Repr. New York/Hildesheim 1970), 139–141. Zur Interaktion verschiedener Formen der Prophetie in der Antike s. D. Potter, *Prophets and Emperors*, Cambridge, Mass., 1994, und Manilius, 1.25–112. Zu dem Neben-

eines Propheten bei. Pomponazzi seinerseits berief sich auf die Autorität Halis und führte eine Reihe von Fällen an, in denen Astrologie und Prophetie Hand in Hand gegangen waren.[69] Gaurico rühmte sich nicht nur seiner professionellen Meisterschaft in der Astronomie und Astrologie, sondern auch seiner übernatürlichen hellseherischen Fähigkeiten. Im Rahmen seiner Horoskopsammlung widmete er der Erörterung der astrologischen Gründe, weshalb nicht-astrologische Propheten so erfolgreich arbeiten konnten, auffällig viel Raum. Als Giovanni de' Medici, der nach der Schlacht von Ravenna eben erst aus französischer Gefangenschaft entkommen war, mit Gaurico in Mantua zusammentraf, führte dieser ihn »zu einem Mönch namens Serafino, einem alten Mann mit einem Holzbein«, der, so versicherte er, aus den Linien von Giovannis Hand »präzise Vorhersagen über die künftigen Ereignisse« seines Lebens ableiten könne. Nach drei vormittäglichen Sitzungen in einem kleinen Garten, in deren Verlauf der Experte schweigend die Linien studiert hatte, bekam Giovanni die Auskunft, die Medici würden nach Florenz heimkehren und er selbst werde Papst werden. So absurd diese Prophezeiungen zu diesem Zeitpunkt zu sein schienen, erfüllten sie sich doch aufs genaueste und bewiesen, daß Gaurico nicht übertrieben hatte, als er Serafino einen »Chyromanticus egregius« nannte.[70] Spätere Astrologen wie Simon Forman und John Dee hatten keinerlei Scheu zuzugeben, daß die Astrologie nur eine von vielen Farben auf der Palette prädiktiver Künste war, deren verschiedene Methoden sie geschickt zu mischen verstanden.[71] In ihren

---

einander völlig verschiedener Formen der Prophetie noch lange nach Cardanos Zeit s. A. Geneva, *Astrology and the Seventeenth-Century Mind*, Manchester/New York 1995, Kap. 4.

70 Gaurico, *Tractatus astrologicus*, Venedig 1552, 19^{ro-vo}.

71 Simon Formans astrologische Autobiographie wurde im 19. Jahrhundert unter dem Titel *The Autobiography and Personal Diary of Dr Simon Forman* gedruckt (hrsg. von J. O. Halliwell, London 1849). Diese Ausgabe vermittelt indes ein falsches Bild vom Originaltext MS Ashmole 208. Dabei handelt es sich um ein detailliert ausgearbeitetes Horoskop mit *revolutiones*. Auf den Verso-Seiten der Blätter mit den *revolutiones* trug Forman autobiographische Notizen ein, die vie-

astrologischen Aufzeichnungen finden sich zahlreiche Berichte über Visionen und Begegnungen mit Geistern, und sie waren stets auf der Suche nach divinatorischen Verfahren, welche die Techniken der Astrologie ergänzen konnten. Dee etwa strich sich in einem Buch interessiert eine Feststellung des Synesius (aus dessen Werk über die Träume) an: »Wenn aber alles Zeichen von allem ist, da alle Dinge in der Einen beseelten Welt miteinander verwandt sind, so sind diese wie allen möglichen Alphabeten entnommene Buchstaben im Buch des Universums, teils phönizisch, teils ägyptisch, teils assyrisch. Und der Weise liest sie.« Dee schreibt daneben an den Rand: »Das ist meine Kabbala des Seins.«[72]

Wie das Zitat bereits andeutet, war der Eklektizismus in der Astrologie keine neue Erscheinung. Einer ganz ähnlichen Haltung begegnen wir nicht selten in der römischen astrologischen Literatur und in neuplatonischen Schriften der Spätantike. Censorinus zitierte in seinem sonderbaren Büchlein *Vom Geburtstag* (geschrieben 238 n. Chr.), als er zu bestimmen suchte, wieviel Zeit dem römischen Reich wohl noch beschieden war, nicht nur den Befund eines Horoskops der Stadt, das Lucius Tarrutius von Firmum für Varro erstellt hatte, sondern verwies außerdem auch auf die zwölf Geier, die man bei der Gründung Roms beobachtet hatte.[73] Proklos, ein göttlich in-

---

le kuriose Details zu seinen Aktivitäten als Prophet (32vo), als Nigromant (43vo, 45vo) und als Geister- und Engelbeschwörer enthalten. Auf 137ro bietet er eine ausführliche Beschreibung »Von Visionen, die der besagte S. im Kindesalter gehabt hat«. Ein späteres Beispiel eklektischer Praxis verschiedenster Divinationskünste, ebenfalls aus England, dokumentiert die ausgezeichnete Edition *An Astrological Diary of the Seventeenth Century: Samuel Jeake of Rye, 1652–1699*, Oxford 1988, von M. Hunter und A. Gregory. S. auch die Biographie Melanchthons von Camerarius, die zahlreiche Belege für die divinatorische Kunst des Reformators bietet: J. Camerarius, *De vita Philippi Melanchthonis narratio*, hrsg. von. G. Th. Strobelius, Halle 1777, bes. 76–79, 95–96, 99, 195, 248–250, 322.

72 Iamblichus et al., Venedig 1516, Folger Shakespeare Library BF 1501 J 2 copy 2, 44ro: »Si autem per omnia significantur omnia, quippe cum omnia in uno animali mundo sint germana, atque sunt hae veluti omniformes literae, sicut in libro, sic in universo signatae, partim quidem phoeniciae, partim vero aegyptiae, partim assyriae. has autem sapiens ipse legit.« »Cabala nostra τοῦ ὄντος.«

73 Censorinus, *De die natali*, 17.15, 21.4–6.

spirierter Weiser par excellence, bediente sich in seinem Kampf für die Sache der heiligen Stadt Athen der Astrologie und der Theurgie.[74] Die sehr fähige Astrologin Sosipatra wandte in ihrer Praxis fachspezifische Methoden an, die sie von zwei geheimnisvollen Chaldäern gelernt hatte, machte aber auch von einer mystisch-übernatürlichen Prophetengabe Gebrauch, um all die wunderbaren Taten zu wirken, von denen Eunapius in seinen Sophistenviten berichtet (der Text wurde 1568 allgemein zugänglich, als die lateinische Übersetzung des Hadrianus Iunius im Druck erschien).[75] Und der berühmte Redenschreiber Aelius Aristides folgte eisern den Empfehlungen des Asklepios, als er sich verzweifelt bemühte, durch körperliche Übungen und mit Hilfe verschiedenster Therapien seine verlorene Gesundheit wiederzuerlangen. Der flämische Gelehrte Willem Canter, der in den sechziger Jahren des 16. Jahrhunderts die *Heiligen Reden* des Aelius übersetzte, beschreibt es ohne alle Ironie:

»Asklepios, dem er große Verehrung bezeigte, heilte ihn endlich, nachdem er ihm im Traum schier unendlich viele Medikamente, Bäder, Fastenkuren, Brechmittel, Aderlässe, Lauf- und Redeübungen, Reisen und anderes mehr anbefohlen hatte, wider alle vernünftige Hoffnung und Natur.«[76]

---

74 Marinus, *Vita Procli;* der Text wurde 1568 erstmals allgemein zugänglich, als er zusammen mit Xylanders Ausgabe der Schriften Mark Aurels im Druck erschien.
75 Allg. dazu Potter, *Prophets and Emperors*. Der Übersetzer und Hrsg. des Werks (*De vitis philosophorum et sophistarum*, Antwerpen 1568) arbeitete mit einer Abschrift des Farnese-Manuskripts, die ihm der Sammler Joannes Sambucus (ebda, II, 199) zugänglich gemacht hatte. Der Text war so verderbt, daß Junius, wie er klagt, gezwungen war, in seiner textkritischen Arbeit »hariolarum more divinare« (ebda, 199–200). John Dee besaß ein Exemplar der Ausgabe (Bodleian Library 8° E 8 Art. Seld.) und schrieb einige Bemerkungen an den Rand.
76 Aelius Aristides, *Orationum tomi tres,* übers. von W. Canter, Basel 1566, Widmung, +4^{ro-vo}: »Veruntamen Aesculapius, quem religiose colebat, eum tandem infinitis pharmacis, lotionibus, inediis, vomitibus, venae sectionibus, cursibus, declamationibus, peregrinationibus, ac similibus aliis secundum quietem imperatis, praeter omnem spem ac prope naturam sanavit.« Von einer ganz anderen Reaktion berichtet E. R. Dodds, *Pagan and Christian in an Age of Anxiety,* Cambridge 1965, Repr. 1991.

Canters gelassene Reaktion auf das Werk des Aelius, das manchen neueren Gelehrten geradezu selbst als ein Ausdruck seiner Krankheit erschien, verwundert nicht: Er hatte bei seinem Pariser Lehrer Jean Dorat die wunderbaren Kräfte antiker Propheten und Magier schätzen gelernt und war mit dieser Art des Denkens innig vertraut.[77]

Die eklektischen Wundertäter der Spätantike gewannen in der Renaissance überlebensgroßes Format und spielten in Überlegungen, was die prädiktiven Künste leisten könnten und sollten, eine große Rolle. Der englische Humanist Gabriel Harvey, der die Werke Cardanos und Gauricos studiert hatte, verglich den neuzeitlichen Handliniendeuter Serafino, von dem er bei Gaurico gelesen hatte, mit der antiken Seherin Sosipatra, deren eklektische Kunst ihm weit mehr imponierte als die des hellsichtigen Mönchs: »Wieviel wahrer und gewisser war doch die Prophetie der Sosipatra, die, wie es scheint, auf der Astrologie und Physiognomie der Chaldäer basierte und sich irgendwelche kabbalistischen Prinzipien und Experimente in ganz erstaunlicher Weise zunutze machte!«[78] Gabriel Naudé, der die erste Biographie Cardanos schrieb, hielt es für offensichtlich, daß sein ebenso abergläubischer wie hochtalentierter Protagonist in der neuplatonischen Tradition stand.[79] Dieses Urteil stützt sich nicht zuletzt auf Äußerungen Cardanos in jener Passage, wo er seine Erkenntnisse über die Dämonen der neuplatonischen Tradition zurechnet, die hier, wie er meint, ihrerseits von Hermes Trismegistos höchstselbst abhänge.[80]

Von alters her also wurde vorausgesetzt, daß der Astrologe nicht nur über technische Fertigkeiten verfügte, sondern auch über Ge-

---

77 F. A. Yates, *The French Academies of the Sixteenth Century*, London 1947 (2. Aufl. London/New York 1988); P. Brind'Amour, Einführung zu Nostradamus, *Les premières centuries ou propheties*, hrsg. von Brind'Amour, Genf 1996, lii–lxviii. Dorat kannte Cardanos Schriften und zitierte sie gelegentlich; s. P. Ford, »Jean Dorat and the Reception of Homer in Renaissance France«, *International Journal of the Classical Tradition* 2 (1995), 265–274.

78 Gabriel Harvey, Notiz in seinem Handexemplar von Luca Gaurico, *Tractatus astrologicus*, Venedig 1552, Bodleian Library 4° Rawl. 61, 19vo: »Sed quanto adhuc verior certiorque Sosipatrae divinatio, e Chaldeorum ut videtur Astrologia et

heimwissen, das nur Eingeweihten zugänglich war.[81] Ein Astrologe, der die Regeln seiner Kunst nicht beherrschte, konnte nicht für sich in Anspruch nehmen, eine mathematische Wissenschaft zu praktizieren – einer, der die Geheimnisse nicht kannte, die eine besondere göttliche Gabe und nicht in den Regeln enthalten waren, hatte einen funktionierenden technischen Apparat, der aber leerlief. Theoretiker der Renaissance, die sich grundlegende Gedanken über die verschiedensten Künste von der Malerei bis zur Kunst des höfischen Lebens machten, stellten immer wieder die Frage nach dem richtigen Verhältnis von Regel und Spontaneität, strenger Methodik und Inspiration, System und *sprezzatura*. Offensichtlich hatten die Astrologen das Gefühl, daß auch in ihrem Fach diese Diskussion geführt werden mußte. Aber indem sie eine übernatürliche Gabe für sich reklamierten, entfernten sich viele Astrologen von der technischen Basis ihrer Kunst und ließen sich von Ideen leiten, die keinerlei mathematische oder astronomische Grundlage mehr hatten: An die Stelle des inspirierten Astrologen trat hier ein inspirierter Fachmann für Wahrsagerei aller Art. Man hat Cardano oft für einen Exzentriker gehalten, weil er so überzeugt von seinen übersinnlichen Fähigkeiten und Gaben war, weil er versuchte, prädiktive Techniken aller Art mit seinem angestammten Handwerk zu kombinieren, und gleichzeitig die Ansicht vertrat, Disziplinen, die nicht so sehr auf Inspiration als auf Kunst setzten, könnten zu präziseren Ergebnissen gelangen als die Astrologie.[82] In Wahrheit war hier der glühende Verehrer wissenschaftlicher »subtilitas« ausnahmsweise einmal vollkommen einer Meinung mit Zeitgenossen und Kollegen aus früheren Epochen.

Allerdings ging Cardano etwas weiter als die meisten und ließ sich

---

    Physiognomia: Cabalisticis nescio quibus principiis et experimentis mirabiliter expedita.«
79 G. Naudé, »De Cardano iudicium«, in Cardano, *De vita propria liber*, 2. Aufl. Amsterdam 1654, *6vo–*7ro = O, I.i 2^{ro-vo}.
80 Cardano, *De varietate rerum*, 16.93, 634: »Haec igitur est opinio Platonicorum de daemonibus atque anima, a Mercurio Trismegisto originem ducens...«; vgl. 17.98, 682.
81 Vgl. T. Barton, *Power and Knowledge*, Ann Arbor 1994.
82 S. Ptolemäus, *Quadripartitum*, hrsg. von Cardano, Basel 1554, 18 = O, V.105.

von inneren Widersprüchen weniger beeindrucken. Mehr als einmal beschrieb er sich und seine Kollegen als Bewohner eines nüchtern cartesianischen Kosmos, in dem Menschen und Materie sich bewegten, umgetrieben einzig von unpersönlichen Kräften oder sehr persönlichen Emotionen. Keine okkulten oder Sympathiekräfte welcher Art auch immer wirkten in diesem Kosmos – der, so wie Cardano selbst ihn beschrieb, allen Vertretern seiner angestammten Kunst unzugänglich bleiben mußte. Damit befaßte er sich auch in seinem Traktat *Vom Würfelspiel*. Die Wahrscheinlichkeit, daß ein Wurf gelingt, betont er, lasse sich mit Hilfe einer einfachen mathematischen Formel bestimmen: Stelle fest, wie viele Möglichkeiten es gibt, das gewünschte Ergebnis, etwa mit zwei Würfeln, zu erzielen, und teile diese Zahl durch die Anzahl aller möglichen Ergebnisse, so weißt du, wie hoch die Wahrscheinlichkeit ist, daß ein beliebiger Wurf gewinnt. Cardano bestreitet ausdrücklich, daß irgendeine äußere Macht diese strikt mathematische Regel außer Kraft setzen kann. Er behandelt die Würfel wie physikalische Körper, Materie, die ungerührt exakt nach der Musik der Mathematik tanzt und in keiner Weise auf Einflüsse von Sympathie oder Antipathie, auf Gebete oder Zauberformeln reagiert.[83]

Auch Cardanos Überlegungen zu Ethik und Politik beschreiben eine kalte, harte Welt, bevölkert von Menschen, deren Handlungen mitsamt den daraus resultierenden Folgen so berechenbar waren wie die Bewegungen von Billardkugeln. In seinen *Arcana aeternitatis*, in den *Proxeneta* und anderswo erörterte er ausführlich, wie man es anstellen muß, um in der Welt der Menschen erfolgreich zu agieren. Er räumte ein, daß die Sterne und die Macht der Zahlen der Lebensdauer von Staaten und Individuen unüberschreitbare Grenzen setzten. Gleichwohl, so betonte er, entschieden die Menschen im Raum der konkreten Geschichte, die von Tag zu Tag, von einem Jahr

---

[83] Eine kommentierte Übersetzung des *De ludo aleae liber* in O. Ore, *Cardano: The Gambling Scholar*, Princeton 1953. Die These, daß es dem Astrologen grundsätzlich unmöglich sei, den Fall des Würfels vorauszusagen, war schon in der antiken Literatur erörtert worden, s. Gellius, *Noctes Atticae*, 14.1. Vgl. auch *De vita propria*, 30, O, I.18–22.

zum nächsten ihren Fortgang nahm, selbst über ihr Tun und Lassen und bestimmten somit über ihr Schicksal. Sie handelten aus materiellen Motiven; sie waren immer dann und nur dann erfolgreich, wenn ihre Mittel den Zwecken angemessen waren; der Wert aller ihrer Handlungen und Institutionen bemaß sich ausschließlich daran, inwiefern sie zum Erfolg beitrugen. So vertrat denn Cardano, streng rationalistisch, etwa die Ansicht, daß die Könige polygam leben sollten, und zwar ganz einfach deswegen, weil nur so genügend Nachkommen gezeugt werden konnten, um die Thronfolge zu sichern. Im monogamen System mußte jede Dynastie früher oder später aussterben. Allerdings war es notwendig, zusammen mit der Vielweiberei noch einen anderen türkischen Brauch einzuführen, nämlich den, überzählige Thronanwärter umzubringen, weil sonst blutige Bürgerkriege drohten. Die »Barbarei« der Türken war in diesem Punkt paradoxerweise human und löblich, wie Cardano feststellte.[84] In radikalem Gegensatz zu Montaigne, mit dem Cardano oft verglichen wurde, interpretierte er den Kannibalismus in der Neuen Welt, von dem europäische Reisende berichteten, nicht als ein komplexes Phänomen, das, so schockierend es auch immer sein mochte, als Ausdruck einer andersartigen Kultur verstanden werden mußte, sondern schlicht als Folge eines Mangels an eßbaren Tieren: Der Hunger machte die Indianer so wild, daß sie alle Hemmungen verloren und selbst ihre eigenen Kinder fraßen bzw. – so Montaigne – erwachsene männliche Gefangene.[85]

Wenn Cardano das Würfelspiel der hohen Politik analysiert, verfällt er in einen Habitus, der an Machiavelli und Guicciardini erinnert. Er verwendet auch deren demonstrativ unsentimentale, ja, rohe Bilder; so legt er etwa an einer Stelle Machiavellis Vergleich der Fortuna mit einer Frau, die man schlagen müsse, um ihrer Herr zu werden, dem französischen Botschafter in den Mund, der damit die

---

84 Cardano, *Arcana aeternitatis*, 14 = O, X.29.
85 F. Lestringant, *Le cannibale*, Paris 1994, Kap. 9.

(freilich desaströse) Handlungsweise von Heinrich II. erklärt.[86] Er teilte ihre unausgesprochenen düsteren Annahmen über Wesen und Entwicklung der menschlichen Geschichte: Von der höheren Ordnung und Regel, der göttlichen Zweckbestimmung, die Cardano ganz selbstverständlich voraussetzte, wenn er Vergangenheit und Zukunft aus astrologischer Perspektive analysierte, war nun plötzlich nichts mehr zu bemerken. Der Kosmos des politischen Denkers Cardano erscheint weit weniger heimelig, weit weniger geordnet als der des Astrologen und Magiers.

Manchmal gibt es in Cardanos Beschreibungen der menschlichen Dinge Momente einer vollends desillusionierten Modernität, wenn er nämlich zum Verzweifeln deutlich zu spüren scheint, daß vieles, was geschieht, sich weder einem göttlichen Heilsplan noch stellaren Einflüssen noch dem menschlichen Willen verdankt, sondern einfach dem blinden Zufall. Als er von Mailand nach Bologna umzog, hätte er beinahe alle seine handschriftlichen Aufzeichnungen eingebüßt – wenn ihm nicht zum Glück das Hosenbändchen gerissen wäre. Als er nämlich in den Wagen steigen wollte, um abzureisen, fiel ihm ein, daß er besser vorher noch seine Blase erleichterte. Das tat er denn auch, und dabei passierte jenes glückliche Mißgeschick. Er wollte ein neues Hosenbändchen kaufen und versuchte es in drei Kurzwarengeschäften in der Nachbarschaft, vergebens. Da erinnerte er sich, daß in einer Truhe, die er im Haus zurückgelassen hatte, noch Hosenbänder sein mußten, und ging zurück, um eines zu holen. Und

---

86 Cardano, *Arcana politica,* Amsterdam 1635, Kap. 128: »De geniis, fato, astrologia et fortuna«, 581: »Dicebat mihi prorex Gallus apud Scotos: Rex noster cognovit Fortunam esse feminam: baculo debere domari: verberatam tamdiu venturam in partes nostras.« Der ganze Absatz macht deutlich, wie schwer sich Cardano damit tat, seine Haltung zu der Frage zu definieren, welche Faktoren den größten Einfluß auf den Gang des individuellen Lebens und der Geschichte haben.

87 Cardano, *De vita propria,* 49, O, I.47–48: »Si ligula non fuisset, profiteri non poteram, excideram munere, mendicassem, tot monumenta perierant, ex tristitia brevi obiissem: atque id ex momento pependit, o humanam conditionem, aut miseriam!« In den *Proxeneta* behandelt Cardano dieselbe Episode als ein Lehrbeispiel, das zeigt, wie die Vorsehung ihn allezeit behütet hat; *Arcana politica,* 1.4, 28–29, 29: »Dicam autem quid mihi contigeret nuper, ut intelligas quam minimis

als er die Truhe öffnete, sah er schreckensbleich dort seine Manuskripte liegen, die er einzupacken vergessen hatte. Einige Wochen später brachen Diebe in das Haus ein und nahmen alles mit, was noch in der Truhe war. »Wenn nicht das Hosenbändchen gewesen wäre«, schreibt Cardano, »hätte ich meine Vorlesungen nicht halten können, man hätte mich aus dem Amt gejagt, ich hätte betteln gehen müssen, alle diese Schriften wären für immer verloren gewesen, und ich wäre aus lauter Kummer bald gestorben. Und das alles hing von einem winzigen Augenblick ab. Oh, was ist der Mensch – ein Häuflein Elend!«[87] Über allem walten offenbar Zufall und Glück, menschliche Willkür und Beliebigkeit. Wenn man die Dinge so betrachtet, muß das ganze Projekt einer wissenschaftlich rationalen Divinatorik als ein bloßer Wunschtraum erscheinen – eine weltfremde Phantasie, kein Instrument, die Zukunft zu lenken. Und doch behauptet Cardano trotzig an einer anderen Stelle desselben Buchs: »Das Glück hat keine Macht gegenüber dem Können; der Barbier braucht kein Glück zum Haareschneiden, und auch der Musiker hat es nicht nötig, wenn er singen oder spielen will, und ebensowenig vermag es in der medizinischen Kunst« – auch wenn seine eigenen medizinischen Prognosen geradezu hellseherisch anmuteten.[88]

Erstaunlicherweise konnte sogar eine divinatorische Methode, die Cardano ablehnte, irgendwie dennoch zum Medium einer Botschaft werden, die er sehr wohl ernst nahm. Auf seiner Reise zu John Hamilton wurde Cardano einmal von einem Lehrer eingeladen, den

---

Deus servet aut perdat quem velit.« Ähnliche Überlegungen zu mit knapper Not abgewendeten Katastrophen, verbunden mit dem Versuch, astrale Ursachen und die Rolle der Vorsehung genauer zu bestimmen, in *An Astrological Diary*, hrsg. von Hunter und Gregory, 176-177, 188–189, 226–227, 230–231, 236–237, 240–241, 245 (30. August 1694): »Um 9h 8' vormittags. Ein Ziegel fiel von der Dachtraufe meines Hauses so knapp neben meinem Kopf herunter, daß der Mörtel, der mit herabfiel, auf meinem Hut lag. Aber die barmherzige Vorsehung Gottes beschützte mich ... [darunter eine Skizze der Himmelskonstellationen] Merke: Mars war eben aufgegangen; &c.«

[88] Cardano, *De vita propria*, 40, O, I.33; vgl. J. Sturrock, *The Language of Autobiography*, Cambridge 1993, 80–81.

Künsten eines Jungen zuzusehen, der behauptete, er könne aus einer Schüssel mit Wasser die Zukunft lesen. Die Demonstration war ein Mißerfolg, aber der Gastgeber besaß ein Exemplar des *Tetrabiblos*, das er Cardano schenkte. Diese Zufallsbegegnung gab somit den Anstoß zur Arbeit am Ptolemäus-Kommentar. »Ich war überzeugt«, schreibt Cardano, »daß sich mir hier eine von Gott gefügte Gelegenheit bot, die ich nicht ausschlagen konnte.«[89] Die Grenzen zwischen rationalem Kalkül und irrationaler Inspiration wurden niemals endgültig festgelegt.

Im frühen 17. Jahrhundert, als Johannes Kepler die Astrologie als eine Wissenschaft erneuern wollte, die »in Übereinstimmung mit der Natur« stand, versuchte er eine klare Demarkationslinie zu ziehen, welche die Bereiche, in denen sie etwas Nützliches leisten konnte, das Gebiet der Wettervorhersage etwa, von denen trennte, wo sie es nicht konnte, in der hohen Politik zum Beispiel. Freimütig gestand er einem nicht näher bekannten Adeligen, daß »die Astrologie in einem Staatswesen großen Schaden stiften kann, wenn ein schlauer Astrologe sich die Leichtgläubigkeit der Menschen in böser Absicht zunutze macht«, und daß sein eigener kaiserlicher Herr Rudolf II. ziemlich leichtgläubig sei. Er selbst bemühte sich darum, die politisch relevanten astrologischen Gutachten, die er im Auftrag hoher Herrschaften erstellte, so zu manipulieren, daß sie Gutes bewirkten, und das hieß konkret, daß sie eine Politik des Friedens und des Ausgleichs nahelegten. Politik und Astrologie gehörten für Kepler zwei völlig verschiedenen Sphären an und hatten ganz verschiedene Aufgaben. Ein weiser Herrscher sollte sich in seinen Handlungen von einer klugen politischen Analyse leiten lassen und von nichts sonst. Die Astrologie ihrerseits hatte durchaus ihre Daseinsberechtigung, sollte sich aber »ganz vom Rat fernhalten und das Urteil derer, die den Kaiser zu überreden suchen, den besten

---

89 Ptolemäus, *Quadripartitum,* hrsg. von Cardano, Lyon 1555, A *3ʳᵒ: »Divinitus occasionem oblatam credidi, quam effugere non possem.«
90 Kepler an einen Unbekannten, 3. April 1611; *Gesammelte Werke,* hrsg. von M. Caspar u. a., München 1937–, XVI, 373–375; s. B. Bauer, »Die Rolle des Hof-

Weg einzuschlagen, nicht beeinflussen und sich dem Kaiser selbst auf keine Weise bemerkbar machen«.[90]

Cardano dagegen hatte zwar sehr wohl die Erfahrung gemacht, daß die Politik und die Kräfte des Wandels autonom waren, folgerte jedoch daraus keineswegs, daß die Astrologie in der politischen oder persönlichen Sphäre nichts zu suchen habe. Zwar erklärte er manchmal bestimmte Ereignisse in Begriffen, die dem Glauben an okkulte Einflüsse keinen Raum ließen, kehrte indes immer wieder zur Praxis der Astrologie zurück, seinem altgewohnten Werkzeug, jedes Stück glatt, glänzend poliert von jahrzehntelangem Gebrauch. Auch wenn manche seiner späten Äußerungen den Eindruck erwecken, er habe im Alter weniger Vertrauen zur Sterndeuterei als zur Medizin gehabt, orientierte er sich doch, wie wir noch sehen werden, als er sein letztes großes Werk, seine Autobiographie, schrieb, am Leitfaden der Astrologie. Mit anderen Worten, Cardano hörte nie auf, die Astrologie zu praktizieren, auch dann nicht, wenn ihm deren theoretische und praktische Defizite klar vor Augen traten. Doch erlag er ihr zu keiner Zeit – weder die Sterne noch die traditionelle Kunst der Sternendeuterei nahm ihn in solcher Weise gefangen. Wie viele seiner Kollegen und Rivalen behandelte er die Astrologie als ein Werkzeug, und zwar als eines unter mehreren. Unendlich viel Zeit und Energie wandte er auf seine Versuche, die Grenzen der astrologischen Macht gültig zu definieren. Dabei setzte er sogar die traditionellen Instrumente und Fragestellungen der Astrologie auf Weisen ein, die viele Leser ebenso plausibel und zeitgemäß fanden, wie sie eklektisch und undefiniert waren.

Studien zur Naturphilosophie der Renaissance nähern sich ihrem Gegenstand oft auf einem Weg, den Michel Foucaults *Die Ordnung der Dinge* in dem brillanten Kapitel »Die prosaische Welt« eröffnet.[91] Hier zeichnet der Autor das Denken der Renaissance als ein

---

astrologen und Hofmathematicus als fürstlicher Berater«, *Höfischer Humanismus*, hrsg. von A. Buck, Weinheim 1989, 93-117.
91 M. Foucault, *Die Ordnung der Dinge*, Kap. 2, Frankfurt a.M. 1974.

riesiges Brettspiel mit labyrinthisch verschlungenen und in der Art von Möbiusbändern verdrehten Verbindungswegen, auf denen der intellektuelle Spieler Texte oder Objekte zueinanderführen konnte, jedoch nur, wenn »Ähnlichkeiten« auf der Ebene der Sprache oder der Dinge selbst eine verwandtschaftliche Beziehung begründeten. Für Foucault verkörperte Cardano exemplarisch den träumenden Weisen der Renaissance, der in seinem Werk wie besessen Einflüsse und Antipathien in immer neuen Nuancen kommentierte, der aber nie dazu gelangte, irgendeine der Disziplinen, in denen er so rastlos tätig war – oder gar die grundlegenden Prämissen dieser Wissenschaften –, aus kritischer Distanz zu betrachten. Die Moderne konnte sich erst durchsetzen, nachdem das geradezu surrealistisch kohärent strukturierte Gebäude, in dem Cardano und seinesgleichen lebten, in sich zusammengebrochen war, so daß ein Neubau im klassischen Stil errichtet werden konnte. In der Welt der Astrologen war kein Platz für Elemente einer zutiefst anti-astrologischen Vernünftigkeit.

Wahr ist jedoch, daß Cardano – wie die meisten seiner Zeitgenossen und auch die meisten von uns – in vielen verschiedenen Welten gleichzeitig zu Hause war. Manche davon waren historisch, manche hatte er selbst ganz nach seinen eigenen Vorstellungen errichtet, die meisten aber waren mehr oder weniger alter Bestand, umgebaut und neu hergerichtet. Der Wechsel von einer Umgebung zur anderen fiel ihm nicht schwer, ja, er empfand diese Möglichkeit, ein Ensemble von Prämissen gegen ein anderes zu tauschen, je nachdem, wie es die besondere Eigenart des Gegenstands oder die Fakten zu fordern schienen, vielleicht sogar als angenehm. Kein einheitstiftendes System überwölbte die Pluralität seiner Überzeugungen und Argumente. Und keine bestimmte, einzig und universal gültige Sprache, keine »Einheitsprosa der Welt« oder wessen auch immer, bediente sich seiner als Medium und Herold. In seiner ganzen widerspenstigen Individualität, aus seinem eigenen Wissen heraus und als ein

selbstdenkendes Subjekt modifizierte, manipulierte oder erfand Cardano Sprachen, wie er sie brauchte, ohne Rücksicht auf Widersprüche. Er wußte nicht immer genau, warum er im besonderen Fall gerade so und nicht anders verfuhr und von welchen stillschweigenden Voraussetzungen er ausging, ja, bisweilen war er nicht einmal sicher, ob das Zukunftswissen, das er aussprach, sich rationaler Erkenntnis, den Sternen oder aber dämonischer Inspiration verdankte – er wußte nur und sprach es auch aus, daß er im Zentrum eines Kosmos stand, den sein eigener Geist nicht als Totalität, sondern nur in Gestalt von inkohärenten Splittern und Reflexen fassen konnte.[92] Und was er zu sagen hat, ist der Aufmerksamkeit wert.

---

92 Vgl. Zanier, *Ricerche sulla diffusione e fortuma del ›De incantationibus‹ di Pomponazzi*, 54, Anm. 20, und 91–93.

KAPITEL 9
CARDANO ÜBER CARDANO

Es war »ungefähr um das Jahr 1534, als meine Verhältnisse noch durchaus unsicher waren und meine ganze Lage Tag für Tag sich verschlechterte. Da sah ich mich einst am frühen Morgen im Traum, wie ich auf einen Berg, der mir zur Rechten lag, zulief, zusammen mit einer ungeheuren Menge von Menschen jeden Standes, Geschlechts und Alters, Weiber, Männer, Greise, Knaben, Kinder, Arme und Reiche, alle ganz verschieden gekleidet. Und ich fragte, wohin wir denn alle liefen? Und einer von ihnen antwortete: ›Zum Tode.‹ Ich erschrak, und da mir der Berg auf einmal zur Linken war, wandte ich mich, so daß ich ihn wieder auf der rechten Seite hatte, griff nach Reben (der halbe Berg bis zu der Stelle herab, wo ich lief, war mit solchen bedeckt, und sie hatten ganz dürre, ausgetrocknete Zweige, alle ohne Trauben, so wie wir sie wohl im Spätherbst sehen) und begann den Berg hinanzusteigen. Das ging anfangs recht schwer, denn der Berg oder besser Hügel war unten am Fuß sehr

---

1 Cardano, *De vita propria,* 37, O, 1.29: »Nonne et illud de somniis quod tam vera fuerint, admiratione dignum videri potest? Nec minimam partem attingere velim: quorsum enim? sed tantum lucidissima et maxima decernentia negotia: velut cum circa annum MDXXXIV in diluculo, cum nondum quicquam constitutum haberem, et omnia pessum in dies irent, vidi in somno me currentem ad radicem montis qui mihi a dextra erat, cum immensa hominum multitudine cuiuscunque status, sexus, aetatis, mulierum scilicet, virorum, senum, puerorum, infantium, pauperum, divitum variis modis vestitorum. Interrogavi ergo quo curreremus omnes? Respondit unus ex his, ad mortem. Exterritus ego, cum mons a laeva mihi esset, conversusque ut a dextra ipsum haberem, vites (quae medium illud montis, eousque ubi ego eram frondibusque intectae erant aridis, et sine uva prorsus,

steil. Dann, als der Anfang überwunden war, stieg ich mit Hilfe der Rebstöcke leicht hinauf. Und als ich oben auf dem Gipfel des Berges war und schon im Schwung des Anlaufs darüber hinaus rennen wollte, erschienen nackte, zerrissene Felsen, und wenig hätte gefehlt, und ich wäre in eine grauenhafte, tiefe und finstere Schlucht hinabgestürzt, so daß mich heute, nach 40 Jahren, die Erinnerung an diesen Traum erschüttert und erschreckt.«[1]

Dann veränderte sich die Szene plötzlich und ohne Rücksicht auf narrative Logik, wie es so oft im Traum geschieht, und Cardano sah sich nun in eine Bauernhütte eintreten, Hand in Hand mit einem Knaben, der ein aschfarbenes Gewand trug. Dann erwachte er.

Diese mit lebhaften Details ausgestattete Geschichte ist eine von Dutzenden, die Cardano in seiner Autobiographie erzählt, einem Buch, das große Schätze zu bieten hat, das aber auch viel Verwirrendes enthält. Er schrieb es in seinen letzten Jahren in Rom. Wie schon der Traum vom spirituellen Aufstieg durch die Himmelssphären in Begleitung des Vaters enthält auch diese Vision von irdischen Plackereien Anklänge an Dante. Jeder italienische Leser der Passage erinnerte sich hier wohl sofort an die »selva oscura«, den dunklen Wald, in dem Dante wandert, und an den Schrecken, den diese Vision auslöste.[2] Wie vielen Anekdoten Cardanos ist auch dieser eine gewisse polierte Glätte eigen, wie sie in langen Jahren entsteht, wenn ein Stoff in der Phantasie oder in Erzählungen immer wieder zu neuem Leben erweckt wurde. Cardano hatte den Traum zum erstenmal zwanzig

---

quales autumno videri solent) apprehendere, atque in montem ascendere coepi: idque primum aegre ob montem, seu potius collem, qui arduus in radice multum erat. Postmodum ea superata, per ipsas facile ascendebam: et cum iam in montis essem vertice ac tanquam ultra impetu voluntatis transiturus, nudi lapides et abrupti apparuere: parumque abfuit quin in tetram, profundam ac tenebrosam voraginem me praecipitarem, adeo ut memoria huius somnii cum sint xl. anni me contristet ac simul terreat ...« Deutsche Übersetzung von Hermann Hefele, *Des Girolamo Cardano eigene Lebensbeschreibung*, München 1969, 134–135, geringfügig verändert.

2 Zu Dante und anderen Parallelen s. F. Cardini, »Sognare a Firenze fra Trecento e Quattrocento«, *Le mura di Firenze inargentate*, Palermo 1993, 29–57.

Jahre früher in seinem zweiten Traktat *Über die eigenen Bücher* beschrieben. Auch in dieser Version war es frühmorgens gewesen, er hatte denselben Aufstieg zum Berg beschrieben, dieselbe bunt gemischte Menge, in deren Mitte er rannte, er hatte dieselbe schrecklich lakonische Antwort erhalten, als er nach ihrem gemeinsamen Ziel fragte: »Zum Tode.«[3] Aber er hatte den Berg im Detail beschrieben, bevor er berichtete, wie er sich an den Weinreben die Steigung hinaufhangelte, und die Wechselrede mit dem Mann in der Menge an befremdlich später Stelle gebracht.[4]

Diese Schönheitsfehler bügelte Cardano in einer zweiten Fassung aus, die in der 1562 erschienenen neuen Version von *De libris propriis* enthalten war. Hier unterschied er nun erstmals klar zwischen dem Lauf inmitten der Menge und dem darauf folgenden einsamen Aufstieg. Außerdem nahm er einige kleinere stilistische Änderungen vor.[5] Und sogar noch gegen Ende seines Lebens feilte er an seinen Erinnerungen bzw. an seiner Erzählung: Das Detail, daß der Berg erst rechts und dann links von ihm aufragte, und die Beschreibung der schroffen Felsen, die er oben auf dem Gipfel sah, fügte er erst in der Autobiographie ein.

In der Deutung des Traums legt Cardano nicht weniger Flexibilität an den Tag. 1557, auf der Höhe seiner Schaffenskraft und seines Erfolgs, las er darin die Verheißung, daß er den ersehnten unsterblichen Ruhm erlangen werde, während die meisten anderen Menschen ihrem Ende zueilten. Gewiß hatte sein freundlicher Schutzgeist ihm den Traum gesandt, meinte er.[6] Aber es blieben noch unklare Details: »Ich verstehe noch nicht, was jene Hütte und der Knabe bedeuten.«[7]

---

3 Das Schreckliche des Aufstiegs erinnert an einen Traum, der sich in der *Passio Perpetuae* findet. Der Text wurde erst um die Mitte des 17. Jahrhunderts gedruckt, zusammen mit einem bemerkenswerten Kommentar von Lucas Holstenius. Zu einer psychologischen Deutung des Aufstiegs von Perpetua vgl. E. R. Dodds, *Pagan and Christian in an Age of Anxiety*, Cambridge 1965.

4 Cardano, *De libris propriis*, Lyon 1557, 23–24 = O, I.64.

5 Cardano, *De libris propriis, Somniorum Synesiorum libri iiii*, Basel 1562, 11 = O, I.100–101.

6 Cardano, *De libris propriis*, 1557, 25 = O, I.64.

1562 weiß er dann, wer der Knabe ist: »Es ist Ercole Visconti, mein Schüler, den ich gleich nachdem mein Sohn geheiratet hatte, zu mir ins Haus nahm: Alter, Zeit und äußere Erscheinung stimmen ganz genau, und das übrige, was in dem Traum geschieht, paßt ebenfalls dazu.«[8] Auch das Rätsel der Bauernhütte ist gelöst – sie bedeutet Seelenfrieden, ruhige Gelassenheit. Cardano fand es ganz natürlich, daß es fast dreißig Jahre gedauert hatte, bis er die Vision endlich verstand: Wie jede gute Prophezeiung wurde sie erst so recht durchsichtig, als die Ereignisse, die sie ankündigte, tatsächlich eingetreten waren. Damit ist, so scheint es, die Interpretation ein für allemal abgeschlossen.

Doch der weitere Verlauf der Zeit bringt nicht Licht, sondern Dunkelheit. Der alte Cardano ist zwar nach wie vor der Meinung, der Traum beschreibe insgesamt Art und Wesen seines künftigen Lebens, aber er zweifelt jetzt, ob der Knabe den Dämon bedeutet, der ihn durchs Leben begleitet, was ein gutes Omen wäre, oder vielleicht doch – weniger erfreulich – seinen Enkel. Und er assoziiert den grauenhaften Abgrund mit der Hinrichtung seines älteren Sohns.[9]

Das Werk, das Cardanos Leben erzählte, war, wie die Analyse dieses einen Ausschnitts ahnen läßt, sein langwierigstes literarisches und intellektuelles Projekt überhaupt. Am Ende wurde es zu einem großen Resümee seiner lebenslangen Bemühungen, die eigenen Erfahrungen zu verstehen und verständlich zu machen, und zu einer systematischen Demonstration seiner einzigartigen analytischen und prognostischen Fähigkeiten, deren Steigerung und Weiterentwicklung er sein Leben gewidmet hatte. In dem Text gewann Carda-

---

7 Ebda, 26 = O, I.69: »Casa illa et puer quid ostendat, nondum intelligo.«
8 Cardano, *De libris propriis*, 1562, 12 = O, I.101: »Puer ille Hercules Vicecomes est, alumnus meus, qui statim a coniugio filii domum meam ingressus est. Conveniunt enim aetas, tempus et forma ad unguem: reliqua etiam quae in somno apparuerunt.«
9 Cardano, *De vita propria*, 37, O, I.29: »Puer ille si spiritus bonus, faustum, stricte enim tenebam: si nepos minus. Casa illa in solitudine spem quietis. Sed horror tantus cum praecipitio etiam casum filii declarare potuit, qui nupsit et periit. Indignum est credere fuisse praeteritum. Id vero Mediolani accidit.«

nos letztgültige Anstrengung Gestalt, dem komplexen, in sich zerfaserten Gespinst von Beziehungen nachzuspüren, die seinen Körper und seine Seele mit dem Kosmos und den Kräften, die ihn regierten, verbanden. Das Buch, das erst Mitte des 17. Jahrhunderts veröffentlicht wurde,[10] hat seitdem nicht aufgehört, seine Leser zu faszinieren und oft auch zu entsetzen. Goethe etwa bewunderte seine so ganz unprofessorale, natürliche Art: »Es ist nicht der Doktor im langen Kleide, der uns vom Katheder herab belehrt; es ist der Mensch, der umherwandelt, aufmerkt, erstaunt, von Freude und Schmerz ergriffen wird und uns davon eine leidenschaftliche Mitteilung aufdringt.« Georg Misch behandelt in seiner *Geschichte der Autobiographie* das Buch als den, was die Renaissance betrifft, definitiven Versuch, die Persönlichkeit eines Individuums analytisch zu beschreiben. Cardanos Vita verhalte sich zu der von Benvenuto Cellini, so sagt er – inspiriert von einer berühmten Passage bei Jacob Burckhardt –, wie Philosophie zu Dichtung.[11]

Das Beispiel jener Traumepisode ist durchaus repräsentativ: Cardano komponierte sein komplexes Werk aus Blöcken bereits existierenden Materials, die in vielen Fällen schon lange vorher eine feste sprachliche Form erhalten hatten. Und er orientierte sich bei seiner Arbeit an einer Vielzahl von unterschiedlichen literarischen Vorbildern. Es überrascht nach alledem nicht, daß diese Autobiographie keine besonders verläßliche Quelle zu den Ereignissen der frühen und mittleren Jahre Cardanos ist: Nicht selten können wir aus dem dokumentarischen Material, das uns in einer modernen Bibliothek zur Verfügung steht, die Fakten genauer recherchieren, als

---

10 G. Cardano, *De propria vita liber, ex bibliotheca G. Naudaei,* Paris 1643, 2. Aufl. Amsterdam 1654.
11 Mischs Arbeit bietet nach wie vor die vollständigste und scharfsichtigste Darstellung dieses Themas: *Geschichte der Autobiographie,* Frankfurt a. M. 1969, IV, Teil 2, 696–732. Zu Goethe s. 697, zu Cellini 696. S. auch den sehr feinfühligen Aufsatz von H. Pfeiffer, »Melancholie des Schreibens. Girolamo Cardano und sein ›De vita propria‹«, *Materialität der Kommunikation,* hrsg. von H. U. Gumbrecht und K. L. Pfeiffer, Frankfurt a. M. 1988, und die Passagen über Cardano in der umfangreichen Literatur zur autobiographischen Tradition Europas insgesamt, u. a. A. Robeson Burr, *The Autobiography,* Boston/New York 1909, Kap. VII,

es Cardano möglich war, der sich in seinen römischen Gemächern weitgehend auf sein Gedächtnis und eigene Aufzeichnungen verlassen mußte, die er oft wenig präzis wiedergibt. Aber was dem Biographen auf seiner Suche nach soliden Informationen über historische Tatsachen als schwerer Defekt erscheinen muß, ist für den Leser, der in der vermeintlich so simplen Aneinanderreihung von Versatzstücken nach komplexeren Mustern sucht, eine besondere Qualität des Werks. Gewiß, die in jüngster Zeit zu beobachtende intensive Beschäftigung mit biographischer Literatur in allen ihren Formen hat nicht nur mehr Klarheit über dieses Phänomen und seine Geschichte geschaffen, sondern auch die ganze Kompliziertheit des Unternehmens deutlich hervortreten lassen. Rudolf Dekker, James Amelang, Kaspar von Greyerz und andere haben damit begonnen, all die verschiedenen Typen von »Ego-Dokumenten«, die im frühneuzeitlichen Europa entstanden, zu sammeln und auszuwerten – Texte von Gebildeten und Ungebildeten, phantastische und schlichte, zur Veröffentlichung oder fürs Familienarchiv oder für die Schublade bestimmte. Sie haben eine überwältigende Fülle von Gattungen und Unterarten festgestellt, die jeder, der sich mit einem bestimmten Text dieser Genres näher befaßt, kennen und in seine Betrachtung einbeziehen muß.[12] Selbst wenn man den Blickwinkel stark einengt und nur die lateinischen autobiographischen Schriften von akademisch gebildeten Autoren in Betracht zieht, ergibt sich doch auch hier ein viel weniger einheitliches, viel komplexeres Bild als noch vor wenigen Jahren. Thomas Mayer und Daniel Woolf haben mit Recht betont, daß alle Biographien und Autobiographien von gebildeten

---

86–128; K. J. Weintraub, *The Value of the Individual*, Chicago 1978, sowie J. Sturrock, *The Language of Autobiography*, Cambridge 1993, 74–83.

12 Bekanntschaft mit einigen Vertretern dieser innovativen Forschungsrichtung vermittelt *Ego-Dokumente: Annäherung an den Menschen in der Geschichte*, hrsg. von W. Schulze, Berlin 1996, bes. R. Dekker, »Ego-Dokumente in den Niederlanden vom 16. bis zum 17. Jahrhundert«, 33–57; J. S. Amelang, »Spanish Autobiography in the Early Modern Era«, 59–71; K. von Greyerz, »Spuren eines vormodernen Individualismus in englischen Selbstzeugnissen des 16. und 17. Jahrhunderts«, 131–145.

Autoren der Renaissance auf dem Boden einer reichen literarischen und rhetorischen Tradition entstanden. Selbst ein Mann wie Benvenuto Cellini, der sich selbst als Handwerker ohne eigentliche akademische Bildung stilisiert, lehnte sich in seiner *Vita* an literarische Vorbilder an.[13] Und ein Humanist, der einem Kollegen einen Nachruf schrieb – ihn zu begraben und nicht ihn zu preisen –, und dabei alle Tugenden und rühmenden Metaphern, die Konvention und Tradition hergaben, in die fragile Hülle eines Menschenlebens packte, spielte – und das wußten seine Leser selbstverständlich – genau dasselbe Spiel wie Cellini, bloß mit anderen Karten. Alle Humanisten zogen oder zerrten letztlich, wenn sie ein biographisches Werk schrieben, die lebenswirklichen Fakten über irgendwelche vorgegebenen, oft wenig passenden literarischen Leisten.[14]

Aus dieser Erkenntnis folgt, daß die Aufgabe des Interpreten solcher Texte nicht darin bestehen kann, sie auf ihr historisches Material zu reduzieren und vorzuführen, wie sehr sie die Fakten verzerren; vielmehr muß er versuchen, die Modelle, denen die Autoren im je besonderen Fall folgen, zu identifizieren, zu analysieren, welche Funktion diese Modelle erfüllten, was sie leisteten, und schließlich, wenn möglich, den Spannungen nachzuspüren, die zwischen den erinnerten oder niedergeschriebenen Erfahrungen und verfügbaren literarischen Formen bestanden. So naheliegend diese Fragen sind, ist es doch oft schwer, Antworten darauf zu finden. Jeder Gebildete, der eine *Vita* verfaßte, konnte sich die stilistisch brillanten, lehrhaften Helden- und Feldherrenbiographien von Plutarch und Sueton zum Vorbild nehmen, die schwatzhaft klatschsüchtigen Philosophenviten von Diogenes Laertius und viele andere Werke. Kaum jemand, wenn überhaupt, unterschied damals einigermaßen sorgfältig zwischen einzelnen Schulen und Genres der klassischen Biographie, wie es spätere Philologen taten, und es gab auch praktisch kein Be-

---

13 J. Goldberg, »Cellini's *Vita* and the Conventions of Early Autobiography«, *Modern Language Notes* 89 (1974), 71–83; allgemeiner dazu s. M. Mascuch, *Origins of the Individualist Self*, Cambridge 1997.

14 S. T. F. Mayer und D. R. Woolf, Einführung zu *The Rhetorics of Life-Writing in Early Modern Europe*, hrsg. von T. F. Mayer und D. R. Woolf, Ann Arbor 1995,

wußtsein davon, daß die Biographie und die Autobiographie fest etablierte Gattungen mit klaren Regeln waren. Und keiner von allen Autoren ging mit der für unsere Zeit charakteristischen Vorstellung zu Werke, der einzigartigen Persönlichkeit des Individuums, das Gegenstand der Arbeit war, bis ins letzte gerecht werden zu müssen.[15] Alle diese Besonderheiten fordern dem Interpreten großes Fingerspitzengefühl ab.

Cardanos Autobiographie war wie ihr Autor und Gegenstand ungewöhnlich labil und komplex. Er hatte bereits eine ganze Reihe von Übungen zu seinem Thema absolviert – drei frühere autobiographische Arbeiten, drei oder vier Analysen seines eigenen Horoskops –, bevor er die endgültige Version seiner Vita anpackte. Er kannte antike Prototypen des Genres, die er ausdrücklich nennt, sowie gewiß auch jene zeitgenössischen Tagebücher und Briefe, die er unerwähnt läßt. Die zentrale Rolle aber kam wieder einmal der Astrologie zu: Ihre Methodik lieferte das Gerüst, das die ganze Erzählung strukturierte, an ihren Traditionen orientierte sich Cardano bei der Auswahl der Themen und bei der Entscheidung darüber, welche Details er in sein Werk aufnahm, und ihr weiter intellektueller Horizont und ihre großzügige Toleranz gegenüber inneren Widersprüchen ermöglichten es Cardano, dieses Buch zu einem Spiegel zu machen, der wenigstens einen Teil seiner zersplitterten Persönlichkeit treu wiedergab.

In mancher Beziehung ähnelte *De vita propria* – wie übrigens auch schon die früheren autobiographischen Bücher *Über die eigenen Bücher* – anderen Autobiographien von Humanisten. Cardano ließ keinen Zweifel daran, daß er sich bei seinen Bemühungen, die Bahn seines Lebens nachzuzeichnen, auf solide klassische Vorbilder stützen konnte. Mit besonderem Nachdruck hatte er dies in seinen früheren Abhandlungen *De libris propriis* betont, in denen, wie in einigen Passagen der *Vita propria,* das Autobiographische aus dem

---

1–37. Die vollständigste und beste Analyse der Formen der Autobiographie im Italien der Renaissance bietet nach wie vor das klassische Werk *Memoria e scrittura* (Turin 1977) von M. Guglielminetti.
15 Mayer und Woolf, 12–19; T. C. Price Zimmermann, »Paolo Giovio and the Rhetoric of Individuality«, ebda, 39–62.

Bibliographischen hervorgegangen war. Erstmals 1543 – hier noch sehr kurz – stellte er in diesen Schriften sein Leben am Leitfaden literarischer Projekte dar, er erklärte im Detail, wie er darauf verfallen war, jedes dieser Werke zu schreiben, welche Gestalt es nach und nach angenommen hatte und wie es endlich gedruckt wurde oder auch nicht. Die bibliographischen Segmente in der *Vita propria* nehmen relativ wenig Raum ein, bieten aber doch wenigstens eine kondensierte Fassung der ausführlichen Berichte von den Umständen, unter denen so wichtige und erfolgreiche Bücher wie zum Beispiel *De subtilitate* entstanden. In *De libris propriis* von 1562 hatte Cardano dazu geschrieben:

»Zur selben Zeit geschah etwas, etwas Erstaunliches und absolut Einzigartiges, was ich dann in meinen *Libri de subtilitate* erwähnte. Wegen dieses Traums verfaßte ich 21 Bücher zu dem Thema, die in zahlreichen Auflagen erschienen. Das Werk umfaßt 280 Blätter. Der Text beginnt mit *Propositum nostri negocii est de Subtilitate tractare* … Ich schrieb es zuerst auf ein einziges Blatt, dann auf vier, weiter auf sieben, von da brachte ich es auf fünfzig Blätter. Endlich, in der ersten Ausgabe, erreichte es achtzig Blätter, jetzt aber umfaßt es volle 160. Als es das erstemal in Nürnberg gedruckt wurde (denn es ist auch in Paris, Lyon und Basel erschienen), hörte jener Traum endlich auf.«[16]

Ähnliches berichtet Cardano von jedem einzelnen seiner Bücher, einschließlich der Träume, denen diese Schriften ihr Entstehen verdankten, und der Details des Arbeitsprozesses.

---

16 Cardano, *De libris propriis,* 1562, 28, O, I.108: »Contigit autem per eadem tempora res mira admodum, et singularis exempli, cuius in libris de Subtilitate memini. Atque eo somnio xxi. libros eius argumenti scripsi, qui saepius editi sunt. Sunt autem foliorum cclxxx. Initium operis est, Propositum nostri negocii est de Subtilitate tractare: librorum series haec est … Conscripsi primo unico folio, inde quatuor, post septem, inde auxi ad quinquaginta: demum cum primum editus est, ad octuaginta: nunc vero ad clx folia integra pervenit. Vbi primum excusus est Norimbergae (nam et Lutetiae et Lugduni et Basileae) cessavit somnium illud …«

17 Cardano, »De libris propriis«, *De sapientia libri quinque,* Nürnberg 1543, 418; 1562, 23 = O, I.55, 106: »Imitatus sum in hoc scribendi genere Galenum et Eras-

Wenn er auf solche Weise seine intellektuelle Biographie für die Nachwelt festhielt, folgte Cardano bekannten Vorbildern, die er beim Namen nannte. Galen, der antike Mediziner, mit dem sich Cardano zeitlebens auseinandersetzte, hatte eine detaillierte Abhandlung *Über die eigenen Bücher* geschrieben, um einen verläßlichen Kanon seiner echten Schriften zu begründen und um die Leser vor den zahlreichen pseudo-galenischen Werken zu warnen, die in Umlauf waren. Erasmus, vor dem Cardano große Achtung hatte, schrieb ebenfalls einen bio-bibliographischen Text, der seinen literarischen Testamentsvollstreckern Richtlinien für die Edition seiner *Sämtlichen Werke* vorgab.[17]

Cardanos Ehrgeiz jedoch ging von Anfang an über das bloße Aufzählen von Büchern und die Beschreibung ihres Inhalts hinaus. Wir haben gesehen, daß er sie mit Omina verband, die bewiesen, daß diese Schriften letztlich göttlichen Ursprungs oder doch zumindest von der Vorsehung gewollt waren. Außerdem erörterte er in den *Libri de libris propriis* auch Gegenstände, die mit seinem literarischen Leben eigentlich gar nichts zu tun hatten, so etwa die Geschichte seiner zahlreichen Krankheiten. Die Leser der Version von 1562 erfuhren zum Beispiel, daß der Autor zehn Jahre lang impotent gewesen war.[18] *De vita propria* behandelte das Thema Gesundheit noch weit ausführlicher. Hier berichtet Cardano von Katarrhen in Kopf und Magen, vom Verlust etlicher Zähne, von seinem Podagra, von Hämorrhoiden und Darmbruch. Noch mehr ins Detail geht er bei der Schilderung des überaus starken Harnflusses, den er »im Jahr 1536 – wer hätte es geglaubt? – bekam ... ungefähr 60 bis 100 Unzen im

---

mum, qui ambo catalogum librorum suorum scripserunt.« Zu Galens *De libris propriis* (19.8–48K) s. *Selected Works*, hrsg. und übers. von P. N. Singer, Oxford 1997, 3–22; zum *Compendium vitae* des Erasmus s. *Opus epistolarum Des. Erasmi Roterodami*, hrsg. von P. S. Allen u. a., Oxford 1906–1958, I. Zu Galen s. V. Nutton, »Galen and Medical Autobiography«, *From Democedes to Harvey: Studies in the History of Medicine*, London 1988; zu Erasmus s. A. Flitner, *Erasmus im Urteil seiner Nachwelt*, Tübingen 1952, und B. Mansfield, *Phoenix of his Age*, Toronto/Buffalo 1979.

18 Cardano, *De libris propriis*, 1562, 4–6 = O, I.97.

Tag. Und nun habe ich schon fast 40 Jahre damit zu tun und lebe noch und leide durchaus nicht an Auszehrung – ich trage noch immer dieselben Ringe – noch an Durst.«[19] Und kein Detail seiner gesundheitsfördernden Lebensweise bleibt unerwähnt: »Ich pflege zehn Stunden im Bett zuzubringen ... Zum Abendessen nehme ich gern einen Gang Gemüse, am liebsten Mangold, mitunter auch Reis oder Endiviensalat ...«

Im Rahmen seiner diätetischen Ausführungen analysiert Cardano seine Vorlieben und Abneigungen bei Obst, Fleisch und Fisch (das zarte Fleisch von Süßwasserkrebsen zog er dem zäheren der Meeresbewohner bei weitem vor), um schließlich seine Erkenntnisse betreffs Kulinarik und Leibesübungen zu systematisieren:

»Der obersten Genera dieser Sache sind es 7: Luft, Schlaf, Leibesübung, Speise, Trank, Arznei und Vorbeugungsmittel. Der Spezies sind es 15: Luft, Schlaf, Übung, Brot, Fleisch, Milch, Eier, Fische, Öl, Salz, Wasser, Feigen, Raute, Trauben und scharfe Zwiebeln. Zubereitungsmittel haben wir 15: Feuer, Asche, Bad, Wasser, Topf, Bratpfanne, Bratspieß, Bratrost, Mörser, Messerrücken und Messerschneide, Reibeisen, Petersilie, Rosmarin und Lorbeer. Von Übungsmitteln kennen wir: das Mühlrad, den Spaziergang, das Reiten, kleine Wurfspieße, die Kutsche, Geräte, wie sie der Waffenschmied hat, das Reiten, den Sattel, die Schifffahrt, das Glätten von Papier, Massage oder Bad ...[20]

Ungeachtet kleinerer Unregelmäßigkeiten in der Logik dieser Taxonomie zeigt sich Cardano doch hochbefriedigt: »So habe ich denn,

---

19 Cardano, *De vita propria*, 6, O, I.5: »Inde anno MDXXXVI (quis credidisset?) correptus fluxu urinae, et magno etiam, cum annis pene xl. laborem eodem, a lx. unciis ad centum in singulos dies, nec contabesco (inditio annuli iidem) nec sitio: et multi eodem anno hoc malo correpti adiutore nullo, longe plus perdurarunt, quam qui medicorum opem quaesiere.« Dt.: *Lebensbeschreibung*, 27, geringfügig verändert.
20 Ebda, 8, O, I.7: »Summa rei genera septem, aer, somnus, exercitatio, cibus, potus, medicamenta, medium: species quindecim, ex aere, somno, exercitatione, pane, carnibus, lacte, ovis, piscibus, oleo, sale, aqua, ficubus, ruta, uvis aut acri coepa.

wie man es in der Theologie macht, durch tiefsinnige Gedankenarbeit und blendende Vernunftschlüsse die Sache auf wenige Begriffe zusammengeordnet. Denn ohne solche begriffliche Klarheit würde es dir nicht so deutlich, und wäre es auch noch so hell und selbstverständlich.«[21] Der übernatürliche Schein von Cardanos erleuchtetem Geist war hier ebenjener Wissenschaft von der rechten Lebensführung zugute gekommen, der letztlich auch von jeher Mediziner und Astrologen gedient hatten.

In seinen detaillierten Ausführungen zu seiner körperlichen Verfassung und zur Gesundheitsfürsorge folgte Cardano, wie Nancy Siraisi gezeigt hat, klassischen medizinischen Vorbildern. Schon in der medizinischen Literatur des späteren Mittelalters hatte es vereinzelt, dann mehr und mehr *Consilia* gegeben, die individuelle Krankengeschichten in allen Einzelheiten schilderten. In der Renaissance wurde dann eine große Vielfalt von solchen Einzelfalluntersuchungen publiziert. Der Autor (oder die Autoren) der *Epidemienbücher*, die Hippokrates zugeschrieben und 1525–1526 zusammen mit seinen anderen Schriften im Druck allgemein zugänglich wurden, stellte Krankheitsverläufe und Therapien mit nüchterner Präzision dar. Galen erzählte in seiner *Prognostik* Fallgeschichten farbiger und betonte stärker die aktive Rolle des behandelnden Arztes. Cardanos lange Berichte von seinen eigenen Leiden und den Mitteln, die er dagegen anwandte, entsprechen in ihrem Stil ganz den detaillierten, sehr persönlich erzählten fremden Krankengeschichten, die er in verschiedensten medizinischen und philosophischen Werken zum besten gibt. Wenn Cardano zum Beispiel in der Autobiographie so verblüffend freimütig seine Impotenz in jüngeren Jahren erörterte,

---

Praeparatoria quindecim: Ignis, Cinis, Balneum, Aqua, Patina, Sartago, Veru, Crates, Pistillus, Gladii acies, Dorsum: Tyrocnestis, Petroselinum, Rosmarinus, et Laurus. Exercitationes: Rota Moletrina, Deambulatio, Equitatio, Pila parva, carpentum, spataria nota armorum fabris, Equitatio, sella, Navigatio, Politura chartarum, frictio seu lotio, Quindecim.« Dt.: *Lebensbeschreibung,* 34, geringfügig verändert.

21 Ebda: »Verum ut in sacris, rem ad pauca, profunda cogitatione et splendida ratione redegi: nam sine splendore quaedam tibi minus aperta videbuntur, quae sunt clarissima.« Dt.: *Lebensbeschreibung,* 34–35, geringfügig verändert.

so waren doch die Äußerungen, die er gut zehn Jahre zuvor zum selben Thema und ebenfalls in einer gedruckten Schrift gemacht hatte (in einem Kapitel »Wie man aus Widrigkeiten Nutzen zieht«), nicht minder unverblümt gewesen. Cardanos Leserschaft wußte bereits, daß er zehn Jahre lang außerstande gewesen war, mit einer Frau zu schlafen – auch als er es mit der ihm eigenen Beharrlichkeit drei Nächte hintereinander mit demselben Mädchen versuchte, hatte er sein Problem nicht überwinden können.[22]

Mehr als die Medizin und jede andere Disziplin trug indes die Astrologie zur Gestaltung von Cardanos definitivem Selbstporträt bei. Er begann seine Vita – wie er auch schon frühere Versuche, sich über seinen Charakter klarzuwerden, begonnen hatte – mit einer Betrachtung seines Geburtshoroskops. Der Text insgesamt folgte keiner narrativen Logik, war keine linear fortlaufende Erzählung, sondern eine Aneinanderreihung kurzer thematisch geordneter Kapitel. In manchen wurden auch alte Geschichten erzählt, aber in ihrer überwiegenden Mehrzahl hatten sie mehr den Charakter von Resümees, welche die wichtigen Punkte betreffs »Geburt« (2), »Gestalt und Aussehen« (5), »Gesundheit« (6), »Leibesübungen« (7), »Lebensweise« (8) auflisteten – genau so, wie es die kürzeren thematisch gegliederten Abschnitte seiner Kommentare zu seinem Horoskop getan hatten, die 1543, 1547 und 1554 erschienen waren. In seiner Lebensbeschreibung verband sich in einzigartiger Weise das Genre der astrologischen Charakteranalyse mit dem der Autobiographie suetonischen Typs, eine überaus fruchtbare Kombination zweier zutiefst gegensätzlicher Modelle.[23] Aus der Astrologie er-

---

[22] N. Siraisi, »Cardano and the Art of Medical Narrative«, *Journal of the History of Ideas* 51 (1991), 581–602; dies., *The Clock and the Mirror*, Princeton 1997.

[23] Misch, *Geschichte der Autobiographie*, 717.

[24] Vgl. Sturrock, *The Language of Autobiograph*, 77, der diese Summen als Ausdruck mathematischer Neigung deutet. Zum Versuch eines anderen Astrologen, ähnlich wie Cardano derartige Korrelationen mit Planetenbewegungen herzustellen, s. die interessante Bemerkung von R. Goclenius in seiner *Uranoscopiae, chiroscopiae, metoposcopiae, et ophthalmoscopiae contemplatio*, Frankfurt 1608,

klärt sich Cardanos exzessive Neigung, immer ganz genau anzugeben, wie viele Tage einzelne Aktivitäten in Anspruch nahmen, und, manchmal nicht so ganz mathematisch korrekt, Summen zu bilden. Diese Zeiträume korrespondierten mit je bestimmten planetarischen *directiones* und *progressiones,* die wiederum günstige Gelegenheiten oder aber besonders gefährliche Momente im Leben eines Menschen determinierten.[24] Wichtiger aber ist, daß Cardanos divinatorische Kunst letztlich eine seiner bemerkenswertesten und originellsten Leistungen als Schriftsteller ermöglichte: Indem er sich weniger auf die große, einheitliche Linie seiner Lebensbahn konzentrierte als vielmehr auf die immer wiederkehrenden Kräfte und Gewalten, die in seiner Vita eine Rolle spielten, schuf er eine Autobiographie, die das Leben des Autors nicht nach der narrativen Logik des Abenteuers oder der Bekehrungsgeschichte zurechtmodelte, sondern so angelegt war, daß sie die bleibenden und wesentlichen Züge seines Charakters herauspräparierte.[25]

Die Astrologie bestimmte aber nicht allein die Form, sondern auch den Inhalt des Buchs, da sie maßgeblich dafür verantwortlich war, wenn Cardano so rückhaltlos über sein Intimleben Auskunft gab. Ficino hatte in seinem vielgelesenen Werk *De Vita* die Schwierigkeiten beschrieben, mit denen gelehrte Männer zu kämpfen hatten, immer in Gefahr, Lebenskraft und Lebensmut einzubüßen, ständig bedroht von der destruktiven Gewalt des Saturn und der Melancholie. So wie Ficino das menschliche Leben darstellte, mußte der Weise unaufhörlich die zahllosen Kommunikationskanäle und Kraftlinien beobachten, die jedes Organ, jeden Teil seines Körpers und seiner Seele mit je bestimmten Sternen und Planeten verbanden.

57–58: »Ipse ego Lunam tempore geniturae meae deprehendi in cardine Occidentis in signo aquarii ab altero malefico partili quadrato sauciatam, quanto fuerim in periculo aquae, cum in finibus Sueciae navis Lubecensis, in qua tunc una cum aliis eram, ad scopulum latentem plenis velis agitata, submergeretur, nobis in cymbam prosilientibus, testantur etiamnunc mecum eodem navigio utentes cum Sueci, tum Lubecenses anno 1597. mens Mart.«
25 Sturrock, *The Language of Autobiography,* 75–76, 78–81.

Er war gut beraten, wenn er jede Gelegenheit nutzte, gute Einflüsse in sich aufzunehmen, etwa indem er sich an den Schönheiten einer blühenden Wiese erfreute oder die Milch einer jungen Frau oder das Blut eines junges Mannes trank – Ficino versäumt nicht, klarzustellen, daß die beiden diese erquickenden Elixiere freiwillig spenden. Ein großer Geist brauchte unbedingt seltene Düfte, hocheffiziente Talismane und entzückende optische Eindrücke, um Leber und Augenlicht vor dem Einfluß destruktiver Planeten zu schützen, die unausgesetzt lebenswichtige Organe mit schädlichen Strahlen beschossen. Der Körper des Weisen war extrem durchlässig, seine inneren Organe lagen sozusagen bloß und reagierten sehr sensibel auf starke Gerüche und optische Reize.[26] Solche Vorstellungen vom menschlichen Körper übten offenbar eine unwiderstehliche Anziehungskraft auf zahlreiche Autoren des 16. Jahrhunderts aus, wie man etwa bei Montaigne und Shakespeare sehen kann. Joseph Scaliger rief entnervt, als er Montaignes *Essays* las: »Was zum Teufel geht es mich an, wie er sein Bier trinkt!« Aber Hunderte anderer Leser, die das Buch in immer neuen Auflagen lasen, interessierten die Meditationen eines Autors sehr wohl, der sich darüber Gedanken machte, ob man den Wein in einem zinnernen oder einem gläsernen Krug servierte und wie es ist, wenn man unter Schmerzen einen großen Blasenstein ausscheidet.[27]

Wie Ficino fand auch Cardano in der Astrologie eine Theorie, welche die Leiden und Kräfte seines Körpers erklärte, und eine Sprache, die es ihm erlaubte, diese körperlichen Phänomene zum

---

26 Allg. dazu s. M. Ficino, *Three Books on Life*, hrsg. und übers. von C. V. Kaske und J. Clark, Binghamton 1988, sowie D. P. Walker, *Spiritual and Demonic Magic from Ficino to Campanella*, London 1958. Ficinos Empfehlung, Muttermilch und Blut zu trinken, wird in der wissenschaftlichen Literatur selten erwähnt, wurde jedoch von zwei Lesern früher Ausgaben von *De vita* durchaus ernst genommen, wie die Randbemerkungen in Exemplaren zeigen, die sich im Besitz der Houghton Library, Harvard, befinden.

27 S. *The Body in Parts*, hrsg. von D. Hillman und C. Mazzio, London 1997, bes. die Aufsätze von D. Hillman und M. Schoenfeldt.

28 Cardano, *Libelli quinque*, Nürnberg 1547, 124ro: »Et fuit anno 1538, et timui ne morerer, et non apparuit aegritudo qua decumberem, sed sola copia urinae, quae

Gegenstand des öffentlichen Diskurses zu machen. In den vierziger Jahren, im Rahmen der ersten gedruckten Analyse seines Horoskops, berichtete er den Lesern in einer gehetzten Abfolge von Parataxen, wie ihn Saturn zehn Jahre zuvor beinahe umgebracht hätte:

»Und es war im Jahr 1538, und ich fürchtete, ich müßte sterben, und es trat keine Krankheit auf, die mich niedergeworfen hätte, sondern nur eine Menge Urin, im ganzen 30 Unzen in einer einzigen Nacht, und ich mußte viermal aufstehen und mich entleeren, und es war keine Hitze spürbar, und da ich daran die Ursache erkannte, half ich mir mit heißen Anwendungen, und der starke Harnfluß hörte sogleich auf, so daß ich nachts überhaupt nicht mehr aufstehen muß. Aber die Menge Urin, die ich ausscheide, ist immer noch größer als früher.«[28]

Offenbar war es Cardano ein bißchen peinlich, seine Körperfunktionen so im einzelnen zu erörtern. Er bemerkte, er würde lieber eine fremde Genitur erklären, »denn es ist sehr schwierig, richtig über sich selbst zu sprechen«. Aber er habe alle Bedenken, sein Leben und seine Schicksale hier im Detail zu erörtern, hintangesetzt: »Denn es ist die einzige Genitur, die ich wahrhaft kenne, da ich sie mehr als dreißig Jahre eingehend studiert habe, und so will ich mich denn, wie es auch sonst meine Art ist, lieber selbst in Gefahr begeben, als dem gelehrten Leser etwas vorenthalten.«[29] Der Wunsch des gewissenhaften Astrologen, dem Publikum solide Information und

---

excedebat generaliter xxx. uncias singula nocte, et cogebar quater surgere ad mingendum, et erat sine ardore, et ego intelligens causam auxiliatus sum cum calidis, et protinus cessavit multitudo, ut nullo modo cogar surgere de nocte. Attamen remansit semper maior quantitas urinae quam prius solerem emittere, et quamvis propter trinum Veneris, qui succedit corpori Saturni, res semper cesserit in melius, nunquam tamen ex toto liberabor ...«

29 Ebda, 122^(vo): »Elegissem certe libentius alienam, cum difficillimum sit de seipso recte loqui posse. Sed cum haec solum mihi vere cognita sit, laboraverimque in ea annis plusquam triginta, ob id malui periculo meo etiam, ut soleo, studiosis satisfacere. Disponam igitur primo horas decem significatorum hoc modo ...«

Erkenntnis zu bieten, war demnach dafür verantwortlich, daß Cardano zum erstenmal jene Einzelheiten seiner eigenen Persönlichkeit öffentlich diskutierte, die eine immer prominentere Rolle auch in seinen medizinischen und philosophischen Schriften spielen sollten. Kein Wunder, wenn ein mit dem Werk Cardanos vertrauter Leser wie Sir Thomas Smith in seiner eigenen astrologischen Autobiographie ebenfalls ausführlich all die Leiden, Fieber, Krätze, Pusteln, Zahnschmerzen, zur Sprache brachte, die ihn seine Kindheit und Jugend hindurch gemartert hatten.[30] Der Astrologe konnte seine privaten Schicksale ebensowenig außer acht lassen wie Freud seine eigene psychische Entwicklung, seine Träume und Wünsche, mochte es auch noch so schmerzhaft sein, sich ihrer zu erinnern und sie aufzuzeichnen. Der Körper des Untersuchungsobjekts konnte in einer solchen Biographie nicht ausgeklammert werden, die als rückwärtsgewandte Version eines jener bis ins kleinste ausgearbeiteten Horoskope der Luxusklasse konzipiert war, wie sie Cardano für sich selbst und für besonders wichtige Klienten erstellt hatte – einer Biographie, die zuerst die Geburtskonstellation beschrieb und erklärte,[31] um anschließend in Kapiteln zu den verschiedenen einzelnen Themenbereichen (Familie, Vermögensverhältnisse, Reisen, Krankheiten und was eben in einem Leben von Bedeutung ist) den konkreten Wirkungen jener himmlischen Ursachen nachzuspüren.

Und natürlich wurden auch Geist und Seele ausgeleuchtet. Die Astrologie spielte eine zentrale Rolle in Cardanos Bemühungen, den eigenen Charakter zu analysieren. In den verschiedenen Versionen von *De libris propriis* berichtet er nicht nur ausführlich, wenn auch keineswegs ohne innere Widersprüche, von glänzenden Erfolgen, sondern auch von Tiefpunkten und Fehlschlägen in seinem Leben. Aus seinen frühen Jahren in Sacco etwa berichtet er:

---

30 British Library MS Sloane 325, 2ro; publiziert von J. G. Nichols, »Some Additions to the Biographies of Sir John Cheke and Sir Thomas Smith«, *Archaeologia* 38 (1859), 98–127, bes. 116–119.
31 S. *De vita propria*, 2, O, I.2.
32 Cardano, *De libris propriis*, 1562, 3 = O, I.62 (stark verändert): »Alium quoque de

»Ich schrieb noch ein anderes Buch, *De pituita,* und außerdem eines über venerische Dinge. Bevor die Arbeiten vollendet waren, pißte eine Katze auf meine Papiere, und ich warf die Manuskripte fort. Dann schrieb ich noch ein Buch über die Chiromantie, das ich später in mein Werk *De varietate* einfügte. So arbeitete ich denn in den sechs Jahren, die ich in dem Städtchen als praktischer Arzt zubrachte, sehr hart, hatte selbst aber nur wenig Nutzen davon und nutzte anderen noch weniger. Ich war ganz in wirren Überlegungen und eitlen Projekten befangen.«[32]

In *De vita propria* beläßt es Cardano dann nicht bei solchen knappen Erwähnungen von Schwierigkeiten und Fehlschlägen, sondern seziert seine Schwächen mitleidlos in aller Ausführlichkeit. Er zeichnet sich selbst als eine Witzfigur, als einen verschrobenen Professor, der bereits durch seinen sonderbaren Gang als lächerlich auffällt. Wenn er, wie es seine Art war, heftig gestikulierend die Straße entlangstolzierte, flößte er seinen Mitmenschen wohl kaum jene Achtung ein, um die er sich als Philosoph und Schriftsteller so angestrengt bemüht hatte. In der *Vita propria* ließ er keinen Zweifel daran, daß er sich schlecht kleidete, eine undeutliche und unangenehme Art zu sprechen hatte, allen Leuten, mit denen er zu tun hatte, auf die Zehen trat und weder sich selbst noch seine Hausgenossen zur Disziplin anhalten konnte:

»So gehe ich denn bald in Lumpen, bald reich geschmückt, bin jetzt schweigsam, dann wieder gesprächig, bald heiter, bald traurig ... In meinen jüngeren Jahren habe ich selten und nur wenig auf die äußere Pflege meiner Person geachtet, immer gierig besorgt, Wichtigeres zu tun. Meine Gangart ist ungleichmäßig, bald rasch, bald langsam. Zu Hause pflege ich die Beine bis zu den Knöcheln nackt zu tragen.

---

pituita, et alium de re Venerea: quos ambos nondum absolutos, felis urina corrupit: unde illos abieci. Conscripsi et alium de Chiromantia, quem in libros de rerum varietate transtuli: ita toto illo sexennio, quo in eo oppido artem exercui, magnis cum laboribus, parum mihi, multo minus aliis profui. Detinebar inconditis cogitationibus et studiis irritis, non satis prospera et foelice Minerva ...«

Ich bin wenig fromm und sehr vorlaut im Reden; überaus jähzornig, so daß ich mich darob schäme und mich vor mir selber ekel ... Einen unter meinen Fehlern sehe ich als besonders kraß und schlimm an: daß ich mit Vorliebe immer gerade das sage, was meinen Gesprächspartnern mißfällt, und ich verharre darin, obwohl ich mir meines Tuns wohl bewußt bin. Ich verkenne auch nicht, wie viele Feinde ich mir schon allein damit gemacht habe. Daran sieht man, wieviel die natürliche Veranlagung eines Menschen vermag, vor allem dann, wenn sie mit langer Gewohnheit einhergeht. Aber im Umgang mit meinen Wohltätern unterlasse ich es, und auch mächtigen Herren gegenüber: Hier ist es schon genug, wenn man auf Speichelleckerei und Schmeicheleien verzichtet ... Ich lebe auch gerne und soviel ich kann in der Einsamkeit, obwohl mir bekannt ist, daß Aristoteles diese Lebensart verurteilt. Er sagt nämlich: ›Der Einsiedler ist entweder ein Gott oder ein wildes Tier.‹ Aber den Grund dafür habe ich selbst erklärt. Ein ähnlicher Wahnwitz, der mir nicht minder schadet, ist es, daß ich Diener bei mir zu behalten pflege, von denen ich ganz bestimmt weiß, daß sie nicht nur mir nutzlos, sondern auch meinem guten Namen schädlich sind – ebenso, wie ich auch Tiere, die ich irgendeinmal zum Geschenk erhalten habe, wie Ziegenböckchen, Schafe, Hasen, Kaninchen, Störche, um mich behalte, so daß ihr Gestank das ganze Haus verpestet. Und viele, ja überaus viele Fehler habe ich dadurch begangen, daß ich immer meinte, alles, was ich wußte, sei es viel oder wenig, passend oder unpassend, zur

---

33 Cardano, *De vita propria*, 13, O, I.10–11: »Itaque propter haec pannosus quandoque incedo, alias ornatus, tacitus, verbosus, laetus, tristis: omnia enim reduplicant his ex causis. In iuventa parum et raro caput curabam, ob aviditatem incumbendi potioribus: in eundo inequalis, celeriter tarde: domi cruribus ad talos usque nudus: parum pius et lingua incontinens: maxime iratus, ut pudeat et taedeat mei ... Sed pergamus: illud inter vitia mea singulare et magnum agnosco, et sequor, ut libentius nil dicam, quam quod audientibus displiceat: atque in hoc sciens ac volens persevero: neque ignoro quantum mihi inimicorum vel hoc solum conciliet: tantum potest natura longae consuetudini coniuncta! Hoc autem in meis benefactoribus devito, atque potentibus: sufficeret non adulari, saltem non blandiri. Sed non minus incontinens in vita cum noscerem optime quae sequi expediret et oporteret: vixque alius in huiusmodi errore adeo pertinax facile inventus esset. Sum

Sprache bringen zu müssen, so daß ich denn sogar Menschen beleidigte, die zu loben ich mir vorgenommen hatte, so zum Beispiel den Präsidenten zu Paris, einen höchst gebildeten Mann namens Aimar de Ranconet, von Nation ein Franzose.«[33]

Cardano gab also zu, daß ihm die wichtigste Tugend des ehrgeizigen Höflings und Beraters hoher Herren fehlte: Weltklugheit.[34]

Die bekanntesten Geschichten in Cardanos Autobiographie, die Anekdoten von den Geisterwesen, die eine Rolle in seinem Leben gespielt hatten, von sonderbaren Phänomenen und Erfahrungen, von magischen Begabungen seines Körpers und seines Geistes waren geradezu darauf angelegt, ihn noch mehr in Mißkredit zu bringen. Gewiß, in den Viten von Heiligen wimmelte es nur so von ähnlichen paranormalen und übernatürlichen Geschehnissen, aber es waren eben nicht ihre außergewöhnlichen Fähigkeiten, nicht ihre Ekstasen und Visionen, die diese Personen zu Heiligen machten, sondern es war die rigorose, konsequente Heiligkeit ihres Handelns und Fühlens. Beichtväter und höhere kirchliche Instanzen nahmen es, wenn überhaupt, mit Argwohn zur Kenntnis, wenn Gläubige von Visionen berichteten. Fromme, die von Dämonen heimgesucht wurden oder denen in ihrer Not die Jungfrau Maria erschienen war oder die sich ausschließlich vom in der Hostie gegenwärtigen Leib Christi ernährten, mußten oft die Erfahrung machen, daß die Kirche sie nicht als Auserwählte selig pries, sondern als Schwindler verdammte.[35]

---

etiam solitarius quantum possum, quamvis hoc genus vitae ab Aristotele damnatum intelligam: inquit enim *homo solitarius, aut bestia, aut deus;* at huius causam reddidi. Simili vecordia, nec leviore damno, eos retineo domesticos, quos mihi non solum inutiles, sed etiam opprobrio esse intelligo: adeo ut etiam animalia dono accepta, haedos, agnos, lepores, cuniculos, ciconias, ut totam defaedarent domum ... Et multa, imo plurima admisi errata, quod quaecunque sciebam, seu parva, seu magna, seu opportune, seu importune, ubicunque intermiscere volui: tum etiam adeo, ut quos laudare proposueram laeserim, inter quos Praeses Lutetianus, vir eruditissimus Aemarus Ranconetus, natione Gallius.« Vgl. ebda, Kap. 21, *O*, I.14–15. Dt.: *Lebensbeschreibung,* 51–53, an einigen Stellen geändert.
34 S. *De vita propria,* 11, *O.* I.9.
35 A. Jacobson Schutte, *Autobiography of an Aspiring Saint,* Chicago/London 1996.

Diejenigen, die glaubten – oder deren Anhänger glaubten –, sie trügen an ihrem Körper Zeichen besonderer göttlicher Gnade, wurden nicht selten verlacht. Die Dominikaner leugneten strikt, daß der hl. Franziskus wirklich die Wundmale Jesu empfangen hatte. Petrarca ging noch etwas weiter und meinte, daß der Heilige diese Stigmata durch die Kraft seiner innigen Frömmigkeit selbst erzeugt habe, und Pomponazzi behauptete, die Astrologie könnte das Phänomen sehr wohl natürlich erklären, beteuerte freilich, daß er an der Lehre der Kirche, die es als Wunder ansah, in keiner Weise zweifle. Körpermale und prophetische Eingebungen waren außerdem eine weitgehend weibliche Domäne. Die vielen Wunderzeichen, die im oder am Körper heiliger Frauen des späteren Mittelalters geschahen, machten nicht nur deren Heiligkeit augenfällig, sondern zeigten auch, wie weich und formbar das weibliche Fleisch war. Der vertrauliche Umgang mit Geistern konnte dem guten Ruf eines Menschen leicht gefährlich werden.[36] Nicht ohne Grund berichtete Bodin, der Cardano auch sonst an Lebensklugheit überlegen war, von seinen eigenen Erfahrungen mit einem Dämon nicht in der Ich-Form, sondern behauptete, er erzähle die Geschichte eines frommen Freundes.[37] Cardano muß sich darüber klar gewesen sein, daß er nicht ungestraft seine Beziehungen zum Geisterreich öffentlich erörtern konnte und daß er seine Reputation als wahrheitsliebender und vernünftig denkender Mann aufs Spiel setzte.

Autobiographen erzählen nie die ganze Wahrheit, sie vermitteln nur mehr oder weniger erfolgreich und konsistent den Eindruck, sie täten es. Auch Cardanos Bekenntnisse waren nicht so rückhaltlos

---

36 S. A. Vauchez, »Les stigmates de Saint François et leurs détracteurs dans les derniers siècles du moyen âge«, *Mélanges d'Archéologie et d'Histoire* 80 (1968); R. Goffen, *Spirituality in Conflict,* College Park 1988, Kap. 2; A. Davidson, »Miracles of Bodily Transformation, or, How St. Francis Received the Stigmata«, *Picturing Science, Producing Art,* hrsg. von C. A. Jones und P. Galison, New York/London 1998, 101–124; K. Park, »Impressed Images: Reproducing Wonders«, ebda, 254–271; J.-M. Sallmann, *Naples et ses saints à l'âge baroque (1540–1750),* Paris 1994, 283; P. Dinzelbacher, *Heilige oder Hexen?,* Zürich 1995, Repr. Reinbek bei Hamburg 1997, bes. 249–283.

vollständig, wie man meinen könnte. Er beschrieb zum Beispiel keineswegs detailliert die sexuellen Neigungen, die ihn zum Pädophilen machten und ihm auch juristische Schwierigkeiten eintrugen – er erzählt lediglich, wie es ihn kränkte, als man ihm sagte, sein eigener Schwiegersohn hätte ihn der Knabenschändung bezichtigt, und wie schlau er sich damals aus der Affäre zog.[38] Hier wie anderswo lenkt Cardano mit einer Menge kleinerer Enthüllungen – ähnlich dem Durcheinander in dem Zimmer, in dem Poes *Stibitzter Brief* ganz offen daliegt – die Aufmerksamkeit des Lesers von Charakterzügen ab, die seinem Ansehen mehr schaden konnten als diejenigen, die er freimütig eingestand.[39]

Auch persönliche Einstellungen und vorgefaßte Meinungen machen sich in dem Bericht bemerkbar und beeinflussen die Darstellung oft wesentlich. Im Gegensatz zu anderen Astrologen hat Cardano offenbar nie gezielt Horoskope von Frauen gesammelt. Germana Ernst hat darauf hingewiesen, daß er zwar einigermaßen dramatisch schilderte, wie er das Mädchen, das er dann heiraten sollte, kennen und lieben lernte, daß ihn jedoch die Frage, welche Bedeutung diese Frau für die Entwicklung seiner Persönlichkeit oder für seine berufliche Laufbahn hatte, wenig zu interessieren schien. Und wenn er im Rahmen der Analyse seines eigenen Horoskops auf seine Eltern zu sprechen kommt, so widmet er nur der Geburtskonfiguration des Vaters eine längere Abhandlung – seine Mutter fertigt er mit der Bemerkung ab: »Weil sie eine Frau ist, gibt es hier nicht viel zu sagen, außer daß sie gescheit und verständig war, großherzig und ehrlich und daß sie ihre Söhne liebte.«[40] So detailfreudig Carda-

---

37 S. oben, Kap. 8., 314, 315.
38 *De vita propria*, 30, O, I.20.
39 Vgl. Hunter, Einführung zu *An Astrological Diary*, hrsg. von Hunter und Gregory, 26; der Autor betont, daß Jeake – genau wie Cardano – beim Schreiben sehr wohl ein Publikum imaginierte.
40 Cardano, *Liber xii geniturarum*, in Ptolemäus, *Quadripartitum*, hrsg. von Cardano, Lyon 1555, 67 = O, V,520: »Et quia est mulier non amplius me extendo, nisi quod fuit ingeniosa, sapiens, liberalis, proba et amans filiorum.« In der letzten Auflage strich Cardano das »et amans filiorum«.

no auch oft Auskunft über seine Verhältnisse gibt, teilt er doch nur sehr wenig mit, was die weiblichen Mitglieder seiner *familia*, also seine Frau, seine Tochter und die Dienstboten, angeht.[41]

Aber auch so, wie das Buch war, gab es noch genügend Leser, die es bizarr fanden, daß Cardano sich so vieler Charakterschwächen bezichtigte.[42] Naudé zum Beispiel warf in seinem Vorwort zur ersten Ausgabe Cardano vor, mutwillig seine gesellschaftliche Position und seine wissenschaftliche Reputation zerstört zu haben. Gewiß, manche Autoren von Ego-Dokumenten hatten im Alter allem gesellschaftlichen und politischen Ehrgeiz entsagt und sich ganz asketisch reiner Selbstbetrachtung ergeben, aber von Cardano läßt sich dies eben nicht behaupten: 1570, nur wenige Jahre vor seinem Tod, schrieb er noch ein praktisches Lehrbuch, die *Proxeneta*, die Verhaltensregeln für das Leben bei Hof gaben. Besonders nachdrücklich empfahl Cardano hier dem aufstrebenden Höfling, Schweigen zu bewahren. Er sollte nie zu erkennen geben, was er dachte oder fühlte, um nicht seinen Konkurrenten in die Hände zu spielen.[43] Und doch enthüllte der Autobiograph Cardano redselig seine Fehler und Schwächen geneigten und feindlich gesinnten Lesern gleichermaßen. In der Epoche von Baltasar Graciáns kalter Moralität, einer Philosophie, die eine Persönlichkeit, so hart und glatt wie eine Billardkugel, predigte, mußte Cardanos Offenheit, oder zumindest seine Geschwätzigkeit, als schlimmer Verstoß gegen alle Regeln weltläufiger Klugheit empfunden werden.[44] Cardano hatte sehr wohl ein

---

41 Vgl. D. E. Harkness, »Managing an Experimental Household: The Dees of Mortlake and the Practice of Natural Philosophy«, *Isis* 88 (1997), 247–262.

42 Einige Zeitgenossen, z.B. der junge Jacques-Auguste de Thou, meinten, die Sonderbarkeiten in seinem Verhalten, die Cardano beschrieb, deuteten auf eine recht labile Geistesverfassung hin. S. H. Morley, *Jerome Cardan*, London 1854.

43 G. Cardano, *Arcana politica*, Amsterdam 1635, Kap. 31, »Silentii laus«, 96–100, z.B. 98: »In universum, scite tacere, ut philosophus ille regi innuit, non minus est, quam scire loqui.«

44 Naudé, *5vo–*6ro. S. dazu z.B. R. Villari, *Elogio della dissimulazione*, Rom 1987; P. Zagorin, *Ways of Lying*, Cambridge, Mass., 1990; P. Burke, *Die Geschichte des ›Hofmann‹*, Berlin 1996, und ders., *Varieties of Cultural History*, Kap. IV, Ithaca 1997, und vor allem H. Lethen, *Verhaltenslehren der Kälte*, Frankfurt 1994.

Vorgefühl von dieser Kritik an seiner Art der Selbstdarstellung und seinem Mangel an Zurückhaltung ganz allgemein. In *De vita propria* gestand er ein, daß er sich gegenüber Aimar de Ranconet sehr ungehobelt benommen hatte, »weil ich diese Regeln, die ich erst später kennenlernte und mit denen weltläufige Menschen weitgehend vertraut sind, nicht achtete«.[45]

Im ganzen jedoch ist es eher die Ausnahme, daß Cardano sich für Regelverstöße entschuldigt. Normalerweise macht er im Gegenteil darauf aufmerksam, daß er mit Absicht gegen den guten Ton der literarischen Selbstdarstellung und gegen Gebote kluger Zurückhaltung verstößt. Auch hier liegt seinem Verhalten das Berufsethos des gewissenhaften Astrologen zugrunde: Die Astrologen des Spätmittelalters und der Renaissance hielten es für ganz wichtig, Fehler und Schwächen im Charakter ihrer Klienten – soweit es nur irgend mit den Geboten der Selbsterhaltung zu vereinbaren war – aufzudecken, und wären sie auch noch so schlimm.[46] Natürlich gab es auch Verhältnisse, in denen sonst unwillkommene Wesenszüge sich als durchaus nützlich erweisen konnten. Als ein Wiener Arzt Horoskope für die Kinder von Maximilian II. erstellte, konnte er nicht umhin, den Herrscher auf eine gewisse maskuline Strenge im Wesen seiner ältesten Tochter aufmerksam zu machen, die deswegen, wie er meinte, zu Jähzorn und Rachsucht neigen werde, doch wies er auch darauf hin, daß diese Anlage sie in besonderer Weise dazu befähige, Verantwortung im Staatswesen zu übernehmen.[47] In anderen Fällen gab es

---

45 Cardano, *De vita propria*, 13, O, I.11: »atque in hoc, praecipiti non solum consilio, et rerum atque occasionum alienarum ignorantia (quas certe difficile vitare fuisset) actus sum: sed quod certis illis rationibus quas postmodum adinveni, et civiles homines magna ex parte norunt, non innixus sim.«

46 Zum späteren Mittelalter s. M. Préaud, *Les astrologues à la fin du moyen âge,* Paris 1984.

47 Bartholomäus Reisacher, Horoskop für die Erzherzogin Anna von Österreich, Österreichische Nationalbibliothek MS 10754, 40ro: »Prae se feret igitur virilem quandam severitatem ac authoritatem, erit ad iram proclivis et vindictae cupida. Erit idonea gubernationi ac administrationi alicuius.«

keine solchen positiven Nebeneffekte, die über charakterliche Mängel hinwegtrösten konnten. Als Campanella Sir Philibert Vernote im Inquisitionsgefängnis in Neapel sein Horoskop auslegte, mußte er dem jungen Mann die unangenehme Wahrheit sagen, daß er zu sexueller Passivität neige – aber wenn er nicht im Norden geboren worden wäre, hätte er auch ein perverser Unhold werden können. Er konnte von großem Glück reden, daß er weder zeugungsunfähig noch ein Priap war.[48] Die Astrologie gab dem Menschen Mittel an die Hand, seinen besonderen Charakter zu verstehen, so daß er daran arbeiten und verhindern konnte, daß seine Anlagen sein Schicksal determinierten. Aber nur wenn man das Unaussprechliche offen zur Sprache brachte, war einem Klienten, dem die Gestirne so übel mitgespielt hatten wie Vernote – oder eben auch Cardano –, zu helfen.[49]

Wir haben gesehen, daß Cardano einiges Unbehagen empfand, als er in den vierziger Jahren zum erstenmal in der Öffentlichkeit Dinge erörterte, die seinen eigenen Körper betrafen. In *De vita propria* berichtete er, er habe sich selbst mit seinen astrologischen Künsten großen Schaden zugefügt, da seine Studien damals ergaben, er werde mit 40 oder 45 Jahren sterben. Seine Befürchtungen wurden noch durch die Reden anderer Leute verstärkt, die ebenfalls der Meinung

---

48 Bodleian Library MS Ashmole 176, 36ro: »Cum luna in signo masculino et sol in feminino reperiantur, faciunt mutatis vicibus nunc virilem, nunc mollem in venereis, eoque deterius quod venus est masculina et mars foemininus ex natura signi: et pollutiones hi naturales, non tamen contra naturam indicant, praesertim in boreali viro, sicuti in Astrologicis docuimus.«

49 Vgl. Goclenius' Bemerkung über Besonderheiten, die er in Horoskopen entdeckt hatte und die seine Klienten kaum erfreut haben dürften; *Uranoscopiae, chiroscopiae, metoroscopiae, et ophtalmoscopiae contemplatio*, 70: »Morum vehementiam et crudelitatem significavit Mars in ascendente, solus morum significator in signo Librae: cuius rei vidi plura exempla: mortem autem violentam ex ferro denotavit Luna in occidente ad oppositionem eiusdem, et Saturni coniunctionem festinans: et hae rationes sunt evidentissimae, iuxta aphorismum astrologicum. Luminaria in angulis ab alterutro maleficorum vel utroque sauciata, mortem violentam portendunt.«

50 *De vita propria*, 10, O, I.18.

51 Cardano, *Libelli quinque*, 1547, 122[ro–vo]: »profundam cogitationem, studium, diligentiam, summamque laboris patientiam praestat: obscuros tamen effectus, qui

waren, er habe kein langes Leben zu erwarten.⁵⁰ Über seinen Geist und Charakter war den frühen Horoskopen wenig zu entnehmen, man erfuhr lediglich, daß die Sterne ihm »Gedankentiefe, Fleiß, Gewissenhaftigkeit und eine große Beharrlichkeit in der Arbeit« geschenkt hatten, außerdem ein etwas »unzuverlässiges Gedächtnis mit großem Fassungsvermögen«.⁵¹ Aber in der umfangreicheren Analyse, die dem Ptolemäus-Kommentar beigefügt war, beschrieb er dann seinen Charakter schonungslos gründlich und schuf aus zumeist adjektivischen Epitheta, in pointillistischer Manier sozusagen, das großartig düstere Porträt eines Menschen, den seine zahllosen Fehler peinigen: »fromm, treu, ein Freund der Weisheit, grüblerisch, erfindungsreich, ein kluger Kopf ... bescheiden, sehr interessiert an medizinischen Dingen, ein Wunderforscher, ein Architekt, listig, hinterlistig, bitter, mit Geheimnissen vertraut, nüchtern, fleißig, arbeitsam, gewissenhaft, einfallsreich, einer, der in den Tag hinein lebt, leichtsinnig, ein Verächter der Religion, nachtragend, voller Ressentiment, neidisch, depressiv ...«⁵² Er sagte ganz unmißverständlich, warum er der Meinung war, daß seine Pflicht als Astrologe ihn nötigte, entgegen allem eingeführten Brauch hier seine Schwächen in der Öffentlichkeit bloßzulegen:

---

ab hoc proveniunt, efficit, quod in sexto loco sit, ingeniumque turbidum propter lacteam viam, falsamque memoriam, quamvis magnam, infirmumque corpus: et reliqua, quae et si bona non sint, hucusque tamen non queant improbari.« Vgl. Misch, *Geschichte der Autobiographie*, 706.

52 Cardano, *Liber xii geniturarum*, in: Ptolemäus, *Quadripartitum,* hrsg. von Cardano, Lyon 1555, 84-85 = O, V.523: »pium, fidum, sapientiae amatorem, meditabundum, varia machinantem, mente praestante ... moribus moderatis, curiosum rerum medicinarum, studiosum miraculorum, architectum, captiosum, dolosum, amarulentum, arcanorum gnarum, sobrium, industriosum, laboriosum, diligentem, solertem, in diem viventem, nugacem, religionis contemptorem, iniuriae illatae memorem, invidum, tristem, insidiatorem, proditorem, magum, incantatorem ...« Eine ausgezeichnete Interpretation dieses Texts bei Misch, *Geschichte der Autobiographie*. Cardano hat gewiß lange und intensiv an seinem eigenen Horoskop gearbeitet, entlehnte aber möglicherweise den parataktischen Stil, der die Passage auszeichnet, dem Werk eines Kollegen. In seinen *Libelli quinque,* 1547, 180ʳᵒ (Horoskop 97, Kaiser Maximilian I.), bemerkt er: »Hanc geniturum exposui, quia est exemplum Schonerij, qui nuper aedidit librum in hac arte.«

»Es ist dies eine Gelegenheit, all denen, die an dieser Kunst Gefallen finden, etwas zu bieten, was von einigem Wert und Nutzen ist. Denn kein Horoskop war je so präzis und zuverlässig, keines wurde so gewissenhaft geprüft und studiert. Ich könnte nie Geist und Sitten und verborgene Taten eines anderen Menschen so vollständig kennen, wie ich meine eigenen Gedanken, Begierden, Wünsche und alle Regungen auf dem Grund meiner Seele kenne. Aber nichts ist vollkommen, wie die Redensart sagt. Wenn ich die innersten Kammern meiner Seele nicht *einem* Menschen öffne – schon das würden viele als schweren Fehler ansehen –, auch nicht meinen Freunden allein – was, in aller Ehrlichkeit, praktisch niemand je tut –, sondern allen und ihnen erzähle, was in meinen Gedanken vorging, was ich zutiefst geheimzuhalten wünschte, wenn ich nun anfange, mich selbst zu loben oder aber zu tadeln, was unterscheidet mich dann noch von einem offensichtlich Wahnsinnigen oder Schwachkopf? Wenn ich aber schweige, was nütze ich dann all denen, die diese Wissenschaft studieren? So soll denn die Liebe zur Wahrheit und der allgemeine Nutzen obsiegen! Und man sollte es mir nicht so sehr zur Schande anrechnen, daß ich mich lobe oder tadle, als vielmehr zur Ehre, daß ich mich der Wahrheit und Erkenntnis zuliebe den Verleumdungen der Neider und den Schmähungen der unvernünftigen Menge aussetze.«[53]

Wenn somit Cardano in *De vita propria* seine Schwächen und närrischen Grillen vor dem Leser ausbreitete, tat er nur konsequent den

---

J. Schöner hatte dieses Horoskop in seinen *De iudiciis nativitatum libri tres*, Nürnberg 1545, veröffentlicht und ausführlich erörtert. Das Buch enthielt ein Geleitwort von Melanchthon; dessen Belegexemplar (oder eines von mehreren Belegexemplaren) befindet sich heute im Besitz der Herzog August Bibliothek Wolfenbüttel (117 Quodl. 2° (4). Schöners lange und tiefgründig sondierende Untersuchung von Maximilians Charakter ähnelt in ihrem Stil deutlich Cardanos astrologischer Selbstanalyse. S. z.B. I.7, xxxix^ro: »Conclusio secunda. Significatur itaque ratione Martis, natum futurum audacem, potentem, fortem, iracundum, armorum cupidum, bellorum autorem, animosum, sine pavore mortis pericula aggredientem, neminem sibi praeferet nec cuiquam se unquam submittet ...«

53 Cardano, *Liber xii geniturarum*, 1555, 83 = O, V.523: »Oblata erat occasio non levis commodi atque usus his, qui hac disciplina delectantur, cum nulla exquisita

Forderungen der Wissenschaft, der er sich verschrieben hatte, Genüge, ganz so, wie er es viele Jahre zuvor programmatisch formuliert hatte. Die Stelle zeigt, daß er wußte, wie sehr er sich über die Normen der üblichen Charakterbeschreibung hinwegsetzte, mit ihrem formelhaften Lob und Tadel. Statt dessen nahm er im Dienst der Wissenschaft sozusagen die Pein einer öffentlichen Vivisektion am eigenen Leib auf sich und war damit, so seine Überzeugung, ein Held der Erkenntnis, und je schmählicher die Erniedrigung war, die er riskierte, desto höher war die Bravour des Unternehmens zu bewerten.

Hinter dieser ersten Verteidigungslinie warf Cardano dann noch einen Schutzwall eher konventionellen Stils auf: Im Ptolemäus-Kommentar erklärte er dem Publikum, wenn er hier seinen eigenen üblen Charakter in allen Einzelheiten darstelle, so zeichne er nicht eigentlich die Person, die er sei, sondern vielmehr die, die er geworden wäre, hätte er nicht Maßnahmen ergriffen, die Laster und Verirrungen, die durch die Ungunst der Sterne in besonderer Weise in ihm angelegt waren, zu vermeiden:

»Gewiß, mein wirkliches Tun und Lassen – und nur dieses gehört ganz mir und mir ganz allein – ist so, daß ich es unmöglich ohne Prahlerei loben und ohne Wahnwitz schelten kann, aber hier ist eben nicht vom Verhalten, das ich mir etwa durch Philosophie und Bildung angeeignet habe, die Rede, sondern von der *Natur,* die Sokrates, als er von seiner eigenen sprach, bedenkenlos als dumm, un-

---

tam aut certa, aut tam diligenter observata genitura unquam fuerit. Nullius praeterea animus, mores, occulta facta, tam mihi explorate esse poterant, quam mei ipsius cogitationes, cupiditates, et desideria, impetusque primi animi. Sed ut dici solet, nihil est ex quaque parte beatum. Si claustra animi non uni tantum, quod multis grave visum est, resero, non amicis solum, quod nulli pene syncere faciunt, sed omnibus, quae cogitavi, quae occulta esse omni industria volui, si laudare meipsum aggredior, si vituperare, quam parum a praeclara insania stultitiaque abero? Si tacuero, quid utilitas afferam studiosis disciplinae? Vincat igitur veritatis amor et publica utilitas, nec tam turpe mihi sit meipsum laudasse aut vituperasse, quam decorum ob veritatis et sapientiae studium me lividorum calumniis et vulgi insanientis vocibus exposuisse.«

wissend und unbeherrscht kennzeichnete. Denn unsere natürliche Veranlagung ist das eine, etwas ganz anderes ist die Gesamtheit der geistigen und Willensanstrengungen, welche unser je besonderes Verhalten bestimmen.«[54]

Der geschulte Astrologe untersuchte bis ins kleinste Detail seine eigene körperliche Konstitution, um sich darüber klarzuwerden, welche Regeln der Lebensführung ihm angemessen und seiner Gesundheit förderlich waren. In genau der gleichen Weise lotete er auch die Tiefen seiner moralischen Konstitution aus, um herauszufinden, worauf er achten mußte, um ein anständiger, ehrbarer Mensch zu bleiben.

Cardanos Vision von einer Astrologie, welche die Menschen zur Tugend anleitete, entsprach weit verbreiteten Vorstellungen. Sein Kollege Erasmus Reinhold etwa schickte einer von ihm herausgegebenen Horoskopsammlung mahnende Worte zum moralischen Auftrag der Astrologie voraus: »Wenn wir erkennen, zu welchen Lastern die Sterne oder unser Temperament uns geneigt machen, werden wir uns nur desto gewissenhafter im Zaum halten, damit unsere schlimmen Tendenzen nicht die Oberhand gewinnen.«[55] Sir Thomas Smith gelangte beim Studium des Horoskops eines illegitimen Sohnes zu niederschmetternden Erkenntnissen: »Diese Konfiguration macht ihn ungeeignet zu wissenschaftlichen Studien, schwer von Begriff,

---

54 Ebda, 84 = O, V.523: »Et quamvis mores nostri sint (alia non nobis propria) ut nec laudare citra iactantiam, nec vituperare citra amentiam posse videamur, nos hic non de moribus philosophia et educatione acquisitis sermonem habemus, verum naturalibus ac talibus quorum non puduerit Socratem dici stupidum, imperitum et intemperantem esse. Alia enim est naturalis affectio, alia studiorum et disciplinae, qua mores uniuscuiusque instituuntur.«

55 UB Leipzig, MS Stadtbibliothek 935, 1ro: »Cum videmus ad quae vitia proni simus propter stellas aut temperamenta, maiore vigilantia regendi sunt mores, ne malae inclinationes vincant.«

56 British Library MS Sloane 325, 37ro: »Ineptum ad disciplinas, tardum ingenio, credulum, mobilem, inconstantem, facile per errorem peccantem, vafrum, infidum, impetuosum, temerarium, obliviosum, mendacem facit haec constitutio. Et nisi multa bona aeducatione corrigatur, qui propter delicta sua magnam aliquando poenam merebitur.« Eine ähnlich moralisierende Interpretation eines Horoskops findet sich in der Sammlung eines unbekannten Herausgebers *Farrago*

leichtgläubig, wankelmütig, launisch, zu allerlei Irrtum geneigt, hinterlistig, untreu, unbesonnen, fahrig, vergeßlich, lügnerisch.« Diesen entmutigenden Einsichten zum Trotz verzweifelte Smith nicht: »Er ist der Typ, den früher oder später eine schwere Strafe für seine Verbrechen ereilt, wenn dies alles nicht durch viel gute Erziehung gebessert wird.«[56] Smith beließ es nicht bei guten Vorsätzen: Er wies seinen jüngeren Verwandten, den Humanisten Gabriel Harvey, an, mit dem Knaben fleißig die Geschichte der Punischen Kriege von Livius zu lesen, damit dieser von Natur aus so haltlose Charakter durch diszipliniertes Studium gefestigt werde.[57] Der junge Mann wurde dadurch immerhin soweit ertüchtigt, daß er im Dienst des englischen Kolonialismus seinen Teil zur Unterwerfung Irlands beitragen konnte, bis er von seinen eigenen Dienern ermordet wurde.

Auch Cardano versuchte seine Erkenntnisse über den Einfluß der Sterne auf seinen eigenen Charakter produktiv zu machen. Manchmal widersetzte er sich einfach den Sternen, oft jedoch benutzte er seine astrologische Charakterologie als eine Art moralischer Therapie. Das zweite Kapitel von *De vita propria* beschreibt den vielleicht erstaunlichsten aller Heilerfolge, die er mit seiner Methode erzielte. Cardano gesteht dort, nicht zum erstenmal, daß er als junger Mann zehn Jahre lang impotent war, und zwar, wie er erklärt, infolge der ungünstigen Position der Gestirne bei seiner Geburt. Es hatte nicht viel

---

Thematum genethlialogicorum collecta per A.R.G.L. Witebergae, die, zusammengebunden mit L. Gauricos *Tractatus astrologicus*, im Besitz der Herzog August Bibliothek Wolfenbüttel ist (35.2 Astron.); 259ro (Horoskop des Ambrosius Glandorpius, geboren 1542): »D. O. M. Significatur magna vis ingenii et calliditas excellens et multum consilii et audaciae sed adversationes et impedimenta non mediocria. DEVS gubernet et flectat tantam naturae vim ad negotia salutaria. Aliquid et paterna institutio proficere poterit, si initio rectis opinionib. tenerum pectus imbuet. Nihil humile aut sordidum cogitabit haec natura et favetur magis ad honesta propter loca solis. lunae et Iovis. Sed Saturni et Martis coniunctio accendet pravos aliquos impetus. Ideo primum assuefaciendus est ad intellectum et amorem honestarum rerum. Erit et consiliarius magnorum principum &c.« Glandorpius schrieb ein drei Blätter umfassendes *Epicedion* (Wittenberg 1564).

57 L. A. Jardine und A. Grafton, »›Studied for Action‹: How Gabriel Harvey Read his Livy«, *Past & Present* 129 (1990), 30–78.

gefehlt, so wäre er als eines jener mißgebildeten Monstren zur Welt gekommen, die auf sein Publikum einen so unwiderstehlich gruseligen Reiz ausübten – und jedenfalls war er nicht unversehrt davongekommen: »Weil Jupiter im Aszendenten stand und Venus die Herrin des Horoskops war, wurde ich nur an den Geschlechtsteilen verletzt, so daß ich von meinem einundzwanzigsten bis zum einunddreißigsten Jahr nicht mit einer Frau schlafen konnte und oft mein trauriges Los beklagte und alle anderen um ihr Schicksal beneidete.«[58]

An Cardanos Erklärung fällt vor allem auf, daß sie so unpersönlich ist.[59] Im 16. Jahrhundert war sexuelle Impotenz bzw. Angst vor Impotenz überaus häufig – eine Angst, die um so größer war, als in dieser Zeit hoher Kindersterblichkeit die Gefahr, ohne Nachkommen zu sterben, ohnehin groß war und Heiratsbeziehungen lebenswichtige Bedeutung hatten. Es war allgemein bekannt, daß Hexen für dieses Übel verantwortlich waren. In den Wäldern Deutschlands, so erklärten die Dominikaner Kramer und Sprenger im *Hexenhammer*, wimmelte es nur so von bösen Weibern, die den Männern ihre Penisse stahlen und diese in Vogelnestern versteckten. Es wurde sogar behauptet, die Hexen verspeisten ihre Diebesbeute (man muß nur einmal die wurstförmigen Objekte, die Hexen auf Bildern des misogynen Meisters Hans Baldung braten, aus der Nähe betrachten).[60]

Solche Phantasien über die Ursache der Impotenz trugen viel zur Entstehung des Hexenwahns im späten 16. Jahrhundert bei. Auch in

---

58 Cardano, *De vita propria*, 2, O, I.2: »Sed cum Iupiter esset in ascendente, et Venus totius figurae domina, non fui oblaesus, nisi in genitalibus: ut a xxi. anno ad xxxi. non potuerim concumbere cum mulieribus, et saepius deflerem sortem meam: cuique alteri propriam invidens.«
59 In *De vita propria*, 26, O, I.16–17, schreibt Cardano seine Heilung einem Traum zu, in dem ihm seine künftige Frau erschien.
60 Vgl., S. Schade, *Schadenzauber und die Magie des Körpers*, Worms 1983, und J. L. Koerner, *The Moment of Self-Portraiture in German Renaissance Art*, Chicago/London 1994. Über die Bedeutung, die selbst Mediziner in ihren Erklärungen der Impotenz Zaubersprüchen zumaßen, s. D. Jacquart und C. Thomasset, *Sexuality and Medicine in the Middle Ages*, übers. von M. Adamson, Princeton 1988, 169–173.
61 Zum Fortleben solcher Überzeugungen, wie sie der *Hexenhammer* predigte, in der Romagna, s. G. Menghi, *Compendio dell'arte essorcistica*, Bologna 1576,

Bologna, wo Cardano lehrte, vertraten manche diese Theorie, nicht jedoch Cardano selbst.[61] Der hegte zwar gewisse Zweifel, was den Pakt mit dem Teufel betrifft, glaubte aber im Prinzip durchaus an Hexerei.[62] Als er einmal aufgefordert wurde, eine Stellungnahme zugunsten einer Frau zu unterschreiben, die wegen Hexerei angeklagt war, weigerte er sich (zu seiner Entschuldigung muß man sagen, daß er, wie so oft, überzeugt war, seine Feinde wollten ihn in eine Falle locken).[63] Wenn er auch Überlegungen darüber anstellte, ob vielleicht in seinem Fall Hexerei eine Rolle gespielt haben könnte, machte er doch nie irgendeine bestimmte Frau für seine Impotenz verantwortlich – auch den Mädchen, mit deren tatkräftiger Hilfe er das Problem vergeblich zu überwinden versuchte, machte er keine Vorwürfe.[64] Seine astrologische Therapie brachte letztlich den Erfolg, und sie war noch einmal erfolgreich, als sie ihm half, über die schreckliche Erfahrung der Hinrichtung seines Sohns hinwegzukommen und weiterzuarbeiten. Sogar in seinen letzten Jahren des Lehrverbots in Rom blieb seine Energie ungebrochen; er nahm aktiv an den Versammlungen der Ärzteschaft von Rom teil, erweiterte und überarbeitete frühere Werke in der eitlen Hoffnung, doch eine Druckerlaubnis für neue Auflagen zu bekommen.[65] Allein aus der bekannten Überheblichkeit der Nachwelt ist es zu erklären, daß man nicht erkannte, wie wirkungsvoll Cardanos unpersönliche, auf die Theorie vertrauende Therapien wirklich waren.[66]

Repr. Genua 1987, II.5, 114–120; III.4, 250. Zu Menghis Quellen – neben dem *Malleus* auch mündliche Lokaltradition – s. O. Franceschini, »Postfazione« zum Reprint Genua 1987. Ähnliche Anschauungen und eine noch systematischere Darstellung der verschiedenen Formen, die das Übel annehmen konnte, in S. F. Guazzos *Compendium maleficarum* (1608), übers. von E. A. Ashwin, London 1929, Repr. New York 1988, II.4, 91–95.

62 S. Clark, *Thinking with Demons*, Oxford 1997.
63 Cardano, *De vita propria*, 33, O, I.25.
64 S. Cardano, *De libris propriis*, 1562, O, I.97: »Ego tamen, qui tot puellarum pulchrarum atque nobilium et divitum amore nunquam succendi potueram: quique mihi conscius eram veneficii aut naturalis impotentiae ...«
65 S. Siraisi, *The Clock and the Mirror*, Princeton 1997.
66 Vgl. M. Dewar, *Sir Thomas Smith*, London 1964. Dewar (65) stellt Smiths wiedererwachtes Interesse an der Astrologie als einen irrationalen, aus Verzweiflung ge-

Die Astrologie lieferte also nicht nur die Vorhersagen im großen Maßstab, sondern auch die fein differenzierenden Charakteranalysen und die genau dosierten psychologischen Therapien, welche die modernen Denker brauchten. Nach Peucer, dem scharfsichtigsten und effektivsten Psychologen von allen, bedienten sich sogar der Teufel und seine Helfershelfer der Astrologie, um den Charakter der Menschen, die sie zur Sünde verführen wollten, zu verstehen und sie desto besser verderben zu können:

»Sie besitzen sehr genaue Kenntnisse vom Wesen, von den Kräften und Wirkungen der Himmelskörper und wissen, daß sie geschaffen wurden, auf daß jeder einzelne in je besonderer Weise die elementare Natur bewege und verändere und verschiedene Wirkungen erzeuge, indem er primäre Eigenschaften in verschiedenster Weise untereinander mischt und miteinander verbindet. Sie verstehen und beobachten, daß diese Potenzen und eine weitere geheime Kraft der Sterne die Temperamente der Menschen auf wunderbare Weise beeinflussen. Und sie achten sehr genau darauf, was welcher Stern an welchem Ort oder unter welchen Umständen anzeigt oder hervorbringt oder bewirkt.«[67]

Wenn die Teufel die Astrologie brauchten, um die Charaktere der Menschen verstehen und manipulieren zu können, so war sie den menschlichen Seelenforschern erst recht unverzichtbar. Es überrascht deswegen nicht, daß einige der scharfsinnigsten Charakterstudien der

---

borenen Versuch dar, sein politisches Scheitern im Gefolge von Somersets Entmachtung 1549 zu kompensieren – obwohl Smith selbst keinen Zweifel daran läßt, daß er seine astrologischen Studien erst 1555, also lange nach dem Sturz des Lordprotektors, wiederaufnahm; s. British Library, MS Sloane 325, 4ro: »Ao 1555° Circa menses Octob. No et December vehementissimus ardor et desiderium me incessit astrologiam discendi ut vix noctu propter illud studium conquiescerem: cuiusmodi etiam cupiditas anno ut coniectabam 20 aut 21° meae aetatis me invasit.« Eine Haltung wie die Dewars prägte auch die meisten anderen Arbeiten über Cardano vor denen von Ingegno, Ernst und Siraisi.

67 C. Peucer, *Commentarius de praecipuis divinationum generibus*, Wittenberg 1553, 34ro: »Norunt exactissime coelestium naturas, vires atque effectiones, et in

Zeit – etwa John Aubreys bravouröse *Brief Lives* – ihre Ursprünge in Horoskopsammlungen haben (ebensowenig überraschend ist es, wenn die modernen Herausgeber solcher Werke, wie im Fall Aubreys wirklich geschehen, voller Verachtung für die Astrologie diese Tatsache konsequent herunterspielten).[68]

Dem Kaufmann Samuel Jeake aus Rye, der sein astrologisches Tagebuch im späten 17. Jahrhundert schrieb, floß aus seinen puritanischen Überzeugungen, mehr noch aber eben aus der Astrologie die Inspiration zu, wenn er in seinen Betrachtungen all die eingetretenen und gerade noch abgewendeten Katastrophen seines ereignisreichen Lebens aufs gewissenhafteste analysierte und ausdeutete. Gabriel Harvey bewies wirklichen Scharfsinn, als er die Horoskopsammlungen Gauricos und Cardanos systematisch mit Paolo Giovios *Elogia* verglich, der in seinen Charakterstudien Tugenden und Laster großer Männer vorstellte:[69] Ein guter Astrologe – und ebenso ein guter Biograph – lehrte, wie das Buch des menschlichen Charakters zu lesen, ja sogar, wie es umzuschreiben war.

In dem Streben, aus seinen persönlichen Erfahrungen moralische Lehren zu extrahieren, gelangte Cardano zu Erkenntnissen, die auf den ersten Blick extrem widersprüchlich erscheinen. Als Astrologe und als Autobiograph schlug er sich mit dem Problem der Zeit herum, versuchte er die verborgene Logik aufzudecken, die der Vergangenheit zugrunde lag, und zu zeigen, auf welche Weise genaue Vorhersagen zu effizienter Zukunftsbewältigung führen konnten: »Nirgends, so glaube ich, habe ich Besseres geleistet als in der Beob-

---

eum finem condita esse sciunt, ut naturam elementarem unaquaeque pars, alia alio modo, moveat immutetque, et varie efficiat ac temperet primis qualitatibus diversimode iunctis ac mixtis inter se. Ab his qualitatibus et alia occulta vi stellarum, hominum temperamenta mirabiliter affici intelligunt et experiuntur, et quid quaevis stellae, quovis loco aut constitutione vel designent, vel gignant atque efficiant, perspiciunt integerrime.«

68 S. *Aubrey's Brief Lives*, hrsg. von O. L. Dick, London 1949, Repr. Ann Arbor 1957, liv–lv, c; vgl. M. Hunter, *John Aubrey and the Realm of Learning*, London 1975.

69 S. Zimmermann, »Paolo Giovo and the Rhetoric of Individuality«.

achtung meiner eigenen Erfahrungen, und das verdanke ich meiner Langlebigkeit und der Tatsache, daß ich mit so vielen Widrigkeiten zu kämpfen hatte.«[70] Mehr als einmal setzte Cardano allerdings dazu an, eine ganz andere Perspektive einzuführen, eine, in der vergangene wie künftige Zeit wenig oder nichts bedeutet, die abgeklärte Betrachtungsweise des Philosophen, der den Astrologen in den Hintergrund drängt. In einem Kapitel beteuert er, nicht eben sehr überzeugend, daß er sich nie besonders nach Ehren gesehnt habe:

»... der Ehrgeiz ... zerstört fürs erste unser Vermögen, weil er uns zwingt, jede schwere Arbeit und jede andere Art des Gelderwerbs zu meiden, uns aufwendiger zu kleiden, große Einladungen zu geben, mehr Diener als sonst nötig zu unterhalten. Sodann aber führt er uns in Todesgefahr, und zwar auf so vielerlei Arten, daß ich es gar nicht alles aufzählen kann: indem er uns zum Zweikampf zwingt, zu Krieg, zu ewigem Zank und Streit, zu höfischem Dienern bei Fürstlichkeiten, zu ungelegenen Gastereien, zum Beischlaf mit der Ehefrau oder mit Dirnen; wir durchmessen seinetwegen alle Meere und behaupten, es sei ehrenvoll, für das Vaterland zu kämpfen. Einem Brutus war es ein vertrauter Gedanke, in der Schlacht den Opfertod zu sterben, Scaevola verbrannte seine Rechte, Fabricius wies das Gold [des Pyrrhus] zurück. Dies letztere war vielleicht klug, alles andere dagegen war töricht, ja verrückt. Es besteht wirklich kein

---

70 Cardano, *De vita propria*, 23, O, I.15: »Nulla in parte melior mihi visus sum quam in observationibus, propter longitudinem vitae et adversorum multitudinem.«
71 Ebda, 32, O, I.23: »Primum honoris studium exhaurit opes, dum labores vitamus: et reliquas lucri ansas, dum ambitiose vestimur, convivamur, et plures domesticos alimus: idem cogit nos ad mortem tot modis ut non succurrat numerus, monomachia, bello, rixa, litibus improbis, assidendo apud principes, conviviis importunis, concubitu cum uxore vel meretrice: experimur maria, profitemur honorificum pro patria pugnare: familiare erat Brutis se devovere in praelio, Scaevola exurit dextram, Fabritius aurum reiicit, hoc forsan prudentis, caetera stultorum, imo amentium exempla. Non est ut iactes patriam. Quid est patria, nisi consensus ... tyrannorum minutorum ad opprimendos imbeles, timidos, et qui plerumque

Grund, über das Vaterland große Worte zu machen. Was heißt Vaterland denn anderes als das stille Zusammenwirken ... der kleinen Tyrannen zur Unterdrückung der Schwachen und Furchtsamen, die doch meist unbescholten und unschuldig sind?«[71]

In einem anderen Kapitel verdammt Cardano ebenso entschieden alles Streben nach Ruhm und versichert, er wünsche zwar tatsächlich, daß man von seiner Existenz wisse, nicht aber, daß man wisse, was für ein Mensch er gewesen sei – ein Ehrgeiz, den Sir Thomas Browne verächtlich fand.[72] Und an einer Stelle sagt er, die einzig wahre Lehre, die man aus dem Leben ziehen könne, sei, daß der Weise bei aller Unsicherheit des irdischen Daseins dennoch glücklich sein könne, wenn er sich an die kleinen, aber soliden Freuden halte: Ruhe, Sauberkeit, Geschichtenerzählen, mit Haustieren spielen.[73]

In diesen Passagen folgt Cardano dem Vorbild des antiken Autors, den er ganz am Anfang seines Werks preist, Mark Aurel, »den überaus weisen und hochgeschätzten Mann, dessen Beispiel ich folge, wenn ich mich nun daran mache, ein Buch über mein Leben zu schreiben«.[74] Mark Aurels Werk gehörte wie das des Eunapius zu den zahlreichen philosophischen Texten der römischen Kaiserzeit, die erst in der Mitte des 16. Jahrhunderts in gedruckter Form dem Publikum zugänglich wurden. Es war erst wenige Jahre, bevor Cardano jene Zeilen schrieb, von dem in textkritischen Arbeiten erfahrenen Gulielmus Xylander ins Lateinische übersetzt worden.[75]

---

sunt innoxii?« Dt.: *Lebensbeschreibung*, 108, an einigen Stellen geändert. S. auch das heftig misanthropische Kapitel 53.
72 Ebda, 9, *O*, I.8: »cuperem notum esse, quod sim, non opto ut sciatur qualis sim«; Thomas Browne, *Hydriotaphia or Urne-Burial*, 5, *Works*, hrsg. von G. Keynes, London 1928, Repr. London/Toronto/Chicago 1967, I.167, zit. bei Stoner, 302. Browne meinte, daß Cardano hier wider besseres Wissen einen aus seinem Horoskop klar ersichtlichen Charakterzug verleugne.
73 Cardano, *De vita propria*, 31, *O*, I.22.
74 Ebda, Prooemium: »Exemplo sapientissimi et optimi, ut creditum est, viri Antonini philosophi, librum de Vita nostra scribere aggredimur.«
75 Marcus Aurelius Antoninus, *De seipso seu vita sua libri xii*, hrsg. und übers. von G. Xylander, Zürich 1569.

Das Buch, das Selbstbetrachtungen, Lebensregeln und Tagebucheinträge enthält und eben keine Autobiographie ist – möglicherweise war es gar nicht zur Veröffentlichung bestimmt –, lehrt konsequent, daß Zeit und Geschichte bedeutungslos seien: »Wie rasch werden doch alle Dinge zu Nichts: die körperlichen Dinge auf der Erde, und in der Zeit sogar die bloße Erinnerung an sie.«[76] Der kaiserliche Autor tat seine eigenen Schlachten gegen die Feinde des Reiches als Balgereien unter Hunden um einen Knochen ab, den menschlichen Körper als eine Hülle, die widerlichen Unrat barg, den menschlichen Geist als Spielball von Träumen und Phantasmen. Der wahrhaft Weise befaßte sich nicht damit, was andere gedacht oder gefühlt hatten oder was die Zukunft ihm bringen würde, er lebte ganz in der Gegenwart und erfreute sich daran, so wie die Philosophie es lehrte. Und selbst die Gegenwart betrachtete er im Bewußtsein ihrer flüchtigen Vergänglichkeit mit gelassener Geringschätzung.[77] Mark Aurels Werk beschrieb nicht die Besonderheiten eines individuellen Lebenslaufs, sondern lehrte allgemeine Grundsätze, die helfen konnten, Zufriedenheit zu finden. Xylander drückte es in seinem Vorwort sehr treffend so aus:

»Wie die meisten Gelehrten bin ich der Meinung, daß Antoninus in kommentierender Form nicht nur die Gegenstände, mit denen er sich beschäftigt hatte, darlegen und die Regeln, Vorbilder und Lehren, an denen er sich als Mensch, Bürger, Kaiser und Philosoph orientierte, vorstellen, sondern auch den sicheren und direkten Weg

---

76 Ebda, 20 (1. Buch).
77 Ebda, 20–24 (1. Buch).
78 Ebda, Dedikation, 5 [fälschlich: 21]–6: »Enimvero ANTONINVM iudico (neque aliter sentire doctos existimo) non id modo his voluisse in commentariis explicare, quibus ipse in rebus animum suum occupasset, quibusque praeceptis, exemplis, et rationibus sese ad hominis, civis, imperatoris, adeoque philosophi nomen cum dignitate tuendum informavisset: sed una demonstrasse, quae esset vera atque expedita ad tranquillitatem animi, et eam quae homini in hac vita contingere potest felicitatem consequendam via.« Eine ausführliche Erörterung der Lehren Mark Aurels über die Zeit bei P. Hadot, *La citadelle intérieure*, Paris 1992, Kap. vii; zu den Grenzen von Xylanders gelehrter Interpretation s. ebda., 39–42.

weisen wollte, auf dem man zu wahrem Seelenfrieden gelangt und damit zu dem Glück, das der Mensch in diesem Leben tatsächlich gewinnen kann.«[78]

Die Gelassenheit des Stoikers auf dem Kaiserthron erschien dem alten Cardano in seiner römischen Einsiedelei bisweilen höchst erstrebenswert, und er versuchte sich selbst und andere zu dieser Lehre zu bekehren. Wie der stoische Humanist Justus Lipsius hoffte Cardano aus seinen Selbstbetrachtungen als ein anderer, neuer Mensch hervorzugehen, verstand also seine Arbeit an der Lebensbeschreibung als eine Art von geistlichen Exerzitien, in deren Verlauf sich seine sündige, emotional verkümmerte Seele wandeln und läutern konnte.[79]

Meistens jedoch blieb Cardano auf Abstand zu der Lehre des Mark Aurel, mochte sie ihm auch in Momenten der Verzweiflung noch so richtig erscheinen.[80] Im selben Prolog, in dem er Mark Aurel als sein Vorbild preist, kündigt er an, daß er keinesfalls belehren, sondern nur berichten wolle: »Das Buch hier ist geschrieben ohne alle Schminke und will niemanden belehren; es begnügt sich mit der Erzählung bloßer Tatsachen und schildert ein Menschenleben, keine großen Staatsaktionen.«[81] Unermüdlich sucht er jedem Erlebnis, und wirkte es auch noch so unscheinbar und trivial, seinen tieferen Sinn abzugewinnen. Es schien ihm sogar ein ganz besonderes Vergnügen zu bereiten, flüchtige, schwer faßbare Erfahrungen zu beschreiben, die andere Autoren, denen der astrologisch geschulte Sinn

---

79 S. die großartige Studie von J. Papy, »Lipsius and Marcus Welser: the antiquarian's life as via media«, *Bulletin de l'Institut Historique Belge de Rome* 68 (1998), 173–190, bes. 184–190.
80 Zu Cardanos unüberwindlichem Verlangen nach teurem Schreibgerät, nach Glaskugeln und allerlei anderen materiellen Gütern, die Mark Aurel zutiefst verachtet hätte, s. *De vita propria*, 18, O, I.14; vgl. Pfeiffer, »Melancholie des Schreibens. Girolamo Cardano und sein ›De vita propria‹«, *Materialität der Kommunikation*, hrsg. von H. U. Gumbrecht und K. L. Pfeiffer, Frankfurt a. M. 1988.
81 Cardano, *De vita propria*, Prooemium, O, I.14: »Nostra autem sine fuco, et non doctura quemquam, sed pura historia contenta, vitam non tumultus habet.« Dt.: *Lebensbeschreibung*, 9–10.

für die ungeheure Bedeutung winziger Details abging, vielleicht gar nicht beachtet hätten:

»Die zweite bemerkenswerte Eigentümlichkeit zeigte sich in meinem vierten Lebensjahr und währte ungefähr drei Jahre lang. Auf das Geheiß meines Vaters blieb ich morgens bis in die dritte Tagesstunde im Bett liegen, und da ich immer schon früher aufwachte, widmete ich die Zeit, die mir bis zur gewohnten Stunde des Aufstehens blieb, einem wohligen Schauspiel, das sich jeden Morgen einstellte und nie vergebens auf sich warten ließ. Ich sah verschiedenartige Bilder, und zwar war es etwas wie luftige Körper, die aus ganz kleinen Ringen zu bestehen schienen, wie wir sie bei einem Kettenpanzer haben, obschon ich bis dahin noch nie einen solchen Panzer gesehen hatte. Die Bilder bewegten sich von der unteren rechten Ecke des Betts an in einem Halbkreis herauf und senkten sich langsam wieder nach links herunter, bis sie völlig verschwanden. Es waren Bilder von Burgen, Häusern, Tieren, Pferden mit Reitern, von Pflanzen, Bäumen, Musikinstrumenten, theatralischen Dingen, von verschiedenartig gestalteten Menschen, von Kleidern aller Art, von Trompetern vor allem, die auch wirklich zu blasen schienen, obwohl ich keinerlei Laut oder Ton vernahm, außerdem Soldaten, Menschenmengen, Felder, Körpergestalten, die noch heute meinen Abscheu erregen, Haine und Wälder und andere Dinge, deren ich mich

---

82 Cardano, *De vita propria*, 37, O, I.27: »Secundum apparuit anno quarto, et duravit circiter tribus annis. Ex mandato patris quiescebam in lecto ad horam usque diei tertiam, et cum ante illam evigilabar, quicquid supererat ad horam usque diei consuetam in spectaculo iucundo consumebam, nec unquam vana expectatione de illo frustratus sum. Videbam ergo imagines diversas corporum aereorum (Constare enim videbantur ex annulis minimis, quales sunt loricarum, cum tamen loricas nunquam eousque vidissem) ab imo lecti angulo dextro ascendentes per semicirculum, lente et in sinistrum occidentes, ut prorsus non apparerent: Arcium, domorum, animalium, equorum cum equitibus, herbarum, arborum, instrumentorum musicorum, theatrorum, hominum diversorum habituum, vestiumque variarum, tubicines praecipue, cum tubis quasi sonantibus, nulla tamen vox aut sonus exaudiebatur: praeterea milites, populos, arva, formasque corporum, usque ad hanc diem mihi invisas: lucos et sylvas, aliaque quorum non memini, quandoque multarum rerum congeriem simul irruentium, non tamen ut se

nicht mehr entsinne; mitunter waren es auch ganze Haufen von vielen Dingen, die durcheinander stürzten, ohne sich freilich zu verwischen und zu vermengen, sondern nur um in aller Eile vorüberzuziehen. Diese Dinge waren alle ganz durchsichtig, jedoch nicht so sehr, daß es schien, als seien sie überhaupt nicht da, aber auch nicht so körperlich dicht, daß das Auge nicht hätte durch sie hindurch sehen können; die kleineren Ringe waren dunkler, die Zwischenräume aber ganz durchsichtig.«[82]

Cardano versuchte sogar, sein vergangenes Gefühlsleben einigermaßen detailliert zu rekonstruieren, eine Sprache zu finden, die etwas von der je besonderen emotionalen Atmosphäre verschiedener Perioden seines Lebens, so wie er sie im Gedächtnis hatte, vermitteln konnte:

»Mein Glück in einzelnen Abschnitten meines Lebens muß man messen, indem man es in Beziehung zum Ganzen setzt – so zum Beispiel in der Zeit, da ich in dem Städtchen Sacco wohnte. Wie unter den Giganten notwendigerweise einer der Kleinste, unter den Pygmäen einer der Größte ist, ohne daß deshalb dieser Gigant klein, dieser Pygmäe groß wäre, so war auch ich, da ich in Sacco lebte, verhältnismäßig glücklich, ohne daß daraus folgte, daß ich überhaupt je einmal glücklich gewesen wäre. Damals spielte ich, trieb Musik, ging

---

confunderent, sed ut properarent. Erant autem perspicua illa, sed non ita ut proinde esset, ac si non adessent, nec densa ut oculo pervia non essent. Sed ipsi circuli opaci erant, spatia prorsus perspicua ...« Dt.: *Lebensbeschreibung,* 126, an einigen Stellen geändert. Vgl. Simon Formans Beschreibung der »Visionen, die der besagte S. als Kind gehabt hat«, Bodleian Library MS Ashmole 208, 137ro. Forman, der sich mit seinem Vater gut, mit seiner Mutter und seinen Brüdern schlecht verstand, schlief in einem kleinen Bett neben dem seines Vaters. »Und sobald er ins Bett gebracht worden war, sah er jedesmal in Visionen riesige Berge und Hügel, die gegen ihn heranrückten, als wollten sie ihn überrennen und über ihm zusammenfallen und ihn erdrücken. Aber er stieg an ihnen empor und mit vieler Mühe über sie hinweg. Dann sah er auch viele große Wasser, die ihn ertränken wollten und gegen ihn heranbrausten und tobten, als wollten sie ihn verschlingen, aber er stellte sich vor, daß er über sie hinweg gelangte. Und diese Träume und Visionen hatte er 3 oder 4 Jahre lang jede Nacht.«

spazieren, speiste, vertiefte mich mitunter, wenn auch selten, in meine Studien, hatte keinen Ärger und keine Sorgen, war geachtet und verehrt und verkehrte freundschaftlich mit vornehmen Venezianern – die fruchtbarste Zeit meines Erdendaseins! Nichts Freundlicheres mag es geben als jenes Leben zu Sacco, das fünf und ein halbes Jahr währte, vom September 1526 bis zum Februar 1532. Der Podestà hatte mir seine Freundschaft geschenkt, und das Rathaus war mein Reich und meine Rednerbühne. Doch aus der Tatsache, daß heitere Träume mich in jene Zeit zurückführen, wird deutlich, daß diese Tage nicht allein entschwunden sind, sondern daß auch die Erinnerung daran zu einem einzigen dünnen Strang geschrumpft ist, den das Gefühl der Lust zusammenhält.«[83]

In solchen Passagen gewinnt der Astrologe wieder die Oberhand über den Philosophen: Das Bedürfnis, die Zeit zu deuten, ist stärker als die Erkenntnis, daß sie letztlich keinen Sinn, kein Ziel hat. Die wissenschaftliche Analyse gelebter Erfahrung in ihrer ganzen widerspenstigen, dicht gestrickten Komplexität nahm Cardanos Geist in Beschlag, ob er wollte oder nicht – er konnte die Erfahrung einfach nicht mit stoischer Gelassenheit preisgeben. Die Astrologie stellte ihm eine Sprache zur Verfügung, in diesem späten Rückblick das Unbeschreibliche, das Augenblickserlebnis, das nur Gefühlte zu beschreiben. Ein Wort von W. H. Auden, »am Ende soll alles Denken Dank sein«, hätte Cardanos Leitspruch in den von abgeklärter Ruhe erfüllten Phasen dieses letzten Jahres sein können, als er die Jahre und Minuten seines Lebens erzählte, sich all seine Abenteuer und

---

83 Cardano, *De vita propria,* 31, O, I.22: »Secundum est in portione temporis comparata ad totum: velut cum in Saccensi oppido habitarem: cum inter gigantes unus sit necessario minimus, et inter pygmeos maximus: neque tamen parvus gigas, neque magnus pygmaeus est: ita etsi dum in oppido Saccensi fui, felix eram, non tamen sequitur, ut aliquando felix fuerim. Itaque ludebamus, musicae operam dabamus, spaciabamur, epulabamur, licet raro studiis operam navabamus, nullae molestiae, non timores, suspiciebamur, venerabamur, congrediebamur nobilibus Venetis, aetas mea floridissima: nihil fuit ea vita iucundius, quae duravit quinque annis cum dimidio, a Septembri mense MDXXVI. ad mensem Februarii MDXXXII.

Träume wieder vergegenwärtigte. Die Zeit, die des Lebens und die der Geschichte, hatte ihre Bedeutung für ihn nicht verloren, auch wenn er in düsteren Momenten fürchtete, die Entdeckungen in der Neuen Welt und die Einführung des Buchdrucks, den er einst enthusiastisch gefeiert hatte, könnten Vorzeichen sein, die das Ende aller Zeiten und der Zeit selbst ankündigten.[84]

Cardanos Autobiographie verstieg sich nicht zu der Behauptung, daß die Divinationskünste ihres Autors unfehlbar seien, aber sie schwor auch keineswegs kleinmütig dem Glauben an sie ab. Bisweilen erweckt er den Eindruck, als hätten seine astrologischen Studien ihn nur Zeit gekostet und seinem Ruf geschadet, wenn er sich zum Beispiel über seine Feinde in Bologna beklagt, die ihm »ganze Bündel von Horoskopen brachten, damit [er] sie deute, als wäre [er] ein Wahrsager oder Prophet und nicht Medizinprofessor«,[85] aber in seinem ganzen Denken, in den Fragen, die er stellt, in den Methoden, die er anwendet, bleibt er doch über weite Strecken der Astrologie treu. Es gibt sogar Grund zu der Annahme, daß er die Autobiographie deswegen in Angriff nahm, weil seine astrologischen Studien ihn zu der Überzeugung geführt hatten, daß seine Zeit fast abgelaufen war. Im Kommentar zu seinem eigenen Horoskop hatte er 1554 prophezeit, er werde, falls er wirklich alt werden sollte, im Jahr 1574 erkranken und sterben.[86] Die Autobiographie faßte seine Erfahrungen, die Tragödien ebenso wie die Triumphe, in denselben Begriffen, die er seit jeher benutzt hatte, um das jähe Auf und Ab seines Geschicks und seiner Gefühle zu verstehen: als die Bewegungen eines Individuums, das von planetarischen Kräften gestoßen wird, das sich

---

Conversabamur cum praetore, publica domus erat regnum et rostra: indicio quod tempus illud non solum evanuit, sed memoria eius adeo contracta est in angustum, ob voluptatis sensum, ut laeta somnia eo me deducant.« Dt.: *Lebensbeschreibung*, 103–104, an einigen Stellen geändert. Vgl. Kap. 46, O, I.34–35.
84 Cardano, *De vita propria*, 41, O, I.43–44.
85 Ebda, 33, O, I.25: »afferebant quoque nativitatum fasciculos, ut de his pronunciarem, tanquam ariolus et vates, non ut medicinae professor.«
86 Cardano, *Liber xii geniturarum*, 78.

bis zu einem gewissen Grad aus seinem freien Willen heraus dieser Fremdbestimmung widersetzt und in dessen Schicksal schließlich als dritte Kraft immer wieder jenes gütige übernatürliche Wesen eingreift, das die Vorsehung ihm als Schutzgeist beigegeben hat.

Wenn auch die Instrumente der Astrologie im wesentlichen über Jahrhunderte und Jahrtausende hinweg unverändert geblieben waren, so hing doch ihre Anwendung, wie wir schon öfter sehen konnten, stark von den je gegebenen historischen Bedingungen und den wechselnden Bedürfnissen von Anbietern und Abnehmern astrologischer Leistungen ab. Wie andere Schriftsteller der Renaissance seit Petrarca fühlte Cardano den Drang, sein Inneres, das der Seele wie das des Körpers, zu erforschen, zu den Quellen der zahlreichen Konflikte zwischen der Lebenswirklichkeit und den Idealen, zu denen er sich bekannte, vorzustoßen und diese Konflikte in ihrer ganzen Dramatik darzustellen, aber nicht in einer Bekehrungsgeschichte vom Typ der *Bekenntnisse* des Augustinus als glücklich überwundene Übel, sondern als Leiden, die immer noch und immer wieder schmerzhaft aktuell waren. Seine Autobiographie hatte nicht die Form des Dialogs wie Petrarcas *Secretum*, war aber ihrem Wesen nach nicht weniger dialogisch: Sie handelte von der leidvollen Geschichte einer Debatte zwischen den beiden Hälften von Cardanos zerrissenem Wesen, einer Debatte, die nie zu einer versöhnlichen *conclusio* gelangte. Die mosaikartige Form des Kommentars zu einem Horoskop erwies sich als der ideale Spiegel für Cardanos zersplitterte Seele.

Cardanos Astrologie wie die Astrologie seiner Epoche überhaupt war eine Kunst, die Zeit zu meistern, die gelebte Zeit und die künftige. Sie gab Cardano die Mittel in die Hand, die er brauchte, um seine geistige und physische Welt zu beschreiben und zu bewerten. Ihren theoretischen Voraussetzungen und Methoden nach gehörte sie der klassischen Tradition an, aber so, wie Cardano sie praktizierte, fügte sie sich nahtlos in die Kultur der Renaissance ein, eine Kultur, als deren hervorstechenden Charakterzug man schon früh ihren ungehemmten Wissensdrang erkannt hat, eine Neugier, welche die Menschen zur Erforschung der Welt wie auch zur Erforschung ihrer

selbst antrieb. Tatsächlich hat Cardano nicht wenig zu dem Bild beigetragen, das wir heute von der Renaissance haben. In einer Epoche, in der die Gebildeten noch ganz selbstverständlich mit dem Lateinischen vertraut waren, und bis ins späte 19. Jahrhundert hinein, fand seine sonderbare und beunruhigende Autobiographie immer zahlreiche Leser – Jacob Burckhardt setzte in seiner *Kultur der Renaissance in Italien* von 1860 ohne weiteres voraus, daß alle seine Leser *De vita propria* kannten, so daß es sich erübrigte, das Buch im einzelnen vorzustellen. Burckhardt wußte, was manche spätere Historiker vergessen haben, daß die antike Wissenschaft der Astrologie die Welt der Moderne beschreiben konnte.

SCHLUSS

Cardanos Astrologie war nach den Begriffen seiner Zeit eine zutiefst empirische Wissenschaft. Sie ruhte auf der Annahme, daß man nur eine genügend große Sammlung von gewissenhaft geprüften Horoskopen brauche, deren Aussagen von der Wirklichkeit bestätigt wurden, um daraus eine effiziente Wissenschaft abzuleiten. Jeder, der sich für die Astrologie interessierte, vom eifrigen Befürworter bis zum fanatischen Gegner, wußte, daß die Geburtsdaten, die einem bestimmten Horoskop zugrunde gelegt worden waren, sich als falsch oder als gefälscht erweisen konnten, daß jede beliebige astrologische Regel durch die Entdeckung von Fakten, die ihr widersprachen, falsifiziert werden konnte, und doch glaubten fast alle, daß eine endliche Anzahl von Fällen die Gelehrten instandsetzen werde, alle noch ungelösten Fragen vollständig und exakt wissenschaftlich zu beantworten. John Aubrey etwa führte die Mängel der Kunst nicht auf deren Prinzipien, sondern auf Fehler in der Ausführung zurück. Und er war der Meinung, daß seine *Brief Lives* genau die Art Daten enthielten, die man als Grundlage einer astrologischen Wissenschaft brauchte, in der alle nennenswerten Defizite beseitigt waren:

---

1 Oxford, Bodleian Library, MS Aubrey 6, 12vo; J. Aubrey, *Brief Lives*, hrsg. von A. Clark, 2 Bde., Oxford 1898, I.9. Zu dem Horoskop von William Petty, das unter dem zitierten Text steht, bemerkt Aubrey: »Dieses wurde erstellt mitsamt einem Gutachten dazu von Charles Snell Esq. aus Alderholt bei Fordingbridge in Hampshire.«

2 Oxford, Bodleian Library, MS Aubrey 23, 12^{ro-vo}; zu Aubreys *Collectio genitu-*

»Ein ital. Sprichw.: *É Astrologia, ma non é Astrologo.* Wir haben diese Wissenschaft noch nicht vervollkommnet. Das ist ein Desiderat. Um sie vollkommen zu machen, braucht man einen Vorrat an wahren Genituren. Um dazu beizutragen, habe ich die folgenden gewissenhaft gesammelt, auf die sich die Astrologen stützen können, denn, merke wohl, ich habe sie nicht aufs Geratewohl und aufgrund zweifelhafter Informationen hingeschrieben, sondern ich habe alles aus erster Hand.«[1]

Wie Aubreys allgemeine Überlegungen legt auch seine Verfahrensweise in der astrologischen Praxis Zeugnis davon ab, daß er Cardanos astrologische Arbeit für grundsolide und nach wie vor maßgeblich hielt. Aus der Art, wie er sich gewissermaßen in einem Atemzug auf Cardano und Schöner beruft, wird ersichtlich, daß die beiden für ihn gleichwertige Autoritäten sind:

»… denn Cardano sagt, Jupiter in sexta domo morbos denegat aut leves praestat. Auch Schöner sagt, si Venus Mercurius et Sol Lunam aspicientes inveniuntur, Natus erit longaevae vitae, et sanus.«[2]

Wie Cardano notierte Aubrey in vielen Fällen sorgfältig Näheres zur Herkunft seiner Informationen.[3]

Wie Cardano war sich auch Aubrey darüber im klaren, daß manche Daten nicht über jeden Zweifel erhaben waren. Er bewahrte zum Beispiel einen Brief (von Anthony Wood) auf, der deutlich macht, daß selbst ein gebildeter Gentleman nicht immer so ohne weiteres verläßlich Auskunft über sein Geburtsdatum geben konnte:

---

rarum s. M. Hunter, *John Aubrey and the Realm of Learning*, London 1975, 129 u. Anm. 3.

3 Einige typische Angaben, die auch von Cardano sein könnten, z.B. Oxford, Bodleian Library, MS Aubrey 23, 52vo, über die Nativität von Hobbes: »Ich habe das Jahr und den Tag und die Stunde von ihm selbst«; 53vo, über Walter Charleton: »geboren in Shepton Malet in Com. Somst., 2. Febr. 1619 um 6 h abends, seine

»Meine Nativität habe ich noch nicht genau ermitteln können: ich habe aber mit einem alten Diener meines Vaters gesprochen und herausgefunden, daß ich am 17. Dezember geboren bin. In welchem Jahr freilich, das ist ungewiß. Möglicherweise um 1647 herum? Selden ist am 16. Dezember geboren und Sir Symonds Dews am 17., aber davon berichte ich Ihnen Genaueres, wenn all die Verdrießlichkeiten hier vorüber sind.«[4]

Aubrey versuchte nach Kräften, sich und seine potentiellen Leser davon zu überzeugen, daß er guten Grund hatte, den Angaben seiner Informanten zu trauen.

Wie Cardano interessierte sich Aubrey besonders für außergewöhnliche Fälle, etwa für Leben und Sterben von hingerichteten Verbrechern.[5] Und wie Cardano wußte Aubrey, daß Astrologen sich in aller Regel für Experten auf dem Gebiet der Individualpsychologie hielten und sich ganz besonders gut im Seelenleben von ihresgleichen, von gelehrten Melancholikern also, auszukennen meinten. Über den unermüdlich forschenden Selbstbeobachter »Democritus Junior« (Sir Thomas Browne) zum Beispiel bemerkte Aubrey sarkastisch: »Hinter vorgehaltener Hand erzählt man, er habe non obstante all seiner astrologischen Gelehrsamkeit und seines Buchs über die Melancholie seine Tage beschlossen, indem er sich in jener Kammer aufhängte.«[6]

Selbst Denker, die der Astrologie weit weniger enthusiastisch gegenüberstanden als Aubrey, blieben mit ihrer Argumentation in dem prinzipiellen Rahmen, den Cardano vorgegeben hatte. Pierre

---

Mutter war gerade beim Abendessen. q Wochentag [der letzte Satz ist durchgestrichen]«; 55vo, von anderer Hand, über William Count of Pembroke: »Seine Nativität wurde von dem alten Mr. Th. Allen berechnet. sein Tod war vorhergesagt und trat wirklich zur vorhergesagten Zeit ein. er war bei guter Gesundheit, gab ein Festmahl, aß und trank reichlich, ging zu Bett und wurde am Morgen tot aufgefunden.«

4 Anthony Wood an Aubrey, 23. März 1672, Oxford, Bodleian Library, MS Aubrey 23, 62vo.

5 Oxford, Bodleian Library, MS Aubrey 23, 77ro, über einen Kriminellen (Randbe-

Gassendi zum Beispiel griff in seinem *Syntagma* die schlechten Astrologen heftig an, aber das Beweismaterial, auf das er sich stützte, unterschied sich nicht grundsätzlich von dem, das Aubrey herangezogen hatte: Gassendi nahm die Horoskope, die Nostradamus für bekannte Persönlichkeiten erstellt hatte, unter die Lupe und verglich die darin enthaltenen Prognosen mit den wirklichen Lebensläufen der verschiedenen Klienten. Antoine Suffren etwa hatte der berühmte Astrologe einen langen Bart, häßlich verfärbte Zähne und einen krummen Rücken prophezeit, und doch hatte man, so stellte Gassendi mit Genugtuung fest, diesen Herrn bis an sein Lebensende nie anders als glattrasiert, mit weißem Gebiß und in gerader Haltung angetroffen.[7] Indem er solche Einzelfälle zusammentrug, hoffte er systematische Mängel in der astrologischen Praxis aufdecken zu können.

Nur vereinzelt gab es Denker, die nicht auf Cardanos Linie lagen. John Dee etwa versuchte, wie wir gesehen haben, sämtliche Beziehungen zwischen den Gestirnen einer gegebenen Geburtskonfiguration einer strengen mathematischen Analyse zu unterwerfen – ein Ansatz, der in letzter Konsequenz notwendig zu der Erkenntnis hätte führen müssen, daß es unmöglich war, jemals genügend empirische Daten zusammenzutragen, um allgemeingültige Aussagen von der Art, wie Cardano und seine Kollegen sie machten, wirklich zu stützen. Aber Dees Methode machte nicht Schule. Noch weit ins 17. Jahrhundert hinein blieb Cardanos hippokratischer Ansatz der Einzelfalluntersuchung wegweisend für alle, die sich um eine empirisch kritische Astrologie bemühten.

---

merkung: »Genau so hat es seine Mutter selbst aufgeschrieben«): »Charles Pamphlin wurde am letzten Tag im August geboren, es war noch dunkel, es muß ungefähr 3 oder 4 Uhr in der Frühe gewesen sein, an einem Freitag im August des Jahres, in dem man den König geköpft hat, im letzten August war es, glaube ich, genau 29 Jahre her. Er wurde in Convent Garden am Galgen gehängt, weil er seiner Herrin Mrs. Chapelle einen Silberteller gestohlen hatte, am 22. Mai 1678.«
6 Ebda, 29vo. Über Brownes Hang zur Introspektion s. V. Woolf, *The Common Reader*, London 1925.
7 P. Brind'Amour, *Nostradamus astrophile*, Paris/Ottawa 1993, 467–470.

Aber Cardanos Astrologie war noch in einem anderen, eher befremdlichen Sinn empirisch. Sie läßt sich auch als ein Versuch verstehen, so unmittelbar wie nur irgend möglich den eigenen Körper und die eigene Seele, aber auch die anderer Menschen zu erforschen. Anders als seine verbissenen Anstrengungen, Daten zusammenzutragen, sind seine Vorstellungen davon, wie dieses Material zu interpretieren ist, und seine ganze Art, Wissenschaft zu treiben, uns heute einigermaßen unvertraut und haben auch wenig mit dem Geist jener neuen Philosophie gemeinsam, die im 17. Jahrhundert aufkam. Cardano verdankte seine hermeneutischen Instrumente der astrologischen Tradition. Und sie führten ihn dazu, seine Aufmerksamkeit auf ein ganz bestimmtes Ensemble von Beziehungen zu konzentrieren, auf die Zusammenhänge zwischen extrem fein strukturierten und flüchtigen Bewußtseinsphänomenen, jenen treibenden Gedankenfetzen und unkontrollierten Empfindungen, denen er so leidenschaftlich nachspürte, und den allerhöchsten, unwandelbaren und schönsten Objekten in seinem Universum, den Planeten und Sternen.

Die Astrologie studierte ihren Gegenstand, die Verbindungen zwischen Himmelskörpern und Menschen, aus einer ganz eigentümlichen Perspektive. Wenn Philosophen einen imaginären Standpunkt in schwindelnder Höhe einnahmen und aus himmlischen Sphären auf die Erde niederblickten, so taten sie dies, um sich von trivialen Belangen zu distanzieren, um die eigentlichen Realitäten der kosmischen Ordnung zu begreifen. Mark Aurel, den Cardano zu seinem Leitstern in moralischen Dingen machen wollte, legte großen Wert auf die Einübung solcher geistigen Distanz. Seine unermüdlichen Anstrengungen, zu zeigen, daß die Dinge der Welt und alles Körperliche nichtig waren, bedeuteten, so Carlo Ginzburg, letztlich den Versuch, Entfremdung von den Sorgen und Belangen des täglichen Lebens und Weisheit in eins zu setzen. Und am allerbesten gelangte man zu solch abgehobener Entrücktheit auf dem Königsweg der Kontemplation der räumlichen und zeitlichen Un-

endlichkeit des Universums, da vor diesem gewaltigen Hintergrund alle menschliche Sorge in ihrer wahren Dimension und Bedeutungslosigkeit erschien. Mark Aurels gelegentlich seltsam anmutende Fragen und Rätsel sind integrale Bestandteile eines ganz rationalen, wohldurchdachten Programms geistiger Übungen.[8]

Für viele Astrologen und für Cardano im besonderen hatte jedoch die kosmische Perspektive eine radikal andere Bedeutung: Sie lenkte ihren Blick auf das Kleine und Ephemere. Wenn sie die Positionen der Gestirne analysierten, welche die Geburt eines Klienten beschienen hatten, wenn sie die Planetenbewegungen während einer Krankheit beobachteten, traten die Konturen der Persönlichkeit des Klienten in den kleinsten Einzelheiten hervor, und Details der Krankengeschichte, selbst sonst kaum wahrnehmbare, flüchtige Veränderungen, wurden auf einmal deutlich. Die Distanz schärfte den Blick des Astrologen für die ganze Vielfalt von Besonderheiten, von denen der Philosoph verachtungsvoll absah. Die kosmische Perspektive intensivierte den intimen Kontakt des Astrologen mit der emotionalen und körperlichen Seite der Person, mit der er es zu tun hatte, sensibilisierte ihn – es war, als ob die winzigsten Dinge mit wachsender Entfernung größer statt kleiner würden. In der Welt der Astrologen bedeutete Opposition keineswegs in Wahrheit Freundschaft, aber Distanz konnte sehr wohl wahre Intimität schaffen.

Cardanos Kosmos und Cardanos Körper durchdrangen einander in jedem Augenblick und allenthalben. Das Wandelbare und Vergängliche gewann dadurch etwas von der tiefen, unvergänglichen Bedeutung der erhabenen Himmelssphären, welche die irdischen Dinge regierten. Aus der antiken autoritären Tradition der Astrologie mit all ihren starren Schablonen, anhand deren menschliche Charaktere und Handlungen klassifiziert und beurteilt wurden, konnte dennoch eine Kunst der sensiblen, präzisen Beschreibung und Beurteilung des zutiefst Menschlichen hervorgehen. Diese besondere ganz aus dem Geist des 16. Jahrhunderts geborene Form der Astrologie konnte durchaus den Anspruch erheben, empirische

---

8 C. Ginzburg, *Occhiacci di legno*, Mailand 1998, 15–39.

Forschungen zu den Tiefen des Ichs zu treiben. Sie verlangte intensive Übung in der Kunst der Charakterbeurteilung und viel Introspektion und ermutigte zu innovativen Experimenten bei der Darstellung und Dokumentation der Untersuchungsergebnisse. Mindestens ebenso konsequent wie jene Zeitgenossen vom Schlag Machiavellis, die auf der Suche nach der »effektiven Wahrheit der Dinge« Politik und Geschichte einer genauen Analyse unterzogen, und wie die Stoiker, die im Schreiben ihr Ich disziplinierten, arbeiteten die Astrologen und ihre Klienten an einem grundlegenden und zutiefst modernen Projekt.

DANKSAGUNG

Dieses Buch ist gewissermaßen das kurze Ende einer langen Reise voller Herausforderungen. Mein Interesse an der Astrologie wurde von Noel Swerdlow während meines Studiums in Chicago geweckt. Er war es auch, der mich zuerst mit Cardanos *100 Genituren* bekannt machte. Im Verlauf der gemeinsamen Arbeit an einer Reihe von Studien zur antiken Astrologie und zu verwandten Gegenständen habe ich unendlich viel von ihm gelernt. Peter Brown und Glenn Most von der Princeton's Group for the Study of Late Antiquity haben mich überredet, zur klassischen Tradition der divinatorischen Künste zurückzukehren und mir unschätzbar wertvolles Material zur Verfügung gestellt. In den späten achtziger und frühen neunziger Jahren trug ich, wenn meine anderen Forschungen mir das erlaubten, Material über die Astrologie der Renaissance im allgemeinen und über Cardano im besonderen zusammen.

Dem Wissenschaftskolleg Berlin, das mich zu einem einjährigen Forschungsaufenthalt einlud, verdanke ich es, daß ich mich 1993/94 etliche Monate lang ungestört von anderen Pflichten der Beschäftigung mit Cardano widmen konnte. Dieses Buch entstand im wesentlichen aus meiner Lektüre von Cardanos Hauptwerken während dieser Zeit. Die Ecole des Hautes Etudes en Sciences Sociales in Paris, das Internationale Forschungszentrum Kulturwissenschaften in Wien, das Dibner Institute in Cambridge, Mass., und das Institute for Advanced Studies der Hebrew University in Jerusalem, die mich in den Jahren 1994 bis 1998 zu längeren Studienaufenthalten einluden, haben sich gleichfalls um die Entstehung dieses Buches verdient

gemacht. Ich schulde den Direktoren und Mitarbeitern dieser Institutionen großen Dank. Zu Dank bin ich auch den Mitarbeitern der Bibliotheken verpflichtet, in denen ich arbeiten durfte; zu nennen sind hier vor allem die Firestone Library der Princeton University, die Huntington Library and Art Gallery, die Biblioteca Apostolica Vaticana, die Folger Shakespeare Library, die Bibliothèque Nationale de France, die Bibliothek der Freien Universität Berlin und die Staatsbibliothek zu Berlin, die Niedersächsische Staats- und Universitätsbibliothek Göttingen, die Österreichische Nationalbibliothek, die National and University Library Jerusalem, die Herzog August Bibliothek Wolfenbüttel, die Bayerische Staatsbibliothek München und vor allem die Bodleian Library. Dank gebührt der Firestone Library der Princeton University, der Herzog August Bibliothek und der Bibliothèque Nationale auch dafür, daß sie mir Bildmaterial aus ihren Sammlungen zur Verfügung gestellt und den Abdruck in diesem Buch erlaubt haben.

Besonders herzlich danke ich allen Kollegen, die mir mit Rat, Ermutigung und Kritik geholfen haben, vor allem meine Mitstipendiaten in Berlin David Güggerli und François Hartog, der Expertin für die Astrologie der Renaissance Paola Zambelli und den inzwischen verstorbenen Gelehrten Pierre Brind'Amour und Thomas Kuhn. Dem Publikum von Vorträgen am Wissenschaftskolleg, an der Freien Universität Berlin, der Harvard University, der Princeton University, der University of Delaware und der Universität Frankfurt, wo ich meine Thesen vorstellte, verdanke ich wertvolle Anregungen. Mein Kollege Thomas Kaufmann und etliche Generationen von Studenten des European Cultural Studies Program an der Princeton University haben durch unermüdliche Kritik wie durch freundlichen Zuspruch ihren Teil zu diesem Buch beigetragen, ebenso die Teilnehmer eines kunstgeschichtlichen Seminars, mit denen ich im Herbst 1996 an der Columbia University arbeiten durfte. Auch sonst verdanke ich zahlreiche Erkenntnisse und Hinweise zu hier behandelten Gegenständen Studenten in Princeton, vor allem aber Cynthia Cupples, Maribel Dietz, Katharine Gill, Grant Parker, Megan Williams und vor allem Claudia Brosseder und Bill North.

Ian Maclean hat nicht nur mit seinem eigenen Werk über Cardano neue Maßstäbe gesetzt, sondern auch einige meiner allzu ausschweifenden Theorien gebändigt. Nancy Siraisi hat mich ihre vorbildliche Studie über Cardano als Mediziner *The Clock and the Mirror* lange vor der Veröffentlichung lesen lassen. Darüber hinaus hat sie eine frühe Fassung meines Buchs gelesen und kritisiert. Ich schulde ihr mehr, als ich sagen kann. Jorge Cañizares trug einen unschätzbar nützlichen Kommentar zu dem ganzen Werk bei. Auch den zwei anonymen Gutachtern, die Harvard University Press befragt hat und die ebenso deutliche wie hilfreiche Kritik äußerten, schulde ich Dank. Gadi Algazi, Natalie Zemon Davies, Rudolf Dekker, Anna Foa, Michael Heyd, Yoseph Kaplan und Fania Oz-Salzberger, meine Kollegen in Jerusalem, danke ich herzlich für ihre wunderbar ermutigende Kritik kurz vor Torschluß. Larry Kim hat sämtliche Quellenzitate überprüft und viele wertvolle Entdeckungen gemacht. Peter Knecht hat nicht allein einen schwierigen Text ins Deutsche übersetzt, sondern ihn durch seine Vorschläge und Korrekturen in vielerlei Hinsicht verbessert. Ihm und Annette Wunschel, die sich mit ihren Kollegen vom Berlin Verlag so für das Buch eingesetzt hat, danke ich herzlich.

Charles Schmitt hat mich und viele andere in die Naturphilosophie der Renaissance eingeführt. Er hat uns nicht nur an seinem reichen Wissen teilhaben lassen, sondern uns auch das Vorbild eines wahrhaft großzügigen, offenen Gelehrten gegeben. Dieses Buch ist seinem Andenken gewidmet.

LITERATURVERZEICHNIS

HANDSCHRIFTEN UND ANNOTIERTE BÜCHER

Berlin-Dahlem, Geheimes Preußisches Staatsarchiv
- HBA A4 214
- HBA A4 217
- HBA A4 223

Cambridge, Mass., Houghton Library
- * GC5.C7906.540a., Cardano, *Libelli duo*, ehemals im Besitz von Fridericus Staphylus
- * IC5.C1782.543d., Cardano, *Libelli duo*, ehemals im Besitz von Janus Cornarius

Hamburg, Staats- und Universitätsbibliothek Carl von Ossietzky
- Supellex Epistolica, 45 (folio)
- Supellex Epistolica, 59 (folio)

Leipzig, Universitätsbibliothek
- MS Stadtbibliothek 935

London, British Library
- C 112 c 5, Cardano, *Libelli quinque*, 1547, ehemals im Besitz von Richard Bruarne
- 53 b 7, Cardano, *Libelli quinque*, 1547, Eigentümer unbekannt
- Sloane 325

München, Staatsbibliothek
- clm 27003
- 4° Astr. U 35 a, Cardano, *Libelli quinque*, 1547, ehemals im Besitz eines unbekannten Lesers

Oxford, Bodleian Library
- 4° Rawl. 61, Gaurico, *Tractatus astrologicus*, 1552, ehemals im Besitz von John Harvey
- 8° E 8 Art. Seld, Eunapius, *Vitae sophistarum*, 1568, ehemals im Besitz von John Dee
- Ashmole D 50, Cardano, *Somniorum Synesiorum libri IIII*, 1562, ehemals im Besitz von John Aubrey
- Ashmole 157, Cardano, *Libelli quinque*, 1547, ehemals im Besitz von Thomas Smith und William Lilly

- Ashmole 165, Gaurico, *Tractatus astrologicus*, 1552, ehemals im Besitz von William Lilly
- Ashmole 176
- Ashmole 208
- Ashmole 497, F. Giuntini, *Speculum astrologiae*, 1573, ehemals im Besitz von William Lilly
- Ashmole 570, Ptolemäus, *Quadripartitum*, hrsg. von Cardano, ehemals im Besitz von Elias Ashmole
- Aubrey 6
- Aubrey 23

Paris, Bibliothèque Nationale
- lat. 7305
- lat. 7395
- lat. 7446

Vatikanstadt, Biblioteca Apostolica Vaticana
- Vat. lat. 1794

Washington, D. C., Folger Shakespeare Library
- BF 1501 J2, Exemplar 2 Ficino, *De vita coelitus comparanda*, 1516, ehemals im Besitz von John Dee

Wien, Österreichische Nationalbibliothek
- 72 J 35, Cardano, *Libelli duo*, 1543, ehemals im Besitz von Philipp Melanchthon
- 72 X 5, Cardano, *Libelli duo*, 1543, Eigentümer unbekannt
- MS 6070
- MS 10754

Wolfenbüttel, Herzog August Bibliothek
- 35.2 Astron., »Farrago thematum genethlialogicorum collecta per A. R. G. L. Witebergae«, zusammengebunden mit dem *Tractatus astrologicus* von Luca Gaurico, 1552
- Quodl. 2° (4), J. Schöner, *De iudiciis nativitatum libri tres*, 1545, Geschenk Schöners an Melanchthon.

QUELLEN

Aelius Aristides, *Orationum libri tres*, übers. von W. Canter, Basel 1566.

Agrippa, H. C., *De occulta philosophia libri tres*, hrsg. von V. Perrone Compagni, Leiden/New York/Köln 1992 [dt.: Agrippa von Nettesheim, *De occulta philosophia, Drei Bücher über die Magie*, übers. von Friedrich Barth, Stuttgart 1855 (Repr., Nördlingen 1987)].

Alberti, L. B., *Opere volgari*, hrsg. von C. Grayson, 3 Bde., Bari 1960–73.

Alciato, A., *Emblemata*, hrsg. von C. Mignault, Antwerpen 1578.

Amboise, F. d', *Discours ou traité des devises*, Paris 1620.

Ashmole, E., *Elias Ashmole (1617–1692): His Autobiographical and Historical*

Notes. His Correspondence, and Other Contemporary Sources Relating to his Life and Work, hrsg. von C. H. Josten, 5 Bde. , Oxford 1966.
Aubrey, J., Aubrey's Brief Lives, hrsg. von O. L. Dick, London 1949, Repr. Ann Arbor 1957. (Dt. Ausgabe Mr. John Aubrey's, Esq. Lebens-Entwürfe, Frankfurt a. M. 1994, vergriffen.)
–, Brief Lives, hrsg. von J. Clark, 2 Bde., Oxford 1898.

Bellanti, L., *Defensio astrologiae*, Venedig 1502.
Benatius, J., *Prognosticon anni MCCCCCII*, Bologna 1502.
Berriot, F., Hrsg., *Expositions et significations des songes et Les songes Daniel*, Genf 1989.
Bodin, J. *De la démonomanie des sorciers*, Paris 1587, Repr. Paris 1979.
–, *De republica*, Paris 1576.
–, *Methodus ad facilem historiarum cognitionem*, Paris 1566.
Brahe, T., *Opera omnia*, hrsg. von J. L. E. Dreyer, Kopenhagen 1913, Repr. Amsterdam 1972.
Browne, T., *Works*, hrsg. von G. Keynes, 4 Bde., London 1928, Repr. London/Chicago/Toronto 1964.

Camerarius, J., *De vita Philippi Melanchthonis narratio*, hrsg. von. G. Th. Strobelius, Halle 1777.
Campanella, T., *Articuli prophetales*, hrsg. von G. Ernst, Florenz 1977.
Cane, O., *Pronostico del Anno M.D.XL.*, o. O. 1540.
Cardano, G., *Arcana politica*, Amsterdam 1635.
–, *De malo recentiorum medicorum medendi usu libellus*, Venedig 1536.
–, *De propria vita liber*, hrsg. von G. Naudé, 2. Aufl. Amsterdam 1654; engl.: *The Book of my Life*, übers. von J. Stoner, London/Toronto 1931; dt: *Des Girolamo Cardano eigene Lebensbeschreibung*, übers. von H. Hefele, München 1969.
–, *De rerum varietate libri XVII*, Basel 1557.
–, *De rerum varietate libri XVII*, Avignon 1558.
–, *De subtilitate*, Nürnberg 1550.
–, *De subtilitate*, Paris 1551.
–, *De subtilitate*, Lyon 1554.
–, *Encomium Neronis: Edition, Übersetzung und Kommentar*, hrsg. von N. Eberl, Frankfurt/Berlin/Bern/New York/Paris/Wien 1994.
–, *Libellus qui dicitur Supplementum almanach. Libellus alius de restitutione temporum et motuum coelestium, quinque principum geniture cum expositione, quinque eruditorum virorum geniture cum expositione*, Mailand 1538.
–, *Libelli duo*, Nürnberg 1543.
–, *Libelli quinque*, Nürnberg 1547.
–, »Libellus de libris propriis. cui titulus est Ephemerus«, *De sapientia libri quinque*, Nürnberg 1543.
–, *Liber de libris propriis*, Lyon 1557.
–, »Liber de libris propriis«, *Somniorum Synesiorum libri iiii*, Basel 1562.

—, *Opera*, hrsg. von C. Spon, 10 Bde., Lyon 1663, Repr. Stuttgart-Bad Canstatt 1966.
—, *Pronostico o vero iudicio generale composto per lo eccellente Messer Hieronymo Cardano phisico Milanese, dal 1534 insino al 1550. Con molti capitoli eccellenti*, Venedig 1534/1535.
—, *Somniorum Synesiorum, omnis generis insomnia explicantes, libri iiii*, Basel 1562.
—, Hrsg., Ptolemäus, *Quadripartitum*, Basel 1554.
—, Hrsg., Ptolemäus, *Quadripartitum*, Lyon 1555.
—, Hrsg., Ptolemäus, *Quadripartitum*, Basel 1578.
Castagnola, R., Hrsg., *I Guicciardini e le scienze occulte*, Florenz 1990.
Castiglione, B., *Insubrum antiquae sedes*, Mailand 1541.
Coopland, G. W., Hrsg., *Nicole Oresme and the Astrologers*, Liverpool 1952.
Corpus reformatorum, hrsg. von C. G. Bretschneider u. a., Halle 1834.

Dee, J., *John Dee on Astronomy = Propaedeumata aphoristica (1558 und 1568)*, hrsg. und übers. von W. Shumaker, mit einer Einleitung von J. Heilbron, Berkeley 1979.

Erasmus, D., *Opus epistolarum Des. Erasmi Roterodami*, hrsg. von P. S. Allen u. a., Oxford 1906–1958.
Estienne, H., *Noctes Parisinae*, in Aulus Gellius, *Noctes Atticae*, hrsg. von H. Estienne, Paris 1585.
Eunapius, *De vitis philosophorum et sophistarum*, hrsg. von H. Junius, Antwerpen 1568.

Ficino, M., *Opera omnia*, Basel 1576, Repr. hrsg. von P. O. Kristeller, Turin 1959.
—, *De Triplici Vita*, Bononia 1501; engl.: *Three Books on Life*, hrsg. und übers. von C. V. Kaske und J. R. Clark, Binghamton, N.Y., 1989; dt.: *Das Buch des Lebens*, Berlin, New York 1980.
Fontana, D. M., *Ad Illustrissimum Dominum D. Johannem Benti. de Aragonia etc. ... Prognosticon in annum 1501*, Bologna 1501.
Forman, Simon, *The Autobiography and Personal Diary of Dr Simon Forman*, hrsg. von J. O. Halliwell, London 1849.
Fubini, R., und A. Menci Gallorini, »L'autobiografia di Leon Battista Alberti. Studio e edizione«, *Rinascimento*, 2. Ser., 12 (1972), 21–78.
Fuchs, C. H., Hrsg., *Die ältesten Schriftsteller über die Lustseuche in Deutschland, von 1493 bis 1510*, Göttingen 1843.

Galen, *Selected Works*, hrsg. und übers. von P. N. Singer, Oxford 1997.
Garin, E., u. a., Hrsg., *Testi umanistici su l'ermetismo*, Rom 1955.
Gasser, A. P., *Prognosticon astrologicum ad annum Christi MDXLIIII*, Nürnberg 1543.
Gaurico, L., *Tractatus astrologicus*, Venedig 1552.

Goclenius, R., *Uranoscopiae, chiroscopiae, metoposcopiae, et ophthalmoscopiae contemplatio*, Frankfurt 1608.

–, »Synopsis astrologiae specialis«, in *Synopsis methodica geometriae, astronomiae, astrologiae, opticae et geographicae*, Frankfurt 1620.

Grünpeck, J., *Prognosticon anni MDXXXII usque ad annos MDXXXX*, Regensburg 1532, Nachdruck Mailand 1532.

Guazzo, M., *Compendium maleficarum*, übers. von E. A. Ashwin, London 1929, Repr. New York 1988.

Gudius, M., u. a., *Marquardi Gudii et doctorum virorum ad eum epistolae*, Utrecht 1697.

Guicciardini, F., *Opere*, hrsg. von V. de Caprariis, Mailand/Neapel 1953.

Harvey, G., *Gabriel Harvey's Marginalia*, hrsg. von G. C. Moore Smith, Stratford-upon-Avon, 1913.

Jeake, S., *An Astrological Diary of the Seventeenth Century: Samuel Jeake of Rye, 1652–1699*, hrsg. von M. Hunter und A. Gregory, Oxford 1988.

Jones, A., Hrsg., *The Astrological Papyri from Oxyrhynchus*, Philadelphia, in Vorb.

Kepler, Johannes, *Gesammelte Werke*, hrsg. von M. Caspar u. a., München 1937.

Leowitz, C., *De coniunctionibus magnis*, Lauingen 1564.

Lily, W., *Christian Astrology Modestly Treated of, in Three Books*, London 1647, Repr. 1985.

Marcus Aurelius Antoninus, *De seipso seu vita sua libri xii*, hrsg. und übers. von G. Xylander, Zürich 1569.

Menghi, G., *Compendio dell'arte essorcistica*, Bologna 1576, Repr., hrsg. von O. Franceschini, Genua 1987.

Montaigne, Michel de, *Journal de voyage*, hrsg. von F. Rigolot, Paris 1992.

Montulmo, A. de, *De iudiciis nativitatum liber praeclarissimus*, Nürnberg 1540.

Morhof, D. G., *Polyhistor, literarius, philosophicus et practicus*, 2 Bde., 3. Aufl. Lübeck 1732.

Nifo, A., *Ad Apotelesmata Ptolemaei eruditiones*, Neapel 1513.

–, *De falsa diluvii prognosticatione*, Florenz 1520.

–, *De nostrarum calamitatum causis liber*, Venedig 1505.

Nostradamus, M., *Les premières centuries ou propheties*, hrsg. von P. Brind'Amour, Genf 1996.

–, *Lettres inédites*, hrsg. von J. Dupèbe, Genf 1983.

Palmieri, M., *Libro del Poema chiamato Citta di Vita*, hrsg. von M. Rooke, Smith College Studies in Modern Languages VIII, 1–2; IX, 1–4, Northampton/Paris 1926–1928.

Peckham, J., *Perspectiva communis*, hrsg. von F. Cardano, Mailand 1482/1483.
Peucer, C., *Commentarius de praecipuis divinationum generibus*, Wittenberg 1553.
Peutinger, K., *Briefwechsel*, hrsg. von E. König, München 1933.
Pico della Mirandola, *Disputationes adversus astrologiam divinatricem*, hrsg. von E. Garin, Florenz 1946–1952.
Pighius, A., *Adversus prognosticatorum vulgus, qui annuas praedictiones edunt, et se astrologos mentiuntur, astrologiae defensio*, Paris 1518.
Pirckheimer, *Briefwechsel*, hrsg. von E. Reicke u. a., München 1940–1989.
Pomponazzi, P., *De naturalium effectuum causis sive de Incantationibus*, Basel 1567, Repr. Hildesheim/New York 1970.
Pontano, G. G., *De rebus coelestibus libri XIV*, Basel 1530.
Ptolemäus, *Tetrabiblos*, hrsg. von F. E. Robbins, Cambridge, Mass./London 1940.

Rheticus, G. J., *Narratio prima*, hrsg. von H. Hugonnard-Roche u. a., Wroclaw 1982.
Rogeriis, Ioannes de, *Ad Christianissimum Gallorum Regem Prognosticon anni 1537*, Rom 1537.

Salutati, *De fato et fortuna*, hrsg. von C. Bianca, Rom 1984.
Schöner, J., *De iudiciis nativitatum libri tres*, Nürnberg 1545.
Shumaker, W., *Renaissance Curiosa*, Binghamton, N.Y., 1982.
Stöffler, J., *Ephemerides*, hrsg. von P. Pitatus, Tübingen 1548.

Valla, G., *Commentationes in Ptolemaei Quadripartitum*, Venedig 1502.

Wolf, H., Hrsg., *In Claudii Ptolemaei Quadripartitum enarrator ignoti nominis*, Basel 1559.

Yagel, A., *A Valley of Vision*, übers. und hrsg. von D. B. Ruderman, Philadelphia 1990.

SEKUNDÄRLITERATUR

Abbondanza, R., *Dizionario biografico degli italiani*, s. v. Andrea Alciato.
Adorno, Th. W., »The Stars Down to Earth«, *Jahrbuch für Amerikastudien* 2 (1957)= *Soziologische Schriften*, hrsg. von S. Buck-Morss und R. Tiedemann, Frankfurt a. M. 1975, II, 2, 11–120.
Alberigo, G., *Dizionario biografico degli italiani*, s. v. Archinto, Filippo.
Albonico, S., *Il ruginoso stile. Poeti e poesia in volgare a Milano nella prima metà del Cinquecento*, Mailand 1990.
Amelang, J., »Spanish Autobiography in the Early Modern Era«, *Ego-Dokumente: Annäherung an den Menschen in der Geschichte*, hrsg. von W. Schulze, Berlin 1996, 59–71.

Armstrong, J., »An Italian Astrologer at the Court of Henry VIII.«, *Italian Renaissance Studies. A Tribute to the Late Cecilia M. Ady*, hrsg. von E. F. Jacob, London 1960, 433–454.

Arrizabalaga, J., Henderson, J., und French, R., *The Great Pox. The French Disease in Renaissance Europe*, New Haven/London 1997.

Barnes, R., *Prophecy and Gnosis. Apocalypticism in the Wake of the Lutheran Reformation*, Stanford 1988.

Baron, F., *Doctor Faustus from History to Legend*, München 1978.

–, »Who was the historical Faustus? Interpreting an Overlooked Source«, *Daphne* 18 (1989), 297–302.

Barton, T., *Ancient Astrology*, London 1994.

–, *Power and Knowledge. Astrology, Physiognomics and Medicine under the Roman Empire*, Ann Arbor 1994.

Bauer, B., »Die Rolle des Hofastrologen und Hofmathematicus als fürstlicher Berater«, *Höfischer Humanismus*, hrsg. von A. Buck, Weinheim 1989, 93–117.

Baxter, C., »Jean Bodin's daemon and his Conversion to Judaism«, *Jean Bodin: Verhandlungen der internationalen Bodin-Tagung in München*, hrsg. von H. Denzer, München 1973, 1–21.

Behar, P., *Les langues occultes de la Renaissance*, Paris 1996.

Berns, J. J., *Die Herkunft des Automobils aus Himmelstrionfo und Höllenmaschine*, Berlin 1996.

Bezold, F. von, »Jean Bodin als Okkultist und seine Démonomanie«, *Historische Zeitschrift* 105 (1910), 1–64.

Biondi, G., »Minima astrologica. Gli astrologi e la guida della vita quotidiana«, *Schifanoia* 2 (1986), 41–48.

Blair, A., *The Theatre of Nature. Jean Bodin and Renaissance Science*, Princeton 1997.

Bock, G., *Thomas Campanella. Politisches Interesse und philosophische Spekulation*, Tübingen 1974.

Bokdan, S., »Les mythes de l'origine de l'astrologie à la Renaissance«, *Divination et controverse religieuse en France au xvie siècle*, Paris 1987, 57–72.

Bolzoni, L., *Il teatro della memoria. Studi su Giulio Camillo*, Padua 1984.

Borst, A., *Das Buch der Naturgeschichte: Plinius und seine Leser im Zeitalter des Pergaments*, Heidelberg 1994.

Boudet, J.-P., »Simon de Phares et les rapports entre astrologie et prophétie à la fin du Moyen Age, *Les textes prophétiques et la prophétie en occident (XII–XVI siècle)*, hrsg. von A. Vauchez, Rom 1990.

Bowden, M. E., »The Scientific Revolution in Astrology«, Diss. Yale 1974.

Bremmer, J., »Prophets, Seers, and Politics in Greece, Israel and Early Modern Europe«, *Numen* 40 (1993), 150–183.

Brind'Amour, P., *Nostradamus astrophile. Les astres et l'astrologie dans la vie et l'œuvre de Nostradamus*, Ottawa/Paris 1993.

Brown, P., *Authority and the Sacred*, Cambridge 1995.

Browne, A., »Girolamo Cardano's *Somniorum Synesiorum libri iiii*«, *Bibliothèque de l'Humanisme et Renaissance* 40 (1979), 123–135.
Burckhardt, J., *Die Kultur der Renaissance in Italien: Ein Versuch*, Frankfurt a. M. 1989.
Burke, P., *Eleganz und Haltung. Die Vielfalt der Kulturgeschichte*, Berlin 1998.
–, *Die Geschicke des „Hofmann". Zur Wirkung eines Renaissance-Breviers über angemessenes Verhalten*, Berlin 1996.
–, *Varieties of Cultural History*, Ithaca 1997.
Burmeister, K. H., *Achilles Pirmin Gasser 1505–1577. Arzt und Naturforscher, Historiker und Humanist*, 3 Bde., Wiesbaden 1970–1975.
–, *Georg Joachim Rheticus 1514–1574: Eine Bio-Bibliographie*, 3 Bde., Wiesbaden 1967–1968.

Campbell, L. B., *Scenes and Machines on the English Stage During the Renaissance*, Cambridge 1923, Repr. New York 1960.
Cantimori, D., *Eretici italiani del Cinquecento*, Florenz 1939.
–, »Note su alcuni aspetti della propaganda religiosa nell'Europa del Cinquecento«, *Aspects de la propaganda religieuse*, Genf 1957, = *Umanesimo e religione nel Rinascimento*, Turin 1975, 164–181.
–, »Umanesimo e luteranesimo di fronte alla scolastica: Caspar Peucer«, *Rivista di studi germanici* 2 (1937), 417–438 = *Umanesimo e religione nel Rinascimento*, Turin 1975, 88–111.
Cardini, F., »Sognare a Firenze fra Trecento e Quattrocento«, *Le mura di Firenze inargentate*, Palermo 1993, 29–57.
Carey, H. M., *Courting Disaster: Astrology at the English Court and University in the Later Middle Ages*, New York 1992.
Casanova, E., »L'astrologia e la consegna del bastone al capitano generale della repubblica fiorentina«, *Archivio storico italiano* 5, 7 (1891), 134–144.
Cassirer, E., *Individuum und Kosmos in der Philosophie der Renaissance*, Darmstadt 1994, Kap. 3.
Céard, J., *La nature et les prodiges. L'insolité au 16e siècle, en France*, Genf 1977.
–, »Médicine et démonologie: les enjeux d'un débat«, *Diable, diables et diableries au temps de la Renaissance*, hrsg. von M. T. Jones-Davies, Paris 1988, 97–112.
Chabod, F., *Storia di Milano nell'epoca di Carlo V*, Turin 1971.
Christian, W., jr., *Apparitions in Late Medieval and Renaissance Spain*, Princeton 1981.
Clark, S., *Thinking with Demons: The Idea of Witchcraft in Early Modern Europe*, Oxford 1997.
Clulee, N., *John Dee's Natural Philosophy: Between Religion and Science*, London/New York 1988.
Cooper, R., »Deux médecins royaux onirocrites: Jehan Thibault et Auger Ferrier«, *Le Songe à la Renaissance*, hrsg. von F. Charpentier, Saint-Etienne 1990, 53–60.
Copenhaver, B., »Hermes Trismegistus, Proclus, and the Question of a Philosophy of magic in the Renaissance«, *Hermeticism in the Renaissance*, hrsg. von I. Merkel und A. G. Debus, Washington/London/Toronto 1988, 79–110.

Couzinet, M.-D., *Histoire et méthode à la Renaissance: Une lecture de la Methodus ad facilem historiarum cognitionem de Jean Bodin*, Paris 1996.

Cox-Rearick, J., *Dynasty and Destiny in Medici Art*. Pontormo, Leo X and the two Cosimos, Princeton 1984.

Cumont, F., *L'Egypte des Astrologues*, Brüssel 1937.

Curry, P., *Prophecy and Power. Astrology in Early Modern England*, Princeton 1989.

Dagron, G., »Le saint, le savant, l'astrologue: Étude de thèmes hagiographiques à travers quelques recueils de ›Questions et réponses‹ des ve–viie siècles«, *Hagiographie, cultures et sociétés, ive-xiie siècles*, Paris 1981, 143–156.

Daston, L., und Park, K., *Wonders and the Order of Nature, 1150–1750*, New York 1998.

Davidson, A., »Miracles of Bodily Transformation, or, How St. Francis Received the Stigmata«, *Picturing Science, Producing Art*, hrsg. von C. A. Jones und P. Galison, New York/London 1998, 101–124.

Dekker, R., »Ego-Dokumente in den Niederlanden vom 16. bis zum 17. Jahrhundert«, *Ego-Dokumente: Annäherung an den Menschen in der Geschichte*, hrsg. von W. Schulze, Berlin 1996, 33–57.

Demandt, A., *Der Fall Roms. Die Auflösung des römischen Reichs im Urteil der Nachwelt*, München 1984.

Dewar, M., *Sir Thomas Smith. A Tudor Intellectual in Office*, London 1964.

Dilg, P., »Der Kosmas-und-Damian-Hymnus des Theodoricus Ulsenius (um 1460–nach 1508)«, *Orbis pictus*, hrsg. von W. Diessendörfer und W. D. Müller-Jahncke, Frankfurt 1985, 67–72.

Dinzelbacher, P., *Heilige oder Hexen? Schicksale auffälliger Frauen in Mittelalter und Frühneuzeit*, Zürich 1995, Repr. Reinbek bei Hamburg 1997.

Dionisotti, *Europe in Sixteenth-Century Italian Literature*, Oxford 1971.

Dobin, H., *Merlin's Disciples*, Stanford 1990.

Dodds, E. R., *Pagan and Christian in an Age of Anxiety: Some Aspects of Religious Experience from Marcus Aurelius to Constantine*, Cambridge 1965, Repr. 1991.

–, *The Greek and the Irrational*, Berkeley 1951.

Dohrn-van Rossum, G., *Geschichte der Stunde. Uhren und moderne Zeitordnung*, München 1995.

Duden, B., *Geschichte unter der Haut: Ein Eisenacher Arzt und seine Patientinnen um 1730*, Stuttgart 1987.

Dutton, P. E., *The Politics of Dreaming in the Carolingian Empire*, Lincoln/London 1994.

Eade, J. C., *The Forgotten Sky: A Guide to Astrology in English Literature*, Oxford 1984.

Eamon, W., *Science and the Secrets of Nature*, Princeton 1994.

Ernst, G., *Religione, ragione e natura. Ricerche su Tommasso Campanella e il tardo Rinascimento*, Mailand 1991.

Evans-Pritchard, E. E., *Hexerei, Orakel und Magie bei den Zande*, Frankfurt a. M. 1988.

Federici Vescovini, G., »L'astrologia all'Università di Ferrara nel Quattrocento«, *La rinascita del sapere: libri e maestri dello studio ferrarese*, hrsg. von P. Castelli, Venedig 1991, 293–306.

Ferrari, G., »Public Anatomy Lessons and the Carnival: The Anatomy Theatre of Bologna«, *Past & Present* 117 (1987), 50–106.

Festinger, L., u. a., *When Prophecy Fails. A Social and Psychological Study of a Modern Group that Predicted the Destruction of the World*, Minneapolis 1956.

Field, A., »Lorenzo Buonincontri and the First Public Lectures on Manilius (Florence, ca. 1475–78)«, *Rinascimento*, n. s. 36 (1996), 207–225.

Field, J., »A Lutheran Astrologer: Johannes Kepler«, *Archive for History of Exact Science* 31 (1984), 225–268.

Findlen, P., *Possessing Nature. Museums, Collecting and Scientific Culture in Early Modern Italy*, Berkeley/Los Angeles 1994.

–, *Firenze e la Toscana dei Medici nell'Europa del Cinquecento*, Florenz 1980.

Flint, V., *The Rise of Magic in Early Medieval Europe*, Princeton 1991.

Flitner, A., *Erasmus im Urteil seiner Nachwelt*, Tübingen 1952.

Fögen, M. T., *Die Enteignung der Wahrsager. Studien zum kaiserlichen Wissensmonopol in der Spätantike*, Frankfurt a. M. 1993.

Ford, P., »Jean Dorat and the Reception of Homer in Renaissance France«, *International Journal of the Classical Tradition* 2 (1995), 265–274.

Foucault, M., *Die Ordnung der Dinge. Eine Archäologie der Humanwissenschaften*, Frankfurt a. M. 1974.

–, *Sexualität und Wahrheit*, Bd. 3, *Die Sorge um sich*, Frankfurt a. M. 1986.

Garin, E., *Astrologie in der Renaissance*, Frankfurt a. M. 1997.

–, »Magic and Astrology«, *Science and Civic Life in the Italian Renaissance*, übers. von R. Hurley, Gloucester, Mass., 1978.

Geneva, A., *Astrology and the Seventeenth Century Mind: William Lilly and the Language of the Stars*, Manchester/New York 1995.

Gentilcore, D., *From Bishop to Witch. The System of the Sacred in Early Modern Terra d'Otranto*, Manchester/New York 1992.

Gerl, A., *Trigonometrisch-astronomisches Rechnen kurz vor Copernicus: Der Briefwechsel Regiomontanus-Bianchini*, Stuttgart 1989.

Ginzburg, C., *Clues, Myths and the Historical Method*, übers. von J. C. Tedeschi und A. Tedeschi, Baltimore/London 1989.

–, *Occhiacci di legno: Nove riflessioni sulla distanza*, Mailand 1998.

Glacken, C., *Traces on the Rhodian Shore. Nature and Culture in Western Thought from Ancient Times to the End of the Eighteenth Century*, Berkeley 1967.

Glasser, R., *Studien zur Geschichte des französischen Zeitbegriffs: Eine Orientierung*, München 1936.

Gliozzi, M., s. v. Cardano, Girolamo, in *Dictionary of Scientific Biography*.

Goffen, R., *Spirituality in Conflict: Saint Francis and Giotto's Bardi Chapel*, College Park 1988.

Goldberg, J., »Cellini's *Vita* and the Conventions of Early Autobiography«, *Modern Language Notes* 89 (1974), 71–83.

Gombrich, E. H., Das *symbolische Bild*, Stuttgart 1986.
Goody, J., *The Culture of Flowers*, Cambridge 1993.
Grafton, A., *Commerce with the Classics. Ancient Books and Renaissance Readers*, Ann Arbor 1997.
–, »From Apotheosis to Analysis: Some Late Renaissance Histories of Classical Astronomy«, *History and the Disciplines: The Reclassification of Knowledge in Early Modern Europe*, hrsg. von D. R. Kelley, Rochester, N.Y., 1997, 261–276.
–, »Girolamo Cardano and the Tradition of Classical Astrology«, *Proceedings of the American Philosophical Society* 142 (1998), 323–354.
–, »Girolamo Cardano und die Tradition der klassischen Astrologie«, *Scientia poetica* 2 (1998), 1–26.
–, *Joseph Scaliger. A Study in the History of Classical Scholarship*, Oxford 1983–1993.
–, »The Ancient City Restored: Archeology, Ecclesiastical History and Egyptology«, in *Rome Reborn. The Vatican Library and Renaissance Culture*, hrsg. von A. Grafton, Vatikanstadt/Washington D. C./New Haven/London 1993, 87–123.
Graiff, F., »I prodigi e l'astrologia nei commenti di Pietro Pomponazzi al *De coelo*, alla *Meteora* e al *De generatione*«, *Medioevo* 2 (1976), 331–361.
Gregori, C., »Rappresentazione e difesa: Osservazioni sul *De vita propria* di Gerolamo Cardano«, *Quaderni storici* 73 (1990), 225–234.
Gregory, T., »I sogni e gli astri«, *I sogni nel Medioevo*, hrsg. von T. Gregory, Rom 1985, 111–148.
Grenzmann, L., *Traumbuch Artemidori. Zur Tradition der ersten Übersetzung ins Deutsche durch W. H. Ryff*, Baden-Baden 1980.
Greyerz, K. von, »Spuren eines vormodernen Individualismus in englischen Selbstzeugnissen des 16. und 17. Jahrhunderts«, *Ego-Dokumente: Annäherung an den Menschen in der Geschichte*, hrsg. von W. Schulze, Berlin 1996, 131–145.
Guglielminetti, M., *Memoria e scrittura. L'autobiografia da Dante a Cellini*, Turin 1977.
Guidorizzi, G., »L'interpretazione dei sogni nel mondo tardoantico: oralità e scrittura«, *I sogni nel Medioevo*, hrsg. von T. Gregory, Rom 1985, 149–178.

Hadot, P., *Exercices spirituels et philosophie antique*, Paris 1981.
–, *La citadelle intérieure. Introduction aux „Pensées" de Marc Aurèle*, Paris 1992.
Harkness, D. E., »Managing an Experimental Household: The Dees of Mortlake and the Practice of Natural Philosophy«, *Isis* 88 (1997), 247–262.
Headley, J. M., *Tommaso Campanella and the Transformation of the World*, Princeton 1997.
Heckscher, W., *The Princeton Alciato Companion*, New York 1989.
Hellmann, G., *Beiträge zur Geschichte der Meteorologie*, Berlin 1904–1922.
Heninger, S. K., *The Cosmographicall Glasse. Renaissance Diagrams of the Universe*, San Marino 1979.
–, *Touches of Sweet Harmony. Pythagorean Cosmology and Renaissance Poetics*, San Marino 1974.

Hieronymus, F., *1448 Petri/Schwabe 1988. Eine traditionsreiche Basler Offizin im Spiegel ihrer frühen Drucke*, Basel 1997.
Hillman, D., und Mazzio, C., Hrsg., *The Body in Parts*, London 1997.
Hollander, A., *Anzug und Eros. Eine Geschichte der modernen Kleidung*, Berlin 1995.
Hübner, W., »Die Rezeption des astrologischen Lehrgedichts des Manilius in der italienischen Renaissance«, *Humanismus und Naturwissenschaften*, hrsg. von R. Schmitz und F. Krafft, Boppard 1980.
Hunter, M., *John Aubrey and the Realm of Learning*, London 1975.
Hutton, J., *The Greek Anthology in France and in the Latin Writers of the Netherlands to the Year 1800*, Ithaca, N.Y., 1946, verb. Aufl. New York 1967.

Ingegno, A., *Saggio sulla filosofia di Cardano*, Florenz 1980.

Jacquart, D., und Thomasset, C., *Sexuality and Medicine in the Middle Ages*, übers. von M. Adamson, Princeton 1988.
Jardine, L. A., und Grafton, A., »›Studied for Action‹: How Gabriel Harvey Read his Livy«, *Past & Present* 129 (1990), 30–78.
Jardine, N., *The Birth of History and Philosophy of Science. Kepler's A Defence of Tycho Against Ursus, With Essays on Its Provenance and Significance*, Cambridge 1984, verb. Neuaufl. 1988.

Kennedy, E. S., und Pingree, D., *The Astrological History of Máshá'alláh*, Cambridge, Mass., 1971.
Keßler, E., Hrsg., *Girolamo Cardano: Philosoph, Naturforscher, Arzt*, Wiesbaden 1994.
King, H., »Beyond the Medical Market-Place: New Directions in Ancient Medicine«, *Early Science and Medicine* 2 (1997), 88–97.
Koch-Westenholz, U., *Mesopotamian Astrology: An Introduction to Babylonian and Assyrian Celestial Divination*, Kopenhagen 1995.
Koerner, J. L., *The Moment of Self-Portraiture in German Renaissance Art*, Chicago/London 1994.
Kristeller, P. O., *Studies in Renaissance Thought and Letters*, Rom 1956.
Krois, S. J., *Cassirer, Symbolic Forms and History*, New Haven 1987.
Kroker, E., »Nativitäten und Konstellationen aus der Reformationszeit«, *Schriften des Vereins für die Geschichte Leipzigs* 6 (1900), 3–33.
Kruger, S. F., *Dreaming in the Middle Ages*, Cambridge 1992.
Kurze, D., »Prophecy and History: Lichtenberger's Forecasts of Events to Come«, *Journal of the Warburg and Courtauld Institutes* 21 (1958), 63–85.
Kusukawa, S., *The Transformation of Natural Philosophy: The Case of Philipp Melanchthon*, Cambridge 1995.

Langermann, Y., »Some Astrological Themes in the Thought of Abraham ibn Ezra«, *Rabbi Abraham ibn Ezra: Studies in the Writings of a Twelfth-Century Polymath*, hrsg. von I. Twersky und J. M. Harris, Cambridge, Mass./London 1993, 28–85.

Lawn, B., *The Salernitan Questions*, Oxford 1963.
LeGoff, J., *Für ein anderes Mittelalter. Zeit, Arbeit und Kultur im Europa des 5.-15. Jahrhunderts*, hrsg. von Dieter und Ruth Groh, Frankfurt a.M. 1984.
Lestringant, F., *Le cannibale. Grandeur et décadence*, Paris 1994.
Lethen, H., *Verhaltenslehren der Kälte*, Frankfurt 1994.
Lippincott, K., »Gli dei-decani del Salone dei Mesi di Palazzo Schifonoia«, *Alle Corte degli Estensi, Filosofia, arte e cultura a Ferrara nei secoli xv e xvi*, hrsg. von M. Bertozzi, Ferrara 1994, 181–197.
–, »The Iconography of the ›Salone dei Mesi‹ and the Study of Latin Grammar in Fifteenth-Century Ferrara«, *La Corte di Ferrara e il suo mecenatismo*, hrsg. von M. Pade u. a., Kopenhagen/Ferrara/Modena 1990.
Lloyd, G., *Magic, Reason and Experience. Studies in the Origin and Development of Greek Science*, Cambridge 1979.
Long, A. A., »Astrology: Arguments pro and contra«, *Science and Speculation: Studies in Hellenistic Theory and Practice*, hrsg. von J. Barnes u. a., Cambridge/Paris 1982, 165–192.
Louthan, H., *The Quest for Compromise: Peacemakers in Counter-Reformation Vienna*, Cambridge 1997.
Love, H., *Scribal Publication in Seventeenth-Century England*, Oxford 1993.
Lubkin, G., *A Renaissance Court: Milan under Galeazzo Maria Sforza*, Berkeley 1994.

MacDonald, M., *Mystical Bedlam. Madness, Anxiety and Healing in Seventeenth-Century England*, Cambridge 1981.
Macey, D., *The Lives of Michel Foucault*, London 1993.
Maclean, I., »Cardano and his Publishers, 1534–1663«, *Girolamo Cardano: Philosoph, Naturforscher, Arzt*, hrsg. von E. Keßler, Wiesbaden 1994.
–, »The Interpretation of Natural Signs: Cardano's *De subtilitate* Versus Scaligers *Exercitationes*«, *Occult and Scientific Mentalities in the Renaissance*, hrsg. von B. Vickers, Cambridge 1984, 231–249.
Mansfield, B., *Phoenix of his Age. Interpretations of Erasmus, c. 1550-1750*, Toronto/Buffalo 1979.
Maranini, A., *Filologia fantastica, Manilio e i suoi Astronomica*, Bologna 1994.
Margolin, J.-C., »Rationalisme et irrationalisme dans la pensée de Jérôme Cardan«, *Revue de l'Université de Bruxelles*, Febr./März 1969, Nr. 2–3, 1–40.
Marotti, A. F., *Manuscript, Print and the English Renaissance Lyric*, Ithaca/London 1995.
Mascuch, M., *Origins of the Individualist Self: Autobiography and Self-Identity in England, 1591-1791*, Cambridge 1997.
Massing, J. M., »Dürer's Dreams«, *Journal of the Warburg and Courtauld Institutes* 49 (1986), 238–244.
Mayer, T. F., und Woolf, D. R., Hrsg., Einführung zu *The Rhetorics of Life-Writing in Early Modern Europe*, Ann Arbor 1995, 1–37.
McCluskey, S. C., *Astronomies and Cultures in Early Medieval Europe*, Cambridge 1998.

McNair, P., »Poliziano's Horoscope«, *Cultural Aspects of the Italian Renaissance: Essays in Honour of Paul Oskar Kristeller,* hrsg. von C. H. Clough, Manchester/New York 1976, 262–275.

Midelfort, H. E., *Mad Princes of Renaissance Germany,* Charlottesville/London 1994.

Milani, M., *Girolamo Cardano,* Mailand 1990.

Millas Vallicroza, J. M., *Estudios sobre Azarquiel,* Madrid 1950.

Minois, G., *Geschichte der Zukunft. Orakel, Prophezeiungen, Utopien, Prognosen,* Düsseldorf/Zürich 1998.

Misch, *Geschichte der Autobiographie,* 8 Bde., Frankfurt a. M. 1949–1969.

Morley, H., *Jerome Cardan. The Life of Girolamo Cardano of Milan, Physician,* 2 Bde., London 1854.

Mucillo, M., »Luca Gaurico: astrologia e ›prisca theologia‹«, *Nouvelles de la République des Lettres* 2 (1990), 21–44.

Müller-Jahncke, W.-D., *Astrologisch-magische Theorie und Praxis in der Heilkunde der frühen Neuzeit, Sudhoffs Archiv,* Supplement, Stuttgart 1985.

–, »Zum Prioritätenstreit um die Metoposkopie: Hajek contra Cardano«, *Sudhoffs Archiv* 66 (1982), 79–84.

Mülsow, M., *Frühneuzeitliche Selbsterhaltung: Telesio und die Naturphilosophie der Renaissance,* Tübingen 1998.

Mugnai Carrara, D., *La biblioteca di Nicolò Leoniceno. Tra Aristotele e Galeno: cultura e libri di um medico umanista,* Florenz 1991.

Mulsow, M., *Frühneuzeitliche Selbsterhaltung. Telesio und die Naturphilosophie der Renaissance,* Tübingen 1998.

Murray, A., *Reasons and Society in the Middle Ages,* Oxford 1978, verb. Neuaufl. 1985.

Murray, O., Rezension von R. MacMullen, *Enemies of the Roman Order, Journal of Roman Studies* 59 (1969), 261–265.

Naudé, G., »De Cardano iudicium«, G. Cardano, *De vita propria liber,* 2. Aufl. Amsterdam 1654.

Neugebauer, O., *The Exact Sciences in Antiquity,* Providence 1957, 2. Aufl. New York 1969.

–, »The Study of Wretched Subjects«, *Isis* 42 (1951), abgedruckt auch in Neugebauer, *Astronomy and History,* New York/Berlin/Heidelberg/Tokio 1983.

–, und N. Swerdlow, *Mathematical Astronomy in Copernicus's De revolutionibus,* 2 Bde., New York/Berlin/Heidelberg/Tokio 1984.

–, und B. Van Hoesen, *Greek Horoscopes,* Philadelphia 1959.

Niccoli, O., *Prophecy and the People in Renaissance Italy,* übers. von L. G. Cochrane, Princeton 1990.

Nichols, J. G., »Some Additions to the Biographies of Sir John Cheke and Sir Thomas Smith«, *Archaeologia* 38 (1859), 98–127.

North, J., »Astrology and the Fortunes of Churches«, *Centaurus* 24 (1980), 181–211.

–, *Chaucer's Universe*, Oxford 1988, verb. Neuaufl. 1990.
–, *Horoscopes and History*, London 1986.
Nussbaum, M., *The Therapy of Desire*, Princeton 1994.
Nutton, V., »Galen and Medical Autobiography«, *From Democedes to Harvey: Studies in the History of Medicine*, London 1988.
–, *John Caius and the Manuscript of Galen*, Cambridge 1987.
–, »›Prisci dissectionum professores‹: Renaissance Humanists and Anatomy«, *The Uses of Greek and Latin: Historical Essays*, hrsg. von A. C. Dionisotti u. a., London 1988.

Oberhelman, M. S., *The Oneirocriticon of Achmet*, Lubbock, Texas, 1991.
Olmi, G., *L'inventario del mondo*, Bologna 1992.
Oppenheim, A. L., »Divination and Celestial Observation in the Last Assyrian Empire«, *Centaurus 14* (1969), 97–135.
Ore, O., *Cardano, the Gambling Scholar*, Princeton 1953.

Pagden, A., Hrsg., *The Languages of Political Theory in Early Modern Europe*, Cambridge 1987.
Panofsky, E., *Die Kunst und das Leben Albrecht Dürers*, München 1995.
Papy, J., »Lipsius und Marcus Welser: the antiquarian's life as *via media*«, *Bulletin de l'Institut Historique Belge de Rome* 68 (1998), 173–190.
Parel, A., *The Machiavellian Cosmos*, New Haven/London 1994.
Park, K., »Impressed Images: Reproducing Wonders«, *Picturing Science, Producing Art*, hrsg. C. A. Jones und P. Galison, New York/London 1998, 254–271.
Pfeiffer, H., »Melancholie des Schreibens. Girolamo Cardano und sein › De vita propria‹«, *Materialität der Kommunikation*, hrsg. von H. U. Gumbrecht und K. L. Pfeiffer, Frankfurt a. M. 1988, 218 ff.
Pine, M., *Pietro Pomponazzi: Radical Philosopher of the Renaissance*, Padua 1986.
Pingree, D., *From Astral Omens to Astrology: From Babylon to Bîkâner*, Rom 1997.
–, *The Thousands of Abu Ma'Shar*, London 1968.
–, s. v. Firmicus Maternus, *Dictionary of Scientific Biography*.
–, Hrsg., *Vettii Valentis Anthologiarum libri novem*, Leipzig 1986.
–, und B. Goldstein, *Levi ben Gerson's Prognostication for the Conjunction of 1345*, Philadelphia 1990.
Pomata, G., *La promessa di guarigione: malatti e curatori in antico regime Bologna, xvi–xviii secole*, Bari 1994 = *Contracting a Cure*, übers. von G. Pomata u. a., Baltimore 1998.
Potter, D., *Prophets and Emperors. Human and Divine Authority from Augustus to Theodosius*, Cambridge, Mass., 1994.
Préaud, M., *Les astrologues à la fin du Moyen Age*, Paris 1984.
Price, D. J., *The Equatorie of the Planetis*, Cambridge 1955.
Price, S. F., »The Future of Dreams: From Freud to Artemidorus«, *Past & Present* 113 (1986), 3–37.
Pruckner, H., *Studien zu den astrologischen Schriften des Heinrich von Langenstein*, Leipzig/Berlin 1933.

Reeves, M., *The Influence of Prophecy in the Later Middle Ages. A Study in Joachimism*, Oxford 1969.
–, Hrsg., *Prophetic Rome in the High Renaissance Period*, Oxford 1992.
Robeson Burr, A., *The Autobiography: A Critical and Comparative Study*, Boston/New York 1909.
Rochberg-Halton, F., »Babylonian Horoscopes and their Sources«, *Orientalia* 58 (1989), 102–123.
–, »Elements of the Babylonian Contribution to Hellenistic Astrology«, *Journal of the American Oriental Society* 108 (1988), 51–62.
–, »New Evidence for the History of Astrology«, *Journal of Near Eastern Studies* 43 (1984), 115–140.
Roper, L., »Stealing Manhood: Capitalism and Magic in Early Modern Germany«, *Oedipus and the Devil. Witchcraft, Sexuality and Religion in Early Modern Europe*, London/New York 1994, 125–144.
Rose, P. L., *The Italian Renaissance of Mathematics. Studies on Humanists and Mathematicians from Petrach to Gali*, Genf 1975.
Ruderman, D., »Giovanni Mercurio da Correggio's Appearance as Seen Through the Eyes of an Italian Jew«, *Renaissance Quarterly* 28 (1975).
–, *Jewish Thought and Scientific Discovery in Early Modern Europe*, New Haven/London 1993.
–, *Kabbalah, Magic and Science: The Cultural Universe of a Sixteenth-Century Jewish Physician*, Cambridge, Mass./London 1988.
Rusconi, R., *L'attesa della fine. Crisi della società, profezia ed Apocalisse in Italia al tempo del grande scisma d'Occidente (1378–1417)*, Rom 1979.
Russell, P. A., »Astrology as Popular Propaganda Expectations of the End in the German Pamphlets of Joseph Grünpeck (d. 1533?)«, *Forme e destinazione del messagio religioso*, hrsg. von A. Rotondò, Florenz 1991, 165–195.

Sachs, A., »Babylonian Horoscopes«, *Journal of Cuneiform Sudies* 6 (1952), 49–75.
Saliba, G., »The Role of the Astrologer in Medieval Islamic Society«, *Bulletin d'Études Orientales* 44 (1992), 45–68.
Sallmann, J.-M., *Naples et ses saints à l'âge baroque (1540–1750)*, Paris 1994.
–, Rezension von O. Niccoli, *Prophecy and People in Renaissance Italy*, *Annales: Economies, Sociétés, Civilisations* 47 (1992), 144–146.
Saxl, F., »The Revival of Late Antique Astrology«, *Lectures*, 2 Bde., London 1957, I, 73–84.
Schade, S., *Schadenzauber und die Magie des Körpers. Hexenbilder der frühen Neuzeit*, Worms 1983.
Schottenloher, K., und J. Binkowski, *Flugblatt und Zeitung*, 2 Bde., München 1985, I, 196.
Schulze, W., Hrsg., *Ego-Dokumente: Annäherung an den Menschen in der Geschichte*, Berlin 1996.
Schuster, G., und Wagner, F., *Die Jugend und Erziehung der Kurfürsten von Brandenburg und Könige von Preußen*, I., Monumenta Germaniae Paedagogica, 34, Berlin 1906.

Schutte, A. Jacobson, *Autobiography of an Aspiring Saint*, Chicago/London 1996.
Scott, A., *Origen and the Life of the Stars*, Oxford 1991, Repr. 1994.
Secret, F., »Filippo Archinto, Cardano et Guillaume Postel«, *Studi francesi* 29 (1965).
–, »Jérôme Cardan en France«, *Studi francesi* 30 (1966), 480–485.
Seifert, A., *Der Rückzug der biblischen Prophetie von der neueren Geschichte: Studien zur Geschichte der Reichstheologie des frühneuzeitlichen deutschen Protestantismus*, Köln/Wien 1990.
Senn, M., Hrsg., *Die Wickiana. Johann Jacob Wicks Nachrichtensammlung aus dem 16. Jahrh.. Texte und Bilder zu den Jahren 1560 bis 1571*, Küsnacht-Zürich 1975.
Seznec, A., *Das Fortleben der antiken Götter. Die mythologische Tradition im Humanismus und in der Kunst der Renaissance*, München 1990.
Sherman, W., *John Dee. The Politics of Reading and Writing in the English Renaissance*, Amherst 1995.
Shumaker, W., *Renaissance Curiosa*. Binghamton, N.Y., 1982.
Simon, G., *Kepler astronome astrologue*, Paris 1979.
Siraisi, N., »Cardano and the Art of Medical Narrative«, *Journal of the History of Ideas* 51 (1991), 581–602.
–, *Medieval and Early Renaissance Medicine*, Chicago/London 1990.
–, *The Clock and the Mirror: Girolamo Cardano and Renaissance Medicine*, Princeton 1997.
–, und Grafton, A., »Between the Election and My Hopes: Girolamo Cardano and Medical Astrology«, *Archimedes*, in Vorb.
Smith, R. J., *Fortune-tellers and Philosophers: Divination in Traditional Chinese Society*, Boulder/San Francisco/Oxford 1997.
Smith, W., *The Hippocratic Tradition*, Ithaca/London 1979.
Smoller, L., *History, Prophecy and the Stars. The Christian Astrology of Pierre d'Ailly, 1350-1420*, Princeton 1994.
–, »The Alphonsine Tables and the End of the World: Astrology and Apocalyptic Calculation in the Later Middle Ages«, *The Devil. Heresy and Witchcraft in the Middle Ages: Essays in Honor of Jeffrey B. Russell*, hrsg. von A. Ferreiro, Leiden/Boston/Köln 1998, 211–239.
Soldati, B., *La poesia astrologica nel Quattrocento: ricerche e studi*, Florenz 1906.
Staats, R., »Luthers Geburtstag 1484 und das Geburtsjahr der evangelischen Kirche 1519«, *Bibliothek und Wissenschaft* 18 (1984), 61–84.
Steiner, G., »The Historicity of Dreams«, *No Passion Spent: Essays 1978–1996*, London 1996, 207–223.
Stern, V. F., *Gabriel Harvey: His Life, Marginalia and Library*, Oxford 1979.
Strauss, G., *Nuremberg in the Sixteenth Century*, New York 1966.
Sturrock, J., *The Language of Autobiography: Studies in the First Person Singular*, Cambridge 1973.
Swerdlow, N., »Annals of Scientific Publishing: Johannes Petreius's Letter to Rheticus«, *Isis* 83 (1992), 270–274.
–, »The Recovery of the Exact Sciences of Antiquity: Mathematics, Astronomy, Geography«, *Rome Reborn*, hrsg. von A. Grafton, Vatikanstadt/Washington D. C./New Haven/London 1993, 125–167.

Talkenberg, H., *Sintflut: Prophetie und Zeitgeschehen in Texten und Holzschnitten astrologischer Flugschriften, 1488–1528,* Tübingen 1990.
Taub, L., »The Rehabilitation of Wretched Subjects«, *Early Science and Medicine* 2 (1997), 74–87.
Teramoto, M., *Die Psalmmotettendrucke des Johannes Petreius in Nürnberg (gedruckt 1538–1542),* Tutzing 1983.
Tester, S. J., *History of Western Astrology,* Woodbridge/Wolfeboro 1987.
Thomas, K.V., *Religion and the Decline of Magic,* New York 1971.
Thorndike, L., *History of Magic and Experimental Science,* 8 Bde., New York 1923–1958.
Tomlinson, G., *Music in Renaissance Magic. Toward a Historiography of Others,* Chicago 1993.
Tooley, M. J., »Bodin and the Medieval Theory of Climate«, *Speculum* 28 (1953), 64–83.
Trinkaus, G., »The Astrological Cosmos and Rhetorical Culture of Giovanni Gioviano Pontano«, *Renaissance Quarterly* 38 (1985), 446–472.

Vasoli C., *I miti e gli astri,* Neapel 1977.
Vauchez, S.A., »Les stigmates de Saint François et leurs détracteurs dans le derniers siècles du moyen âge«, *Mélanges d'Archéologie et d'Histoire* 80 (1968).
Viannello, C., »Feste, tornei, congiure nel cinquecento milanese«, *Archivio storico lombardo* n. s. 1 (1936), 370–423.
Villari, R., *Elogio della dissimulazione. La lotta politica nel Seicento,* Rom 1987.
–, *The Revolt of Naples,* übers. von J. Newell und J. A. Marino, Cambridge 1993.

Walker, D. P., *Spiritual and Demonic Magic from Ficino to Campanella,* London 1958.
Warburg, A., *Heidnisch-antike Weissagung in Wort und Bild zu Luthers Zeiten,* SB Akad. Heidelberg, 1919, Heidelberg 1920 = Warburg, *Gesammelte Schriften, Studienausgabe,* hrsg. von H. Bredekamp u. a., I, Bd. 1.2, Berlin 1998, 199–303.
–, *Images from the Region of the Pueblo Indians of North America,* übers. von M. Steinberg, Ithaca 1995.
Waters, W. G., *Jerome Cardan. A Biographical Study,* London 1898.
Webster, C., *From Paracelsus to Newton. Magic and the Making of Modern Science,* Cambridge 1982 und 1984.
Weinstein, D., *Savonarola and Florence. Prophecy and Patriotism in the Renaissance,* Princeton 1979.
Weintraub, K. J., *The Value of the Individual. Self and Circumstance in Autobiography,* Chicago 1978.
Westman, R., »Copernicus and the Prognosticators: The Bologna Period, 1496–1500«, *Universitas: Newsletter of the International Centre for the History of Universities and Science, University of Bologna,* Dezember 1993, 1–5.
Wiesendanger, H., *Zwischen Wissenschaft und Aberglauben,* Frankfurt a. M. 1989.
Winkler, *The Constraints of Desire. The Anthropology of Sex and Gender in Ancient Greece,* New York/London 1990.

Wintroub, M., »The Looking Glass of Facts: Collecting, Rhetoric and Citing the Self in the Experimental Natural Philosophy of Robert Boyle«, *History of Science* 35 (1997), 189–217.
Woolf, V., *The Common Reader*, London 1925.
Woudhuysen, H. R., *Sir Philipp Sidney and the Circulation of Manuscripts, 1558–1640*, Oxford 1996.

Yagel, A., *A Valley of Vision*, übers. und hrsg. von D. Ruderman, Philadelphia 1990.
Yates, F., *Giordano Bruno and the Hermetic Tradition*, London 1964.
–, *Gedächtnis und Erinnern. Mnemonik von Aristoteles bis Shakespeare*, Weinheim, Berlin 1990.
–, *The French Academies of the Sixteenth Century*, London 1947, 2. Aufl. London/New York 1988.

Zagorin, P., *Ways of Lying. Dissimulation, Persecution and Conformity in Early Modern Europe*, Cambridge, Mass., 1990.
Zambelli, P., »Astrologi consiglieri del principe a Wittenberg«, *Annali dell'Istitituto Storico Italo-Germanico in Trento* 18 (1992), 497–543.
–, »Aut diabolus aut Achillinus. Fisionomia, astrologia e demonologia nel metodo di un aristotelico«, *Rinascimento*, n. s. 18 (1978), 59–86.
–, »Da Giulio II a Paolo III. Come l'astrologo provocatore Luca Gaurico divenne vescovo«, *La città dei segreti*, hrsg. von F. Troncarelli, Mailand 1985, 299–323.
–, »Der Himmel über Wittenberg: Luther, Melanchthon und andere Beobachter von Kometen«, *Annali dell'Istituto Storico Italo-Germanico in Trento* 20 (1994), 39–62.
–, »Eine Gustav-Hellmann-Renaissance? Untersuchungen und Kompilationen zur Debatte über die Konjunktion von 1524 und das Ende der Welt auf deutschem Sprachgebiet«, *Annali dell'Istituto Storico Italo-Germanico in Trento* 18 (1992), 413–455.
–, *L'ambigua natura della magia*, Mailand 1991, Venedig 1996.
–, »Many Ends for the World: Luca Gaurico Instigator of the Debate in Italy and in Germany«, ›*Astrologi hallucinati‹: Stars and the End of the World in Luther's Time*, hrsg. von P. Zambelli, Berlin/New York 1986, 239–263.
–, *Una reincarnazione di Pico ai tempi di Pomponazzi*, Mailand 1994.
–, Hrsg., ›*Astrologi hallucinati‹: Stars and the End of the World in Luther's Time*, Berlin/New York 1986.
Zanier, G., *Ricerche sulla diffusione e fortuna del* ›*De incantationibus*‹ *di Pomponazzi*, Florenz 1975.
Zarri, G., *Le sante vive: cultura e religiosità femminile nella prima età moderna*, Turin 1990.
Zimmermann, T. C. Price, »Paolo Giovio and the Rhetoric of Individuality«, *The Rhetorics of Life-Writing in Early Modern Europe*, hrsg. von T. F. Mayer und D. R. Woolf, Ann Arbor 1995, 39–62.

REGISTER

Abraham ibn Ezra 82, 116
Abu Ali 121
Abu Ma'sar 90, 93
Accursius, Bonus 104
Aelius Aristides 325
Agricola 307
Agrippa, Heinrich Cornelius 304
Alberti, Leon Battista 8, 111, 134, 320
Albrecht von Brandenburg 208
Aldrovandi, Ulisse 35
Alciato, Andrea 66, 162, 192, 207, 239–242, 244
Alcabitius 212
Alexander 110
Al-Farghani 140
Alfons X. von Kastilien 68, 80, 81
Amadio, Fra 81
Amelang, James 341
Antigonus 265
Antonio, Giovanni 137
Antonius 372
Antonius de Monte Ulmi 148
Archinto, Filippo 119, 120, 132, 154–155, 188, 194
Aristoteles 18, 185, 218, 278
Artemidorus von Daldis 42, 310
Asklepios 325
Askletarion 234, 253
Aubrey, John 369, 380–383
Auden, W.H. 376
Augustinus 89, 378

Bacon, Francis 309
Baduel, Claude 212, 216, 221
Baldung, Hans 266

Barton, Tamsyn 118, 273
Beheim, Lorenz 225
Bellanti, Luca 91, 155, 190
Bentivoglio, Giovanni 235
Berosos 243
Bianchini, Giovanni 133, 181
Biringuccio 307
Blotius, Hugo 35, 36, 173
Bodin, Jean 321, 322
Bonaventura 137
Bonati, Guido 287
Botticelli, Sandro 18
Brahe, Tycho 112
Brasavolo, Antonio 207
Braudaulphin 212
Brind'Amour, Pierre 33
Browne, Thomas 371, 382
Bruarne, Richard 200
Brunelleschi, Filipo 308
Bucer 199
Budé 239–240
Burckhardt, Jacob 340, 379

Calvo, Fabio 248
Caligula 263
Camerarius 143
Camillo, Giulio 207
Campanella, Tommaso 33, 98, 235, 360
Campanazzi, Vinzenzo 190
Canter, Willem 326
Capella, Galezzo 135, 137
Cardano, Fazio 103–104, 122, 125, 134, 182, 211, 313–314, 317
Casanatus 213–215, 228, 278
Cassirer, Ernst 29, 31

Castagnola, Raffaella 25
Cervini, Marcello 188
Cecil, Wiliam 210
Cellini, Benvenuto 340, 342
Censorinus 324
Ceresarius, Paris 123, 193, 196, 198
Cheke, John Francis 212, 216–217, 220, 222, 237
Cicero 15, 28, 89, 132, 207
Cocles, Bartolomeo 56, 82, 165
Corbetta, Gualtiero 122, 135
Córdoba, Gonzalo Fernández de 93
Cornarius, Janus 165–166
Cornelius Agrippa 174
Cossa, Francesco 183
Costanzo de Symis 135, 136
Cumont, Franz 21
Cutica, Girolamo 159, 171–172

D'Abano, Pietro 91
D'Ailly, Pierre 21, 83, 90
D'Este, Leonello 22
Dante 292, 337
Da Ponta, Gotardo 85
Davolos, Alfonso 174, 206
De Bindoni, Vincenzo 86
Dee, John 175, 210–211, 309, 323–324, 383
Della Porta 307
Del Vasto, Marchese 206
Descartes, René 293
Dews, Symonds 382
Diogenes Laertius 342
Domitian 234, 253, 262, 264
Dorat, Jean 326
Dürer, Albrecht 15, 23, 141, 157, 225
Dupèbe, Jean 33, 228

Eber, Paulus 142–143, 181
Edward 216–218, 222–223, 229–230, 233
Elisabeth I. 211
Epaphroditos 219
Erasmus von Rotterdam 131, 141, 190, 199, 205, 236, 239, 240, 345

Ernst, Germana 33, 36, 44, 72, 239, 357
Euklid 151
Eunapius 200, 325
Evans-Pritchard, Edward 303

Fabricius 370
Farnese, Alessandro 98
Favorinus 268–269
Ferdinand II. 156, 233
Ferrari, Ludovico 174
Ficino, Marsilio 18, 28, 112, 211, 297, 349–350
Filelfo, Francesco 122, 190
Firmicus Maternus 41, 113, 127, 183–185, 187, 224, 234, 252, 264
Flint, Valerie 32
Fludd, Robert 49, 57
Forman, Simon 323
Foucault, Michel 29, 31, 34, 333–334
Fögen, Marie Theres 126
François d'Amboise 7
Francesco de Canona 206
Franziskus 356
Franz I. 78, 128, 141, 165, 177, 188
Freud, Sigmund 310, 352
Friedrich IV. 177
Friedrich von Sachsen 141, 164
Fugger, Andreas 98

Galen 247, 249, 253–254, 257–259, 268, 271, 310, 345, 347
Garcaeus, Johannes 198
Gassendi, Pierre 383
Gasser, Archilles Pirmin 83–84, 86, 101–103
Gaurico, Ottavio Cane 81
Gaurico, Luca 56, 61, 78, 98, 143–145, 169, 171, 182, 184–200, 209, 233–235, 243, 321, 323, 326
Gellius, Aulus 268
Geneva, Ann 33
Georg von Sachsen 168
Gessner, Conrad 162
Ghirlandaio 88
Ghislieri, Giorgio 298

Giovio, Paolo 200, 369
Ginzburg, Carlo 384
Glandorp, Ambrosius 63
Gmunden, Johannes von 53
Goethe, Johann Wolfgang 340
Goldstein, Bernard 31
Goclenius, Rudolf 320
Gonzaga, Francesco 188
Gracián, Baltasar 358
Greyerz, Kaspar von 341
Griffo, Ambrosio 104
Grünpeck, Joseph 87, 91
Gugler, Nicolaus 140–142, 147, 184
Guicciardini, Francesco 24–25, 98, 224, 329

Habsburg, Ernst von 227
Habsburg, Rudolf II. von 227, 332
Hali ibn Rodoan 121, 255–257, 261, 282, 323
Hamilton, John 10, 210, 213, 254, 278, 331
Harun al Raschid 15
Harvey, Gabriel 197–200, 326, 365, 369
Hayk, Thadäus 181
Heingarten, Conrad 255
Heinrich II. 195, 330
Heinrich VIII. 165–166, 187, 199
Helmstetter, Georg 113, 205
Heraklit 245
Hermes Trismegistos 243
Hippokrates 248–252, 263, 271, 273, 347
Homer 245
Hutten, Ludwig von 35

Ignatius von Loyola 118
Iunius, Hadrianus 325

Jeake, Samuel 369
Joachim I. 143
Joachim, Georg 157
Jones, Alexander 31
Josten, C.H. 33
Julius Cäsar 73, 81, 132
Julius II. 162, 189, 192, 235–236

Karl der Große 286–287
Karl V. 9, 72, 128, 130–131, 141, 165, 167, 199, 207, 233
Kepler, Johannes 77, 280, 332
Kerner 281
Klemens 206
Kopernikus 51, 110, 148, 151, 251

Ladislaus von Ungarn 215
Leo 206
Leonardo da Vinci 9
Leonora von Arragon 22
Leowitz, Cyprian 226, 287
Lichtenberg, Johannes 87
Lipsius, Justus 373
Livius 365
Lloyd, Geoffrey 273
Lodge, David 11
Lucius Tarrutius 324
Luther, Martin 25, 72, 97, 144–147, 164, 167, 182, 190, 192–193, 200, 218

Machiavelli 24, 329
Maclean, Ian 85, 151
Maioragio, Marco Antonio 207
Malesta, Ramberto 25, 224
Mantuanus, Battista 162, 191
Manilius 183, 184, 266
Manuzio, Aldo 248
Mark Aurel 371–373, 384–385
Marliani, Giovanni 274
Marsili, Francesco 180
Máshá'alláh 121
Mayer, Thomas 341
Mazzocchi, Iacopo 168
Maximilian I. 174
Maximilian II. 35, 227, 359
Medici, Cosimo de' 78, 186–187
Medici, Katarina de' 195
Mercurio, Giovanni 88, 323
Melanchthon, Philipp 97, 141–146, 167, 169–170, 199, 319, 321
Misch, Georg 340
Montaigne de, Michel 8, 329, 350
Mycillus, Jacobus 174

Naudé, Gabriel 326, 358
Neugebauer, Otto 31
Nero 132, 161, 229, 254, 263–264
Niccoli, Ottavia 96–97
Nifo, Agostino 93–94, 283
Nikolaus von Oresme 89
North, John 32
Nostradamus 79, 113, 134, 176–228, 383
Nussbaum, Martha 270
Nutton, Vivian 273

Oktavian 132
Orsi 298
Osiander, Andreas 151, 153, 164, 174
Ovid 191

Palmier, Matteo 292
Papius, Angelius 35
Paracelsus 28
Parker, Matthew 79
Paul II. 165
Paul III. 72, 78, 98, 119–120, 130, 163–164, 167, 191, 194, 206, 236
Peckham, John 103, 182
Peregrino 298
Petosiris 265
Petrarca 122, 124, 222, 378
Petreius, Johannes 51, 103, 148, 150–151, 154, 164, 174, 242, 251, 305
Petri, Heinrich 196
Peucer, Caspar 294, 312, 319–321, 368
Peurbach, Georg 157, 166, 181
Pflaum, Jacob 53, 58–59, 94
Philopoemenos 165
Philostrat 200
Philipp von Hessen 169
Pirckheimer 225
Pico della Mirandola, Giovanni 28, 90–93, 154, 157, 162, 193–194, 247, 262, 266, 319
Pighius, Albertus 93–94
Pingree, David 31
Piranesi 30
Pistorius, Simon 91–92
Pitatus, Petrus 111

Platon 18, 112–113, 141, 185
Pleydenwurff, Wilhelm 50
Plinius d. Ä. 246, 303–305
Plutarch 312
Podiebrad, Georg 164
Poe, Edgar Alan 357
Pollich de Mellerstadt 91
Poliziano, 167, 174
Pomponazzi, Pietro 28–29, 137, 312, 323, 356
Pontano, Giovanni Giovano 17, 252, 283
Porphyrius 265–266
Prisciani, Pellegrino 22, 182
Priscius, Tarquinius 287
Proklos 324
Psnanus 265
Ptolemäus 26, 42, 93, 110–111, 114, 121, 141, 151, 154, 162, 172, 181, 184, 194, 196, 200, 215, 218, 238, 246, 249, 252–284, 286–287, 289, 300, 322, 332, 361, 363

Rabelais 79
Ranconet, Aimar de 219–220, 236, 355, 359
Reeves, Marjorie 98
Regiomontanus, Johannes 53, 92, 133, 166, 174, 181, 215, 283
Reinhold, Erasmus 145, 148–150, 162, 164, 176–177, 182, 201, 208–209, 364
Rheticus, Georg Joachim 102, 140, 141, 156, 161, 166, 173, 174–175, 177–178, 180–181, 207
Rochberg-Halton, Francesca 31
Rogeriis, Johannes de 78
Rosenberger, Hans 226, 228
Ruderman, David 309

Sacrobosco 140
Sadoleto 199
Salutati, Coluccio 24
Samotheus, Johannes Lucidus 110
Savonarola, Girolamo 88, 91, 157, 162
Scaliger, Julius Caesar 13, 266, 288, 350

Scaevola 370
Schedel, Hartmann 50, 291
Schöner, Johannes 140–141, 145, 166, 174, 193, 205, 381
Serafino 323, 326
Selden 382
Sforza, Francesco II. 73, 99, 129, 136
Sforza, Ludovico 129, 272–273
Sforza, Paolo 136
Shakespeare, William 350
Sidon, Dorothea von 121
Sidney, Philip 197
Siognio, Carlo 35
Siraisi, Nancy 347
Smith, Thomas 197, 210, 352, 364–365
Sokrates 363
Sosipatra 325–326
Spencer, Edmund 197
Staats, Reinhart 144
Staphylus, Fredericus 166
Stöffler, Johannes 53, 58–59, 94, 99, 110–111
Sturm 199
Suffren, Antoine 383
Sulla 263

Thabit ibn Qura 109
Thomas, Keith 30–31, 43
Thrasybulus 265
Thrasyllus 234, 253, 263
Tiberius 234, 253, 263
Trebizond, Georg von 122

Tubbe, Lorenz 226–227

Uccello, Paolo 68
Ulsenius, Theodor 77

Valla, Giorgio 255
Varro 324
Venatorius, Thomas 101
Vergil 245
Vernote, Philibert 360
Veroli, Ennio von 206
Vesalius, Andreas 174, 247
Vettius Valens 121
Visconti, Ercole 339
Visconti, Filippo Maria 160

Warburg, Aby 29, 31, 34, 143, 144
Werner, Johannes 110
Wolf, Hieronymus 265
Wood, Anthony 381
Woolf, Daniel 341
Wyermann, Hans 79
Wohlgemut, Michael 50

Yagel, Abraham 309

Xylander, Gulielmus 371–372

Zambelli, Paola 33, 96
Zechendorfer, Gregor 162
Zoroaster 141